左大康先生纪念文集

《左大康先生纪念文集》编辑组

科学出版社

北京

内 容 简 介

左大康先生是中国科学院地理研究所早期重要领导者，他为中国地理学和中国科学院地理研究所的发展作出过重要贡献，在我国地理学界具有崇高威望和广泛影响。

本文集含回忆纪念性文章、左大康先生重要著作和著作目录等部分，是一部具有重要史料价值的文集。本文集反映了左大康先生的研究历程和他的重要研究成果，也反映了地理研究所老一代科技工作者对左大康先生的深切怀念和深厚情感。

本书可供地理学史研究者及从事资源、环境、遥感应用等领域的研究与管理人员阅读使用，也可供高等院校地理、遥感等专业的师生学习参考。

图书在版编目（CIP）数据

左大康先生纪念文集/《左大康先生纪念文集》编辑组. —北京：科学出版社，2023.7

ISBN 978-7-03-076070-8

Ⅰ.①左… Ⅱ.①左… Ⅲ.①左大康（1925-1992）–纪念文集 Ⅳ.①K825.89-53

中国国家版本馆 CIP 数据核字（2023）第 140280 号

责任编辑：彭胜潮/责任校对：张亚丹
责任印制：肖　兴/封面设计：图阅盛世

科学出版社 出版
北京东黄城根北街 16 号
邮政编码：100717
http://www.sciencep.com
北京中科印刷有限公司 印刷
科学出版社发行　各地新华书店经销
*
2023 年 7 月第 一 版　开本：787×1092　1/16
2023 年 7 月第一次印刷　印张：17 3/4　插页：14
字数：456 000
定价：188.00 元
（如有印装质量问题，我社负责调换）

左大康先生（1925 年 2 月—1992 年 1 月）
中国科学院地理研究所第二任所长（1984—1991 年）

青年左大康（20 世纪 50 年代初摄于杭州）

左大康偕夫人叶彦文及女儿晓苏、晓京（1963 年摄于北京）

苏联留学期间在气象站苜蓿地观测（20世纪60年代摄于塔什干）

苏联留学期间在棉花地观测（20世纪60年代摄于塔什干）

苏联留学期间在裸露地观测（20世纪60年代摄于塔什干）

在苏联塔什干气象站实习时与该站人员合影（1960 年）

（前排左 3 为左大康）

左大康（右）与汪安球（左）等在苏联莫斯科大学

（1958 年）

左大康在中国科学院禹城综合试验站麦田
（20 世纪 80 年代）

与黄秉维院士（右）商讨工作
（摄于 1985 年）

与施雅风院士（中）、施成熙教授（左）在一起

与黄秉维院士（左）、陈述彭院士（中）交谈

左大康（右 1）与施雅风院士（左 1）、孙枢院士（左 2）等考察天山站 1 号冰川
（摄于 1985 年）

赴美参加中国科学院和美国能源部合作项目交流会期间，左大康（左 3）与
巢纪平院士（左 2）在一起交流（摄于 1987 年 8 月）

1985 年左大康（前排左 4）向国务委员张劲夫（前排左 6）、经委副主任袁宝华（前排左 5）汇报中国科学院地理研究所重大成果及获奖情况

1987 年，出席中国科学院禹城综合试验站开放论证会期间，左大康（右 3）与禹城县委孙清明书记（右 2）等陪同中国科学院孙鸿烈副院长（左 4）到田间考察

左大康（左1）陪同黄秉维院士（左3）视察山东禹城黄淮海农业开发区
北丘洼盐碱地地膜覆盖植棉试验示范现场

1983年左大康（右1）陪同中国科学院地学部领导李秉枢（左3）
视察禹城站万亩方

1985 年，左大康（前左 4）陪同黄秉维院士（前左 3）视察中国科学院地理研究所流水地貌模拟实验室

1991 年 1 月 31 日，时任中国科学院院长周光召（前排左 4）看望地理研究所干部职工，祝贺新春佳节（左大康前排左 5）

1983 年 12 月，左大康（左 2）参加地理研究所经济地理部成立大会

1985 年 4 月，在欢迎张青松南极建站归来大会上讲话
（后排右 1 张青松）

1986 年，左大康（前排右 5）陪同孙鸿烈副院长（前排右 6）出席全国地理界
科技青年联合会成立大会

1984 年，左大康（左 3）到北京大屯农业生态系统试验站
试验田察看田间观测

1984 年，左大康（前排右）到北京大屯农业生态系统试验站
察看田间观测情况

1984年左大康（中）等在中国科学院禹城综合试验站试验田察看小麦生长情况

1984年左大康（右4）在禹城县伦镇牌子村视察暗管节水试验示范现场

左大康（左）与山东省禹城县杨德全副县长（中）交流工作
（20世纪80年代）

1985年，左大康（左2）在禹城县委领导陪同下考察禹城风沙盐碱地

20世纪80年代中期，左大康（右4）与中国科学院地理研究所
禹城综合试验站部分人员在试验田合影

1987年，左大康（右4）带领专家团队考察禹城试验区

1987年，出席禹城综合试验站开放论证会，孙鸿烈副院长（前排左7）、
左大康（前排左5）、禹城县县委书记孙清明（左9）
与地理研究所禹城站科研人员合影

1988年，左大康（右）在禹城试验站中子水分仪观测现场

1988 年，左大康（中）在禹城试验站田间梯度观测现场

1989 年，左大康（前排右 6）率地理研究所领导班子前往禹城会见县委、县政府领导

1991 年 6 月，左大康（左 4）视察禹城站新建大型蒸渗仪现场

1983 年，左大康（右 1）率团访意大利，考察城市供水和污水处理、灌溉、水资源综合利用状况

1990 年，左大康（右 2）等出访苏联与接待方人员合影

1986 年，左大康（右 1）率团赴香港参加香港国际资源、环境与区域开发研讨会

1987 年，左大康（2 排右 2）访问美国。出席在美国哈珀斯费里举行的中国科学院和
美国能源部合作研究"CO_2 导致气候变化首次学术交流会"

1987 年，左大康（右 2）等出席在美国哈珀斯费里举行的中国科学院和
美国能源部合作研究"CO_2 导致气候变化首次学术交流会"

1991 年，左大康（右 2）率团访问香港大学

左大康接待外宾来访

与来访外宾交谈

1963 年，左大康（右 2）与地理研究所辐射组同志合影

1984 年 10 月，左大康（左）与同事在南京中山陵

1990 年 2 月，同事们前往寓所祝贺左大康先生生日
（左 3 为左大康，左 4 为左先生夫人叶彦文）

1990 年，地理所庆祝建所五十周年，左大康（3 排右 4）与气候室同事合影

《左大康先生纪念文集》编辑组

主　　编　　葛全胜

副主编　　王生林　　封志明　　唐登银　　王五一

成　　员　　（以姓氏汉语拼音排序）

姜亚东　　李克让　　李玉海　　励惠国

项月琴　　杨勤业　　袁朝莲

本书书名为中国科学院地理科学与资源研究所所长葛全胜手书。

序

葛全胜*

光阴荏苒，左大康先生离开我们已 30 年了。为纪念他对中国地理学和中国科学院原地理研究所（以下简称地理所）的发展所作出的杰出贡献，中国科学院老科技工作者协会地理资源所分会的同志们组织编纂了《左大康先生纪念文集》，雅意嘱我写篇纪念短文，以为序。

左大康先生是湖南长沙人，1949 年浙江大学史地系毕业，1960 年获得莫斯科大学地理系副博士学位；曾任地理所气候研究室副主任、业务处处长和副所长，1984—1991 年任所长。大学期间，左先生是中共地下党组织成员，曾多次组织营救进步学生、反饥饿争民主斗争和反对政府迫害的游行示威等活动；在领导地理所期间，他组织实施了一系列服务国家和区域发展的重大研究项目，参与领导创建了"资源与环境信息系统国家重点实验室"，组织承办了我国地理学领域第一次大型国际会议——亚洲区域地理大会，建立了完善的研究生培养制度，创办了系列学术刊物，极大地推动了中国地理学和地理研究所的发展。1992 年，左先生在国家自然科学基金委员会地球科学部主任任上溘然长逝。先生沉稳大气、处世周到，体惜同事、关爱后辈，管理能力杰出、科研成就卓越，堪为现代中国地理学的一代宗师。

我是地理所 1984 级研究生，1985 年 8 月正式进所学习工作。因导师张丕远先生研究领域与左先生的相近，且均在同一楼层办公，故与左先生有较多交往，并承蒙他教导关爱、扶持提携 5 年，至今受益。

1986 年，我和一群年轻人创办了《地理新论》。左先生知晓后，热情指导、倾力支持，连续五年特批出版经费（1991 年初我被公派美国访学后，该刊停办），委托业务处王平副处长指导排版及印刷发行工作。该刊首刊，左先生和黄秉维、吴传钧、刘昌明和胡序威等先生亲自撰文祝贺。在先生指引和照拂下，《地理新论》曾刊登黄秉维、郑度、陆大道、杨吾扬、陈传康、牛文元、郭来喜和潘树荣等著名地理学家的大作，以及开启我国灾害地理学、旅游地理学和政治地理学等新兴学科研究的文章。钱学森先生关于地理科学归属的理论，最早也是通过该刊向全国地理学界传播的。《地理新论》的编委和作者大多也成为当今我国地理学领域的"参天大树"。左先生对《地理新论》关爱和支持的点点滴滴，今日思来仍如冬天之暖阳温暖心扉。

---

* 葛全胜（1963 年—），研究员。现任中国科学院地理科学与资源研究所所长。

20 世纪 80 年代中期，"科学的春天"繁花似锦，地理所科研事业蒸蒸日上。为充分利用广大职工的科研智慧，汇集改革创新力量，加速推进研究所改革开放的进程，左先生组建了所长咨询组，每月就研究所的学科发展、人才培养、制度建设等方面的工作进行研讨，出谋划策。大约是 1986 年底，在先生的关照下，我作为研究生代表被特邀参加所长咨询组会议，有幸多次当面聆听陈发祖、许越先、廖克、刘昌明、郭来喜、陆大道等先生关于地理学前沿的深邃见解及如何做好研究所管理工作的真知灼见，令我受惠无穷。1988 年前后，左先生和黄秉维先生十分关注我国农业农村问题，曾数次带我参加党内资深农业农村问题专家（如杜润生）组织的学术调研活动。左先生知识之渊博、破题之精准、寻策之系统为我科研心智的成长壮大提供了样板。

1989 年后，左先生以所长身份和我进行了一次严肃的谈话。他从历史和现实两个维度论述了中华民族实现复兴的必要性和可能性，以及中国共产党担负带领全国人民实现这一崇高目标职责的历史必然性，殷切地嘱咐我，要正确看待国家发展过程中遇到的曲折和困难，要坚定信念、埋头苦干，只要我们都做好自己的工作，中华民族必将实现伟大复兴。33 年过去了，先生的教诲言犹在耳，无日或忘，诚如古人云："夫子循循然善诱人，博我以文，约我以礼，欲罢不能"。

左大康先生长期处于科研和管理双肩挑状态，黄秉维先生称赞他"以过人的勤奋"，在多个研究方向取得了卓越成就。

他开创了我国辐射气候学研究，在太阳总辐射量空间分布、总辐射与直接辐射和散射辐射关系以及地表辐射平衡等方面的研究取得了创新成果。1963 年 6 月 4 日，竺可桢先生曾特意赴中关村地理所和左大康谈我国的太阳辐射问题，认为"这一工作补充了世界的一大空白，是重要的工作"；黄秉维先生指出："没有他的（总辐射研究）工作成果，竺老和我关于农业自然生产潜力的工作就无法起步"。

他借鉴国外蒸发研究的新理论，辅以遥感测量，厘清了黄淮海平原水分亏缺引起盐碱化的基本原理，提出"井灌井排旱涝碱治理技术"，取得了巨大成功。竺老在 1972 年 2 月 24 日日记里称赞道："左大康又报告了以抑制蒸发为重点，即从前的水热循环，以黄淮区为试点，作为小水库抗旱有益，如苗圃，吉林农学院也试之有效"；黄秉维先生评价他"取得写在纸上和大地上的卓著成就"；国务院原参事、科技部原副部长刘燕华先生称赞他是"领军人物"，在治理黄淮海中低产田时"带一批人马去打仗，而且能打胜仗"。

左先生是最早组织专家进行野外考察和系统论证"南水北调"工程科学性和可操作性的学者。1983 年他出版了《远距离调水——中国南水北调和国际调水经验》论文集，主持召开了南水北调工程国际研讨会。20 世纪 80 年代后期，他著述强调"黄河治理应立足于全流域通盘考虑，要点、线、面统筹兼顾，做到治理与利用、近期利益与长远利益以及微观研究与宏观研究的'三结合'"。黄秉维先生高度评价左先生的贡献，认为他将几个重大科学命题巧妙结合起来，"（黄河治理）与南水北调，华北平原整治、开发唇齿相依，互为表里。许多问题的解决都需要在这三方面有真知灼见，兼顾统筹"。

左先生是我国实验地理学的先驱，最早领导、发展了我国遥感作物估产、土壤水分以及地表蒸散模型研究，为今天农作物估产研究和野外台站观测工作奠定了理论基础。20 世纪 80 年代末，叶笃正先生曾向国际地圈生物圈计划委员会专门报告了他在这方面的研究成果，获得好评。

左大康先生是卓尔不凡的优秀管理者、成就辉煌的学术大家，还是温文尔雅的谦谦君子。他一生公而忘私，淡泊名利，诲人不倦。左先生不是我名义上的导师，但我从先生处收获了明师之惠。他去世时，我还在美国访学，多年来始终以未能送别他老人家而抱憾。衷心感谢"老科协"文集编辑组的同志们，是他们发起并精心组织编纂了这本文集，给予了我机会聊表感恩纪念之情。

仰之弥高、钻之弥坚。谨此纪念左大康先生！

2022 年 11 月 18 日

前　言

　　左大康所长深受中国科学院地理研究所广大群众的爱戴、崇敬与怀念。我们对左先生的认识，经历了由表及里、由浅入深的认识过程。年轻时，我们知道他曾是中共地下党员，是留苏归国的副博士，是学有专长的气候学家，是科学界的精英人物。及至我们有机会在他领导下工作时，我们认识到，他是学界难得的领军人物，他德高望重，学问深邃，治学严谨，平易近人，创新科学，服务国家。到了21世纪初我们退休后，参与了《中国科学院地理研究所所志》的编研工作，认识到在"文化大革命"后的特殊时期，左先生克服科研停顿、人才断档等各种各样的困难，带领地理研究所重新启航，取得了巨大成绩，成为地理研究所80年历史中的一个重要人物。1988年，他荣获国务院二级表彰奖励。1991年享受国务院政府特殊津贴。1992年病逝后，被追授为"有卓著贡献的科学家"的终身荣誉称号。

　　通过此次纪念文集的编辑，更加深了我们对左先生的认识：左先生是我国极具影响的地理学家、学科领军人物与卓越的科研工作组织领导者。在担任地理研究所业务处长（1978—1980年）、副所长（1980—1984年）、所长（1984—1991年）期间，为地理研究所的建设与发展作出了历史性贡献，是一位好领导、好所长。

　　在地理研究所的领导工作中，他高瞻远瞩，无私奉献，显示了他非凡的领导能力与科学决策才能，带领地理研究所积极进取、锐意改革、与时俱进，使地理研究所进入了繁荣昌盛的新阶段。勇于创新，服务社会经济，重视基础理论研究，开拓地理实验科学，全力支持环境研究和国土研究等新兴研究领域，强调理论地理学与地理学发展战略研究，主张自然地理与人文地理并行发展、相互交融促进，加强新技术的应用，极力引进新装备，大力培养人才，成为左先生那个时代的鲜明特点与突出成绩，他居功至伟，已经彪炳史册。

　　他在辐射气候学、热量水分平衡、空间遥感等方面作出了开创性的贡献。他本人的研究工作由辐射气候等基础研究逐渐转而进入更为广泛的领域，跨越基础与应用两方面，在黄淮海平原综合治理与农业发展研究，南水北调研究，黄河流域治理、生态与环境保护和自然灾害防治等研究方面，都取得了卓著成就。加之，在基础并不占优的情况下，奋力直追，完成留学任务，取得副博士学位，正如黄秉维先生评价左大康先生的这两次转变都是难能可贵、值得人们钦佩的。

　　出版《左大康先生纪念文集》，是地理研究所领导和群众的心愿。虽然左先生仙逝已三十年，但人们，特别是许多离退休老先生，还铭记着他。2015年，在他诞辰90周年的纪念会上，就有人建议出版纪念文集。2021年，项月琴和李玉海同志再次建议在左先生诞辰百年前出版纪念文集，这正合我们意愿。随后我们征得王五一先生（分会现任理事长）同意，以"中国科学院老科技工作者协会地理科学与资源研究所分会"的名义，向研究所提出经费立项申请，并得到批准。葛全胜所长对本书的编辑工作给予了大力支持和帮助。

出版左先生的纪念文集，不仅是为缅怀他对地理研究所作出的丰功伟绩，寄托对他的追思，继承他高尚的道德品质、对事业的忠诚与勇于创新精神、高瞻远瞩的学术思想，也是为了铭记地理研究所那段峥嵘岁月、那一代人的奋斗年华，激励后人无私奉献、砥砺前行，适应国家进入新时代和新征程的形势，不断发展学科，培养人才，为国家作出更大贡献。

在文集即将交付出版之际，谨向地理科学与资源研究所葛全胜所长及所办曹明主任、平台处于伯华处长等关心和支持文集出版的各级领导表示衷心感谢！向文集编辑组各位成员及为文集提供稿件、影像等帮助的同志们表示衷心感谢！衷心感谢科学出版社彭胜潮、朱海燕两位的大力协助。

唐登银[①]　杨勤业[②]

2023 年 2 月

---

① 中国科学院老科技工作者协会地理科学与资源研究所分会第三任（2009—2012 年）理事长。
② 中国科学院老科技工作者协会地理科学与资源研究所分会第四任（2013—2019 年）理事长。

目　录

左大康重要著作和著作目录

赞扬和学习左大康同志的努力学习和工作精神

黄秉维[*]

中国科学院-国家计划委员会地理研究所同志，在选辑的《左大康地理研究论文选》行将付梓之时，嘱为写一序文。我临楮命笔，潸然泪滋，怅望天涯，百感交集。1953年，我从上海调来北京工作时，左大康同志已在北京工作站任职。当时，他是工作站秘书，行政工作很忙，我不过问行政，所以与老左接触很少。不久以后，他去莫斯科大学地理系进修气候学。1949年前，他在浙江大学史地系，大半时间从事学生运动，毕业以后，又未参与研究工作，深恐其到苏作研究生，难与同学并驾齐驱。不料他竟以过人的勤奋，在出国前准备期间，在俄语与数理化方面，打下了必要的基础。在莫斯科大学期间又顺利地完成了学业，获得了副博士学位。我第一次认识地理学家左大康，是在看到他所写的关于新疆气候的报告。他回国以后，首先投入中国辐射平衡的研究。竺可桢教授坚持要在中国科学院设立地理研究所，其主要目的就是要和地质研究所一样，探讨工农业发展的资源基础。地质学的工作，要有助于了解矿产的形成；地理学的研究要有助于了解农业所依存的环境。50年代竺老亲自领导的自然区划工作，在科学规划制订中，一致赞成竺老提出的地理学要为农业服务的建议。为此，竺老想从植物的光能利用方面做一些研究，以从地表水分热量平衡寻求自然地带的规律性，但缺少气候辐射资料。老左于1960年开始辐射研究工作时，气象局的领导说："我们进行了几年的观察，却从来没有谁来要过观测资料，因此有人曾主张取消这项观测。"可见当时人们并不认识这一研究的意义。然而，辐射不但对农作物及其他植物生产有重要意义，而且是气候形成的最基本因素。老左利用这些观测资料，领导一个组系统地做了许多研究，其主要成就，可从本文集的文章中略知涯要。对此我只拟指出几点：一是没有他的工作成果，竺老和我关于农业自然生产潜力的工作就无法起步。他和他所领导的同志除了利用气象局的观测资料以外，还自己进行观测，成了竺老所积极提倡的实验地理学中的一支重要劲旅。二是在十年动乱以前，老左已经看到卫星辐射的发展前途，并为此作了相当充分的业务准备。当时竺老和我虽然都不否定这一看法，但认为步子可以放慢一些，事实证明，我们的思想是偏保守了。可惜的是，当我国可以接收卫星资料时，十年动乱已经开始，老左当时的处境已不允许他在这一领域中发挥应有的作用了。三是老左自己在1965年以后，虽已较少直接

* 黄秉维（1913—2000年），中国科学院院士、罗马尼亚科学院院士。曾任中国科学院地理研究所所长、名誉所长，中国地理学会理事长等职。本文原为《左大康地理研究论文选》序，科学出版社，1993年12月，i—ii页。现标题为编者所加。此文写于1993年2月2日。

参与辐射研究，所内致力于此一领域的人员也分散在不同任务、不同课题之下，然而，却仍然取得了不少成果，其中一部分在国内是新开拓的园地，还有一些在国际上也是发前人所未发的。这些成果的取得不是一手一足之力，都是直接间接与老左的倡导藕断丝连的。例如，老左虽不直接领导北京（大屯）农业生态试验站的工作，却常亲自检查该站辐射观测记录，指导工作，气求声应，由此可见一斑。

1973—1983 年，老左在地理研究所先后主持了体制改革，担任业务处长、副所长。我虽然是所长，但所长所应挑的担子，实际上大部分压在他的肩上。我没有能力和精力多管组织领导工作，能者多劳，便成为理势之所必然。在这一客观情势下，老左不但表现出他沉着理繁治纷的能力，而且对于如何发展地理学和地理研究所的工作，亦胸有成竹，可说与竺可桢教授的思想息息相通；而在应用新技术方面，则走得比竺老更远。他直接主持的研究工作，以南水北调与华北平原农业发展研究为主，其研究领域比之过去以地表辐射平衡为主扩大了许多。此后，他担任地理研究所所长，前后八年。在八年中，科学院实行所长负责制，任务繁重，倍甚以前，而全所面貌焕然一新，建立了经济地理部、资源与环境信息系统国家重点实验室、禹城和北京农业生态试验站。这期间他自己领导和参与的工作，最主要的有两个方面：一是于地理研究所在禹城 16 万亩①中低产田改碱试验区中，选定改得最差的一万多亩，订立五年攻关合同，三年便超额完成任务，旋即于"七五"期间将工作扩大到 33 万亩，亦取得了显著的增产效果。这些试验成果与地方协作，在禹城全县推广后，全县粮食产量由 1980 年每亩 260 千克，至 1989 年提高到 780 千克，且自 1984 年以来，未出现徘徊局面。1989 年起这一工作向鲁西北推广，第一年即取得增产实效。老左在继续这些工作之外，二是又负责国家基金重大课题"黄河流域环境演变与水沙运行规律"的研究，且在他生前已取得了重要进展。这一任务与南水北调，华北平原整治、开发唇齿相依，互为表里。许多问题的解决都需要在这三方面有真知灼见，兼顾统筹。方冀他数十载的辛勤，终将发挥特别重要的作用，不图竟未尽天年，即抱志长往，不亦悲夫！

左大康教授在科学上的贡献，由此书可略知涯要。我希望读者，特别要注意到两点：一是在他准备去苏联以前，科学基础比较薄弱，此后竟能于较短期间，以过人的勤奋，充实提高，登堂睹奥。二是他于十年动乱之后，由领域比较有限的基础转而进入广泛得多的领域，跨越基础与应用两方面，取得写在纸上和大地上的卓著成就。这两次转变都是难能可贵、值得人们钦佩的。

---

① 1 亩 ≈ 666.7 m²。下同。

鞠躬尽瘁为人民——怀念大康同志

陈述彭*

左大康同志刚刚从中国科学院地理研究所所长八年繁重的岗位上卸任下来，没有来得及喘一口气，马上就到国家自然科学基金委员会接班，任地球科学部主任。我们正期望他对地理科学的局面再有一番新的开拓，他胸有成竹的更上一层楼的设想能够逐步实现。万万没有想到，他竟匆匆离去!

我和大康同志共同生活、工作了40多年。40年代一道在杭州浙江大学学习，既是同系的前后同学，又算是师生关系。50年代初一道调到中国科学院地理研究所，尔后我们既是同事，他又是我的顶头上司，共同度过了风风雨雨的年代。在十年浩劫中住"牛棚"、进干校，同在一个班;迎来了科学上的春天，出国考察、参加国际会议也经常同住一套房。有时切磋琢磨，呼应默契;有时诤言雄辩，推心置腹，都是围绕着一个共同的目标:为了我国地理科学事业的振兴。而今大康同志溘然西去，我无比哀痛，不仅是个人失去一位知心的难友;更多是感到我国地理学界失去了一位成熟的学术带头人，失去了一位坚贞不渝的共产主义战士!他正准备带领我们再上一个台阶，竟力不从心地倒下了。我感到惆怅、茫然。说不清是在为他惋惜，还是为了我们共同的命运;也说不清是怀念过去的坎坷，还是忧虑未来的艰辛!

同志们缅怀他的业绩，把他的科学论文汇集出版，这是对一位科学家最好的纪念。因为这是他的心血，他最喜爱的工作。但是这远不是他全部的生活、全部的事业。他还是一位卓越的学术组织者和革命战士。他毕生为了人民的事业，鞠躬尽瘁，义无反顾，追求真理的求实精神，忘我牺牲的思想境界，更是值得我们学习的。他在我的片断回忆里，时时事事都闪烁着灿烂的光辉，让我肃然起敬!

全国解放的前夕，我们一起生活在杭州浙江大学。"左大康"三个大字被张贴在大学路阳明馆广场的大墙上，同学们支持他公开竞选学生会主席。这是他给我第一次深刻的印象，也曾为此而感到担心和自豪。因为在当时风雨如磐、刀光剑影的岁月里，这不是什么殊荣，而是极大的风险。学生会主席必须肩负着全校师生的重托，去争取反饥饿、反内战的民主权利。我当时重病卧床，一个深夜，他忽然走进我的宿舍楼，悄悄地告诉我，今晚他有许多重要的工作要做，明天的"中国自然地理"考试实在没有时间准备，

---

* 陈述彭（1920—2008年），中国科学院院士。曾任中国科学院资源与环境信息系统国家重点实验室主任、中国科学院遥感应用研究所副所长与名誉所长、云南地理研究所所长、中国地理学会理事长等职。本文原载《左大康地理研究论文选》，科学出版社，1993年12月，iii—v页。

可能考不好，请原谅。然而，第二天清早，他还是来到考场，而且考了 79 分。我看到他熬得通红的眼睛，但并不完全知道他已经投入了革命的怀抱，立下了解放全人类的宏愿，日夜辛劳投入了人民的解放事业。

50 年代初，我们先后调到中国科学院地理研究所筹备处。在竺可桢、黄秉维、周立三教授的领导下，为开拓地理学的分支学科而埋头工作。当人民的科学事业需要一批勇士去攀登现代科学技术高峰的时候，他并没有把自己摆在功劳簿上，去谋取一官半职，而只是夜以继日，突击学习俄语和数理化。不久，他和丘宝剑被保送到苏联去进修，获副博士学位。我国从 1958 年第一次国际地球物理年开始，陆续建立起一批日射观测台站，1960 年他回国以后，马上组建辐射气候学科组，对中国太阳辐射进行了长期研究。1965 年，在《中华人民共和国自然地图集》中，他发表了我国第一幅全国范围的太阳辐射量图。1966 年他和陈建绥、周允华、项月琴等合作，编写出版了《气象卫星的辐射测量及其应用》的专著，这是我国关于卫星气象与遥感的萌芽。虽然这些比较陌生的领域，对大康同志来说，并不是他的主攻阵地，但是他热情地支持了这些新生事物的成长，培养了我国从事辐射气候和遥感研究的一大批人才，在后来的地物光谱、地气系统辐射平衡、太阳分光辐射、农田辐射、坡地辐射等研究方面，成为我国重要的学科带头人，成为建设遥感应用研究所、禹城综合试验站和北京农业生态系统试验站的一部分骨干。这些贡献，并不是他担任所长以后的决策，而是在他研究太阳辐射理论的时期所播下的种子，所引导出来的"辐射效应"。我们今天十分欣慰地看到已经开花结果了。

他担任所长期间，对于地理研究所的学科建设倾注了很大的精力和心血，加强了理论研究和新技术武装。在我已调离地理研究所筹建了遥感应用研究所、呼吁需要建立地理信息系统而不为人们所理解的时候，左大康所长果断地作出决定，把资源与环境信息系统国家重点实验室的筹建工作纳入地理研究所的发展规划。他不仅为此担当起繁重的行政领导和后勤保障任务，而且抽调有关科室的部分人员，重新组建一支崭新队伍；并给予相当宽松的优惠办法，使这个实验室能够较快地打开"开放、流通、联合"的新局面。对于筹建工作，他总是从地理科学的长远发展需要来看待地理信息系统的作用，在谈话中我深深地感受到，他为此而排除了不少疑虑、阻力和干扰。5 年来的实践证明，他的决定是有远见的，是符合改革、开放的政策和信息时代的社会需求的。其他，如在地理研究所争取国家计划委员会的双重领导、对禹城试验基地与山东省的广泛合作等等类似的重大决策中，也同样体现了他的远见卓识。

最近的 10 年，在大康同志担任所长期间，虽事务纷繁，但他仍然不顾疲乏，挤出时间搞研究工作，统率全所的主力，投入到黄淮海平原综合开发与中低产田改造这个主战场上去，坚持地理学为农业生产服务的大方向，竭忠尽智，加速地理学转化为第一生产力。这项宏大的农业生态工程，获得了国家科技进步奖特等奖，人民给予了他充分的肯定。大康同志作为项目的负责人，在学术领导和协调组织工作方面的贡献，有口皆碑，有目共睹。在我的回忆中想起了有关的二三件事，也可以说明他深谋远虑、统帅全局的大将风度。

1985 年，我们一同大声疾呼，"黄河大堤，关系国家安危"，并一道去河南郑州请战，提出建立黄河下游防洪与灾情评估信息系统。后来这一研究又争取到在世界实验室的合作计划中立项后，地理研究所却仅担任若干子课题中的配角，分配到很小的资助份额，为此个别专家颇有意见，而大康同志却能顾全大局，积极支持，任劳任怨，另外申请"黄河中下游水沙平衡规律"的自然科学基金项目，弥补前者偏重于观测手段、台站建设的不足，加强了应用基础研究；先后又部署了黄河流域环境演变与水沙运行规律、南水北调和华北平原节水农业、莱州湾卤水倒灌等课题，对黄淮海平原的研究作了全面的部署，克服流域分割的局部观点。1989 年，中国科学院地学部召开"黄河流域综合治理专题讨论会"，我们共同执笔起草了"黄河流域综合治理必须统一领导综合规划"的咨询意见，得到了国务院领导批示，终于在"八五"期间，列为重大科技攻关计划。大康同志又为此而亲自前往黄土高原实地考察，部署工作。当时他感冒未愈，不顾疲劳，超负荷地奔波于国内外，终于积劳成疾，卧病不起。大康同志数十年如一日，对于黄河流域与黄淮海平原的综合治理，的确是做到了鞠躬尽瘁、死而后已。黄河流域的人民是不会忘记他的，大康同志的呼声，和黄河龙门的咆哮一样，将永远回荡在人们的心间。

大康同志离开我们了，他留下了丰富的科学著述、高尚的求实献身精神，这是他留给我们极其宝贵的财富。他在文献中，而更多的是在祖国的大地上，为人民建立了不朽的业绩，人民给予了他崇高的信任，1992 年被授予"有卓著贡献的科学家"的终身荣誉称号。同时，也留下了他开拓而未竟的科学事业，祖国地学科学建设、黄河流域的资源开发与环境保护问题，有待年轻一代的再接再厉，继续作出新的奉献。

左大康同志的一生，无愧于中华儿女，无愧为一名人民的科学家！

先行者的足迹

童庆禧[*]

　　"文化大革命"时期的地理研究所是中国科学院的一个重灾区。正当部分人们还沉浸在一种狂热的革命浪潮中时，国际科学与技术的发展正经历着一场重大的变革。空间技术和计算机技术的发展，深刻地影响着整个科学与技术的进程。地球科学，特别是地理学的研究，也因此而进入了一个新的时期。这一时期最重要的标志是 60 年代美国通过他们发射的一系列人造地球卫星和宇宙飞船，如"水星号"和"双子星座号"等，他们利用专业照相机从宇宙空间对地球进行了大量的光学摄影。继而，在影响深远的"阿波罗"登月计划中，又利用一系列"阿波罗"载人飞船在进行对月球表面观测的同时也对地球进行了大量的摄影，并且在传统的黑白和彩色摄影技术基础上，第一次尝试了对地球进行多光谱摄影。人类一次又一次地将对地面摄影的高度从几公里提高到了数百公里，空间对地球的摄影时间从"水星号"的 2—3 天提高到阿波罗的 2 星期。这些早期的空间遥感活动对地理学的最大影响就是美国人利用这些成果快速而有效地更新了他们的地图，使得美国在与前苏联的竞争中处于有利地位。与此同时，一门新兴的科学技术领域——遥感技术也就应运而生了！1962 年在美国筹备召开的一次研讨会上第一次出现了"遥感"（remote sensing）一词，因而，这个学术会议也就顺理成章地称之为"国际环境遥感研讨会"，并成为而后在相当长的一段时期内国际上最具影响的遥感技术系列会议。遥感技术的问世打破了地球表面对人类的桎梏，人们第一次依靠自己的智慧和能力，超越了空间的阻隔，从数百以至数千、数万公里的距离来审视我们赖以生存的星球。除此以外，红外和微波技术的发展，使人类的认知能力远远超越了人眼的视觉范围，人们的眼睛得到有效的延伸，视野得到了无限的开阔。他们发现自己再也不是从前那个"只缘身在此山中"而"不识庐山真面目"的狭隘观察者了。加之，而后迅速发展的计算机处理技术、数据传输（通信）技术和网络技术，使得各种遥感数据有了中枢神经，遥感也成为地学研究中一项不可替代的先进工具。

　　1960 年美国的 TIROS 气象卫星以其自动图像传输系统（APT）不断向地球发送气象云图，并且以 5 通道扫描辐射计对大气辐射进行了垂直剖面观测。后来苏联和欧洲也相继发射了自己的气象卫星，实现了气象和气候研究技术的新突破，带动了学科的发展。

---

　　* 童庆禧（1935 年—），中国科学院院士、国际欧亚科学院院士。曾任中国科学院遥感应用研究所所长。本文摘自《遥感应用发展的摇篮》，原文载于《地理学发展之路——中国科学院地理研究所科学活动回忆录（1940－1999）》，科学出版社，2015 年。标题为编者所加。

20 世纪 60 年代初期国际气候界掀起了一股研究地球辐射的高潮，地理研究所从事辐射气候学研究的左大康敏锐地捕捉到这个信息，组织对国际上有关气象卫星辐射测量及其应用成果进行了深入的调研和分析，编著、出版了《气象卫星的辐射测量及其应用》一书。该书系统论述了国际上卫星辐射气候学的研究现状及进展，为我国卫星辐射气候学发展奠定了基础。左大康等人的研究开创了地理研究所卫星遥感研究的先河。

继左大康等之后，地理研究所又有一些人试图开展卫星地理学的研究。从各种报道和文献中得知，1972 年美国将要发展的这颗地球资源卫星与气象卫星一样，会不断向地面发送它从两台主要遥感载荷"多光谱扫描仪"和"反束光导管摄像机"所获取的观测数据时，他们积极行动了起来，提出了一项"研制设备、接收卫星"的设想。这个思路，得到时任地理研究所业务处长、后任院资源环境局副局长的杨生同志的支持。这样，一个名为"卫星班"的建制在地理研究所出现了，在"917"大楼顶层的一间宽大的房间里吹响了卫星遥感研究的集结号，开始了新征途的第一步。这又是一批先行者，我们也应该记住他（她）们的名字：曾明暄、王长耀、闫守邕、郑兰芬、范惠茹、王景华、宋燕菊、关威……就在 20 世纪 70 年代的最初两年，一具长约 5 米的螺旋天线直指天空，竖立在"917"大楼的主楼顶上。通过改造的传真机直接接收到了美国气象卫星的云图，这是继中国科学院大气物理研究所研制成功气象卫星接收设备后，地理研究所的又一次有益的尝试。地理研究所理所当然成为了中国科学院遥感技术与应用研究的一个重要发祥地。

左先生对地理研究所的贡献彪炳史册

郑　度*

　　著名地理学家左大康教授是中国科学院-国家计划委员会地理研究所前所长、所学术委员会主任委员、国家自然科学基金会地球科学部主任。他长期从事地理科学研究和科研组织管理工作，为发展我国地理科学事业、为建设中国科学院地理研究所呕心沥血、无私奉献，成绩卓著。他几十年如一日，孜孜不倦、辛勤耕耘，长期的超负荷工作，使他积劳成疾。直到病重住院期间，他想到的也还是工作和地理学的发展，真正做到"鞠躬尽瘁、死而后已"。

　　1925 年 2 月 7 日左大康先生出生于湖南长沙。早年在浙江大学读书时就积极从事地下革命工作，于 1948 年加入中国共产党，成为该校学生运动的领导人之一。1949 年他从浙江大学史地系毕业后，分配至浙江省农林厅、财政委员会工作，1953 年调入中国科学院地理研究所。1956 年他赴苏联莫斯科大学地理系攻读，1960 年获副博士学位，回国后一直在中国科学院地理研究所工作，于 1978 年和 1986 年分别晋升为副研究员和研究员，历任气候研究室副主任、所业务处处长、副所长、所长。1991 年任国家自然科学基金会地球科学部主任、中国科学技术协会第四届全国委员会委员、中国地理学会常务理事。他还担任中国科学院水问题联合研究中心主任、禹城综合试验站学术委员会主任、青海省高原地理研究所名誉所长；《中国地理》（英文版）副主编、《地理研究》副主编等。

　　左大康先生十分重视地理学的发展，认为人与地理环境间的关系是地理学研究的核心问题，研究国民经济建设中重大的综合性的地理学问题、提出解决的途径和对策是地理工作者的职责。他主张地理学要为农业服务，为工业和国民经济建设服务，为合理利用、改造和保护环境服务。为了更好地研究和解决经济建设中提出的地理学问题、带动学科的发展，必须加强地理学的基础研究，使地理学的理论水平有较大的提高。他指出，地理学的研究要把野外考察、实验研究和遥感等方法结合起来，强调要设立定位、半定位试验站与各种模拟实验室开展地理学中的实验研究。他十分重视新技术在地理学中的应用，如遥感技术和计算机的应用、最新测试技术手段的采用、地理信息系统的建设等，其目的是逐步发展和形成我国现代地理学的理论体系。在他担任地理研究所科研组织和领导职务期间，全力支持禹城综合试验站、北京大屯农业生态系统试验站、资源与环境信息系统国家重点实验室和经济地理部的工作，为地理研究所的建设作出了卓越贡献。

---

　　* 郑度（1936 年—），中国科学院院士。曾任中国科学院地理研究所所长。本文原为《左大康地理研究论文选》的前言，科学出版社，1993 年 12 月。标题为编者所加。

气候学和地球表层辐射研究是左大康先生的主要研究领域。他赴苏联攻读博士学位期间完成了《新疆气候》学术论文。1960年他在地理研究所主持辐射气候研究，首次得出中国各纬度带晴天条件下的总辐射值，建立了月总辐射计算公式。分析了中国总辐射值的空间分布规律，研究了东亚地区地球-大气系统和大气辐射平衡，并在我国最早提出卫星辐射研究的思想。以他为主完成的《地球表层辐射研究》是我国系统论述这一研究领域的重要学术专著。

20世纪80年代左大康先生主持了"黄淮海平原治理与开发""南水北调及其对自然环境的影响"等国家重大研究任务。针对黄淮海平原旱涝、盐碱、风沙等多灾特点，他提出了以水为中心进行综合治理和综合开发的思想，专文探讨黄淮海平原的农业供水和华北平原的适水种植问题等。由于黄淮海平原，特别是黄河以北地区水资源的短缺，南水北调的设想得到了有关部门和科学界的关注。他组织了实地考察和学术讨论会，并且撰文阐述了南水北调的必要性和调水对自然环境的影响。

黄河安危，事关大局。左先生厉声疾呼，建议将黄河的有效治理和合理开发列为国家经济建设的重大战略问题，组织力量进行全面的研究，使黄河成为我国一条安定的河流，让黄河流域成为经济繁荣的地区。自1988年起他主持了国家基金委重大项目"黄河流域环境演变与水沙运行规律"，将全流域作为一个整体进行综合分析，取得了显著进展。

为了纪念左大康先生对我国地理学的重大贡献，继承和发展他的地理学学术思想，学习他严谨的治学态度，地理研究所决定编辑出版他的地理学论文集。他生前发表学术论著近100篇，主编专著12部。经过认真遴选，确定40篇能反映左大康先生主要研究领域及学术思想的代表性论著汇辑出版，定名为《左大康地理研究论文选》。本文选按研究内容整理编排、所附插图和地图在编辑时仍按原发表时的情况未予变动。编辑小组所编的"左大康著作目录"（不含手稿）附于正文之后。文选的选编过程得到左大康夫人叶彦文女士和科学出版社姚岁寒先生的积极合作和支持，所内许多同事也给予了热情的帮助。黄秉维先生、陈述彭先生分别为本文选撰写序和纪念文章，在此一并致谢。本文选的编辑工作遗漏和错误之处，敬希读者指正。

左大康先生离开了我们，谨以此书表达我们对他的敬意和怀念。

左大康先生在我们心中留下了一座丰碑

陆大道[*]

左先生在 20 世纪 70 年代末开始到 80 年代给我留下的印象最深刻。我感觉到，我们中国科学院地理研究所在 80 年代非常繁荣，是兴旺发达时期，一方面跟 60 年代、70 年代"文化大革命"受到摧残有关系，人们以兴奋的心情获得解放。因为左大康先生在所里协助黄先生制定的一系列政策，那时候可以说，基础研究发展得不错，他抓了几件工作，都有实际的结果。应用研究最主要的是黄淮海会战，体现在地理研究所地理学综合性的特点，那个时候主要以自然地理为主，但是其他学科配合得也不错，大家心情比较愉快。其他的一些专业的学科，跟距离黄淮海比较远一点或不完全分科的也在这个阶段发展得比较快。左先生基本上是以全局的观点，来看各个学科的发展，各方面照顾得比较好。那个时候可以说我们意气风发，像左先生一代包括我们胡序威先生、李文彦先生，这一代人继续发挥领军的作用。另外，新一代人在左先生那个阶段不断地派出国留学，在国内的也受到重视，80 年代又进来一批人是今天的地理学、我们地理资源所这些骨干力量是那个时候进来的，是那个时候进来的人才也是很不错的。那个时候除了研究，还发展了地理学的发展战略研究，吸取了一些年轻学者，以老学者为主，我本人也跟其他许多年轻学者一样进入这个战略研究组，左先生也很重视。我对左先生的印象最深的应该是 1990 年，那个时候是访苏，我印象很深刻，我是学俄语的，没有机会到苏联，那是头一次跟老左到莫斯科，到库尔斯克试验站，后来看到欧洲的最高峰厄尔布鲁斯峰。

这些年我感觉到，左先生是我们中国地理学发展中的杰出学者，也是地理研究所杰出的所长。他能坚持原则，他也有全局观点，我想如果是左先生不是那么早走的话，我们地理研究所可能跟现在会有些不一样，所以左先生给我们留下了值得我们去进一步挖掘的遗产。葛全胜的"左大康先生学术成就概览"很精彩，很不错，我觉得大家的发言完全可以把左先生的思想以什么的形式再进一步地宣传。对我们的后人也知道这一段历史，这是一段非常辉煌的历史，国家领导人不止一次来了解地理研究所，到试验站，到地理研究所来，我回忆给我印象是一种美好的时光。我的心情可能跟我的病有关，大家讲了那么多，对左先生怀有深厚的情谊，很多人至今仍然在谈论左先生任所长的那一段时光。这充分说明左大康先生他的人格，他的贡献，他在我们心目中的威望跟地理研究所一样，左大康先生在我们心中留下了一座丰碑。

* 陆大道（1940 年—），中国科学院院士。曾任中国科学院地理研究所所长、中国地理学会理事长。本文为作者在"纪念左大康先生诞辰 90 周年座谈会"上的发言。根据录音整理，未经本人审阅，标题为编者所加。

怀念在地理所工作的那三年

巢纪平*

我从 1954 年跨进科学院，1984 年离开，工作了整整 30 个年头，度过了青年和壮年。我是 1976 年到地理研究所，1979 年回大气物理研究所的，在地理研究所工作了三年。三年只是 30 年的十分之一，但这十分之一的三年，我深切地怀念它，从未敢忘怀，也不会忘怀。

1976 年经历了十年"文化大革命"的灾难后，我认为还是离开科学院的好。我那时已经是副研究员了，按当时政策规定，高研离院需经过院领导批准。调离报告到了当时主管工作的郁文同志手里。郁文同志请他的秘书转告我，可以到院内有关所工作，但不会批准我出院。

我比较可去工作的有关研究所后，选择去地理研究所。首先，那时的所长是我尊敬的、德高望重的黄秉维先生。我去他家拜见了他，黄先生说话带有广东口音，并不善辞令，他表示欢迎我去，并说，地理科学需从定性描述向定量计算发展，特别是气候学，希望我去后在这方面做些工作。同时主持日常工作的左大康副所长为人厚道，不仅有过领导学生运动的革命历史，而且在水、热平衡方面也做了不少好的工作，是个双肩挑干部。我相信在他们领导下，会有一个好的工作环境。再有，我知道当时的党委书记李子川同志是个正派的党的领导干部。我还要提一下当时地理研究所气候室副主任兼支部书记丘宝剑同志，他跟我私交也很深。在那个年代，做科研工作不太重视物质条件，不像现在要考虑计算机、数据库等支持平台，更不会去考虑科研经费。更多的是考虑人的环境是否和谐。地理研究所是一个人际关系和谐的所，而气候室是一个和谐的、上进的研究室。那个研究室的同志在季风气候、树木年轮、古气候和小气候方面都有好的研究基础。所以，我选择去地理研究所。

但我没有想到的是，去后不久党委和所领导就任命我为气候室主任。主任这个"官"我并不看重，使我心里震撼和感动的是，我这个在"文化大革命"中受到重点冲击、关过"专政队"连党籍都尚未恢复的"黑旗"，所领导和党委居然有这样的魄力，并给予这么高度的信任，让我来主持这个室。

1978 年职称恢复，我这个研究员是在地理研究所提的。实际上，所领导知道，由于专业，我不会在所里长留，但是地理研究所的党政领导是公正的，他们没有排外思想，

* 巢纪平（1932 年—），中国科学院院士。曾任国家海洋局科学技术委员会副主任。原文载《地理学发展之路——中国科学院地理研究所科学活动回忆录（1940—1999）》。

一切按政策和条件办事，提了我。我记得那年被提为研究员的人并不多，我这个刚来的"外来户"却占了一个名额。

我要感谢地理研究所的另一件事，是工作方面的。那时国际上刚开始研究长期数值预报，我提过一个有创新思想的方法，称为距平-滤波方法，这个工作和地理研究所的研究方向完全不一致，但所领导仍然支持我，在室里同事们的帮助下，1977 年和 1979 年分别在《中国科学》上以"地理研究所长期数值天气预报研究小组"的名义发表了《一种长期数值天气预报方法的物理基础》和《长期数值天气预报的滤波方法》两文，在 1978 年全国科学大会，经地理研究所申报后，被评为是国际水平的工作。这个在地理研究所完成的研究，在国际同行中有一定的影响，一度被称为长期数值预报的"北京模式"。这也体现了地理研究所"兼收并蓄"的学术氛围。

对地理研究所，我是心有愧疚的，没有为它做更多的事情。我只做了两件事。一是在工作上调整了气候室的研究方向，秉承黄秉维先生的思想，加强了这个室小气候的观测、分析和理论研究，从国外引进一批小气候观测仪器。特别需要指出的是，第一次青藏高原研讨会 1979 年在兰州召开时，我是参加该会的地理研究所代表之一。地理研究所在第一次青藏高原试验中是有贡献的。这是历史。第二件事，按政策和条件，为地理研究所气候室提名并经批准提了多个有高级职称的学科带头人。

三十年过去了，地理研究所所名虽然改了，但学科水平已今非昔比，是一个先进并具有一定国际声誉的所。一批年轻的科研人员已经并正在成长，多个不同学科的研究团队已经并正在形成。地理科学已成为引领国民经济可持续发展的科技支撑。

三十年过去了，每当我经过"917"大楼旧址时，会情不自禁地怀念起那个大楼，以及大楼外那片宁静的原野，原野上朴实农民的劳动和儿童的嬉耍，那是一个多么和谐的科研"小社会"。楼空了，但人未走，科研在发展。

三十年过去了，我依然深切地怀念地理研究所。

左大康的学术成就与对地理研究所
发展的贡献概述

李玉海* 项月琴**

左大康先生求学时期是中共地下党员，是学生运动的领袖人物。留苏取得副博士后，回到地理研究所开始了研究工作生涯，逐渐成长为知名学者和深受爱戴、为地理研究所发展作出卓越贡献的科研组织领导者。他高瞻远瞩的学术思想，实事求是、大力培养人才、知人善任、与时俱进的管理理念，加之他个人的高尚品格，它们之间水乳交融、浑然一体，使他既在科研工作上取得创新性的科研成果，又在领导科研工作与组织管理方面功绩卓著，深受广大群众的爱戴与崇敬。他的学术思想除体现在他的学术著作中外，更重要的是渗透在和影响着他的管理理念，体现在他对全所科研工作部署与组织管理工作中。他的学术成就与发展地理学与地理研究所的历史性功勋已经载入史册。他谢世已经 30 多年了，他远见卓识的学术思想，他脚踏实地、埋头苦干的工作作风，他为发展地理学与地理研究所所作出的不朽功绩，仍为后人所赞许与铭记。

我们都毕业于南京大学，先后于 1962 年与 1963 年分配到地理研究所气候室辐射组，在左大康先生领导下开始从事研究工作。左先生是我们走上社会的第一位直接领导与领路人。他的敢为人先的学术思想，严以律己的高尚人品，以及大公无私的献身精神，潜移默化地影响了我们一生，成为指引我们努力向前的精神力量。他 67 岁就突然离世，上任国家自然科学基金委员会地球科学部主任还不到一年，有太多未竟的工作，还可以为党和人民做更多的贡献。他过早的谢世，是对我国地理事业的重大损失。

机缘巧合，在我们已届耄耋之年，先后住进了同一个养老公寓，且是楼上楼下的邻居。遛弯时往往会相遇。话题自然离不开地理研究所、气候室、左先生以及辐射组当年的同事。想起左先生为地理研究所与地理研究事业真正做到了呕心沥血、鞠躬尽瘁，萌生了编纂《左大康先生纪念文集》想法。当得到唐登银先生的支持后，我们就着手资料收集工作。庆幸的是，我们还都头脑清楚，生活能自理，还有使用电脑做文字工作的能力。通过编纂他的文集，看到那些情真意切的缅怀与纪念文章，以及在发展地理事业、开辟新的研究领域、培养出高水平人才所取得的累累硕果，令我们思绪万千，深受感染，加深了对左先生深入而全面的了解。他虽然只有短短 67 年的人生，确是为地理研究所与

---

* 李玉海（1938 年一），执笔，高级工程师。曾任竺可桢秘书、中国科学院技术条件局局长等职。

** 项月琴（1939 年一），研究员。曾任中国科学院北京大屯农业生态试验站副站长、站长等职。

地理事业无私奉献、功绩卓著的一生，是一身正气、两袖清风、不忘初心的一生，是不平凡的一生，已经永远刻印在他所倾力奉献一生的事业中。

左大康从 1953 年进入地理研究所工作，1984—1991 年任所长，是继黄秉维院士之后地理研究所的第二任所长。

左大康先生既是著名的气候学家，又是在地理研究所时逢内外困境时期担任副所长、所长，率领地理研究所走出困境，迎来巨大发展变化、走向辉煌繁荣时期卓越的领军人物与帅才。

一、简　历

左大康，男，湖南长沙人，1925 年 2 月 7 日出生，1992 年 1 月 3 日在北京逝世，享年 67 岁。中国共产党党员。1944 年 9 月至 1949 年 5 月在浙江大学史地系学习，毕业获学士学位。1953 年调入中国科学院地理研究所。1956 年被选送至苏联莫斯科大学地理系读研究生，1960 年获副博士学位。回国后一直在中国科学院地理研究所工作。历任气候室副主任、地理研究所业务处处长、副所长，1984—1991 年任地理研究所所长。1988 年根据国务院发布《关于表彰奖励黄淮海平原农业开发实验的科技人员的决定》，获二级表彰奖励。1991 年任国家自然科学基金委员会地球科学部主任。1991 年享受国务院政府特殊津贴。1992 年病逝后被追授为"有卓著贡献的科学家"的终身荣誉称号。

主要社会兼职：《地理研究》副主编，《中国地理》（英文版）副主编，《地理科学》编委，《地理译报》主编，中国科学技术协会第四届全国委员会委员，中国科学院地学部地理学科组副组长，中国科学院遥感应用研究所学术委员会委员，中国地理学会常务理事，气候专业委员会副主任，中国气象学会理事，中国太阳能学会理事，辐射气候专业委员会副主任，青海省高原地理研究所名誉所长等。

二、学术思想与学术成就

1. 开创了我国辐射气候学与卫星遥感、地面实验遥感的先河

首先绘制出全国太阳总辐射分布图，被《中国自然区划》《中华人民共和国自然地图集》《中国气候图集》采用。得到著名科学家竺可桢的赞赏与引用。他领导编著的《气象卫星的辐射测量及其应用》一书，为我国卫星辐射气候学发展奠定了基础，开创了地理学卫星遥感研究的先河。1991 年出版的专著《地球表层辐射研究》，是我国在该领域独具特色的研究成果。

他对遥感研究重要作用的先知先觉，早在 1976 年就开始部署地理学的新生长点：实验遥感。使地理研究所开拓了国内独具特色的地面实验遥感研究领域，并在我国定量遥感基础研究领域占有一席之地，同时培养出我国从事辐射气候学与遥感研究的一大批人才，积极促进"地理研究所二部"的成立。毋庸置疑，他对地理遥感事业的发展与遥感

应用研究所的成立居功至伟，已经载入史册。

2. 以开展地表蒸发为切入点，部署地理学的能量流和物质流研究，领导开展"禹城试区盐碱地综合治理中间试验"和"盐碱地综合开发技术体系区域实验"项目研究

他以先见之明，果断决策，将传统的地表蒸散的气象学与遥感方法结合起来，实现数据采集与处理工作的自动化、智能化。禹城站围绕农田水分循环和水量平衡这一主要研究方向，重点开展农田蒸发试验研究，取得了一系列研究成果。

他提出以蒸发研究为切入点的研究思想，具有重要的理论价值，对开展气候学、水文学的相关研究具有重要引领与指导意义。在他这一学术思想指引下，将农田蒸发作为土壤-植物-大气系统中物质能量迁移转换的重要环节，将国内测定蒸发的多种方法综合应用于禹城站的农田蒸发试验研究中，建立了符合中国实际情况的农田蒸发和农田水量平衡模式。还与谢贤群主编了《农田蒸发研究》一书；又领导开展实验遥感研究，推动了中国地理学的定量化研究进程。

3. 主持黄淮海平原综合治理与农业发展研究

主持国家重大项目"黄淮海平原综合治理与开发"，担任专家组组长，参与项目的课题设计与分解实施，并具体指导大规模联合攻关。提出了农业灾害的途径，建立了农村经济开发配置模型。地理研究所在禹城16万亩①中低产田改碱试验区中，选定改得最差的1万多亩，订立5年攻关合同，3年便超额完成任务。在禹城全县推广后，全县粮食产量由1980年每亩260公斤，至1989年提高到每亩780公斤。从1989年起，山东禹城试验区由14万亩发展到33万亩，其成功经验被逐步推广到鲁西北地区，有力地推动了整个黄淮海平原的综合开发治理工作。

4. 开展南水北调研究

1980年组织了中外专家对南水北调中线和东线进行实地考察，与联合国环境署科学顾问A.K.Biswas博士共同主持了流域调水国际学术会议，同A.K.Biswas等人共同主编了《远距离调水》一书，分析了调水后水量调出区、水量通过区和水量调入区可能出现的各类环境问题，在空间和时间上影响的范围、程度及其对策；建立了水资源联合最优化系统分析模型；对国家决策提出重要建议。左大康本人先后发表5篇论文，取得的成果奠定了我国在这一领域研究工作的基础。

5. 对黄河流域治理、生态环境保护和自然灾害防治进行系统研究

十分关注多种自然灾害的综合治理，并进行了系统研究。针对黄淮海平原和华北平原的旱涝、盐碱、风沙等灾害多发的现象，多次撰文阐述以水资源和环境为切入点，开

---

① 1亩≈666.7 m²。下同。

展生态环境保护和自然灾害综合防治工作的理念。他认为，黄河中下游洪涝等多种自然灾害频发的根源在于黄土高原植被稀少、水土流失严重，因此对灾害治理要"标""本"兼治，在工程治黄的同时，还要注重黄土高原的水土保持，以减少入黄泥沙。他主张，政府应当采取有效措施，改善当地群众生产与生活条件，禁止陡坡开垦、毁草砍林等破坏性行为。

领衔申请并主持（1991 年前）国家自然科学基金重大项目"黄河流域环境演变与水沙运行规律"，担任项目学术领导小组组长，提出将全流域作为一个整体进行综合分析，强调开发治理及人类对生态环境的调控和定向塑造；提出黄河治理要立足于全流域，上、中、下游全盘考虑，点、线、面统筹兼顾；要做到"三结合"，即治理与利用相结合、近期利益与长远利益相结合、微观研究与宏观研究相结合。主编《黄河流域环境演变与水沙运行规律研究文集》第 1、3 集。"黄河流域环境演变与水沙运行规律"的研究，在他生前已取得重要进展，1995 年该项目获得中国科学院自然科学奖一等奖。

6. 主张自然地理与人文地理并行发展，相互交融促进

1977 年胡乔木、于光远写信给中国科学院领导，希望把地理研究所经济地理部分并到中国社会科学院去。左大康得知后，对经济地理室的研究人员做工作，希望留在地理研究所。明确表示，对于地理研究所而言，经济地理不可缺少；改革开放形势下，经济地理会有大的发展；地理科学中，自然地理与人文地理两部分是并行的。

7. 重视理论地理学与地理学发展战略研究

一贯重视地理学的基础理论研究。强调人与地理环境之间的关系是地理学研究最核心问题，任何改造自然、利用自然的措施都是为了使人类获得最佳的经济效益、社会效益和生态效益。他大力提倡加强地理学的基础理论研究，努力研究和解决经济建设中提出的地理学问题，在新的高度上更好地为经济建设服务。他特别强调开展地表物质迁移和能量转化的研究，以及生产力布局与地域生产综合体的研究。强调与其他学科之间的相互交叉、渗透，积极引入新的思想、技术和方法，逐步健全各分支学科的配置。

三、任职地理研究所副所长、所长的主要贡献

1. 把舵领航，坚持地理学为农业服务、为解决国家和国民经济发展中重要问题和重大需求服务的大方向

组织和亲自主持区域性治理和研究的重大项目。组织开展"黄河流域治理和黄淮海平原农业开发""南水北调及其对自然环境的影响""自然灾害防治研究""黄河流域环境演变与水沙运行规律"等一系列跨部门、跨学科的地理学综合研究和区域综合研究，并取得重要研究成果。

2. 开拓了地理实验科学、环境研究和国土研究等新兴研究领域

全力支持经济地理部、资源与环境信息系统国家重点实验室、新技术室、禹城试验站、北京农业生态试验站、信息室等部门的科研工作，完善了地理研究所学科布局，引领了中国地理学学科建设工作。

3. 对禹城试验站的建立、发展投入很大的精力与心血

禹城站中低产田治理和开发的成功经验，得到各级领导与广大群众的赞赏，并得以大规模推广。创造了科研与生产相结合的典范，为黄淮海平原中低产田改造和荒洼地开发治理提供了科技与生产相结合的宝贵经验。

4. 大力提倡与支持遥感研究

使地理研究所成为 20 世纪 70 年代中国科学院遥感发展的重要基地，支持并积极推进"地理研究所二部"的各项筹备工作，为中国科学院遥感应用研究所的成立做了大量推动工作。

5. 极力引进新的技术和装备

使地理研究所研究能力在短期内迅速达到国内先进水平。培养了一批在国内外有影响的学术带头人和业务骨干。

6. 经济地理得到蓬勃发展

积极支持经济地理研究室发展成为经济地理部，其后研究室数量在逐步增加。参与策划并成功促成地理研究所成为中国科学院和国家计委（现国家发改委）双重领导机构。

7. 实行所长负责制，全面负责研究所的业务和行政工作

首先从清理课题入手，制定以实行所长负责制、课题组长负责制、岗位责任制为主要内容的全所科研体制总体改革方案。建立所务会议制度；设立所长咨询组以及各种专门委员会；调整学术委员会；确定科研方向与任务；制定各项事业的发展规划和计划；确定经费分配原则与办法；对重大课题和购置重要设备作出决策；任免科研和行政干部；设置和调整科研与管理机构；颁布规章制度；对职工工作条件和生活条件加以改善与提供保障；实施科研民主，构建了地理研究所"求真唯是、管理民主、和谐发展"的学术人文环境氛围等。领导全所进行了全面与卓有成效的改革。

8. 进一步明确了地理研究所的主要方向

在所长咨询组的协助下，组织地理研究所方向与任务的讨论，经过反复研讨，进一步明确了地理研究所的主要方向是："从事地理环境的结构、形成、演变规律及其改造利用的研究，着重探讨地理环境中物质能量的迁移、转化、积累、消耗的过程，人类活动对地理环境的影响，人类适应、利用、改造地理环境的途径。"

9. 大力倡导国际交流与合作

派出大量科研人员到海外访问学习，使中国地理学研究与国际先进水平迅速拉近，带动了全国地理学的发展，提高了地理研究所在中国地理学界和国际地理学界的地位和影响。加速一批高水平科研人才的成长。

思想决定行动，思想决定指引决策。无疑，这些成绩与贡献是在他先进的管理理念与学术思想指引下取得的。

在左大康担任所长期间，显示度最高的当是禹城试验站的工作，对黄海海平原开发起到了示范与带动作用，引起中央高层的重视，为中国科学院争光添彩。李振生副院长及国务委员陈俊生给予了高度肯定与极高的评价，都曾专程前往禹城视察；时任国务委员陈俊生亲自撰写《从禹城经验看黄淮海平原开发的路子》，向国务院领导报告；李鹏总理亲自到禹城现场视察与题词，与科技人员合影留念；周光召院长在 1991 年春节罕见地亲自到地理研究所看望科技人员，祝福新春佳节；地理研究所有多名在禹城工作的科技人员荣获国务院颁发的表彰奖励。这些都是 20 世纪 80 年代地理研究所繁荣辉煌的有力显示与荣光。

左大康先生是地理研究所的卓越领导者，曾连续担任地理研究所所长，实际主政地理研究所前后约 20 年。特别是在 20 世纪 80 年代，他以卓越的组织与科学决策才能，带领地理研究所积极进取、锐意改革、与时俱进，使地理研究所进入了繁荣昌盛的新阶段，为地理学和地理研究所的发展作出了杰出贡献。

左大康先生具有很高的革命修养与无私的奉献革命精神，具有强烈的事业心与责任感，大公无私、克己奉公、严以律己，待人诚恳、乐于助人，平易近人，作风踏实、谦虚谨慎，这些高尚品德与优良作风是后人学习的楷模，也是地理研究所的宝贵精神财富，值得永久铭记与传承。

这一切都深深印记在地理所许多老同志的心中。他们认为，左大康两任所长期间，是地理研究所大发展、大繁荣时期，可以称之为"辉煌的左大康年代"，也是中国地理学的黄金岁月。

左大康、吕炯等与地理研究所气候研究室的发展

竺可桢、吕炯是中国气象事业的奠基人，也是中国气候学和地理研究所气候研究室的创始人。他们分别于 1916 年和 1930 年发表首篇气候学研究论文，此后，对气候学和中国气候的许多领域进行了系统研究，许多研究都是开创性的。1949 年，吕炯从香港回到上海参加接管后的气象研究所的工作。1950 年该所改组为中国科学院地球物理研究所、吕炯留所任研究员。地理研究所成立后，吕炯带领江爱良、宛敏渭、徐淑英、郭其蕴等一批气候学领域的研究专家，从地球物理研究所转到地理研究所，吕炯任气候研究室主任。左大康 1956—1960 年在苏联莫斯科大学地理系攻读研究生，获副博士学位。1960年回国后一直担任气候室副主任直至 1977 年。此后，左大康调至所业处任处长 7 年，1978年至 1991 年任副所长、所长长达 10 多年，左大康始终参与或领导气候室的研究工作，为气候研究室的发展和研究作出了巨大贡献。

吕炯、左大康等老一辈科学家对气候研究室的最大贡献，就是正确把握和创建气候研究室的学术方向和学科发展，在他们的领导下，①始终按气候形成的科学思想划分学科、组建学科组，坚持基础研究；②坚持科学研究应服务国家、面向国家需求，以任务带学科，开展应用性研究；③坚持重视观测和基础数据的获得；④强调随着世界科学技术的发展，不断调整和发展新的研究领域。

一、按照气候形成的科学思想划分学科，坚持基础研究的方向

气候研究室建室后，在吕炯、左大康的领导下，气候室始终坚持研究气候学中的一些基本问题。

1. 系统开展辐射气候学研究

太阳辐射是大气运动、气候形成和气候变化的主要能源。自 20 世纪 60 年代初辐射气候组成立以来，左大康等开始辐射气候学的研究，在华北等地开展定位观测、对东亚地区地-气系统净辐射、中国地区总辐射计算方法、太阳辐射时空分布的多因子计算、地表反射率的确定方法、太阳分光辐射、农田辐射、墙面和倾斜面太阳辐射的理论计算等方面的研究，为研究地-气相互作用、作物产量形成和潜在产量的估算提供了基础。左大

---

* 李克让（1936 年—），研究员，曾任地理研究所气候研究室主任。

康等绘制了我国第一套系统的太阳总辐射分布图和地表净辐射分布图,揭示了时空变化规律;拟订公式计算了总辐射、地表辐射平衡、农田辐射收支、光合有效辐射等,此外,对太阳紫外辐射和光合有效辐射的理论计算等进行了系统研究。参加青藏高原热量平衡和净辐射的研究取得了成果。对华北平原主要农作物的光能利用率和光合潜力的研究,为研究作物产量形成和潜在产量的估计提供了基础。

2. 重点研究东亚季风气候

大气环流,在我国重点是东亚季风环流,是气候形成的又一重要因子。在吕炯、左大康主任的支持下,季风气候组徐淑英、郭其蕴等对东亚季风气候特别是季风变率进行了系统研究,并明确作出了东亚季风强度指数的定义。对季风与大气环流、海温、大陆积雪关系的研究表明,东亚夏季风的年际变化在更大程度上是受欧亚大陆气压场控制。夏季风与厄尔尼诺的关系可用以解释近十几年来华北地区干旱原因以及华北地区降水与印度季风降水的一致性。这些研究对认识我国气候异常的形成原因并改善气候预测都有重要意义。

3. 开创海-气关系及其对气候变化影响的研究

下垫面,特别是占地球表面积 2/3 的海洋,是接收太阳能量并贮藏、转化的主要场所,因而是气候形成的重要因子。20 世纪 50 年代初,吕炯研究了海温、海冰、海洋环流因子对我国气候、旱涝、大气环流的影响,在我国开创了大尺度海-气关系的研究。60年代初,吕炯等在气候室进一步开展了中纬度海温和海洋环流对我国气候,特别是长江中下游降水和梅雨盈亏影响的研究,并把黑潮和北方流冰的变化与我国东部地区汛期降水和气候极锋联系起来,从能量交换的角度探讨了海洋的影响,从中寻找海洋环流对大气环流的影响机制。70 年代中,李克让、符淙斌等揭示了北太平洋海温的基本特征,揭示了北太平洋地区准 3—4 年气候振荡及热带太平洋海温对西太平洋副高影响的重要事实。按照副高与热带太平洋海温距平之间的时间滞后关系,建立了副高与我国东部地区汛期雨带的预报方法。沙万英、李克让、郭其蕴等坚持用该方法对我国东部地区旱涝进行超长期预报,效果良好。

4. 大力开展历史时期气候变化的研究

气候变化始终是气候学研究的重要内容,而现有的仪器观测记录远不能满足研究的需要,建立年代长的气候序列的要求日益迫切。在竺可桢和左大康等领导的大力支持下,张丕远等主持历史时期气候变化研究,主要利用我国丰富的历史文献记载和树木年轮等代用资料重建气候变动长序列,分析气候变化规律及其影响。取得的主要成果有:系统地整理和摘录了中国古代文献和历史档案中的气候证据,定量化地评价我国各种历史记载资料的可靠性和准确率;系统地论述了历史气候及气候变迁研究方法,探讨利用历史文献、树木年轮、考古、孢粉等进行历史气候变化研究的各种手段和方法;重建了一批分辨率较高的历史时期气候变化序列，揭示了我国历史时期的气候变迁史实，分析了我国历史时期气候变迁的特点;分析了我国 500 多年来冷暖变化与旱涝变化的关系。以历史文献和树木年轮等代用资料为依据的高分辨率气候变化研究，有显著进展。从 1977 年起，历史气候变化组建立了各地各种气候序列共 38 套，其中年期较长的接近 2000 年，短的也在 200 年以上。张丕远、葛全胜等利用历史文献资料建立了近 2000 年来我国东南地区湿润状况的演变过程，揭示出 13 世纪前期我国气候发生突变。林振耀等对西藏气候变迁的研究曾参考藏文史料和档案，并较多地以树木年轮及其他自然现象的变化为依据。研究结果表明，近 5000 年可划分为气候适宜期、新冰期、小温暖期、小冰期和温暖期。目前正处于温暖期，降水减少这一趋势可能持续 20—40 年。树木年轮气候学研究，地理所是在国内最早开展的单位。在所领导的支持下，吴祥定、邵雪梅等在青藏高原、秦岭、长白山等地进行了较系统的树木年轮研究，建立了树木生长气候要素模式，重建上述研究区过去几百年的气候变化事实。

特别值得指出的是，在左大康所长的支持下，气候室参加了中国科学院与美国能源部合作的"CO_2 导致的气候变化合作研究"，该项目同时获得美方支持的 9 名访问学者的全额资助。1987 年 8 月 26—29 日在美国举行了中国科学院和美国能源部合作研究"二氧化碳导致的气候变化"首次学术交流会，左大康所长、张丕远、林振耀研究员和我等共同出席了这次交流会。

5. 开展由人类活动导致的气候变化及其影响研究

以全球气候变暖为主要特征的气候变化及其影响，已成为当今世界各国政府及科学家关注的焦点之一，30 多年以前，意识到这些问题的科学家还是凤毛麟角。20 世纪 70 年代初，黄秉维已开始关注并连续发表多篇论文，讨论温室气体致暖、陆地生态系统碳循环等问题。在黄秉维和左大康的支持与指导下，气候研究室深入系统地开展了气候变化影响和陆地生态系统碳收支的研究。在所、室领导的支持下，"七五"期间，完成的《中国气候变化及其影响》（李克让主编）和《气候变化及其影响》（张翼等）专著，分析研究了气候变化对我国农业、水资源、自然带、国民经济和人类社会的影响。80 年代中期出版《气候影响评价》（郑斯中等）专著。"八五"期间，李克让等主持全球气候变化对中国植被和森林的影响及适应对策研究，在我国较早地开发气候-森林响应的动力学模型，模型较充分地反映了树木生长和森林群落演替过程的机制，研究了全球气候变化对中国植被分布、森林群落的可能影响，研究了在全球气候变化影响下中国森林的脆弱性，较系统地提出了减缓及适应全球气候变化的中国林业对策。"九五"（1996—2000 年）期间，李克让主持"气候异常对土地类型变化的影响与反馈模式研究"和"土地利用的改变与主要温室气体净排放和对策研究"。前者开发了土地覆被的气候预测模型，开展了土地覆被对气候影响的数值模拟实验，研究了气候变化对土地覆被变化的影响及其反馈。后者，在我国利用 IPCC/OECD 的方法和我国五次林业清查的数据，估算我国林业活动及相关土地利用变化导致的碳收支。结果表明，1988—1996 年，我国活立木生长吸收碳量呈增加趋势，前期非林地转有林地导致的土壤吸收碳量也呈增加趋势，活立木消耗导致的碳排放和转移量的变化不显著，有林地转为非林地导致的土壤排碳量呈上升趋势。总之，该时段内我国林业活动和相关土地利用变化导致的碳收支平衡值为正，即为净碳吸收或为碳汇，并呈增加趋势。鉴于上述成果，与北京大学方精云院士等5人合作"中国陆地生态系统生产力和碳循环的研究项目"获2004年国家自然科学奖二等奖。

6. 开展气候的第四类自然因子的研究

长期以来的气候学理论认为，气候形成和变化主要受太阳辐射、大气环流和下垫面三大因子制约。彭公炳等通过10多年的工作，围绕日月引潮力、太阳活动、地球重力场、地极移动和地球自转速度变化对气候变化的可能影响开展研究，揭示气候形成和变化与宇宙-地球物理因子相联系的许多事实，分析这类因子影响气候的可能的物理机制。发表论文20余篇，出版《气候的第四类自然因子》专著。此外，还先后撰写出版《气候与冰雪覆盖》（1992）、*The Climate of China*（1988），*Environmental Modelling and Prediction* （2002）等专著。"气候学第四类自然因子"项目于1988年获中国科学院科技进步奖二等奖。

二、强调应用和国家战略需求，以任务带学科

左大康所长等一直强调地理学和气候学的应用，特别是为农业、为国家战略需求服务的研究。竺可桢认为，地理学和气象学这两个学科如果不去为经济建设服务、不去为发展农业生产作出贡献，必定没有前途。

1. 大力开展农业气候、农业气候区划和气候资源研究

在地理研究所的支持下，1954年丘宝剑参与《中国气候区划》的编写工作，并完成《新疆气候及其和农业的关系》，这是我国第一本省级农业气候区划专著。1958年筹建农业气候组时，先后完成"邯郸、酒泉、延安气候分析与区划"，出版《中国热带-南亚热带的农业气候》《中国农业气候资源图集》《云南热带亚热带地区气候考察报告》等专著。吕炯、江爱良等从1954年起，率领研究人员连续9年深入海南、广东、广西、云南等地考察橡胶树在我国的宜林地，探索橡胶树防风、防寒等问题，吕炯在《从生物气候的意义谈云南发展橡胶的前途》（1964年）一文中，根据地形和小气候原理，提出防寒植胶的建议，开创了我国橡胶树种植气象问题的研究。气候研究室在左大康领导的支持下，始终坚持为农业、为国家战略需求服务的方向，先后开展了农业气候和地形气候的研究、气候资源和气候区划的研究、高山气候及沙漠气候的研究、农田小气候的研究、农田防护林效益研究、农业合理布局和商品基地建设，以及"黄淮海平原中低产地区综合治理和综合发展的研究"中的农业气候研究等，并获得一批创新成果。

2. 系统开展物候学研究

竺可桢先生是我国现代物候学发展的开创者和推动者。他长期坚持物候观测，一生留下 34 年的物候观测记录，这在我国个人的物候记录中是最长的。在他领导下，组织建立了全国物候观测网。1963 年与宛敏渭合著《物候学》，并把物候学应用于气候变化研究，发表了《中国五千年来气候变迁的初步研究》。在竺可桢和宛敏渭的领导、指导和参与下，在左大康所长的支持下，1961 年气候研究室建立物候组。该组的主要成果包括：建立了现代的物候观测网，对物候观测资料进行了统计分析，出版了资料、图集、自然历等，探讨了我国物候的地理分布规律，分析了影响物候的内外因子，开展物候的推广应用等。

三、重视观测和数据的收集整理

不同时空尺度气象、气候观测和相关数据的收集、处理、制作，以及代用资料的获取，是气象、气候和气候变化研究的基础。过去数百年我国的气象、气候事业发展十分缓慢，已有的台站多数操纵在外国人手中。我国近代气象、气候事业是在竺可桢、吕炯的领导下，由前中央研究院气象研究所筹建中国的测候网开始。他们亲自组织建站，开展地面、高空、物候、日射、天气现象、微尘、地震等观测，并定期出版气象月刊、气象季刊、气象年报等观测资料。特别是组织整理出版《中国之雨量》《中国之温度》这两本我国当时记录年代最久、站点最多、内容最完整的气象资料和图集。地理研究所在左大康等领导的支持下，始终重视观测和数据的收集整理。

1. 开展小气候的仪器研制和观测实验研究

1956 年，吕炯兼任中国农科院农业气象研究室主任，与江爱良、宛敏渭等在中国农业科学院北圃场建立小气候观测场，对小麦、玉米、棉花等良种作物进行田间小气候观测。气候研究室成立不久，在左大康等的支持下，相继建立小气候组和小气候实验室，开始仪器研制和小气候观测实验研究，先后开展华南橡胶北移中寒害和宜林地选择的小气候观测，沙漠小气候观测实验，石家庄、德州农田辐射平衡、热量平衡、水分平衡等一系列观测实验，黑龙江荒地资源综合评价及合理开发利用研究，青藏高原大气科学实验，城市气候观测实验，西太平洋热带海域海-气相互作用观测实验研究等。在小气候实验室研制、改进了大量小气候观测所需的仪器与设备。

2. 大力加强历史文献资料和树木年轮数据的采集

研究大范围的气候、气候变化，必须采集、获取大量的数据、资料，进行质量控制和同化处理。除汇集观测资料外，还要独立采集大量的气候代用数据。中国有着几千年的文明史，保存丰富史料，数量大、种类多，得天独厚。气候研究室成立后，逐渐开展了历史气候变化及其影响的研究，着重利用各种最先进的计算机技术，采集我国各类丰富的历史文献记载，建立树木年轮实验室，采集树木年轮等代用资料，重建长序列气候变动，分析研究气候变化规律及其对社会、经济的影响，成为地理研究所极富特色且在世界上深受赞扬的研究。"采用树木年轮方法重建我国过去气候的基本程序"项目于 1991 年获中国科学院自然科学奖二等奖。

3. 整编海洋气候资料，编制海洋气候图集

"文化大革命"期间，在左大康等所室领导下，气候室承担了中国海及邻海气候的军事研究任务，李克让、张丕远等用了近 10 年的时间，搜集了 10 年以上国内外约 110 万组船舶气象原始报告和 5 年以上的高空气象资料，利用当时国内最先进的打孔机、分类机和制表机等计算设备，地理研究所先后投入 40 余人，统计、整编、绘制了 1056 幅图，由海军司令部印刷出版三册大型彩色《中国海及邻海气候图集》发至舰艇和军内相关部门应用，同时撰写《中国海及邻海气候》专著，为军内外航海保障服务。1980—1983 年，又对原图进行改编，突出了实用性、基础性和新颖性，由海洋出版社出版《中国近海及西北太洋气候图集》（上、下集）和《中国近海及西北太洋气候》专著，上述成果曾先后获 1978 年中国科学院重大成果奖和中国科学院科技进步奖二等奖。

四、不断开拓气候学的新领域、新方向

1. 从太阳辐射到遥感的研究

太阳辐射是大气运动、产生天气、气候现象和气候变化最主要的能源，要认识地球气候系统如何运转，必须了解太阳辐射的基本规律以及如何驱动整个系统。1961 年，左大康在气候研究室建立辐射气候学科组。气象卫星问世不久，20 世纪 60 年代国际上出现了一个新的科技领域——遥感。在左大康的领导下，辐射气候组 1966 年编著出版了《气象卫星的辐射测量及其应用》，这是我国卫星气象与遥感研究的萌芽。从 1971 年开始，钱学森、王大珩等积极倡导在我国发展遥感技术。1975 年召开全国遥感规划筹备会议，这是我国遥感事业的开始。几乎与此同时，左大康等开始酝酿寻找地理学研究的新方向，安排童庆禧、田国良、张仁华、王长耀等开展卫星遥感调研和实验遥感研究，相关人员成为此后新建的地理研究所二部的主要力量。

2. 从气候到气候系统的研究

20 世纪 70 年代初国际上提出了"气候系统"的概念，将气候和气候变化的形成原因扩充到大气圈、水圈、冰雪圈、岩石圈和生物圈 5 个圈的影响及其相互作用，使气候科学进入一个新的时代。70 年代中气候研究室的研究人员相继编译出版《气候变化若干问题》，撰写《气候的形成、变化及其控制》《气候与冰雪覆盖》等，系统介绍气候变化的史实、冰川、冰雪、极冰、火山活动以及人类活动对气候变化的可能影响。提出需要开展研究的问题。80 年代中主持"我国气候变化及其影响"研究,李克让、张丕远和龚高法等主编出版《中国气候变化及其影响》,对地质时期、历史时期和近代观测时期中国气候变化的史实及其对水资源、海平面、自然环境和国民经济的影响作系统的总结分析,着重讨论了中国气候变化的可能原因,从气候系统的角度,以及气候的外部因素和内部因素的影响,对海洋、陆面状况以及东亚季风对中国气候变化的影响作了系统的分析研究。

3. 从气候学到全球变化的研究

以全球气候变化为核心的全球变化,是当今人类面临的最严峻的挑战之一。为了适应新的趋势并集中力量,1995 年气候研究室更名为"全球变化研究室",重点集中在全球气候变化方面,主要涉及历史气候变化及气候变化影响两个领域。

国际上,历史气候变化研究进展集中体现在国际地圈生物圈计划(IGBP)的核心计划——"过去的全球变化"(PAGES)的实施上。PAGES 于 1991 年正式形成,重点为多种代用资料的开发与使用,强迫因子的变化和气候变化历史的重建及成因机制的解释等,并对"小冰期"和"中世纪小暖期"等特殊时段、古厄尔尼诺(El Niño)等特殊事件以及某些极端年份开展专题研究。气候变化影响研究是全球变化研究的另一个重点领域。自 20 世纪 80 年代初 WCRP 及世界气候影响和对策计划(WCIRP)诞生以来,气候变化的影响研究正式被国际科学界所关注。20 世纪 80 年代中期 IGBP 出台,该计划将全球变化的影响作为最重要的研究内容,并设立了包括全球变化与陆地生态系统(GCTE)在内的、将全球变化与生态系统联系在一起的诸多核心计划。20 世纪 90 年代,国际全球环境变化人文因素计划(IHDP)成立,也特别将气候变化的影响研究作为核心内容。在上述框架的指导下,气候研究室一直致力于利用历史文献和树木年轮这两个重要手段研究中国的历史气候变化,并最早在国内建立树木年轮实验室。

4. 从自然因子的影响到人类活动对气候变化影响的研究

20 世纪 80 年代以前,气候研究室对气候和气候变化的研究都从自然因子进行,较系统地研究了海洋、冰雪覆盖、陆面状况以及地极移动和地球自转速度变化等的影响,先后撰写出版了《华北平原旱涝气候》《气候的第四类自然因子》《气候与冰雪覆盖》等专著。

1984 年开始,气候研究室参加中国科学院和美国能源部作的"CO_2 导致的气候变化"研究,开始参与并特别关注人类活动对气候变化的影响,先后出版了《中国气候变化及其影响》《气候变化及其影响》专著。"八五""九五"和"十五"期间,李克让等又主持承担了一系列国家科技攻关、创新和基础研究项目,创建和改进了陆地生态系统碳循环机理模型,揭示了我国植被、森林和陆地生态系统碳收支的时空变化及其对气候变化的响应。

辐射气候组研究工作回顾

项月琴*　周允华*

太阳辐射是地球能量的主要来源，是地球表层进行的各种物理过程和生物过程的基本动力。辐射组研究地表环境辐射，主要研究地表辐射能量收支及其与地理环境的关系。

1957 年起，我国陆续建立一批日射台站，为国内主要从事的辐射气候学研究提供了实测资料。1960 年左大康先生在地理研究所气候室建立辐射气候学科组（简称"辐射组"）。

我们两人分别于 1963 年和 1962 年进入地理研究所，在气候室辐射组工作，1981年转到黄秉维先生发起筹建的中国科学院北京（大屯）农业生态系统试验站工作，直到退休。

黄秉维先生在 20 世纪 50 年代后期提出发展实验地理学的思想，主张运用数理化知识与新技术于地理学，倡导研究地表物理、化学和生物过程，并加以综合。在黄先生发展实验地理学思想的指导下，辐射组的研究工作从辐射气候学研究迅速扩展到对地表环境辐射的研究，密切结合地理研究所的特点，承担各类任务，注重野外考察和实验研究相结合，研究工作中注重过程研究和机理探讨，注重服务国家需求和生产实际，取得许多成绩。

本文仅从以下四个方面回顾辐射组工作的真实状况。

一、太阳分光辐射的测量和应用研究

左大康先生选派和支持童庆禧参加 1966 年和 1968 年的珠穆朗玛峰科学考察，在我国开始了太阳分光辐射的测量工作。首次采用 8 片锐截止型有色玻璃滤光片套在太阳直接辐射表的进光孔前，获得太阳分光辐射的实测资料。大气中对太阳辐射减弱的主要物质是空气分子、气溶胶和水汽，也期望通过太阳分光辐射的测量结果推算这些重要参数，供进一步研究之用。所以在 1966 年观测工作的基础上，童庆禧提出 1968 年邀请中国科学院天文台的人员开展联合观测，在海拔 5 000 米以上的高度上增加与推算大气水汽含量有关的太阳分光辐射的观测项目。依据 2 年的实测资料，除了研究太阳辐射光谱的变化特征外，还推算了测点上空的 Ångström 大气浑浊度系数 β 和 α，以及微量水汽的含量。

* 项月琴（1939 年—）、周允华（1938—2017 年），中国科学院地理研究所研究员。原文载于《地理学发展之路——中国科学院地理研究所科学活动回忆录（1940－1999）》（科学出版社，2015 年）。标题为编者所加。

β 和 α 分别表征垂直气柱内整层气溶胶粒子的含量和平均半径。按照国际日射委员会的规范，采用 3 片锐截止型有色玻璃滤光片，同时设 $\alpha = 1.3$，为平原地区大气气溶胶粒子的平均半径，因此只能得到平原地区平均状况下的一个 β 值。这是一项开创性的工作。

1974 年，从承担黑龙江荒地考察任务开始，周允华带领辐射组全体人员，开始了太阳分光辐射的测量和应用的系统研究。

为了多点测量的数据具有可比性，在技术上：①改进了珠峰考察中使用的转轮式滤光片盘，使其便于携带和观测。②寻找和确定在烧制锐截止型有色玻璃滤光片熔块方面符合我们要求的单位，同时亲自参与滤光片光学特性的测量工作，最后得到光学参数符合要求的 20 套（每套 8 片）锐截止型有色玻璃滤光片。③在太阳直接分光辐射的测量中，考虑了仪器常数随仪器温度的变化，以提高测量数据的精度（详见本文三、1）。通过以上工作，为获得可靠的观测数据奠定了良好基础。

1975—1992 年期间，利用热电式太阳直接辐射表和八种有色玻璃滤光片先后在我国不同地区的 12 个测点：苏州、呼伦贝尔草原的 4 个测点（完工、上库力、孟根楚鲁和海拉尔）、拉萨、昌都、北京、桂林、南宁、格尔木、禹城进行太阳直接分光辐射的测量，获得 2 700 多组观测数据。参加人员：周允华、鲍士柱、项月琴、谢贤群、田国良、朱志辉、单福芝、周树秀、莫兴国、李俊、林忠辉。

为了检验观测数据的质量和寻求规律，通过对太阳辐射传输方程和实测数据的分析，在太阳辐射中某一波段的实测数据的相对值（即与全波段的实测值的比值）与大气中 3 个减弱物质：空气分子、大气气溶胶和大气水汽含量间建立了物理关系，对这 3 个减弱因子都进行了高度订正，使得在不同时间、不同地点和不同大气状况下得到的测量数据可以统一在同一规律之下，这样才能开展进一步的研究和推广应用。相关研究论文（项月琴、周允华等，气象学报，1985）发表后，北京市城市规划局、四川省建筑设计院、兰州大学和解放军有关部门都曾来人咨询测量和计算方法。

基于上述的测量数据和研究结果，开展了以下两方面的工作。其中的一些研究结果也在"二、辐射研究为广义农业服务"中得到应用。

1. 太阳紫外辐射、光合有效辐射和光照度的气候学研究（1979—1984 年）

太阳辐射中紫外辐射具有强烈的生物学效应和化学效应，越来越受到人们的重视。光合有效辐射（PAR）是植物生物量形成的基本能量来源，也是农业气象研究的一个基本要素，是作物生长模拟和光合潜力研究的一个基础数据。某一地区的光气候，是指自然光照（可见光波段）多年的平均情况，光照与工农业生产和国民经济建设有密切关系，许多部门和科研单位需要各地的光气候数据。

鉴于当时国家气象局尚无太阳紫外辐射、光合有效辐射和自然光照的常规观测资料，我们利用太阳直接辐射的分光测量资料，开展了太阳紫外辐射、光合有效辐射和光照度的气候学研究。

·太阳紫外辐射和光合有效辐射的气候学研究

根据辐射传输方程，对太阳直接辐射的光谱结构进行了理论分析，结合太阳分光辐射的实测数据，分别建立了具有机理基础的计算太阳直接辐射中紫外辐射（波长小于 400 nm）和光合有效辐射（波长 400—700 nm）的计算公式。并由此进一步分析了各种天气条件下散射辐射和总辐射中紫外和光合有效辐射的特性，最终得到了利用常规气象资料：地面绝对湿度、云量以及日射资料等，计算和分别绘制了中国地区紫外辐射和光合有效辐射的年总量分布图和 3 月、6 月、9 月、12 月的月平均日总量分布图，分析了它们的时空变化特点。这些结果极具参考价值，其中一些结果为定量研究农田作物生产提供了珍贵数据。

·光气候研究

随着城市高层建筑的兴起，如何充分有效利用天然光源，科学地考虑建筑物的采光，北京市的建筑设计单位向我们提出了要求。

在建筑学上，把室内水平面上天然光照度等于采光标准规定的最低值时的室外照度称为临界照度。在天然采光计算中，室外照度往往只考虑天空散射光，它的日变化比太阳直接辐射要小得多。

根据我们的实测资料，得到计算太阳直接辐射中可见光（400—700 nm）辐射的公式，选用北京地区大气透明度最好条件下的情况，计算了各月可见光中逐时到达地面的太阳直接辐射、天空散射辐射和总辐射值，将天空散射辐射的计算结果，再折算成光照度。根据建筑设计中采用的临界照度，得到北京地区逐月晴天的天然采光的可利用时间。这是建筑采光设计中的一个重要参数。

周允华等于 1984—1990 年发表了相关研究论文 10 篇，得到了学术界和应用部门的广泛重视，被许多学科的学术论文引用。"光气候研究"的成果已成为北京市城市建设规划管理局制订《北京市居住建筑日照标准》的重要科学依据，国家科委已确定该项研究成果为重要科技成果，在国家科委印发的《科学技术研究成果公报》（1987 年第 6 期）上公布。太阳紫外辐射、光合有效辐射的气候学研究 1986 年获中国科学院科技进步奖三等奖。

2. 日射测量学[①]的应用研究

由于大气污染日趋严重，世界气象组织建议选用 Ångström 大气浑浊度系数，作为监测大气气溶胶含量的指标。我们根据大气气溶胶的实测数据开展了大气污染的研究，作为日射测量学的应用研究的一个方面。

早在 1966—1968 年，童庆禧等利用太阳直接分光辐射观测资料，研究了珠穆朗玛峰地区大气透明度特征量，发现该地区上空气溶胶含量较高，认为可能是 1963 年阿贡火山爆发后残留在高空的火山灰所引起。

周允华带领辐射组全部 7 人参加地理研究所组成的东北荒地考察队，进行"呼伦贝

---

① 日射测量学是气象学的一个分支，是研究太阳辐射、地球辐射和大气辐射的测量和计算方法的科学。

尔草原开垦后风蚀"的研究，在干草原、半干旱半开垦区、半湿润半开垦区和沙丘干草原设立 4 个观测点，于 1975—1976 年连续两年的春天进行大气浑浊度观测，小气候组同时进行地面热量平衡的观测。得出大风吹走粗粒土壤、草原开垦改变了地面的热力特性，湍流运动把小于 100 μm 的土壤微粒输送进入大气，这两个因素的共同作用是草原开垦引起土壤沙化的主要原因，因此提出在干旱半干旱草原应以发展畜牧业为主（周允华、项月琴、谢贤群，大气科学，1978；谢贤群，地理学报，1978）。

项月琴等于 1984 年根据格尔木的太阳分光谱辐射测量数据，估算出在柴达木盆地内的沙漠戈壁地区，一次大风向大气输送的细小尘埃量；同年还利用分光辐射资料提出了计算大气浑浊度参数——干、湿浑浊因子的方法，改进了以往利用全波段太阳辐射资料估算气溶胶减弱的方法。

周允华等 1984 年研究了北京的大气浑浊度后指出，春季北京上空的灰尘，相当一部分源自本地。垂直气柱内，尘埃含量每日的增加速度是草原地区的 8 倍，表明植树造林、绿化环境是改善北京环境的重要途径。

林振耀、吴祥定、田国良 1984 年也在青藏高原测量了大气浑浊度，分析了大气消光特性。

二、辐射研究为广义农业服务

太阳辐射是作物生产的一级能源。我们系统研究了从植被冠层太阳辐射能量的输入到碳水化合物的形成，以及产量估算整个过程。研究工作涵盖了：①太阳辐射全波段能量—分光辐射能量—光合有效辐射—光量子的测量和计算的系统研究，为作物生产模拟的一级能源输入提供依据。②太阳辐射能量在作物冠层内的传输与冠层几何结构、光学特性关系的测量和研究。③根据实测资料，首先建立了具有生物学基础的冬小麦、夏玉米叶面积指数普适生长模型，可以用于区域作物生长模拟和区域作物生长监测及遥感估产。④根据配套的实测资料，对作物生长和产量进行模拟计算，便于深入分析和区域扩展。

1. 首次绘制全国太阳总辐射分布图（1961—1963 年）

左大康先生首先利用中央气象局的日射观观测资料，提出了总辐射的计算公式，并最早绘制了具有气候学意义的《中国地区太阳辐射分布图》，此图被《中国自然区划》《中华人民共和国自然地图集》和《中国气候图集》采用。此后，黄秉维先生曾指出："没有他的工作成果，竺老和我关于农业自然生产潜力的工作就无法起步"（见《左大康地理研究论文选》序）。

2. 呼伦贝尔草原开垦后风蚀的研究

（见本文一、2，第三段）

3. 遥感估算水稻产量（1985 年）

20 世纪 80 年代中期，遥感资料估算作物产量，由于没有考虑气象条件，仅以冠层反射比的一次测量得出植被指数和最后的产量建立关系，不能预测当年的产量；如果用来推算新一年的产量，往往由于天气和管理条件的变化而引起误差。

已有的研究表明，在水肥温度等适宜条件下，作物对光合有效辐射的截获量决定了干物质积累的上限，而作物的生长进程通常用有效积温表达。基于此，我们建立了叶面积指数（LAI）的普适增长模型，和水稻冠层对光合有效总辐射日截获率随叶面积指数变化的模型。此模型具有可靠的机理基础。通过叶面积指数 LAI 与截获光合有效辐射的关系和 LAI 与卫星光谱计算得到的垂直植被积指数（PVI）的关系，使气象因子的光温作用与作物光谱反射特征统一于一个估产模式中，此模式可用卫星资料求出作物的LAI 值，再用 LAI 求出单位面积的产量。该模型结合地面测量和卫星资料成功估算了水稻产量。

其中的实验测量工作由项月琴、田国良 1985 年在澳大利亚新南威尔士州完成。

4. 吨粮田种植试验和模拟研究（1991—1992 年）

1990 年 9 月到 1992 年 9 月，我们在山东中国科学院禹城综合试验站的实验田进行冬小麦、夏玉米高产种植试验，连续两年亩产吨粮。在整个生长期进行了光合有效辐射在农田冠层内的传输、各生育期叶茎面积指数和光学特性、干物质等农学参数的测量，并作模拟计算。研究表明，在黄淮海平原可以把亩产吨粮作为冬小麦—夏玉米一年两茬平作达到一级生产水平（即在水肥供应充分、无病虫害、无灾害性天气条件下，作物的干物质生产水平）的指标。若用中熟夏玉米套作代替早熟夏玉米平作，籽粒的年产量可增加一成。此研究是国家"九五"攻关项目中的吨粮种植试验，旨在探索发展资源节约型高效高产农业的途径。试验期间，黄秉维先生特意到禹城站了解情况，期待结果，得知实际产量和模拟结果后用于他的工作之中。

此后，根据 1989—2000 年在山东禹城、冠县，河北栾城、廊坊四地的叶面积指数的测量结果，构建冬小麦、夏玉米叶面积指数普适生长模型，这些后续成果已被应用于作物生长模拟和遥感监测。参加人员：项月琴、周允华、陈世庆、陈同斌、莫兴国、林忠辉、李俊、栾禄凯、王淑清等。

5. 青藏高原小麦高产原因的分析（1994 年 9 月—1996 年 9 月）

青藏高原冬小麦单产曾创全国最高记录。为揭示高原小麦高产机理，经过连续两年的田间实验和模拟计算，研究结果表明，高原太阳辐射强、当地小麦株型好、生长期长是高原小麦高产的最主要原因。青藏高原冬小麦干物质潜在产量可达 32 t/hm^2，籽粒潜在产量可达 14.4 t/hm^2，为平原的 1.45 倍，接近亩产吨粮。这是平原地区所远远不及的。该项目为综考会负责的国家自然科学基金项目，周允华设计并作学术指导，林忠辉参加。

6. 果粮间作系统一级生产水平下干物质产量空间分布的模拟研究（1995—1997 年）

农林复合经营是充分利用地力，使农林协调发展，以达到更大经济效益和生态效益。1995 年和 1996 年 3—6 月，周允华等在中国科学院栾城农业生态系统试验站进行观测，根据实测结果，研究了行栽果树条件下农田作物在一级生产水平下干物质产量的空间分布，给出了离树冠边缘的距离 L 为树高的 1、2、3、4 倍时作物的相对产量（与空旷农田的产量之比）的变化结果。这些结果为充分利用空间资源提高经济效益和生态效益提供了科学依据。这是国家自然科学基金项目——林果复合系统光热资源有效利用。

三、关于辐射仪器性能和测量精度的研究

我们长期从事野外实验研究，提高数据的测量精度是野外实验研究成功的关键，多年来我们坚持对辐射仪器进行标定和对测量误差的分析，有时还专门设计实验对仪器性能进行深入研究，发现并提出了一系列辐射仪器的测量误差和订正方法，以保证获得可靠的测量数据。我们发表的 100 多篇论文都是以这样的可靠数据为基础的。

（1）20 世纪 90 年代前我国的气象台站和科研工作，广泛使用前苏联制造的雅尼舍夫斯基热电式相对直接辐射表测量太阳直接辐射通量，用指针式电流表读数。1975—1977 年，我们分别在海拉尔和北京用同一台埃斯川姆绝对日射表先后对 8 台相对太阳直接辐射表，连续进行大量对比观测。结果表明，在所测的电表温度范围内（5—40℃），仪器常数和电表温度有良好线性关系。因此我们在做太阳分光辐射测量时，对不同的电表温度取用不同的仪器常数，明显提高了测量精度。

（2）长波辐射测量十分困难，在国内常用美国 Epply 仪器测量长波辐射，但对其测量误差长期不明。经过 1985—1992 年的工作，周允华设计一套实验方法，并由此提出了该仪器误差生成的原因和解决的方法。

（3）热流板用于测量地表热通量。周允华设计了实验方案，1979 年 5—8 月在野外进行实验测量，结果表明，热通量板测量数据可靠，并由此可分析出土壤的许多特性，还提出了由埋在土下的热流板测量结果推算地表热流量。

（4）光合有效辐射的测量。光合有效辐射（PAR）表带半球型有色玻璃滤光罩，它的标定很困难。1984 年周允华设计了标定方法，包括对半球罩滤光特性的测定、仪器常数的测定、波长和光合有效辐射（PAR）波长不一致的订正等，由此保证了测量结果的可靠性。中国科学院生态网络 PAR 表的标定，均采用我们的方法。

（5）管状辐射表。为了弄清楚管状辐射表的性能和使用方法，1987 年 4—6 月，项月琴等在北京冬小麦的主要生长季进行了测量方法的研究，最后提出了仪器安置方式和测量方法。

我们在大量的野外实验测量中，注重仪器标定，对使用的各种仪器都采用了极其谨慎和科学的态度长期进行分析比较、研究，了解这些仪器的特性和局限性，并提出了切

实可行的解决方法,这是我们地理研究所辐射组在辐射测量方面的一个亮点,有创造性,有特色,科学、严格、严谨,为我们的研究成果提供了基本保证,在国内也得到相关同行的肯定。

四、出版辐射观测数据集和《地表环境辐射研究》专著

1989 年出版了《中国地理基础数据　野外定位站卷(第 2 集)辐射观测数据集(1966—1985 年)》(由科学出版社出版)。该资料集收集了自 1966 年珠穆朗玛峰科学考察开始到 1987 年地理研究所设立的四个日环食观测点的观测为止多年来获取的全部观测资料,共 15 个观测点的近 1 万组数据。这些观测点北从内蒙古的上库力,南到广西的南宁,西从海拔 6000m 的珠穆朗玛峰的东绒布冰川,东到西太平洋的海洋考察船($19°30'$N,$120°40'$E)。根据这些资料,已经完成并公开发表了专题学术论文 50 余篇。其中太阳直接辐射的分光测量及其应用,1979 年获得中国科学院科技成果奖三等奖。太阳紫外辐射和光合有效辐射的气候学研究,1986 年获中国科学院科技进步奖三等奖。农田生态系统实验研究,1993 年获中国科学院自然科学奖三等奖。1966 年、1968 年珠穆朗玛峰科学考察期间的太阳光谱辐射测量和研究,被中国科学院自然资源综合考察委员会纳入《青藏高原隆起及其对自然环境和人类活动影响的综合研究》项目,1986 年获中国科学院科技进步奖特等奖,1987 年获国家自然科学奖一等奖。1987 年日环食联合观测研究,1992 年获中国科学院自然科学奖二等奖。

辐射组人员充分利用观测数据撰写文章,可以从各个角度使数据的可靠性得到检验。除了对检出的极个别有问题的数据删除外,不随便丢弃一个数据。

辐射组从 1960 年建立起连续不断地开展研究工作,获得大量成果,发表论文 100 余篇,并于 1991 年出版专著《地表环境辐射研究》(左大康、周允华、项月琴、朱志辉、谢贤群,科学出版社),这是辐射组全体人员在 30 多年中研究工作的结晶。

在回顾上述工作和撰写本文的过程中,深感由于黄秉维先生提出了发展实验地理学的思想,左大康先生在实践中引导我们开展地表环境辐射研究,在这样良好的科研工作环境下,使工作很快融入地理研究所发展的方向,从事大量的实验研究工作,在大量配套的实验观测数据的支持下开展研究,做出许多独具特色的工作。

我国实验地理学的倡导者
——纪念左大康所长百年诞辰

刘昌明[*]

20 世纪 70 年代"文革"后，全国迎来科学的春天，我国著名的辐射气候专家左大康先生作为黄秉维院士的助手，出任中国科学院地理研究所所长。我们可以在百科网页广泛看到对他学术贡献的报道：左大康先生 60 年代对中国地区太阳辐射和地球-大气辐射进行了较系统的研究并取得了成果，把中国地理学界辐射气候学领域的研究推向了一个新的阶段。在国内最早开展了气象卫星辐射气候学的研究，参加和组织了地理研究所开展的南水北调及其对自然环境的影响的研究。共同主编有中英文版《远距离调水》。作为良师益友和他的助手，我认为，他在地理学研究结合国家重大水利工程研究具有特别重要的贡献。这一点是特别值得我们缅怀的。左大康组织领导我们编辑了《华北平原水量平衡与南水北调研究文集》，1985 年由科学出版社出版。从出版的成果看，左大康先生在地理学研究综合性思想基础上，巧妙地把南水北调与黄淮海两个国家重大项目连接一起。在当时，给我的启发是"黄淮海综合治理需要南水北调，南水北调离不开黄淮海综合治理"。

1977 年秋，党中央、国务院在北京召开全国基础科学规划制定大会。在左大康先生极力推荐下，我作为中国科学院地理研究所的专家代表参加了大会。因为当时有不少学者担心：是否北调江水会造成血吸虫的北移？引水扩大灌溉是否会引起土壤次生盐碱化问题？等等对南水北调工程存在种种质疑，认为值得研究，黄秉维先生授意，左大康让我注意、希望重视环境问题。因此，我在大会上提出了基础科技项目"南水北调对自然环境影响"的重大项目建议，并被大会采纳。1977 年后至今 40 多年来，我作为国务院南水北调专家委员会成员，一直在这一科研工作中进行探索，并从中向左大康所长学习，深化和刷新了我们的理念。

认知一：①从长江向黄淮海平原调水对自然环境的影响。研究水分循环和水资源的变化及与之有关的物质循环的系统关系,是研究跨流域调水对自然环境影响的核心问题；②调水对环境影响的过程，大体可归结为如下的模式：调水→改变原有的水文情势→自然环境的变化→社会经济的变化；③任何调水工程对环境的影响，均可按地理分区方法，

---

[*] 刘昌明（1934 年—），中国科学院院士。曾任中国科学院石家庄农业现代化研究所所长，现任职于中国科学院地理科学与资源研究所、北京师范大学水科院。

分为水量输出区、输水通过区和水量输入区。南水北调对水量输出区的影响主要在枯水期发生在输水点附近及其下游。输水通过区主要使输水渠两侧和蓄水体周围环境受到影响。大量长江水调入黄淮海平原，在一定程度上将会引起黄淮海平原生态环境的变化。

认知二：①南水北调不同线路的可调水量是工程的必要性与可行性问题。仅以西线工程新的调水方案为例，我们认为东、中、西三线之中西线人烟稀少，水源相对丰富，因此，国内有不少专家学者建议了多个大西线调水工程的设想，例如20世纪50年代末有的提法："开河一万里，调水五千亿"，其主要的设想是把西南诸河的水量调到黄河。显然，西线的工程事关母亲河——黄河的全流域治理与高质量发展。因此，是水利部黄河水利委员会视其为义不容辞和责无旁贷的任务。②从可调水量看工程所在位置及其影响所及的区域，要从自然环境和社会环境两个方面，对南水北调西线工程水量调出区可能产生的主要环境影响问题进行研究，包括调水对气候、动植物、水质、水库区及周边地质环境、人群健康等的影响，以及水库淹没对社会经济的影响等。其主要结论是：①对特大库区，一般坝址邻近地区的气温、降水影响均较小，由于库区水汽的蒸发对局地降水的贡献率大约为0.004—0.008；对干旱河谷区气候虽有影响，但比较微弱。②对生物会产生一定影响，主要表现在对鱼类区系组成、种群结构等方面会对陆生生物造成一定数量的减少，但造成生物物种资源减少的影响较小。③坝址下游水质比现在有所下降，但由于河段所在位置人口密度低，污染较轻，对水质不会有大的影响。④因移民少，淹没损失也小，似乎可为西线调水工程对环境影响研究提供部分参考依据。

认知三：20世纪70年代左大康为深化调水理论的实验地理学研究——建立中国科学院禹城试验站。20世纪50年代前中国老一辈地理学家强调地理学的两个特点，即综合性和区域性的"两性"。50年代中期，黄秉维先生进一步认为，地理因素的时空变化这一不可或缺的形成过程与机制研究是不可或缺的。进行实验观测是必要的，并且在甘肃民勤、河北石家庄、山东德州、北京大屯农业生态系统试验站等不同自然条件的地方建立了一批野外定位与半定位试验站、实验观测站点。时任地理研究所所长的左大康曾是主要的领导者，他倡导对地理现象时空变化形成过程的机理进行实验观测，具有深远意义。

认知四：左大康所长对创立中国科学院山东禹城试验站的贡献。中国科学院地理研究所正式实行由中国科学院和国家计委双重领导，始于1986年春，这是地理研究所的科技体制改革中的一个重大事件。它说明国家对地理学的重视，同时也预示着地理研究所今后的科研任务一定会更紧密地结合国家经济建设。左大康认为，近年来，人类社会面临着如环境、人口、资源、国土开发等许多重大问题，需要许多相关的学科合作研究才能解决。地理学这门既联系着自然、又联系着社会的学科，具备沟通自然环境与人类行为之间的桥梁作用。它将空间分布研究与时间过程研究统一起来，从而体现出在解决上述问题时的学科优势。加上进入80年代以后，地理学广泛采用各种先进技术和方法，增强了解决问题的能力，促进地理学的研究理论创新、应用广泛扩展的变革。左所长进一步用地理研究所的发展事实，说明地理学在国民经济建设中的重要作用和地位。他认为，当前地理学面临社会发展挑战的形势下，必须抓住三个方面：为了提高地理学的研究水平，使取得的研究成果能在生产建设中得到及时的应用，必须进行地理学的实验研究。例如，南水北调对环境的影响问题；解决华北地区水资源亏缺的对策问题；减少黄土高原土壤侵蚀量的途径问题；大规模改造自然和重大工程项目的实施等，都会对环境产生影响，要正确决策，没有较精密和连续的实验研究是不行的。左大康所长认为："自然地理现象的形成与发展，是一个多因素相互作用、相互制约的复杂系统的动态过程，要搞清这些复杂的动态变化过程，阐明其形成与变化的规律，还必须开展地理学的野外定点实验。"他认为，山东禹城综合试验站为南水北调工程建设服务，研究农田水分循环和水量平衡。这些实验研究的开展，同时将有助于地理学理论与应用水平的提高。

认知五：科技研究的创新途径主要有三：学科交叉的边缘发展，空白领域开拓实践的领先，系统过程的实验与观测揭示。显然，以上三者均是科技创新之路，而实验观测则是学科基础理论建树最根本的创新途径。当今高新技术的发展不断拓展，包括实验观测与数字信息结合的发展的数值模拟等。

主要参考文献

[1] 左大康，纪念中国科学院地理所成立五十周年，地理学研究进展，科学出版社，1990.

[2] 左大康，刘昌明等. 华北平原水量平衡与南水北调研究文集. 科学出版社，1985.

[3] 刘昌明，刘璇，杨亚锋，王红瑞. 水文科学的水文地理研究发展若干问题商榷. 地理学报，77（1）：3-15，2022.

左大康主政期间地理研究所
在黄淮海平原的研究工作

许越先[*]

    左大康先生对禹城站与黄淮海工作十分重视，投入了很多精力。在他担任所长期间，禹城站的研究实验工作得到了长足发展与许多创新。1983 年以后，在地理研究所的主持与科技人员的积极参与与努力下，黄淮海平原治理开发国家科技攻关项目禹城试区工作，试区面积由原来的 14 万亩[①]扩大为 33 万亩，对在黄淮海平原有普遍代表性的风沙、盐碱、涝洼和中低产地四种类型，组织院内有关单位进行了治理开发示范研究。1988 年国务院决定黄淮海平原为农业重点开发区，由地理研究所牵头，将禹城经验向鲁西北地区推广，为改变黄淮海面貌，改造中低产田和开发利用荒地，找到符合黄淮海实际情况的开发路子，取得一系列研究成果，作出了突出贡献。

一、研究工作的基本情况

    黄淮海平原属黄河、淮河、海河三条河流的冲积平原，包括京、津、冀、鲁、豫、苏、皖五省二市的 298 个县（市），耕地 2.7 亿亩，是我国最重要的农业区。该平原地理位置优越，经济发达，农业生产潜力大。但自然条件十分复杂，自然灾害频繁发生。很多单位从不同专业角度对这个地区进行了多方面的研究。地理学研究也是其中重要一家。

    地理研究所在黄淮海平原研究工作的特点是：点片面相结合，宏观研究和微观定位、研究相结合，基础理论研究、应用研究和开发研究相结合。不但提出理论成果，而且形成治理开发的配套技术。研究内容以农业自然资源和自然条件为主，适当开展其他专题研究。

    关于点上试验研究工作，早在 20 世纪 60 年代初期，分别在德州、衡水、石家庄等地设立了试验站和观测点，开展了土壤水盐动态、农田水热平衡和作物需水量试验研究。1966 年由国家科委组织中国科学院等科研单位，开创了禹城井灌井排旱涝碱综合治理实

    * 许越先（1940 年—），研究员。曾任中国科学院地理研究所副所长、中国农业科学院副院长等职。原文刊于《区域农业研究——许越先 50 年学术创作集（1967—2017）》，中国农业科学技术出版社，2019 年 6 月，第 550—555 页。原文标题为《黄淮海平原的地理学研究》。现标题及正文第一段，为编者所加。

    ① 1 亩 $\approx$ 666.7 m^2。下同。

验区，地理研究所 40 多位科技人员参加了这项工作。实验区提出的井、沟、平、肥、林、改综合治理模式，为黄淮海平原低产地改造和农业发展提供了重要经验和技术途径。1983年后，地理研究所主持了"六五"和"七五"黄淮海平原治理开发国家科技攻关项目禹城试区工作，试区面积由原来的 14 万亩扩大为 33 万亩，对在黄淮海平原有普遍代表性的风沙、盐碱、涝洼和中低产地四种类型，组织院内有关单位进行了治理开发示范研究。1988 年国务院决定黄淮海平原为农业重点开发区，由地理研究所牵头，将禹城经验向鲁西北地区推广，在齐河、平原、乐陵、德州市和聊城地区设立了新的站点。同时在禹城和聊城开展了节水农业综合研究。1979 年地理研究所在禹城试区开始筹建以基础理论研究为主的野外试验站。通过几年建设，1983 年正式成立中国科学院禹城综合试验站，以蒸发为主的水循环水平衡研究为主要方向，1987 年禹城站被批准为对国内外开放站。

关于全区性研究工作，重点对区内水、土、气候资源进行调查分析，并研究农业地貌条件、气候条件、水文条件、土地类型和农业生产潜力。专题研究包括华北平原水量平衡和南水北调及其对自然环境影响研究，德州地区、邯郸地区和栾城县综合治理区划和农业区划、鲁西北地区作物布局及农业类型研究、华北平原乡村地理研究、旱涝调查和历史气候变化研究以及环境变迁研究等。

以上工作说明，地理研究所在黄淮海平原有长期工作基础、深厚的科学积累、多方面的研究成果，并在试区形成了若干配套技术，取得了重大经济效益。由地理研究所主编和参加主编的专著共有 10 本，论文集 8 本，发表的论文 300 余篇，编制出版专业地图 2 件。左大康、刘昌明参与主编的《远距离调水》一书分别用中英文出版，向国内外发行。左大康等主编的《黄淮海平原治理和开发》论文集和《华北平原农业自然条件和区域环境研究》系列专著一套 8 本。

二、区域分异和类型划分的研究

长期以来，各家对黄淮海平原的范围和界线看法不一，在各类文献中查到的总面积相差甚大，如有的是 26 万 km^2，有的 40 万 km^2，也有 30 万 km^2。为了较准确地分析平原的范围和界线，龚国元等从地貌学研究出发，按照地表形态、地质构造、地表物质组成和水系等原则，确定了黄淮海平原的界线，绘制出版了 1：50 万黄淮海平原地貌图，量算了平原总面积为 38.7 万 km^2。这个界线比水利学界按流域原则、土壤学界按成土母质的原则、农学界按作物种植的原则划界更科学。

黄淮海平原地势平坦，但区内微地形起伏，岗坡洼交错，土壤、水文、植被等均呈现区域差异。地理研究所对区内自然类型和区域分异进行了系统研究。龚国元按照大地貌形态及成因和发展上的一致性进行地貌分区，共分 3 个一级区和 24 个二级区。3 个一级区是：山前洪积冲积倾斜平原区、冲积平原区和滨海海积平原区。

黄荣金等按照土地发生学原则，综合分析和主导因素原则以及生产应用原则，将全区土地类型划分为 10 个一级类型和 78 个二级类型，绘制并出版了《1：50 万黄淮海平原土地类型图》。

任鸿遵按照地下水资源量和地下水质，将全区地下水划分为 3 个一级区和 11 个二级区，3 个一级区是：冲积、洪积全淡水富水区，湖积咸、淡水相间较富水区，冲积、海积滨海咸水区。

许越先按照区域水盐平衡原理，将土壤水盐运动划分为以下 8 个类型：水分直补平排强脱盐型、水分直补混排脱盐型、水分平补平排盐分稳定型、水分混补平排脱盐型、水分平补直排强积盐型、水分混补直排积盐型、水分直补直排积盐型和水分平补混排积盐型。在此分类基础上，提出了变水平补给为垂直补给，以水平排泄代替垂直排泄的脱盐措施。通过禹城试区土壤盐分变化过程的分析，为土壤盐分的水迁移运动及其控制机理提供了一个实例。

姜德华等在研究山东西部和北部地区农业类型的基础上，结合聊城地区实际情况，提出农业生产地域类型划分原则是：自然、社会、经济条件的相对一致性，农业生产特征与发展方向的相对一致性，农业生产途径和措施的一致性。依据这些原则，将聊城地区分为 5 个农业类型。徐培秀分析了菏泽地区粮棉生产条件，提出粮棉比例以 2∶1 为宜。

三、旱涝分析和遥感土壤估水及作物估产研究

黄淮海平原的农业生产，长期受旱涝盐碱等自然灾害的影响。区内现有盐碱地 2 200万亩，易涝地 3 000 万亩。黄河以北地区干旱缺水比南部地区严重，南部比北部更易受洪涝危害。为此，地理研究所有关专业分别研究了成灾和治灾的理论指标，并应用遥感技术手段进行土壤估水和作物估产的试验研究。

许炯心从地貌学研究出发，对淮河流域河流作用与农业生产条件进行了分析，提出0.397 可作为该流域明显成涝的临界径流系数，径流系数大于此值，渍涝影响甚小。许炯心认为，降雨径流对土壤盐分有淋溶作用，提出淮河流域不易发生土壤盐碱化的临界径流深为 345mm，径流深小于此值，就要采取措施防止表土大量返盐。

龚高法、沈建柱等从气候学研究出发，分析了旱涝灾害变迁和区域降水变化趋势，得出的结论是：历史上气候寒冷时期，涝灾频率增大；旱灾南部减小，北部增多。温暖时期，涝灾频率减少；旱灾南部增多，北部减少。预测今后几十年降水量仍可能低于多年平均值，以 10 年为单位，今后 10—20 年 4—10 月生长季和 7—8 月雨季的降水量亦将少于多年平均值。

刘昌明等从水文学研究出发，分析了水旱灾害的特征，比较了旱涝的单因子指标和多因子指标，认为单一的降水指标与地面灾情不相吻合，主要原因是人类活动部分控制和调节了降水在地面的再分配，而综合考虑降水、地面径流和地面蒸发能力的多因子水文指标，则能较好地反映水旱灾害实际情况，为此提出了综合指标计算方法。魏忠义分析了潜水蒸发与土壤积盐的关系，给出了冀中、鲁北和豫北等地不同矿化度和不同土质条件下土壤返盐的地下水临界埋深。

为了将遥感信息有效地转化为农业生产需要的信息，张仁华在禹城试验站开展了实验遥感定量研究，在遥感作物估产、土壤估水等方面建立了一系列遥感应用模式，有可能使点上的研究成果通过遥感方法应用到面上。提出了有作物覆盖的估算作物缺水状况模式，从理论上建立了作物缺水和遥感信息的定量关系。模式物理意义明确，改进了国际上广为应用的 Jackson 公式。提出了无植被覆盖的估算土壤水分的热惯量模式，改进了美国 Price 模式，从理论上分析了大气湍流和蒸发对遥感热惯量的影响，并指出解决途径。提出了热红外信息为主的 SDD 改进模式，适用于各种作物。为了更广泛应用陆地卫星资料，还提出了光谱与热红外的复合估产模式，用 18 天采集一次的遥感信息，取得较高的估产精度。通过长期光谱观测，提出了适用于黄淮海平原的监测作物长势的模式，为监测作物长势、及时采取有效措施提高产量提供了手段。

四、水量平衡与环境水文研究

水是农业生产的最重要的条件，而水又是地理环境中最为活跃的因素，旱、涝、盐、碱等多种自然灾害同水直接相关。因此，对水量平衡各要素及环境水文的研究，成为地理研究所在这个地区研究的重点工作。

刘昌明、李宝庆、汤奇成、洪嘉琏、任鸿遵等分别就水量转换、土壤水势、地表径流和水面蒸发、地下水补给等开展了研究，提出了计算方法。如提出按大气系统、地面系统、土壤系统和地下水系统，组合成大气水分与陆地水转换关系，降水径流与蒸发和流域蓄水的关系，土壤层水分通量与补给的关系，地表水与地下水的关系，给出了这些转化关系的数学模式和综合平衡模式。估算了华北地区地表径流量，河川径流年内分配，并分析了年径流的丰枯变化。提出将自然水面分为有限水面和无限水面，建立了有限水面蒸发公式，被水利部列入水面蒸发观测计算规范。赵楚年、王玉枝研究了黄淮海平原河流输沙量及其变化，指出 20 世纪 50 年代中期以前，河流泥沙主要来源于山区，每年有近 2 亿吨泥沙从平原外围山区通过河道输送平原和入海；50 年代后期以来，因修建大量水库等控制工程，从山区进入平原河道泥沙大量减少，而引黄灌溉每年从黄河引来泥沙 1 亿多吨。

南水北调工程是一项宏伟繁杂的远距离调水系统。调水后可能会对黄淮海平原产生多方面的环境影响。左大康、刘昌明、许越先等通过南水北调及其对自然环境影响的研究，提出按地理分区方法，划分为水量输出区、输水通过区和水量输入区三个后效不同的影响区，在不同影响区将分别产生分水环境效应、输水环境效应、渗水环境效应、阻水环境效应和蓄水环境效应。分析了南水北调对灌区水量平衡、降水、地下水、农田小气候和土壤盐碱化的影响，提出了防治对策。预测调水后降水量比多年平均降水量增加3%，东线调水对土壤盐碱化影响面积不超过总耕地面积 5%，采取积极措施将缩小影响面积。应用系统分析方法，并根据水量平衡原理和地理地带性规律的主要指标，提出了统一需水与环境要求的分水方案。依照地方性氟骨病的发病特点和当地社会经济状况，探讨了"调水治氟"环境效益的经济数学模型。结合调水对湖泊生态环境的可能影响，建立了南四湖水生经济系统分系数学模型，为跨流域调水对湖泊生态系统及其相应的社会经济系统的影响评价提供了数学方法。

有些人还对水利工程的环境影响、地下水开采的环境影响和区域盐量平衡等现代环境水文问题，以及黄河三角洲、鲁西南湖群和苏北平原的历史环境变迁作了研究。如孙仲明通过对徒骇河、马颊河河势特征及其历史变迁的研究，指出两条河流最早为黄河分流河道，明清两代靠人工挖掘疏浚，逐步变为人工河道，起到汇水排水作用。徒骇河原在马颊河以北，但在大运河开通以后，北面的徒骇河淤塞，又在马颊河以南挖了徒骇河新河道，因而古今徒骇河河名虽同，但河道各异。

五、作物产量与环境因子关系的理论研究

黄淮海平原经过初步治理，自然面貌和生产面貌发生了深刻变化。1970 年末期，区内已建机井 153 万眼，水浇地扩大到 15 000 万亩，改良盐碱地 4 000 万亩，各种灾害有所减轻。1987 年粮食产量占全国总产量 19%，棉花产量占全国总产量 57%，大部分县粮食平均亩产超过 400 kg。原来盐碱旱涝十分严重的山东省禹城县和平原县 1989 年粮食平均亩产超过 800 kg。这些数字说明黄淮海平原已开始由低产地区向中高产地区发展。为了配合农业生产的这一重大变化，地理研究所及时组织了作物产量与环境因子关系的理论研究。

作物产量是作物与外界环境因子相互作用过程中同化环境因子的结果。产量的形成，一方面由作物本身生物学特性所决定；另一方面由外部环境特性所决定，包括光、热、水、土、肥等因素综合影响。前者属生物学和农学研究范畴，后者则是地理学和生态学所关心的领域。进入 20 世纪 80 年代，地理研究所在这个领域的理论研究，建立了一些数学模型，得到了一些科学结论。

刘昌明等根据主要作物需水规律、生育期有效降水量和地下水的作物利用量，提出农田水量平衡计算公式，指出区内小麦和棉花生育期普遍缺水，黄河以北地区更为突出。程维新分析了德州和禹城试验站的观测资料，计算了夏玉米-冬小麦生长年度的凝结水量和作物耗水量，小麦生育期耗水量为 443—507 mm，棉花为 707—755 mm。

吴家燕研究了冬小麦水分生理指标的若干特性，分析了小麦株体的自由水和束缚水含量、蒸腾强度、吸水力和渗透力及其相互关系。指出小麦开花前灌溉可以增加小麦体内自由水、减少束缚水、增加植物体内细胞水分活性，有利于小麦生长。而开花以后灌溉，则不能增加植物体内细胞水的活性。

左大康、陈德亮从作物群体吸收太阳辐射和作物的生理生态特性出发，研究了冬小麦和夏玉米生育期的光能转化效率、最大光能利用率及相应的产量指标，计算了 115 个站点冬小麦和夏玉米的光合潜力，并定义了光能潜力指数，分析了它的空间分布特征。计算的冬小麦光合潜力为每亩 1 525—1 865 千克，夏玉米的光合潜力为每亩 1 000—1 250

千克，冬小麦全生育期平均最高光能利用率为 2.8%—3.0%，夏玉米为 3.4%。通过对作物的气候生产力因素中光合作用和呼吸作用这两个主要能量过程的研究，建立了冬小麦和夏玉米的气候生产力模式，分析了气候生产力的空间变化。

赵名茶、李钜章从理论上研究了作物光能利用率和其他环境因子对作物产量的影响，根据河北省栾城和北京近郊大屯 4 年的观测资料，计算冬小麦最大光能利用率为 3.1%—3.3%，而 20 世纪 70 年代以前，由于产量低，大面积光能利用率仅为万分之一左右，20 世纪 70 年代达到万分之五，20 世纪 80 年代前期，随着产量上升达到 0.1%，石家庄高产地区 1%左右。以最小因素限制性定律为基础，探讨了环境因素中光能、温度、水分、养分条件对作物产量的影响，指出冬小麦和夏玉米产量的主要限制因素是水分条件和土壤养分。统计了区内 88 个站点气象资料，分析了石家庄地区和济宁地区土壤水分资料，用辐射平衡和水分平衡公式、彭曼蒸发力公式、光合潜力公式和作物产量潜力公式，对 38 个县（市）的实际产量做了数学模拟。

谢贤群用禹城试验站的观测资料，计算了冬小麦各生育期平均光合有效辐射日总量为 5.86—7.54 mJ/m^2，全生育期总量为 921—1130 mJ/m^2。光能利用率与叶面积大小有关，董振国根据观测和调查资料，分析了不同作物叶面积变化特征，农田叶面积以 5 月和 8 月最大，叶面积指数达 3.5—4.0，3—4 月和 9 月以后农田叶面积的空间变化由北往南逐步增大。

左大康所长与筹建禹城试验站

程维新[*]

为了解决旱涝碱治理过程中提出的许多科学问题，唐登银、程维新与刘昌明、左大康同志研究决定，在禹城试区内建立以水量平衡与水盐运动规律研究为主的野外试验站。禹城试验站是以水文室的蒸发组为主，唐登银是组长，程维新是副组长，站名最早定为蒸发试验站。1978年秋，我们去禹城试区建站选点，决定在南北庄的东南方约1公里处建站。

禹城试验站筹建工作由我负责。我与禹城试区负责人杨德泉和禹城试区办公室主任马逢庆同志商量，建站所需经费（包括建房、仪器和设备）都由国家课题（马逢庆）支付。1979年4月，我去禹城筹建试验站，马逢庆同志派了2位同志协助我工作。麦收前，盖起了四间砖瓦房、一座库房和厨房，建起了围墙。洪加琏同志负责筹建气象场，逢春浩同志负责筹建土壤水分观测场。为了尽快完成建站任务，我与刘昌明同志商量，将赵家义同志从水文室的径流实验室调来协助制造水力蒸发器。后来又决定赵家义同志正式参加禹城站的筹建工作。由于有德州试验站的建站经验，各项工作进展顺利，速度很快，于1979年9月，建成了一个气象观测场、一个农田蒸发场、一个土壤水分观测场。1979年10月1日各项试验观测工作正式开始。马逢庆同志为我们配备了4名观测员，从事各项观测任务。张兴权同志在禹城试区负责土面增温剂的试验，任鸿遵、魏忠义等负责地下水研究。至此，中国科学院禹城综合试验站正式建成。从此开创了中国科学院禹城试验站以水量平衡和水分循环为主、以盐碱地治理为主要目标的定位科学实验研究（简称东园）。

1980年，由于增加了工作人员，马逢庆又在东园盖了四间砖瓦房，住房增至8间。后来，东园成为禹城试区"六五"国家科技攻关的指挥部。

1981年，根据禹城站的发展需要，中国科学院地学部主任李秉枢、地理研究所所长左大康和刘昌明、孙祥平等同志与我们一起进行新站址选点。经过与杨德泉同志和禹城县协商，在试验区的南园买了32亩地作为禹城试验站的新站址（简称南园），也就是现在禹城站的所在地。新站的筹建工作由赵家义同志负责。唐登银为禹城站站长，赵家义为副站长。

---

　　* 程维新（1937年—），研究员。曾任中国科学院禹城综合试验站副站长。本文标题为编者所加。本文摘自《我的华北平原情节》，原文载于《地理学发展之路——中国科学院地理研究所科学活动回忆录（1940－1999）》，科学出版社，2015年，221—222页。

1983 年，我参加了禹城试区"六五"国家科技攻关项目"禹城牌子万亩方节水节能与旱涝碱综合治理试研究"。主持人是凌美华、程维新、刘振声。指挥部设在东园。中国科学院秘书长胡永畅、地理研究所所长左大康等经常来试验区指导工作。参加试验区工作的有孙祥平、张兴权、欧阳竹、董云社、张道帅以及王孝利等。此外，遗传研究所、北京植物园等单位也参加了禹城试区"六五"国家科技攻关。此项研究成果 1987 年获中国科学院科技进步奖特等奖；1988 年，获国家科技进步奖二等奖（凌美华、程维新、刘振声等）。

这项工作对我启发很大，使我认识到大面积盐碱地的治理是有可能的，关键是要方法对头，措施得当，树立典型和示范样板。对我印象最深的就是盐荒地开发。当时牌子村的盐荒地很多，就是没有人种。我们发现村民张玉财是个种田能手，动员他承包盐荒地的开发，由我们提供改良盐碱地的技术和棉花良种。他承包了村南的大片盐荒地，当年承包的 30 亩盐荒地就获得大丰收。其他村民看到后，纷纷承包盐荒地开发，很快全村的盐碱荒地都得到了开发利用。这就是样板的作用，使我看到典型的力量。张玉财是我们"六五"期间培养的一个典型。后来，张玉财被选为禹城县的劳动模范、人大代表。《大众日报》发表了"穷而有志，富而不逸——张玉财开发荒碱地纪实"的报道。

左大康先生谋划禹城试验站建设及其他

张兴权*

左大康先生因病不幸于 1992 年初离开了我们！他过早的离世是地理科学的损失。我们常为失去这位良师、好领导而惋惜！

我第一次接触左大康先生是 1964 年。那年 9 月我刚从兰州大学毕业分配到地理研究所，10 月即赴安徽参加"四清"。"四清"工作组组长就是左大康先生。在"四清"工作中，他求真务实、严谨认真、以身作则、平易近人的品格，使刚出校门的我受益良多。

1977 年 7 月，左大康先生受地学部委托，要在石家庄主持召开黄淮海平原学术会议。这是我院为了弥补"文革"对黄淮海平原科研造成的损失、重新部署科研力量的一次重要会议。我本来没资格参加会议，他点名要我去做会务工作。会议期间他要求我们会务组多关心受"文革"折磨、刚得到"解放"的参会老先生。这给了我接触这些专家和学习的机会，从他们的言谈和发言中，加深了我对黄淮海平原的战略地位、旱涝盐碱治理的重要性、迫切性的感性认识。

石家庄会议后，左大康先生又相继组织和主持了三次黄淮海平原的科学家考察，也许他对石家庄会议会务工作比较满意，又让我做三次考察的会务工作。

考察组先后考察了"文革"前后设立的禹城、曲周、封丘、开封、商丘等旱涝盐碱综合治理实验区。左大康先生每到一地，除了现场观察外，总要向介绍者询问对相关要素变化是否进行过观测？观测采用什么方法？有无系统的观测资料？记得当时介绍内容都是治好了多少亩盐碱地，增加了多少产量，而相关要素变化不是没有观测，就是测试手段落后，观测数据记录不全。每遇这种情况，左大康同志就显得失望和无奈。

其中，中线和东线南水北调环境后效考察，专家组由九位联合国专家和国内数位专家组成。考察跨越七个省、市，历时十多天。在对调水环境后效的讨论中，最让专家纠结的是缺乏农田蒸发量资料，使黄淮海平原需要调多少水，以及调水是否会加剧土壤盐渍化问题的评估难以进行。

联系禹城试验站的建设和左大康先生三次考察中的言行，我感到，从石家庄会议到三次科学考察，他高瞻远瞩，深谋远虑，一直都在谋划试验站的建设。通过上述活动，有关建站的总体设想与学科发展方向，他已成竹在胸。

1979 年，我因夫妻两地分居难以解决产生了调出地理研究所的念头，但又舍不得丢

---

* 张兴权（1939 年—），中国科学院地理研究所研究员。此文写于 2015 年 3 月 27 日。

掉已熟悉的研究工作和研究环境，去留一时难决，我决定问计左大康先生。他告诉我，院、所正筹建禹城野外试验站，建议我到站上工作，等等再说。他要我相信党会继续落实知识分子政策。随后他又亲自出面找禹城县领导，帮我解决了家属转到禹城后的吃住等问题。我听取了他的意见，将家属接到禹城，全身心投入了试验站的工作。

左大康先生的关心、帮助，使我在 1980—1989 年期间完成了禹城试区"六五—七五"科技攻关，获得了中国科学院科技进步奖一等奖。并在黄淮海平原综合治理中作出贡献，获得了国务院二级表彰奖励。1988 年我的两地分居和子女上学、就业问题得到圆满解决。此情此恩，我和全家一直铭记在心中。

左大康先生为禹城试验站建立投入了大量心血。贡献是多方面的，我仅从个人的耳闻目睹，谈几点体会：

1. 禹城试验站的建立和发展适应了国家对黄淮海平原农业发展的战略需求

左大康先生遵循竺可桢副院长、黄秉维所长提出的"地理研究要为广义的农业服务"的学术指导思想，筹划和组建禹城试验站和确定的"以水为中心的研究方向"适应国家"南水北调"和黄淮海平原综合治理开发的战略需求，指导禹城试验区，开展旱涝盐碱综合治理试验研究，推动了黄淮海平原农业发展。

按禹城试验站第一任站长唐登银对试验站和当时的试验区工作分工，确定试验站以水为中心，重点开展基础研究；试验区主要承担国家科技攻关任务，侧重应用基础研究和实用技术的配套与集成。

禹城试验区坚持科研与国民经济发展需求结合，理论与实践结合，站、区结合，先后承担了国家"六五"—"十一五"科技攻关任务，在国家层面上，为区域农业发展做出了贡献。

（1）在市域尺度上，建成持续、稳定高产的农田生态系统。试区攻关提供了农田水盐迁移变化规律与调控机理试验研究成果和不同类型浅平洼地旱涝盐碱地治理样板，推动了全市农田生态环境建设，获得粮、棉、油、菜持续增产。成为鲁西北平原第一个单产吨粮的县市，为国家"南粮北调"和粮食安全作出了贡献。

（2）建成节粮型农区畜牧业，促进禹城农业跨上一个新台阶。开展节粮型畜牧业研究和良种畜繁育、最佳饲料配比等技术集成配套示范，促使全市畜牧业产业产值占农业总产值由 20 世纪 80 年代初的 15.6% 上升至 45%。农民人均收入中，畜牧养殖收入占 1/3。

（3）构建"三维结构"农业生态系统。以循环经济理念和绿色农产品生产技术为依托，以生物技术为支撑，种植与养殖产品加工的生产体系。进行玉米低聚糖高附加值深加工。形成玉米高产种植、玉米籽粒低聚糖生产、玉米秸秆饲料转化、玉米芯木糖醇加工、木糖醇渣养殖香菇、废料回田为肥料的完整产业链。被专家评为"黄淮海平原首创"。玉米产业链带动了农产品加工、增值，全市形成玉米、油料、肉类、木材、果菜等六大农产品加工产业，农产品产值约占全市工业产值 70%，而工业产值占全市经济总产值达 51%，成为工业主导型市域经济结构，改变了人们"农业大县，经济穷县"的惯常思维。

（4）现代农业的试验示范与探索。农业现代化是一个动态概念。在新条件下，禹城试验区开展节能、节水、节肥、节药和农业信息化试验示范，建成万亩试验、示范区，带动全市"四节一网"发展，受到中国科学院和国家信息部的重视，被列为全国农业信息示范市。

禹城科技攻关成果，受到国内外关注，得到党和国家领导人和国内外同行专家学者的高度评价，获得了多项奖励。

2. 禹城试区科技攻关与实验地理学

试验区科技攻关从一个侧面发展了实验地理学。试区攻关依托试验站基础研究的积累，选择对禹城、且对同类型区域农业发展具有共性的重大理论与关键技术问题，确定攻关目标、攻关内容和技术路线。然后组织学科力量，开展系统的试验示范，从中提出配套与集成技术，并做出示范样板，推动成果转化和实际应用，带动地方经济发展。

禹城试验区科技攻关，采用地理学系统与综合方法，多学科结合，开展定量化、精准化、模式化试验示范研究和实际推广应用，实现了经济、生态、环境、社会效益协调、同步增长和可持续发展。这是地理科学由认识自然规律向改造自然的一次重大转变，是禹城试验站从另一个侧面发展实验地理学的一次有益实践。

试区科技攻关始终坚持黄秉维、左大康所长倡导的"学科彼此疆界不以一线划分，思考问题不应画地为牢，选择研究对象不宜刻舟求剑"的学术思想，组织多学科参与，发挥多学科交叉优势，集思广益，群策群力，联合攻关。针对自身不足，学习其他学科的研究成就，提高地理学科解决实际问题的能力。因此，试区攻关开展 6 个五年计划，历时 30 多年，虽然时代变迁，人世沧桑，但仍能长期保持活力，不断取得新成果，至今仍能赶上时代步伐，能继续为现代农业建设提供科技支撑。

黄所长对此评价：攻关与传统地理学的农业区划近似，但形式与方法有三个特点：一是年期限很长，前后长达 30 多年；二是绝大部分工作与生产密切结合，与地方主管农业机构密切结合；三是以试验为主，试验又以开发试验为主。这种带有中间试验和推广性质的工作，以及开拓和提高科学认识的试验，兼具此三种特点、且能达到如此程度的试验研究工作，在中国地理学界似乎还没有别的事例。

经过 30 多年发展，站、区研究领域由以水为中心逐步拓展到整个农田生态系统；研究范围由禹城-鲁西北平原，拓展到黄河三角洲。观测设施实现了自动化。一代新人在成长，他们以新的思路、新的方法承担着国家各项研究任务，不断取得新进展、新成果。受到中央和地方领导和同行专家和学者的肯定和好评。现在可以告慰左大康以及黄秉维等地理学界前辈在天之灵，你们开创的禹城综合试验站（区）这座试验研究平台和倡导的实验地理学发展方向后继有人、会不断前进。

永远铭记左大康同志为地理学和地理研究所作出的贡献

李文彦[*]

我和左大康同志认识比较早，1953 年他来地理研究所不久我们就认识了，但是因为很快他就到苏联去留学，我 1960 年调综考会，真正前 20 多年和他没有太多的交往，只知道他是原来浙江大学的地下党的同志，而且做了很多工作，非常钦佩他。20 世纪 70 年代后来随着综考会回到地理研究所，这才开始和他共事，真正共事和他打交道也就是从 70 年代末改革开放以后，他先后任业务处处长、副所长，我在经济地理室负一定责任，这样才开始和他打交道，所以我也是从这一段对左大康同志才有更多的了解，我从他对地理研究所发展的贡献这点说一下，补充点意见。

（1）左大康同志在担任全所的领导工作期间，对地理学和地理研究所的发展做出了很大的贡献，尤其是在科研管理跟组织建设方面功绩显著，我从我的体会其主要原因是他在思想作风上有许多突出的优点。

第一点，就是他能够与时俱进，认真学习贯彻党的方针政策，严格执行院领导的一些决策和规章，在 1978 年以后，因为全国的科技战线，特别是科学院要亟待恢复正常秩序，服务经济建设的大好形势，所以老左非常注意利用多种形式，包括我们所长、副所长的一些例会和各级干部的一些会议，及时传达各种文件精神、领导意图，并结合本所具体情况，加以贯彻。老左能从全局出发对全所科研方向，计划的制定，机构的设置，干部的配备、重大的项目，还有一些研究手段的革新，这些方面都抓得非常紧，主持完成了许多工作，这是第一点。

第二点，他能够尊重老科学家和老领导，比如对黄先生、吴先生、陈先生等老科学家，对于李子川等一些老革命干部，经常地虚心求教，多方面配合，支持他们工作，在他们从一线的领导岗位退下以后，他也十分重视发挥他们的领导作用，这是第二个。

第三点，他非常倚重所内各个单位各个处室一些业务骨干的合作和支持，经常召开各类工作会议，或者干脆下到研究室具体商讨有关问题。

第四点，他注意倾听各方面群众的各种反映意见，一般找他的时候都来者不拒，不论是上班时间还是休息时间，所以他往往特别忙，当时中午我就回家吃饭了，离得很近，

---

* 李文彦（1929—2020 年），研究员，曾任中国科学院地理研究所副所长。此文为作者在"纪念左大康先生诞辰 90 周年座谈会"上的发言。根据录音整理，标题为编者所加。

他中午往往吃饭的时间都要有很多同志找他谈，很忙。

（2）他作为一所之长，特别是贯彻所长负责制以后，左大康同志做到了既全面地负责，又能够紧紧抓住重点事项，他对于领导班子里的各个成员，因各个成员都各自分管一些工作，分工负责，他既能够放手让其他的成员放手工作，又不失时机地能够加以过问，他的分寸掌握得比较恰当。我举两个例子，仅我分管工作其中的两项为例：一是经济地理部的问题；二是全所人才培养问题。

早在 70 年代末 80 年代初，经济地理研究室虽然处于恢复元气阶段，但是吴传钧等几位负责人认为国家经济发展的形势，必将是经济地理研究大有用武之地，特别是得知中央开始重视国土开发整治工作的信息后，就利用多种形式向有关部门反映意见，其中包括 1982 年 10 月以吴传钧先生为首给国务院领导写信，要求有关方面包括国家和院部大力支持经济地理学的发展，这样就促使院里领导深入了解我们有关的工作情况，最后在 1983 年批准我所在原有基础上成立经济地理部。当年这一工作，院内上下沟通、协商这个过程许多的具体工作大都由经济地理室来承担，包括向院领导叶笃正副院长等汇报，提供书面材料，以及各种函件的往来等，都是经济地理室的同志来做，但同时老左也能够从所领导的角度给了许多组织上的支持，对经济地理室后来变成经济地理部的机构组成、人员配备和发展等，他作为新任所长，都跟我（我当时是经济地理室主任）进行过多次的商讨。

在 1983 年 12 月经济地理部成立的大会上，老左作为新任的所长，向大家提出了殷切的希望，以后老左对于经济地理部的各项工作更加关注和支持，在许多场合都表示他的态度。到 1985 年，国家计委主任宋平、吕克白等和国务委员兼国家经委主任张劲夫等一些领导先后来所，并且开始考虑对地理研究所实行中国科学院和国家计委双重领导的问题，许多的信息沟通组织接待信函往来等等，虽然具体事是经济地理部的同志在承担，但是老左非常关注，有的活动直接参与，包括院部和国家计委最终的协议过程，老左都是积极了解和参与，最后在 1986 年 3 月由双方敲定。再如 1985 年，应国家计委的要求，我们派人（既有经济地理方面的人，也有自然地理方面的人）参加全国国土规划等许多工作，也是老左在领导层进行了多次讨论和商定的。

对于全所的人才培养问题，因为当时分工是由我来管，但是老左对全所的人才培养非常关注，老左很放手，但无论是研究生培养还是外派留学进修的人员等，老左都相当重视，在办公例会里面不只一次地进行过专门的讨论，成立"人才培养委员会"，专门制定人才培养规划，各种形式人才培养，老左是非常关心关注的。

总之，左大康同志为我国地理学和地理研究所发展作出了非常重要的贡献，值得我们永远铭记。他的进取思想、优良作风和为人品格值得我们很好地学习。

左大康先生在地理研究所的发展中留下了深刻的痕迹

刘燕华[*]

今天我们来纪念左大康先生，是带着一种崇敬的心情。在座的也有 78 届的研究生，我也代表他们发言。我们 78 届的学生，那时候对地理研究所的基本印象，就是黄秉维先生是所长，但是黄先生只管学术问题，地理研究所的运行基本上是左大康先生在负责。他从业务处长、副所长到所长，这是很长的一段时间，所里的运行和发展都有左大康先生工作的痕迹在里面。

现在回忆一下左大康先生，他是一个什么样的人？我理解他是一个全才。左大康先生首先是一位科学家，他在气候辐射研究方面做出了很多有代表性的成绩，这些研究对中国的地理学的发展，乃至于对中国的社会经济发展都有重大贡献。

第二点，左大康先生是一个科学的领军人物，他是一个将领。作为科学家来说，他是勇敢的战士；对于领导人物来说，他是统帅，或者说是个将军。比如黄淮海、南水北调、灾害防治，他能够带领一批人马去打仗，而且能够打胜仗，这点是非常难得的。我们现在讲人才要讲领军人才，他正是领军人物，这是他的第二个特点。

第三点，左大康先生长期以来没有脱离研究工作，又兼顾着地理研究所发展的重任。他是一种经营人才，他所做的工作，投入很大精力搞的是经营地理研究所。他推动理论研究，没有理论研究就没有根基。他具有学术敏感性，搞一些新技术引进。新的技术引进，搞一些学科嫁接，使地理研究所不断发展。从他的所作所为来说，他在整个地理学发展中有眼光、有穿透力，就跟下棋一样，他能够往前看几步，所以使地理研究所能够在各个阶段都能够走在前面。他担任业务处长、副所长、所长那段时间，正是"文化大革命"之后，改革开放，研究所需要进行多方面的改革，他能够一步一个脚印，带领地理研究所顺利发展。他的能力及忘我工作，大大提高了地理研究所的整体能力，使地理研究所成为我国地理界的重要力量。

* 刘燕华（1950 年—），研究员，曾任中国科学院地理研究所所长、科技部副部长、中国地理学会理事长等职。此文为作者在"纪念左大康先生诞辰 90 周年座谈会"上的发言。根据录音整理，未经本人审阅，标题为编者所加。

　　左大康先生之所以能够受到尊重，一方面是他做事，另一方面是他做人。他做人是另一种科学的精神，公道的精神。

　　最后，左大康先生在地理研究所的工作，他所做的所有工作，在地理研究所的发展进程中都有深刻的痕迹。所以我们缅怀他，我们也要继承他，同时还要发扬他。我觉得左大康先生真正欣慰的就是今天地理学的大发展。

与左大康等调研地理研究所的
方向任务和机构调整

杨　生[*]

　　1971 年的五六月间，我参加完在京召开的"学习毛泽东思想积极分子代表大会"，回到湖北潜江中国科学院湖北"五七"干校，校领导告诉我，院里将从干校抽调部分人员充实京区。回北京后，原意是分配在院机关或去北京自动化研究所，我表示可以去地理研究所，一是我是北京大学地质地理系自然地理专业毕业的，业务上稍懂些；二是在地学部工作时曾联系过地理研究所的科研业务。组织上同意了我的要求。

　　大约 6 月份，我到地理研究所上班，安排在科研生产组，当时组里人员很多，由董效舒负责，记得有杨淑宽、王毓伦、叶芳德、卞干年、冯丽文、赵金岑、郭世忠，还有李秉枢、郭敬辉、尉传英等老干部也暂坐在这里。后来左大康、冷秀良从干校回来也到科研生产组。

　　打碎了旧的科学院，地理研究所的方向任务怎么定？所里成立了调研组，魏成阶（革委会委员）为组长，具体工作我做得多些。晚些时候又把左大康、胡序威调到调研组，这两位是在地理研究所工作时间较长的老同志。

　　那时的研究机构称为连队，共四个连队。9 月初开始调研，就逐个连队举行座谈会，也进行个别访问，还到外单位走访和征询意见，现在记得可查的约有 50 多次（当时记得是 80 多次）。每次座谈会开始都要说明：为搞好地理研究所的方向任务调研，特成立了调研组，受所领导的重托，为广大群众所关注，我们调查组一定尽心尽力，主要方式就是走群众路线，集中群众的智慧，努力贯彻毛主席辩证唯物主义认识论的观点，反对唯心主义的先验论。希望并特别欢迎同志们敞开思想，充分发表自己的看法、意见，并开展相互讨论，及至争论、辩论都是可以的。因为我们都是为了党的事业，为我们科学事业的发展，为地理研究所的科研工作的顺利前进，只有充分讨论才能把问题辨别清楚。对过去的工作都要一分为二地进行总结，在此基础上，把我们的方向明确起来，把需要抓的重要任务确定下来，相应地对科研组织机构设置进行必要的调整。等等。这就是动员群众交代政策。

---

　　* 杨生（1935 年—），曾任中国科学院地学部副主任、资源环境局副局长；中国科学院自然资源综合考察委员会党委书记兼副主任。本文摘自《"文革"中我在地理研究所工作的回忆》，原文载于《地理学发展之路——中国科学院地理研究所科学活动回忆录（1940—1999）》，科学出版社，2015 年，98—101 页。本文标题为编者所加。

全所同志上上下下，热烈讨论。发言记录我记了满满一大笔记本。到 1972 年初拟出初步报告。记得我还去北京大学地质地理系、兰州冰川冻土沙漠研究所、兰州大学地理系、长春地理研究所、吉林师范大学、陕西省水保局、水保所、西北大学地理系、铁道部兰州第一设计院、四川地理研究所、铁道部第三设计院、农林部（农垦组）、水利部、航保部、北海舰队（来人）、中山大学（来人）。其他同志也去到许多大学和生产单位等做调查。

报告初步完成后，征求了黄秉维先生的意见。1972 年 2 月 4 日，我们（左大康、胡序威、魏成阶和我）还到竺可桢副院长家征求竺老的意见，当时竺老已 80 多岁高龄，身体不好，说话已很吃力，听完左大康等的汇报后，主要是用笔写来表达想法、意见的。后来召开会议听取汇报并连续多次开会讨论。

记得当时明确了地理研究所的科研主要为大农业服务，本国地理研究为主；在地区上侧重于黄淮海地区（包括山地、丘陵和平原的小流域），及边远待开发地区；要关注研究技术手段的改善，并加强实验研究。

对外国地理搞下去没有反对意见，但是对如何搞法和投入多大力量有不同看法，大多数同志认为，应当改善方法，也不必投入原先那么多的力量。对土面增温剂的工作起初分歧颇大，后来较为统一的意见是，搞抑制蒸发研究，只把土面增温剂作为手段之一。地貌方面把流水地貌作为重点比较一致，对搞不搞喀斯特多数持否定态度。气候方面多数同志认为，消雹的工作应当交出去，放在地理研究所不太合适。自然地理方面应当加强，要开展污染调查和防治，并可先从永定河官厅水库着手，地方病病因的调查应加强。地图方面重点在自然地图集，世界地图集也应开始探索，更重要的是开展技术革新，已经提出开展电子分色缩放仪的研制及地图投影电子数字转换方法的试验研究；要加强航空像片判读的工作，但对当时的卫星像片的接收和分析判读，尤其是接收部分，大多数持否定态度，调查组坚持认为，这摊工作不能撤消，接收部分不能不搞，不接收就没有图片，分析判读就无从谈起。

关于方向任务报告的最后定稿，我想地理研究所的科技档案里应当存有，我记得不那么全，也不可能准确。

随着方向任务的确定，研究室的建立提到日程，经多方面的协商，最后决定建立：①综合自然地理研究室；②水文研究室；③气候研究室；④地貌研究室；⑤经济地理研究室；⑥外国地理研究室；⑦地图研究室；⑧航空像片判读研究室（包括卫星像片接收判读组）。每个室都配备书记、副书记，成立领导小组（当时还不叫室主任），任命组长、副组长，组长一般都是党政干部，副组长都是业务干部，比如唐孝渭、刘昌明、左大康、胡序威、廖克、魏成阶、张成宣等都是副组长，在老先生里面陈述彭、沈玉昌也是副组长。此后，还明确了 1973 年的重要研究任务，即：①青藏高原综合考察；②荒地资源的综合评价与合理开发利用；③中国自然地理概论编写；④抑制蒸发的研究（包括土面增温剂的推广试验）；⑤官厅水库和永定河流域的污染源调查与污染防治；⑥电子分色缩放仪的研究及地图投影电子数字转换方法试验研究。

怀念卓越和公正的左所长

胡序威[*]

 1950 年春，我进中国人民大学计划系本科学习，当时因新创办的人民大学师资缺乏，1951 年我和几位同学被直接抽调到由孙敬之教授领导的经济地理教研室当辅导教员（助教），一年后却让我担任"中国经济地理"大课的主讲教员。1953 年在苏联科学院的建议下，中国科学院成立以竺可桢副院长为主编的《中华地理志》编辑部，分自然地理和经济地理两大部分。竺副院长特聘人民大学的孙敬之教授前来承担《中华地理志》经济地理的主编任务。1953 年，孙敬之教授就带我和刚毕业于人民大学经济地理研究生班的方文、梁仁彩三人来到新在北京设置的《中华地理志》编辑部，与来自时在南京的中国科学院地理研究所的邓静中、孙盘寿、李文彦等共同开始参与《中华地理志》区域经济地理的调研和编写工作。开始时我和方、梁三人均属借调性质。1954 年人事关系被正式转到地理研究所，并授予助理研究员职称。

 左大康比我大四岁，1949 年毕业于浙江大学史地系。解放初曾一度在浙江省农林厅工作，1953 年调入当时尚在南京的中国科学院地理研究所工作，后被派往苏联莫斯科大学地理系深造。1956 年研究生毕业获地理科学副博士学位后回国，任中国科学院地理研究所气候室助理研究员，从事辐射气候的开拓性研究。直到 1958 年中国科学院地理研究所由南京迁来北京，与《中华地理志》编辑部合并，我和老左才开始成为同在一个研究所工作的不同专业的同事。当我得悉左大康解放前在浙大学习时就已是中共地下党员，尤其是在 1947 年震惊全国的浙大学生会主席于之三惨遭国民党反动派杀害后，由他继任学生会主席，继续领导反内战反迫害的学生运动，令我对他肃然起敬。我有一个表哥范岱年，解放前曾在浙大物理系学习，也是地下党员。他说曾与左大康同住一个宿舍，对老左的评价颇高。所以老左在地理研究所内不论在政治素养和专业基础上均是最受我尊敬的同事。

 1964 年，左大康和我分别被任命为气候研究室和经济地理研究室的副主任，我还兼任室党支部书记。气候研究室因党员少，与水文研究室合成一个党支部，设专职书记，左大康则被选为所党委委员。显然，当时的所领导把左大康和我都视为又红又专的中层干部。但不久就迎来暴风骤雨的"文化大革命"，我们都被打成"反革命修正主义分子"。"文革"进入清理阶级队伍阶段后，我和老左以及一些被视为反动学术权威的老专家们均

────────────

 * 胡序威（1928 年—），研究员，曾任中国科学院地理研究所经济地理部主任。本文据作者 2015 年在"纪念左大康先生诞辰 90 周年座谈会"上的发言录音整理。2022 年 9 月经作者本人审定。

被关进"917"大楼顶层一个大房间的"牛棚"。像我这样一个出生于反动家庭的人被关进"牛棚"受历史审查还情有可原,将老左这样一个曾代表地下党领导学生运动、向国民党反动派作坚决斗争的铁骨铮铮的英雄也被关进牛棚,简直是匪夷所思!我与他在"牛棚"同吃、同住、同劳动,成为朝夕相处的难友,历时约8个月。1969年6月,我们这些被从"牛棚"解放出来的干部,均被下放到湖北潜江"五七干校"劳动。老左和我在干校劳动连队中均担任班长之职。

1971年7月,我们随同部分"五七干校"战士从湖北干校回到北京地理研究所,开始局部恢复科研工作。"九·一三"事件后,时任中国科学院领导的刘西尧,作出将仍留在"五七干校"的全部人员撤回北京,并将自然资源综合考察委员会的全部人员合并到地理研究所的决定。为此,时任中共地理研究所领导小组组长黎映霖,指定由左大康、胡序威、杨淑宽、杨生、魏成阶五人组成业务调查组。要求通过调查研究,就如何迎接与综考会的合并,明确今后的科研任务和调整相应的科研机构提出建议方案。作为组长的左大康,在此项调查研究中发挥了重要作用。除了召开各类群众性的座谈会、广泛听取地理研究所和综考会各方面群众的意见外,还带我们去专访竺可桢副院长(解放前任浙大校长时,竺老曾支持老左领导的学生运动,而且他也是我的浙江上虞同乡,与我伯父胡愈之有交往),听取他对恢复地理科研有何考虑。在已出版的《竺可桢日记》中,1972年2月24日曾有这一段记载。同时还由所出面,破天荒地邀请了南京大学的任美锷、华东师大的李春芬等所外著名地理学家来北京,与所内专家共同讨论如何恢复地理科研的问题。通过各种交流、反复讨论和论证,终于完成了地理研究所全面恢复科研业务的建议方案。左大康要我代表调查组向全所员工传达经我们调查总结形成的建议方案。其要点为:除继续正在进行的外国地理、边疆地理、海洋地理、地图等研究项目外,明确今后继续坚持为农业服务、为国民经济建设服务的方向,以黄淮海平原旱涝碱综合治理和自然资源合理开发利用为重点研究领域,恢复原科研体制,调整为综合自然地理、地貌、气候、水文、经济地理、外国地理、地图、航空像片判读利用(即后来的遥感应用)8个研究室,综考会转来的科研力量按自愿原则分别并入上述各研究室。

调查结束后,我回到由原地理研究所经济地理室与综考会综合经济室合并而成的新经济地理室任业务领导(因当时吴传钧、李文彦均尚未落实政策)。左大康留在所业务处,负责全所科研组织领导工作。改革开放后,黄秉维恢复原地理研究所所长职务,左大康开始任副所长,成为协助黄所长的得力副手。由于在综考会与地理所的合并过程中,体制机制没有理顺,致使改革开放后,综考会又从地理研究所独立出去。从1984年开始,黄秉维改任名誉所长,左大康接任所长,直至1991年。

老左深知在旧中国从事人文、经济地理研究的人数超过从事自然地理研究的人数,在解放后的新中国重自然地理研究,轻人文、经济地理研究。在中国科学院地理研究所内从事经济地理、人文地理研究的科研人员还不到全所科技人员的 1/5。尤其是改革开放以来,经济地理承担农业区划、工业布局、区域规划与国土规划、旅游资源开发等繁重科研任务,科研力量严重不足。老左极力支持经济地理研究应在地理研究所内有较大发展，鼓励我们向上反映。1983 年秋，吴传钧、邓静中、李文彦、胡序威、孙盘寿等人联名给国务院领导写信，说明经济地理研究可在多方面为国家建设服务。当前研究任务十分繁重，依靠现有的科研力量难以顺利完成，迫切希望中国科学院的领导加强经济地理的研究力量。该信经当时的国务院副总理方毅批示后转中国科学院领导处理。为此，当时分管地理研究所的叶笃正副院长特找李文彦和我前往商议此事。他代表院领导同意在地理研究所内将一个经济地理室扩大成为下设农业地理、工业与交通地理、城市与人文地理三个研究室和一个行政办公室的经济地理部，给 90 人的编制。部主任为副局级，可由副所长兼任。1983 年末，在地理研究所内由李文彦副所长兼部主任、由我任部副主任的经济地理部宣告成立。在 1984 年新年召开庆祝经济地理部成立的大会时，左大康所长特地赶来表示祝贺！两年后，在左大康的建议下，取得吴传钧和李文彦的同意，李文彦不再兼部主任，由我任专职部主任。尽管经过四年多的发展，经济地理部科研人员的数量及其在全所的占比有所提高，但在全所的地位并无多大改变。1988 年经济地理部申报陆大道等多人参加全所研究员的评选，其结果全所新评出 8 名研究员，经济地理部的人员全部落选，被剃了光头！为此我找左所长说："照此下去，我可干不了这个部主任。"他宽慰我说："今后将以科研人员参加评选的实际比例，给予一定的保证。"从此使这一问题得到妥善解决。

自从 1982 年我们开始开拓国土规划研究以来，一直得到老左的大力支持。国家计委国土局重点抓京津唐地区国土规划的试点，让地理研究所承担其核心课题"京津唐地区国土开发整治的综合研究。"由所内经济地理专业的精兵强将组成课题组，我成为该课题的实际负责人。所领导还指派邢嘉明、尤联元、沈建柱、童鼎钧等为该课题组提供有关该地区自然环境演变、地貌、气候、水资源等专题研究报告。我们在 1983 年底完成的该项综合研究成果，得到国家计委有关领导的高度评价，并曾获中国科学院科技进步奖二等奖。1985 年国家计委开始着手编制《全国国土总体规划纲要》，邀请我所参加。左所长就指派我率领陆大道（经济地理）、郑度（自然地理）、王景华（环境）、任鸿遵（水资源）四人前往国家计委，参加该《纲要》初稿的起草工作。我本人还多次参与了对该《纲要》初稿的讨论和修改定稿工作。

我所开展的国土规划研究引起了国家计委领导的重视。1985 年 11 月 3 日，时任国家计委主任宋平亲自带领国家计委的陈光、甘子玉、刘中一、吕克白等副主任，以及包括国土局在内的几乎所有司局级的领导干部共 30 余人，前来地理研究所参观访问。由中国科学院副院长严东生、地理研究所名誉所长黄秉维、所长左大康等陪同，参观了地理研究所的科研成果展览，给他们留下很好的印象。

在主管国土规划的国家计委副主任徐青和中国科学院地理研究所所长左大康的合力推动下，终于自 1986 年 11 月 3 日开始，使地理研究所一度实施由中国科学院和国家计委双重领导。这一体制，对开展机密性较强的与国家经济建设关系很密切的研究课题十分有利。左大康、李文彦和我都曾参加过国家计委召开的有关经济建设问题的司局长会议，可及时了解国家的各种重要信息。主管国家经济社会发展规划的国家计委如此重视地理科学，也曾在国内外地理学界产生过轰动效应。后来由于国土规划工作因故暂停，而且国家计委也开始建设自己的相应研究机构，对地理研究所的双重领导也就于 1997年 2 月正式宣告结束。

国土规划研究停滞后，我们开始将重点转向区域开发研究。经左所长同意，1988 年在经济地理部内新设立一个区域开发理论研究室，请新从原苏联列宁格勒大学进修回国的毛汉英任该室领导。为了使地理研究所便于向外界直接延揽有关区域开发研究项目，经左所长同意，我们以地理研究所的名义给院部打报告，希望能在中国科学院下设立一个区域开发研究中心，挂靠在地理研究所经济地理部。不料此建议方案中国科学院院部不予同意。理由是"在科学院研究区域开发的不止地理研究所一家，综考会也是研究区域开发的。"但此后不久，在科学院内新成立了一个"区域开发前期研究专家委员会"，挂靠在综考会，孙鸿烈副院长兼主任。由于左所长的努力争取，我得以担任该专家委员会副主任一职。我尽力缓解历史上形成的地理研究所和综考会之间不够协调的关系，在该专家委员会内特别注意尊重孙鸿烈副院长的领导。他要我领衔组织地理研究所的陆大道、毛汉英和综考会的郭文卿共同完成"中国沿海地区可持续发展战略研究"的重要课题。他对此项研究成果给予高度肯定，曾以"中国科学院"的名义报送国务院和其他有关部门。

由于"文化大革命"中一张有关孙敬之问题的大字报，曾使吴传钧和黄秉维对我产生过某些看法。左大康却能公正大度地处理此类问题。1991 年，左大康接替黄秉维任地理研究所学术委员会主任后，即让我接替吴传钧任所学术委员会副主任。

左大康所长对科研工作具有卓越非凡的组织领导能力。他不仅亲自组织领导全所最重大的研究项目"黄淮海平原中低产地区综合治理和综合发展的研究"，使其获得中国科学院科技进步奖特等奖和国家科技进步奖二等奖，他还善于调动全所广大科研人员的积极性，因才施用，发挥各自的所长。而且他为人正直，善于客观公正地处理各种问题，使人心悦诚服。他曾是我的好领导、好战友、好兄长！将永志不忘。今闻即将迎来左大康诞辰百年，所里要为他出纪念专集。尽管我也早已是年逾九旬的老朽，但我还是要费尽心思写成此文，以示对他的深切怀念。

实行"双重领导"是左大康主政期间的一件大事

赵令勋[*]

1986 年 3 月地理研究所归属中国科学院与国家计委双重领导,这一体制变革对地理研究所发展产生重大影响,对中国地理学尤其经济地理学的发展也具有深远的意义。因此我所的研究环境与条件有了很大的改善,提高了地理学的社会影响。此后,河北地理研究所与河南地理研究所等也相继实行省科学院与省计委双重领导。在对地理研究所实行"双重领导"酝酿过程中,有几件事对推进"双重领导"进程起到一定的影响,值得一提。

京津唐地区国土规划任务。1982 年初,中共中央作出关于搞好全国国土整治工作的决定,国家计委启动了"京津唐地区国土规划"任务,作为全国国土整治工作的试点,并将这一任务交由地理研究所承担。国土工作是一项前人未曾搞过的崭新事业,试点工作的成败对于国家计委和地理研究所都关系重大。因此,双方对这项工作都十分重视,也寄以很大期望。地理研究所组建了由经济地理室副主任胡序威负责的课题组,成员有陆大道、孙盘寿、陈汉欣、张文尝、叶舜赞、马清裕、赵令勋、刘建一、张雷和孙俊杰、杨廷秀及徐志康等。另外还组成城市、人口和农业几个专题组。国家计委副主任吕克白,国土局徐青、方磊和黎福贤等领导也都投入一线进行组织领导工作。为加强课题组与国家计委之间的沟通与联系,还设立了联络员,起初张文尝担任这一职务,半年后由我接任,一直到 1984 年课题任务完成。联络员往来于地理研究所与国家计委之间,经常向国家计委国土局的有关领导传递和交流信息,汇报和反映需要解决的问题。

1983 年"京津唐地区国土规划"课题开始,总课题组与所内外各专业组工作进展比较顺利,但进入中后期进行第一阶段总结时,课题组内部不少人茫然不知下一步从何入手,所外也有人产生怀疑,甚至要看"地理研究所的好戏"。地理研究所负责的总课题是整个"京津唐地区国土规划"的关键和核心。以胡序威为首的总课题组综合分析各专业课题的成果,利用调查研究所获得的第一手资料,综合研究后提出京津唐地区国土整治战略性的建设方案。

该方案指出京津唐地区地域空间发展方向,提出要改变过去城镇和产业沿铁路布局的态势向滨海地区推进,以解决用地、用水紧张和利用海运以缓解铁路运输压力。提出

---

* 赵令勋(1934 年—),研究员。曾任中国科学院地理研究所经济地理部办公室主任。原文标题为"地理所实行'双重领导'背景片段",现标题为编者所拟。本文原载于《地理学发展之路——中国科学院地理研究所科学活动回忆录(1940—1999)》,科学出版社,2015 年,68—70 页。

京津唐三大城市职能分工：北京作为全国政治、文化中心，要控制工业尤其重化工业发展规模，应利用首都科研单位和高等学校多、人才集中的优势，发展知识密集型产业（即现在所称的"高新技术产业"）。天津市要利用历史传统和靠海优势，发展为北方重要工商业和港口城市。唐山市则应利用煤、铁资源丰富的有利条件，建设为能源和原材料工业基地。对三个城市钢铁工业布局，北京首钢先压缩后搬迁，天津钢铁工业要控制产能，唐山应充分利用有煤有铁和近海的有利条件，集中在唐山沿海建设冀东大型钢铁工业基地，并具体提出在乐亭滨海的王滩作为建厂地址。国家计委领导高度认同此规划方案，方磊高兴地对我说"分析深刻有水平""对这个结果我很满意"。黎福贤则感激地说"胡序威干得漂亮，他就是我们（指国土规划工作）的老师"。他们对胡序威在课题组出现分歧、发生争执的应对做法和掌控全局以及综合分析能力十分钦佩，对他为人品格和学识水平也都非常欣赏。我感受到他们对胡序威办事的信任和放心。方磊几次说"胡序威是我的老师""他的人品和严谨学风都值得我学习"。时任国土局局长的徐青更是事无大小经常向胡序威请教和咨询，把他当作国土工作的全权顾问。另外徐志康在课题中的出彩表现也让国土局同志十分看好。他在一次京津唐地区土地利用汇报会上，因晚上认真准备一夜未眠，第二天上台汇报前突然昏倒，当第二次汇报时他有理有据分析，背出数十个精确到小数点后二位的数字，没有一个差错，可以说是滴水不漏，让在场的国家计委的同志赞叹不已，说他汇报"十分精彩"。记得有一次我到吕克白办公室，他对我说"老胡行，有水平"，"你们的队伍也行，是一支能打硬仗的队伍"。"我们计委经常忙于眼前工作，没有时间去深入研究一些问题，很需要像你们这样一支队伍。"

由于胡序威领导的队伍很好地完成了"京津唐地区国土规划"，给国家计委交了一份满意的答卷，地理研究所的声誉与影响也尽在不言中了。通过这次考验，国家计委国土局已认为，地理研究所是他们开展国土整治工作一支可以依靠的队伍。另一次到国家计委吕克白办公室，他曾对我说起"要组织一支像你们这样的队伍不容易，人从哪里来呀？""在目前编制也是个问题"。现在回想他当时已在考虑组织一支国土规划的研究队伍，思考着如何利用我们这支队伍的问题。

宋平等到地理研究所不寻常的来访。把地理研究所作为国家计委开展国土整治工作的科研依托单位，并对其实行双重领导，时任国家计委副主任主管国土整治工作的吕克白及国土局徐青、陈鹄与方磊等领导同志来说是早有共识、肯定的。但当时我院综合考察委员会已实行了中国科学院与国家计委双重领导，对地理研究所再实行双重领导的必要性，在计委和科学院内部都存在有不同的声音和看法。对这一重大问题必须取得时任国务委员、计委主任宋平（后任中共中央政治局常委）等国家计委领导层的认可和首肯。

1985年10月中旬，地理研究所举办第二届开放日，曾接待了来自各方2 000多人来所参观。其中以国务委员、国家经委主任张劲夫和副主任袁宝华率领的国家经委队伍和宋平率领的国家计委队伍来访，最为引人注目。1985年11月3日，宋平主任带访的队伍里有陈先、甘子玉、刘中一和吕克白等多位副主任，包括国土局在内几乎所有的司局长共30余人。他们在副院长严东生和左大康所长等陪同下参观、考察了地理研究所，最后来到地理研究所五楼会议室，听取左大康所长所作的地理研究所概况和科研工作的汇报，吴传钧和李文彦分别作了相应补充。因胡序威与陆大道当时不在北京，按事先安排让我就“京津唐地区国土规划”问题作汇报。我根据“京津唐地区国土规划”总体思路作了汇报。

　　面对当时来自各方面的不同意见，我说：我“相信我们所提首钢搬迁的方案，是经得起时间考验的，历史将证明我们是正确的”。宋平同志此时从座位上站起来，走到挂有“环渤海地区产业布局图”前，让我指给他看“乐亭王滩”的具体位置，待他看清后，对我说：“不要急，等待时机”。话语中我感觉到他明显认同我们对京津唐地区钢铁工业布局的分析和对首钢搬迁的意见。因宋平是背着大家对我一人说的，可能座位上的人都听不清他对我说了些什么。会议结束后，我马上向左所长汇报了宋主任所说的话。左所长说：“这很好，科学工作者就是要进行科学分析，就是要实事求是”。在送计委领导下楼出门时，我因与方磊比较熟，就一直跟他走在一起，问他来地理研究所访问后“有什么感觉？”他不假思索地回答说“国土、地理是一家”，表明他对国土整治工作与地理学关系的认识，也表露了他对地理研究所实行双重领导的倾向态度。此事后来我也曾向胡序威汇报过。那时经济地理部的同志从实践工作中体会到，如挂上国家计委这个牌子，能给地理研究所增添一笔巨大的无形资产，它比给课题和拨经费的作用和意义要大得多，可以大大改善我所科研环境和条件，期盼这一目标能早日实现。宋平等领导来地理研究所考察访问后不久，1986 年 3 月底，中国科学院与国家计委共同签发了“关于地理研究所实行双重领导”的通知。通知规定：“双重领导以中国科学院为主，地理研究所作为全国性的地理科研机构性质不变，同时又作为国家计委的一个研究咨询机构。”现在回想宋平此行对后来的双重领导可能起到“临门一脚”的关键作用。

　　地理研究所在“双重领导”中的定位。最后还应说明一点，据我回忆和查阅有关档案，1986 年初我在整理吴传钧、邓静中、孙盘寿、李文彦、胡序威等几位讨论意见的基础上，代所里起草一份“双重领导”的文件，以及后来所里以此为基础修改为代院起草的“双重领导”文件中，对地理研究所在“双重领导”中的定位，表述是“双重领导以中国科学院为主，国家计委根据社会经济发展与国土整治工作需要向地理研究所下达有关研究任务”，没有提到地理研究所“作为国家计委咨询研究中心”一语，但在后来（1986 年 3 月）中国科学院与国家计委对地理研究所实行“双重领导”下发的文件中，将“下达任务”改为地理研究所“作为国家计委咨询研究中心”。这一改动与计委几位领导希望地理研究所能作为他们国土整治工作研究依托单位的愿望是一致的。这一改动既充分表明国家计委对地理研究所实行“双重领导”的重视，也表明他们对地理研究所寄予很高的期望。

左大康积极推动我国第一个 GIS 国家重点
实验室的诞生

励惠国*　　张国义**

为了改革我国研究院所的体制，实现"开放、流动、联合、竞争"的方针，原国家计委于 1984 年初开始组织实施了国家重点实验室建设计划，决定建成一批基础研究实验研究基地，推动学科发展，促进技术进步，发挥原始创新能力的引领带动作用，地理研究所即向中国科学院呈送了筹建资源与环境信息系统国家重点实验室的请示报告。

同年，原国家科委颁布了由科委直接领导陈为江和陈述彭主持、地理研究所张晋等参加编制的我国第一部《资源与环境信息系统国家规范研究报告》（俗称《中国 GIS 蓝皮书》），并在其中提出了组建资源与环境信息系统国家重点实验室的必要性和重要性。

1984 年 8 月 21 日，中国科学院根据国家计委的意见，正式行文批准成立资源与环境信息系统国家重点实验室（LREIS），为开放性研究室。

陈述彭先生和左大康所长是资源与环境信息系统国家重点实验室的创始人，在实验室的筹建和发展中起到了核心关键作用，从一开始便主导酝酿我国第一个"地理信息系统国家重点实验室"这一重要的科技改革行动。在 1984 年初，对于筹建工作，左所长是从地理科学的长远发展需要来看待地理信息系统的作用的，他排除了不少疑虑、阻力和干扰，同意并决定以地理研究所为依托单位来筹建实验室，将研究所张晋领导的新技术室遥感应用组与还未来到地理研究所的遥感应用研究所五室整合，计划将 917 大楼研究所的二楼设为资源与环境信息系统国家重点实验室科研办公用房，由陈述彭为主任，张晋为副主任。但在实际统筹中，因二楼面积不够，所以只好另行谋划。随后在左所长和张晋主任的协商下，腾出了新技术室二楼作为遥感所来实验室的部分人员临时办公用房。左所长安排陈文章处长着手开始建设实验楼，所里拆迁了木工房的仓库 360 平方米，并再利用其他两块地皮各 300 多平方米。进行实验室的基本建设，带着李晶辉和黄克平跑基建，从大屯乡、朝阳区、跑到北京市基建局一共盖了 18 个印章，将三个 300 多平方叠选在一起，设计了一个 1280 平方米的三层小楼。后又筹借资金、组织部分河北省在院里的施工队、备材料、保施工，克服一切困难，在陈文章处长领导下，日夜奋战，于 1985

* 励惠国（1942 年—），研究员，曾任中国科学院资源与环境信息系统国家重点实验室副主任。

** 张国义（1956 年—），曾任中国科学院地理研究所联合办公室副主任。

本文参考了张晋、何建邦《中国 GIS 从这里升起！》等文献资料。

年 10 月—1986 年上半年间仅用了 9 个月便从平地建起了三层 1 280 平方米的实验楼,一栋高质量的三层小楼拔地而起,在 917 大院被称为"小白楼"。同时左所长还给予了实验室人才引进、科研支撑、经费管理等方面的政策倾斜。为实验室早日进入试运行,打开了新局面。在接受国家专家评审委员会的阶段评估验收时,国家计委实验室处闫谷良处长和林红同志对实验楼的建设给予了很高的评价,现场同意批准划拨基建经费 48 万人民币,填补建楼借款。

在 1985 年初,实验室基本组建起一支高素质的科技队伍,科技人员以当时地理研究所新技术室和地图室的部分人员张晋、傅肃性、曹桂发、狄小春、陈洪经、孙燕,大气物理研究所、地球物理研究所甄殿凯等的科研骨干为主力,还有遥感应用研究所地理信息系统研究室(五室)的人员,后陆续几乎全部人员来到地理研究所。1985 年 2 月 7 日,在地理研究所所长左大康直接组织下召开了见面会,所管理部门负责人和参加建设的部分人员与实验室全体人员进行了座谈和交流,并在会上宣布了以陈述彭为组长,黄绚为支部书记,张晋、何建邦、励惠国为副组长,同时励惠国兼组长助理的筹建组全体成员,即后来被称作"五人决策小组"。在他们的持续艰苦努力下,全室成员团结一致,用了不到 30 个月的时间,国家投资了 898 万元人民币,实验室从无到有:组成了包括固定编制和客座研究两种形式的科技队伍;组建了一个由陈述彭为主任,王之卓、左大康、何建邦为副主任的具有权威性、国际性和代表性的学术委员会;1987 年 5 月 24 日,在中国首次举办了 GIS 国际峰会;构建了由地理信息和图像处理硬软件系统、数据采集—影像处理—专题制图系统以及缩微存储—显示—模拟检索系统等组成的较完整的设备系统;设立和实施了面向国内外开放的研究基金制度;开展了中国资源与环境信息系统国家规范及标准、中国自然环境信息系统及其应用模型、江河洪水险情预报、京津唐地区生态环境信息系统、黄土高原水土保持与资源清查、航天遥感信息综合评价和数据库更新等多项国家项目研究;和意大利世界实验室、美国环境系统研究所(ESRI)、美国明尼苏达大学、加拿大国际发展研究中心(IDRC)、日本东京大学生产力研究所、意大利国营集团 TELESPAZIO 公司展开了广泛、实效的合作研究……

实验室的筹建速度和阶段成效十分突出。经过两年多筹建,资源与环境信息系统国家重点实验室于 1987 年 10 月通过国家验收,正式向国内外开放。以周宏仁、黄秉维、刘东生、周立三、施雅风、孙枢、马俊如、承继成等一批学部委员(院士)和著名专家作为验收委员会成员,对实验室进行了严格的评估。国家验收委员会在评议书中认为,实验室近期和中期的研究方向明确,目标先进;科技人员专业结构和人员的年龄结构比较合理;仪器设备基本齐全、配套,现代化水平较高;采取国内外联合导师制和室内集体导师制等方式培养研究人才,方法灵活多样,符合国情,有利于培养高水平人才;管理效率较高,学风严谨,学术思想活跃,具有"创新与求实"的科学精神。

陈述彭先生在《鞠躬尽瘁为人民——怀念大康同志》一文中指出:"呼吁需要建立地理信息系统而不为人们所理解的时候,左大康所长果断地作出决定,把资源与环境信息系统国家重点实验室的筹建工作纳入地理研究所的发展规划。他不仅为此担当起繁重的行政领导和后勤保障任务，而且抽调有关科室的部分人员，重新组建一支崭新队伍；并给予相当宽松的优惠办法，使这个实验室能够较快地打开'开放、流通、联合'的新局面。"这是对左大康所长的高度评价。该实验室是中国第一批国家重点实验室，是中国第一个地理信息系统国家重点实验室。资源与环境信息系统国家重点实验室的建设，它站在了中国 GIS 的前沿，并加入到国际 GIS 的序列，其中，地理研究所是实验室发展的坚强后盾，左大康所长为推动实验室的诞生全方位创造了良好的环境与条件，功不可没！

左大康与我国第一个 GIS 国家重点实验室的诞生

何建邦*

为了改革我国研究院所的体制，实现"开放、流动、联合、竞争"的方针，原国家计委于 1983 年开始酝酿组建"国家重点实验室"，深化科研院所的改革开放。陈述彭、张晋、何建邦等从一开始便参与这一重要的科技改革行动。张晋和何建邦在 1984 年几乎用了一年时间，天天奔跑于国家计委、中国科学院院部、仪器进出口公司等部门。左大康所长亲自指导，中国科学院遥感应用所、大气物理研究所、地理研究所、地球物理研究所等许多科研骨干如姜开富、甄殿凯等积极参与、全力支持。在 1984 年底以当时遥感所地理信息系统研究室（几乎全部）、地理研究所技术室的部分（张晋、陈洪经等）和地图室的傅肃性、曹桂发等为主，组建我国第一个 GIS 国家重点实验室——中国科学院地理研究所资源与环境信息系统国家重点实验室（LREIS）。LREIS 国家重点实验室于 1985 年 2 月 7 日正式开始组建，1987 年 10 月通过国家验收，正式向国内外开放。周宏仁、黄秉维、刘东生、周立三、施雅风、孙枢、马俊如、承继成等一批学部委员（院士）和著名专家作为验收委员会成员，对实验室进行了严格的评估。在地理研究所直接领导组织下，以陈述彭先生为组长，张晋、何建邦为副组长的筹建组全体成员，特别是当时被称作"五人决策小组"（张晋、黄绚、励惠国、傅肃性和何建邦）的持续艰苦努力，全室成员团结一致，日夜备战，仅用了 9 个月便从平地盖起了三层 1000 多平方米的实验室楼，励惠国这一年基本都住在工地，包括春节假日、除夕夜都在工地过，十分感人！用了不到 30 个月的时间，国家投资了 898 万元人民币，实验室从无到有：组成了包括固定编制和客座研究两种形式的科技队伍；组建了一个具有权威性、国际性和代表性的学术委员会；在中国首次举办了 GIS 国际峰会；有了一座 1000 多平方米的研究基地；构建了由地理信息和图像处理硬软件系统、数据采集-影像处理-专题制图系统以及缩微存储—显示—模拟检索系统等组成的较完整的设备系统；设立和实施了面向国内外开放的研究基金制度；开展了中国资源与环境信息系统国家规范及标准、中国自然环境信息系统及其应用模型、江河洪水险情预报、京津唐地区生态环境信息系统、黄土高原水土保持与资源清查、航天遥感信息综合评价和数据库更新等多项国家项目研究；

---

* 何建邦（1937—2017 年），研究员，国际欧亚科学院院士。曾任中国科学院资源与环境信息系统国家重点实验室主任。标题为编者所加。摘自《中国 GIS 从这里升起！——跟随陈述彭先生在地理研究所发展中国 GIS 的若干往事》，原文载于《地理学发展之路——中国科学院地理研究所科学活动回忆录（1940—1999）》，科学出版社，2015 年，80—81 页。

和意大利世界实验室、美国环境系统研究所（ESRI）、美国明尼苏达大学、加拿大国际发展研究中心（IDRC）、日本东京大学生产力研究所、意大利国营集团 TELESPAZIO 公司展开了广泛、实效的合作研究……。实验室的筹建速度和阶段成效十分突出，并通过国家验收。

建立地理研究所信息室左大康所长功不可没

张　晋*

国家科委于 1983 年组织了中国科学院、中国测绘科学研究院、北京大学、原地质矿产部、林业部等十多个部委的人员，组成资源与环境信息系统国家规范研究组。1984 年底，该研究组完成资源与环境信息系统国家规范的研究报告，并提出建立国家实验室的建议。我院积极争取并获得国家科委批准，资源与环境信息系统国家实验室建在我院。具体挂靠在哪个单位，当时有不同的意见和倾向，在此关键时刻，左所长立即赴院里向地学部和院领导明确表态和要求，资源与环境信息系统国家实验室应建在地理研究所，我们将给予全力支持，获得了批准。

筹备工作一开始，就是为实验室找房子，因为时间紧，左所长提出把三楼向阳侧的一排房子腾出来给实验室。大家知道，这是所领导们的办公室和会议室，那怎么行，我急忙表态：不妥不妥。实验室还未成立，对地理研究所毫无贡献，只能找一块不影响大家工作的地盘，后来选在木工房。

说到建实验室，我想，我们还要感谢陈文章处长。按当时的规定，只能小面积地修建，信息室的小楼就是一层 300 平方米，二层 300 平方米，分几次报批建成的。

实验室能顺利地、圆满地提前建成，还得到国家科委、国家计委的赞助（补款 48 万元），是在左大康所长领导下，所里各部门和兄弟科室全力支持下完成的。今天我们缅怀左大康所长，我不禁想起了这段往事。

左所长的识大体、顾大局、明是非、谦虚、正直、功劳归大家、荣誉让别人的高尚品德，更令人感念不忘。

* 张晋（1934 年—），研究员，曾任中国科学院地理研究所信息室副主任、技术室副主任。此文为 2015 年 3 月在 "纪念左大康先生诞辰 90 周年座谈会" 上的发言，根据录音整理，未经本人审阅。标题为编者所加。

左大康所长积极支持遥测技术开发

胡贤洪[*]

"文革"后，所里组织科研改革调研小组（左大康、杨淑宽等同志），对地理学科学研究中加强新技术应用提出了要求。左大康先生任所长后，积极筹划成立新技术研究室，主要开展计算机在地理学研究中的应用和遥感、遥测的应用研究。

1. 遥测技术的开发准备

当时承担这一技术开发的只有樊仲秋和我二人。像这样的技术系统，在地理研究所是一穷二白的，我们二人更是既无技术又无经验，好在樊仲秋同志在新技术室成立前已经作了大量的调研，搜集了一些资料。

水文室赵家义、逢春浩同志也另外提供不少信息，特别是可以采集地理信息的传感器。

2. 制定技术方案

所里确定以山东禹城水量平衡试验站为基础，建立水量平衡实验的遥测系统。经过多次调研和论证，确定了以生产设备为主、结合计算机技术组成在 $5km^2$ 内对地下水水位、雨量、蒸发、低温等地理信息的采集和数据处理。根据这些信息分布位置不同，采用有线和无线传输两种方法相结合的信息采集和数据传输、处理系统，所有采集的数据经微计算机处理后直接打印报表。

上述系统依我所的技术力量是难以完成的，所以除所内加强力量（调关理同志参加这一开发工作），还请沈阳计算所协作遥测系统软件、北京新技术所协作计算机与远动的接口软件。上海自动化仪表器厂提供运动操作台及开关量遥测终端。

前后花了两年的时间，在禹城试验站现场做了有线、无线传输方式对水位、蒸发等数据进行遥测试验，效果良好。地学部主任李秉枢同志到现场视察和指导。

3. 建立遥测技术系统

1980 年正式在 5 km^2 的范围内建立 13 个无线遥测站和一个有线遥测站。整个技术系统由进口的 TRS-80 计算机进行地理信息的采集控制和数据处理。在系统建立过程中

---

[*] 胡贤洪（1934 年—），研究员。曾任中国科学院地理研究所地图研究室制图自动化组组长、技术研究室主任、微机测控中心主任等职。

克服了不少困难，做了大量的技术工作，经常加班加点，甚至通宵工作。

禹城站的饮用水质很差，大部分同志肠胃不适应，经常拉肚子，大家仍然积极工作，毫无怨言。

13 个遥测站都在农田里，为了防止电线被鼠咬及人为的偷盗，每个遥测站都建立防护小屋及七米高的电线杆，信号电缆都从高空架设，为此所里调易遵文同志参加工作，他有高血压，年近 50 岁，仍然爬电线杆架设高空电缆，对建站起了关键的作用。

13 个在农田里的遥测站由于没有市电只好采用蓄电池供电，而每换一次蓄电池都用人工搬运，非常麻烦。为了节省用电，易遵文同志设计了一套定时装置。因为遥测是每小时正点遥测一次，所以设计了正点前后 1 分钟自动开机和关机，节省用电，延长了蓄电池的使用时间。

禹城站地处农村，经常停电，为了保证系统的正常运行，在机房采取了逆变设备，停电时能立即由蓄电池逆变为交流 220 电压，供主机房用电，保证 24 小时不间断采集数据。

为了解决国产远动设备和进口计算机的联结，专门研究了软件和硬件接口，采用进口大规模集成电路并行到接口 8255 芯片。

国产远动设备只有数据采集的显示，不能存储和打印，所以通过硬件接口，把远动装置的数据送入计算机，但经常出现计算机所采集的数据和远动装置显示的数据不一致。经过计算机用软件测试原始数据，发现数据存入与计算机采集的时间不同步。为此，在接口中设计了同步锁存电路，使计算机所采集的数据正确无误。

为了系统的稳定和遥测数据传输可靠，增加了软件纠错功能。发送数据和接收命令同时发送代码，接受方在接收数据同时计算代码和，代码和校核正确则接收，校核有误则命令重复一次，直到正确位置，这一过程都是在瞬间完成的，非常实用，效果很好。

由于国产远动设备没有模拟量采集功能，所以我们自己设计了模拟量采集终端。在进口 TP-801 单板计算机的基础上，增加了模拟量采集芯片、A/D 转换芯片及外围电路，增设了与有线、无线的接口，虽然增设部分均为手工焊接，工艺不好看，但这一技术的发展为我所设计整套以计算机为基数的遥测系统打下了良好的基础。因为在当时国内也没有这样的工业设备，四机部和航天部的相关研究所在探索这一方向，曾来我所作技术交流。

经过一年多的试运行，于 1984 年地学部组织院内外专家进行技术鉴定，认为这套系统采取多终端、多通道的遥测系统具有国内先进水平，获中国科学院科技进步奖三等奖。

4. 开发和推广应用

完成禹城遥测系统后，左大康所长要求我们根据中央指示精神，将科研成果转化为生产力，将这套遥测技术向院外各工业部门推广。

第一个同我们接洽的是吉林油田，要求对一批井群实行遥测遥控，技术上，我们认为没有问题，但不会报价，用户要求我们列出清单和价格，但我们不知道如何报价才合理？怎么赚钱也不知道。后来在用户帮助下报了 34 万元。左大康所长听了很高兴，"居然有几十万的项目可以搞"。可惜，好景不长，用户上报吉林油田指挥部，上级认为，地理研究所搞遥测不一定行。合同就这样失败了。

第二个用户是北京焦化厂，看了我们室内演示及禹城实地参观，他们认为技术上没有问题，同时比他们当时使用的二根导线实现遥控在技术上说可靠又先进，虽然总价只有 10 多万元，但是很快投入生产，效果很好，为以后的用户树立了样板和榜样，对推广起了很好的促进作用。

要走出去，开门为工业生产服务，仍然要不断提高开发水平，广泛宣传，拿出过硬的技术成果，才能被广大用户接受，才能更好地为用户服务，为此我们做了大量卓有成效的努力。

（1）由于我们没有生产能力，第一批终端设备采用进口 TP-801 单板计算机的基础上，自己布设遥测遥控的外围电路，用手工焊接而成，外加工一个机箱就出厂了。工艺简陋，不像工业产品。为此委托江苏启东计算机厂（它是一个单板机的生产工厂）正式生产。不久，由启东计算机厂工人按我们的原理和设计重新布线制印刷电路正式生产，机壳上有型号有单位名称，成为专用的遥测遥控终端，就比较像工业产品了。

（2）1988 年启东计算机厂由于内部原因不能生产这些设备，这时我们已经开发成功大规模集成电路 8098 为 CPU 的专用遥测遥控终端技术上、结构上、工艺上都有很大提高，为了扩大生产，我们与杭州科技电子仪器厂合资生产成套设备，包括三遥终端、遥控器、无线数传机、专用接口、压力变送器等产品，经浙江省科委组织专家鉴定，评为浙江科技进步奖三等奖。

（3）为了使技术系统有所突破，向国际水平靠拢，1993 年开发了系统组态软件，使软件标准化、组态化。以前是一个合同一套软件，参数变动或采集数量增减，就要有人去现场修改，若遇到人员变动，就会使项目陷于被动，甚至重新返工。改成组态软件后，很快可以按照合同要求组成系统软件，用户也可以根据生产情况自行修改。这就使整个技术系统前进了一大步。

（4）为了更好地推广应用，扩大宣传，召开了三次全国性的技术交流会议，在会议中不但展出遥测系统设备，更有用户"现身说法"，介绍他们使用效果及改进意见，推广效果很好。第一次在秦皇岛开会，有 200 多人参加，并实地参观了秦皇岛水司刚建立的供水调度监测系统，会后就有佳木斯、南昌等水司签订合同，后来又在武汉和杭州召开二次技术交流会，会议后有天津自来水公司、广州水司、包头铁路水电段、安吉电力局等单位签订合同。

（5）1993 年应邀参加国家重点项目（钾盐开采），在青海格尔木盐湖钾盐开发中建立察尔汗盐湖卤水动态监测系统，由青海盐湖所牵头，列入院重点科研项目，地理所负责系统软件设计及观察调试。1995 年通过国家验收。察尔汗盐湖卤水动态监测系统获中国科学院科技进步奖一等奖。

（6）对外开发几年后，我们在技术上比禹城那套遥测系统有很大的提高，并有一定的生产能力。但我们仍不忘为地理学服务，向所领导提出，改造禹城原来的技术系统；设备和人力、经费等都自己解决，不要所里一分钱，并长期管理和改造这套系统，可惜所里没有同意。

通过几年的努力，南至广州、中山、惠州等城市，北至哈尔滨、齐齐哈尔、佳木斯等城市，东至上海、宁波、绍兴，西至乌鲁木齐、昌吉等城市，12 年共完成近百项工程项目，包括武汉、天津、沈阳等大城市的供水监测，以及内蒙古元宝山大型露天矿、华北油田等。在国内有一定的知名度。年产值从 100 多万元最高达到 400 多万元，所有开支（包括工资）都自己解决，并上缴所里一部分，1996 年移交时结余 110 万元。

左大康所长鼎力支持大屯站的建设

于沪宁[*]

于沪宁[*]

左大康所长竭诚任职于地理研究所，长期以来作出一系列杰出成绩与贡献。百忙中仍坚持地理学研究，治学严谨，造诣深厚，辛勤耕耘于诸多领域，卓有建树。奖掖后学，平易近人，却过早地离开了我们；也过早地告别了他毕生热爱的地理科学事业，不得不令人十分惋惜。现仅就我所参与的一点工作作简略回忆，谨致深切怀念与敬意。

黄秉维先生创建北京大屯农业生态系统试验站以及后继工作中，左大康所长为之殚思竭虑、运筹帷幄、鼎力支持。这里略举一二。

建站时正值左大康先生任职业务处长、副所长，曾多次参与或带队选站址。任职所长后，对大屯站继续关心支持有加。黄秉维先生讲话后，左所长往往详加阐明，设法落实黄先生的要求和各项工作。建站之初当黄先生一次长篇讲话后，左所长接着说："黄所长也是语重心长。办好站不容易，我们的确也能办好试验站 办站确实花费了许多心血。现在办起来了，现在看是怎么办得更好，不外乎站的方向目标更明确，大家为了实现这个目标团结一致，其他是更好的仪器设备条件。团结如一人，不讨论扯皮的事。…… 关于经费的事，这个站的补贴尽可能放宽，一天补贴 1.1 元（指下地试验的野外个人补助费），尽可能创造一些条件来，真正搞出一些成果。三五年要取得像样成果。"左所长何尝不是语重心长呢，对大家既热情鼓励，又寄予殷切期望。

此后由于亚运村的北扩，大屯站选地搬迁势在必行，左所长又多次带队选址踏勘。一次已是农历小年夜了，应是左所长忙碌一年应开始休息的日子。但是他仍召集大屯站的负责人张翼、项月琴、栾禄凯和我，一起到河北选址。时值寒冬，我们坐所里的后开门吉普，一路驱驶到三河、丰润县，县委县政府已放假了，只剩值班人员，吃饭喝水都有困难。还有一次是闷热的夏天，我们一起挤在吉普车里到京郊东部踏勘选址。那时我们正值盛年，但左所长已步入老境，仍不惮辛劳，在车里和我们亲切叙话；他那瘦弱身影跋涉田野，永远留在我们的记忆里。

左大康所长学术贡献卓著，在太阳辐射、辐射气候学、蒸发与水分传输、区域治理乃至高产农业均有涉猎，留下大量著作。他是中国太阳辐射研究的学术带头人，在地理学理论与实践方面都有重要贡献。这里仅就我参与的《现代地理学词典》工作作些回顾。

左大康所长主编的《现代地理学辞典》于 1990 年由商务印书馆出版。左所长组织了

---

　　* 于沪宁（1939 年—），研究员，曾任中国科学院北京大屯农业生态系统试验站副站长。此文为作者 2015 年在"纪念左大康先生诞辰 90 周年座谈会"上的发言。根据录音整理，未经本人审阅，标题为编者所加。

全所各室计 209 位作者编写，如果算上北京大学教授陈传康先生和我共同撰写的《元地理学》条目，则作者达 210 人。左所长付出了极大精力，主持了多次的编委会学术讨论，确定了包括总论、自然地理与人文地理、地图学、遥感与地理信息系统的层次体系，计1320 千字。这本辞典内容充实丰富，条目精选，遣词洗练，它的流畅文句，融汇了国内外理论和方法论进展。

统稿时，左所长指定毛汉英、邢嘉明、我和一位年轻人解源到 918 招待所集中数周，与商务印书馆地理编辑室主任周舜武先生共同修改定稿，同时增补遗漏的重要条目。左所长百忙中抽空来作指导。此后经四校付印，印数 8000 册，不久销售一空，评价良好。辞典凝聚着左所长的心血和编著者的努力。

国内仅出版过两本《地理学辞典》。上海辞书出版社 1983 年出版的《地理学辞典》，缺人文地理学和地图学、遥感等诸部分，自然地理的一些条目选择又过琐细。由商务印书馆 1984 年出版的《地理学辞典》（刘伉等译，【英】W. G. Moore 著，1975 年修订版）失于简单。

此后开展新中国成立以来首届地理图书评奖，我应邀参评并答辩，《现代地理学辞典》被评为辞书二等奖。现在看来，这本辞典并未过时，国内再未有涵盖全部地理学的新作问世。建议由原常务副主编毛汉英先生与商务印书馆联系，是否可出校订第二版，作为对左大康所长的怀念。

20 世纪 40 年代末，左大康先生是浙江大学中共地下党员，学运领袖，在有民主传统的浙江大学学运中作出过重要贡献。

最早告知我关于左所长这段不平凡事迹的是高亮之教授。高先生曾任江苏省农业科学院院长兼党委书记，还曾任中国农业气象研究会理事长，我作为副理事长与他共事多年，又是《高亮之文选》序言的起稿人，就有许多机会与高先生详谈。20 世纪 40 年代末，高先生是浙江大学农学院中共地下党负责人，后由组织安排撤退至大别山区，又随刘邓大军渡江，作为军代表自愿转业做农业科学研究，成为著作众多的农学家、农业模型和农业气象学家。

高先生常来京公务，每次都委托我向学运战友左大康、丘宝剑先生问好，而这两位地理学前辈也托我回应问候于高先生。他们实在是太忙了。

高先生离休后专业研究不辍，业余作哲学研究，著书多本。最近江苏省将在南京举办高亮之哲学思想座谈会，我将我所纪念左大康所长九十诞辰事电告高先生。高先生非常惋惜，老战友逝世太早，表示深切怀念并向家属致意问好。嘱我致会务组，浙大老校友老战友对左大康先生的怀念与敬意，若有纪念文稿，可以发给他载于浙大网站以志纪念。

左大康先生开拓地理研究所实验遥感研究领域

张仁华[*]

1978 年"科学的春天"带来和煦的春风,吹拂着华夏大地。中国的科技人员又满怀信心地迈开大步。此前,地理研究所的第一把手都由行政领导担任,对科研工作并不直接管理。而时任业务处处长(其后又任副所长、所长)的左大康先生已是地理研究所科研管理的实际领导者。就我个人与他的接触中,感到 1976 年秋冬他已经开始酝酿寻找地理学研究的新方向新起点。以下就他开拓地理研究所实验遥感领域追述一二。

在他的气候学、地理学研究思路中,除了已进行多年的辐射气候学研究外,还有两方面考虑,并作了相应的部署。

一方面,在地理研究所开展卫星遥感调研。从各研究室抽调对传感器的测量方法有爱好和特长的人员,进行学术动态调研,其中有目前遥感应用研究所的童庆禧、王长耀和早逝的曾明煊等,这些人员也是此后新建地理研究所二部时的主要骨干,目前已经是遥感界的知名人士,童庆禧曾任遥感所所长并成为中国科学院院士。

另一方面,他以气候室、水文室开展的地表蒸发研究为切入点,部署地理学的最核心的能量流和物质流的基础研究。如何开展区域热量与水量平衡、水循环与气候形成等课题?如何更准确地观测和表征地理学中极其需求的区域性和地带性的数据和信息,应用于地理学的基础研究中?如何应用遥感信息反演地表蒸发和土壤水分的区域分布?上述这些具有重要性和挑战性的应用基础研究问题,都在左先生的思考中逐渐成熟。遥感应该密切与气候学、水文学的结合,遥感应该与常规的"点"信息观测到与地面台站结合。

当时左大康先生准备组织人员开展实验遥感的研究已经胸有成竹。物色合适的人选也就成为当务之急。1980 年由中国科学院空间中心负责在全国选拔参加 1980 年在哥斯达黎加召开的"第十四届国际环境遥感研讨会"的与会人员。左先生认为,这是选拔合适人员开展实验遥感的大好时机。由于中国科学院选拔论文参加的名额只有一名,命中率很小,大家信心不足。左先生极力鼓励所有参加腾冲遥感试验的人员进行投稿。我参加了 1978 年腾冲遥感试验,撰写了一篇"遥感土壤水分研究"提交给空间中心,幸运被选中参加会议。这对我以后从事实验遥感研究起了推动作用。

1981 年春,左大康先生指导我到禹城试验站开展实验遥感研究。禹城试验区盐碱地

---

* 张仁华(1940 年—),研究员。本文原载于《地理学发展之路——中国科学院地理研究所科学活动回忆录(1940—1999)》,科学出版社,2015 年,83—84 页。

严重，其成因主要是由于低洼地矿化度高的地下水随水分蒸发而将盐分输送到根系层和地表。地表蒸散作为地表能量流物质流的主体，是地理学、气候学、水文学研究的重要内容。获取地表蒸散的区域分布信息，既可以揭示盐碱地形成机理，又可以进入水循环、气候变化和全球变化的研究。这是一举多得的科学目标。

虽然运用遥感获取蒸发的区域分布是一项吸引国际地理、气候和水文科学家的新技术新方法，然而遥感蒸发在 20 世纪 80 年代初期还是前沿课题，还有一系列基础研究需要踏实开展。左先生考虑将传统的地表蒸散的气象学与遥感方法结合起来，决定在禹城试验站同时建立 60 米通量观测塔和 30 米高的高塔遥感平台。为此，左先生亲自到禹城试验站现场落实两座高塔的具体位置。

在遥感试验场地学信息和遥感信息同时获取的条件下，开展由遥感信息（电磁波信息）转换为地学应用信息的基础研究的学术思想在当时是引领性的。在特殊的国情下，运用投入少的高塔遥感平台，长期连续开展多时相、多角度、多光谱观测，事实证明，这种具有中国特色的遥感试验场，在建立遥感作物估产模型、遥感土壤水分模型、遥感地表蒸散模型等方面起到了重要作用。从 1981 年到 1988 年，地理研究所的研究人员先后在《中国科学》与《科学通报》上发表了 10 多篇实验遥感基础研究的科学论文，从而使地理研究所的实验遥感在全国遥感界独树一帜。

实验遥感研究与禹城试验站的旱涝碱综合治理、农田蒸散与水量平衡研究并列于中国科学院试验站的五大方向，禹城试验站于 1988 年被批准为中国科学院重点试验台站。值得一提的是，左先生的推荐引起中国科学院叶笃正副院长的重视，主动将禹城试验站的实验遥感介绍给当时刚起步的 IGBP 国际地圈生物圈研究委员会主席，申请成为 IGBP 国际性"锚"站。

左大康先生进行科学研究和从事组织领导工作都被公认为是稳健的。他对开展一项新的研究领域一向十分慎重，而对于遥感这项新的研究领域他的决定非常果断，这也表明他对研究中新生长点科学意义的认识具有率先思维天赋。

1992 年左大康先生逝世后，地理研究所的实验遥感研究人员先后参与并出色完成了数项国家自然科学面上基金项目、重点基金项目、重大基金项目，国家攀登项目以及"973"定量遥感基础研究项目，在我国的定量遥感基础研究领域中为地理研究所占有了一席之地。所有这些成绩，首先应该归功于左大康先生的高瞻远瞩和深谋远虑。

地图制图自动化创业回忆

梁启章[*]

大约在 1960 年春天的全所大会上,党委书记李秉枢、所长黄秉维向全所职工发出"学习数理化,开创实验地理学"的号召。所工会主席陈述彭迅速批准购买一台电视机(当时刚刚出现黑白电视机),为所内职工参加电视大学学习提供条件和环境。从这一年开始,全所掀起了学习数理化的高潮。现在回忆,可能有近 30 位年轻人(全所总共 100 多位职工)参加了北京电视大学的数学、物理、化学等课程的学习。许多同志经过不同时间的艰辛努力(当时只能利用工作之余和周末),获得了单科或多科结业证书,少数同志完成了 4 年的学习,最终拿到了电视大学的毕业证书,我就获得了数学专业毕业证书。从此以后,地理研究所相关研究室先后建立了第一批实验室,如流水地貌、径流、化学分析、航空像片判读、地图自动化、地图制印等实验室等。

20 世纪 50 年代末到 60 年代初期,地理研究所与动物研究所同在位于中关村操场旁边的生物楼办公。住在中关村 29 楼和 14 楼的单身职工,大多能够早晨 6 点半起床,参加体育锻炼,白天勤奋工作,晚上 11 时后的办公室还常常看到灯光明亮,处处呈现出一片刻苦钻研的景象。当时的中关村,到处可以看到朝气蓬勃的年轻一代,也正是那个年代的科学研究环境与气氛,造就了 2000 年前后退休的许多地理学家和工程技术人员,他们完成了地理科学的承上启下,开创了实验地理学,为后来的地理学发展打下了坚实基础。

从 50 年代末开始,地图研究室在陈述彭先生领导下,已经逐步成为中国的地图学研究中心之一,其中制图技术革命也一直处于领先地位。地理学、地图学和测绘科学的老一辈人都知道,直到 20 世纪 70 年代,享有国际先进水平的第一版《中国国家自然地图集》,完全是手工劳动的结果,老一辈地图工作者都为此付出过全部青春年华。因此,地图工作者盼望着自动化制图时代的到来。

1978 年迎来了"科学的春天"。此时,一些先进国家已经进入了自动化制图时代。在左大康副所长的支持下,陈述彭先生带领地图室发起制图技术的第二次技术革命,依靠计算机技术及其输入/输出设备,开创了"数字制图"时代。一方面,由于时任中国科学院地学部主任李秉枢同志的支持,进而获得院领导和高新技术局的支持,组织全院"五所二厂"进行计算机制图技术装备攻关;另一方面,左大康副所长支持一批年轻同志,

* 梁启章(1940 年—),研究员。曾任中国科学院地理研究所地图研究室、计算机制图实验室负责人。本文原载于《地理学发展之路——中国科学院地理研究所科学活动回忆录(1940—1999)》,科学出版社,2015 年,357—358 页。

每年花费数万元的上机费,保证我们能够到中关村计算所上机。我们通常只能利用计算所职工不上机的晚上时间进行实验,经常从晚8点到早8点一干就是一个通宵。我们几个从来没有接触过计算机的中年人(35岁以上)从学习二进制和手编指令开始,先后学习计算机工作原理,学习软件开发工具,例如汇编BASIC、FORTRAN等高级语言,学习数据库技术,学习算法等等。边干边学,将学到的计算机知识和软件开发技术,逐步应用到地图制图工艺过程中来。到1980年左右,我们就完成了计算机制图与地理信息分析软件系统,包括基础软件(绘图机驱动软件,以及画圆、画符号、写字、画光滑曲线等)、制图应用软件(自动连接三角网及其插值、网格插值、等值线、统计制图软件等),以及用于地理信息分析与制图的网格编码与分析软件、多边形覆盖分析软件等。利用上述具有自主知识产权的地理制图软件系统,建成了中国第一个"中国县级行政区划数据库系统",继而完成了中国第一批计算机制图作品:中国人口密度图(分级统计图法)、中国人口分布图(点值图法),并利用当时中国唯一的一台笔绘式绘图仪(计算所)绘制在全开的透明聚酯薄膜材料上,同时还完成了永定河环境监测数据综合制图软件系统(风玫瑰图)。这些计算机制图作品成为中国地图制图自动化的里程碑。基于上述研究成果,先后分别在《测绘学报》与《测绘通报》上发表了6篇论文,和一部专著《专题地图制图自动化》(1982,测绘出版社)。同时,还先后接受武汉测绘科技大学制图系与解放军测绘学院(郑州)的邀请,前往进行计算机制图技术专题讲座和学术交流。其后,由地图室完成的地理信息分析与制图软件成果获得了中国科学院科技进步奖二等奖。该成果又与武汉测绘科技大学毋河海、胡毓钜教授等开发的《制图数据库软件系统》联合申报国家科技进步奖,1982年获得了作为中国第一个软科学成果的国家科技进步奖三等奖。最令人难忘的是,依靠这些软件研究成果,我们争取到《中国人口地图集》(1985年出版)与《中华人民共和国国家经济地图集》(1990年出版)等大型地图集编制任务。

总之,地图室用了十多年时间,先后主编出版《中国人口地图集》《中华人民共和国国家经济地图集》《中国饮用水质量地图集》,完成《中华人民共和国地方病与环境地图集》中的数据处理与统计制图任务。因此,先后获得国家科技进步奖一等奖一次、二等奖一次、三等奖一次,获得中国科学院自然科学综合奖一次,科技进步奖特等奖一次、二等奖一次。

在左大康所长与陈述彭、赵松乔先生的支持下,我作为中国科学院第一批GIS领域的访问学者之一,赴美国环境系统研究所(ESRI)进修GIS(1986—1987年)。继后,1995—1996年期间,前往美国俄亥俄州立大学进行了以"农业专家决策支持系统"为目标的半年专题考察和合作研究,共同起草了《农业专家决策支持系统》合作研究建议书,并在院国际合作局的支持下,实现了该校7位教授前来考察和学术交流,并签订了中国科学院农业项目办公室与美国俄亥俄州立大学代表团合作备忘录(1996),开始了中美两国间的农业信息技术领域的合作研究。从1992年到2000年期间,利用计算机制图技术方面的研究成果和经验,我参与并负责完成了"黄淮海平原农业综合开发决策支持系统""农业专家决策支持系统"等院重大研究课题,先后建立了5个地/县级的农业专家决策支持系统，同时发表了《GIS 与计算机制图》（1995，科学出版社）以及《农业专家决策支持系统》（1999，中国科学技术出版社）等二本专著。以上工作将计算机制图技术系统提升到决策支持系统，实现了新的技术跨越。

  作为中国的地图制图自动化的实践者之一，每当回忆起艰辛创业时代，以及后来的 25 年间所获得丰收成果，内心十分兴奋。由 20 世纪 60 年代初的那场"学习数理化，开创实验地理学"开始，以及 70 年代的"数字制图"技术革命给我的启示是，科学技术研究工作必须不断创新，既坚持原创，又要服务于社会。

深切怀念左大康学长

丘宝剑[*]

1943 年，我入浙大史地系，1944 年左大康入化工系，都因日寇入侵黔桂而辍学。抗战胜利后，彼此同回永兴场读史地系。1946 年 5 月，学校因搬迁回杭而提前放假。左大康准备先回长沙的家，然后自行到校；我则准备随校去杭州。他要我把他在民生中学兼的课教完。到杭州后，我们几乎上同样的课，对学运的看法相同，又都好打桥牌，过从甚密。在杭州的三年，不知是组织有意安排还是偶然巧合，前两年我和徐永义、陈业荣、黄贤林、王士鹤同住义斋二层西头一室，后一年和左大康、张飞鹏、龙白云、周克惠同住另一楼四层的一室，都有地下党员和学生会主席。1953 年初，中国科学院地理研究所成立，通过中共中央组织部以"技术归队"名义把我们调来。1958 年我到苏联科学院地理研究所协作，1959—1960 年又到该所进修，住中国科学院留苏学生宿舍。此时左大康在莫斯科入学读学位，我常为不速之客，相聚甚欢。"文革"中同受冲击，同住一个"牛棚"，人称"左、丘联盟"。1991 年秋，我心梗住北大医院干部病房，不久，他患肝病住楼下，直至 1992 年 1 月 3 日他病逝。因此，从 1946 年至 1991 年的 40 多年间，我们是亲密的朋友，他对我的帮助是很多的，他对我国地理科学的贡献是很大的。现在我以敬佩的心情、感激的心情略述一二。

一、对地理科学和地理研究所的巨大贡献

1953 年左大康到地理研究所时，地理研究所尚在筹建阶段，北京的《中华地理志》编辑部和南京的地理研究所合计也只五六十人。到 1992 年他逝世时，不到 40 年间，地理研究所已发展到五六百人。曾经中国科学院和国家计委共同领导；中国科学院多次机构调整，地理研究所我自岿然不动!而且人员越来越多，经费越来越足。这只是北京综合所的情况，若加上广州以研究热带为主，南京湖泊为主，成都山地为主，长春湿地为主，兰州沙漠、冰川、冻土为主，青海以高原为主的地方所，成绩更是惊人。当然，这些成绩的获得，主要是竺可桢、张劲夫、李秉枢、黄秉维、周立三等人的功劳，但左大康长期任所业务处长、副所长、所长，其功劳也难以磨灭。

1950 年初，中苏友好条约签订，大批苏联专家即将来华工作，他们要求中方写一套

* 丘宝剑（1922—2009 年），研究员。曾任中国科学院地理研究所水文研究室、气候研究室副主任、代主任等职。本文原载《黎明前的求是儿女》，中国青年出版社，2008 年 5 月，448—451 页。此次发表时编者对段落次序有调整。

介绍中国地理的书，竺副院长主持其事。先是组织有关人员分头编写，到 1952 年需要集中修改和翻译，于是成立《中华地理志》编辑部。办公借用干面胡同全国科协的一间厅房，住宿在附近严济慈先生私宅，他主动无偿让出前院给我们。后来，我和左大康立即到西郊找到基建负责人，他说建好的只有相连的四栋二层楼，你们可任挑一栋。我们挑好最南一栋，准备楼上办公，楼下住宿，比城里宽敞多了，都很高兴。水电还未接通，就把编辑部搬来了。人员约 20 个，时间在 1953 年 10 月 22 日前后。这是中国科学院在西郊落户的第一批居民。在印制信封、信纸时，办事员袁保诚误把中官屯错成中关村，随后经济所、动物所、数学所陆续搬来，时称"四所"，都跟着叫中关村，于是"中关村"这个地名就传开来了。"四所"原为社会科学部各所而建，而且中国科学院党组决定，新建的地理研究所留在南京。但北京既有个编辑部，南京的、刚调来的地理研究所人员为接受各部委任务方便，来北京的人员日益增多，于是成立地理研究所北京工作站。1958 年国务院同意南京地理研究所迁京集中，1964 年北京市政府同意地理研究所在北郊建所。而此时中国科学院为科技大学和研究生院建的 917 大楼，他们认为不适宜教学，地理研究所欣然接受。于是中国科学院地理研究所的招牌，就在 917 大楼堂而皇之地挂出来了。

我认为，地理研究所能够集中北京，能够迅速壮大，和左大康对竺老的几句大胆申辩，实有极为重要的关系。

"文革"初期，左大康受冲击，其后任地理研究所业务处长、副所长、所长近二十年。当时所内思想混乱、派性严重。他克己奉公，几次分给他住房，他都让给别人。对反对过他的人特别宽容，对拥护他的人特别严格。有人想不通，认为做得过分，但随着时间的推移，地理研究所的工作蒸蒸日上，越来越多的人敬佩他、怀念他。

左大康曾主持"黄淮海平原的治理与开发""南水北调及其对自然环境的影响"等国家重点课题的研究；获国家或部委级奖励多项；除地理研究所职务外，兼任青海高原所名誉所长，接任国家自然科学基金会地球科学部主任；他独自或与人合作出版专著 12 部，发表论文近百篇；1986 年受聘为中国科学院研究员；1992 年追授为"有卓越贡献的科学家"。

二、治学既勤苦又谦虚

1953 年调入地理研究所时，我约先到一个月，周立三副所长要我搞经济地理，说没有党员，很难取得资料，不好开展工作。我说搞经济地理得有自然地理基础，我学业荒疏久，年过而立，还是搞自然地理吧。周同意，并立即派我到上海去见黄秉维先生。原来黄已被任命为地理研究所所长，等华东财委的工作结束后才能到任。左大康来后，赞成我的选择。但周副所长坚持要他搞经济地理，兼任《中华地理志》编辑部秘书。左大康寻思，摆脱这一困境的唯一出路是留苏，他要我接替他任编辑部秘书，以便专心学俄文。不久他考入莫斯科大学地理系读研究生，临走时我对他说，地理研究所准备成立气候室，派我和其他几人到地球物理所学习气候学，他到莫斯科大学能选择读气候专业最好。

我到苏联以后，了解到莫斯科大学地理系以天气气候见长，而国内此领域已有叶笃正、顾震潮等具有国际先进水平的专家，怕回国后起不了多大作用，而且也不是地理研究所所期盼的。左大康说，他已意识及此，想改攻太阳辐射，只是做论文花时太多，腾不出手来。我留苏任务是用综合气候学的方法比较研究中亚和新疆的气候，带有新疆气候资料，但不必做论文。建议他写新疆气候的论文，我把资料给他，这样可以省些时间。不久他写出十余万字的新疆气候论文，然后和我一同回新疆考察，和陈汉耀等人编写《新疆气候及其和农业的关系》一书。因为此书早有编写目录和分工，左大康总是谦虚地说哪部分没人写就由他来写，所以他只是分得太阳辐射、日照、云和风很少一部分。

1961 年在北京讨论稿件，他也很尊重别人，很少发表意见，直到他去世之后，同事们为他出纪念文集，才把这一毕业论文全文刊出（郑度主编，左大康地理研究论文集，科学出版社，1993）。他集中精力研究辐射气候，为回国开辟这一学科打下坚实基础。他们编的全国总辐射量分布图，为竺可桢的《论我国气候的几个特点及其与粮食作物生产的关系》一文所引用。

三、政治觉悟高而又胆大心细

1949 年 1 月 26 日欢迎被捕同学出狱大游行，他作为学生会主席，坐在大卡车司机旁走在队伍前指挥，国民党军警派多辆救火车轮番冲撞，他率领队伍避其锋芒，乘隙前进。此时蒋介石正下野在浙江，游行队伍高呼口号"我们胜利了!"书写标语"打倒官僚资本""清算四大家族"等，使国民党极为狼狈。我深怕会出问题，提心吊胆，结果竟平安无事。我对左大康的领导才能极为敬佩。杭州临解放前，浙大学生会组织护校队，号召同学提高警惕，一天深夜我闻警，惊起，拔腿就冲出房门，左大康一声大喝"回来，拿上棍子!"原来他已准备好五根棍藏在门后，每人一根，我深感他这个人真细心。

1959—1960 年在苏联，一天，我从《真理报》看到斯大林灵柩被从红场搬出火化，心生困惑，前去问左大康，他说"赫鲁晓夫推行的政策多和斯大林的背道而驰，如果不把斯大林搞臭，他的政策怎么出来?"。平常北京报纸莫斯科第二天就可以看到，有次五六天未见来，我跑去问左大康，他说，可能是中苏分歧公开化了，后来得知是我国发表了《列宁主义万岁》。庐山会议彭德怀受批判，不久康生跑到驻苏使馆大放其词，说什么"有些人党龄很长，其实他们是共伞党，是共产党的同路人……"。当时中国科学院留苏学生党总支正在开展"反右倾"运动，正愁找不到批判对象，此言一出，党总支如获至宝，立即找来两个党龄相对较长的人来批斗。一个是林伯渠的女儿林瑛，另一个就是我。初到苏联时使馆曾要我任总支书记，我婉言谢绝，他们认为抓到一条大鱼。但批来批去，无非有人揭发我从新疆回来，说过"沙漠中也有大炼钢铁时留下的小高炉""乌鲁木齐的一块不到一亩的小麦试验田，竟播下 300 多斤的种子。"

我常常想，如果我不多次聆听左大康对时事洞若观火的言谈，我在苏联的两年多，难免不犯错误，不戴上右倾分子的帽子。

四、对朋友十分关爱，百般相助

1953 年到中国科学院时左大康和叶彦文已经结婚，我还没有对象，他们两人各尽所能，物色很多对象介绍给我。后来经人介绍，认识现在妻子鲍兴文，他们虽不认识，但极力接近、熟悉、打边鼓，促使成功。

1958—1960 年我到苏联以前，没有正规学过俄文，只是断断续续自学了些，勉强能读俄文的科技书籍，能用俄文写简历、摘要，听、说只够上街买物、问路。所以若不是左大康鼓励，满口答应帮忙，我不敢出去。当时他任莫斯科大学地理系留学生的党支部书记，每遇我和苏联导师和学者做深入谈话，他总是派一个俄语很好的大学生为我翻译，可以说有求必应。如果没有他们的帮助，我完不成协作和进修任务。所以我不但衷心感谢左大康，也感谢那些帮我做翻译的同学。

五、走得突然，走得凄惨，走得令人惋惜、令人悲伤

1991 年 9 月我心肌梗塞，在北大医院抢救，几次发出病危通知。缓过来后，我转住高干病房，左大康来看我，我以切身体验忠告他："岁月不饶人，干活要悠着点，像西北考察、日本参观，大可不必由你挑头，所长卸任后的工作安排，也值得考虑"。他点头同意。时隔不久听说他也因病住在楼下，我不能走动去看他，只叫陪住的小儿子丘山每天去探望，看有什么要帮忙的。1992 年 1 月 10 日前后，我听一位病友说，左大康去世了。我问丘山，他说怕我激动、悲伤，没敢对我说。原来左大康患的是肝病，住传染大病房，人声嘈杂，他睡不好，又加诸多检测，弄得他精疲力竭。元旦长假，主治医生交代护士点滴加药，未说减缓速度，他陪住的女儿发现异常，找医生找不到，眼睁睁看着她爸咽气。

时隔 15 年，我向他女儿问及此事，她仍泣不成声，说她爸死得冤！

深切缅怀左大康学长

廖 克[*]

左大康先生虽然离开我们已经几十年，但他的身影仍然经常浮现在我的脑海中，也常使我回忆起 20 世纪 50 年代末在前苏联莫斯科大学地理系同学四年的情景。虽然当时我是大学生，他是研究生，但当时莫斯科大学地理系中国研究生、大学生、进修教师 30 多人是一个党支部，他是支部书记，我和李德美是支部委员。当时大家都知道老左在解放前是浙江大学地下党员、浙江大学学生会主席，他领导全校学生开展护校斗争，为迎接解放作出了积极贡献。在莫大地理系同学中，他资格最老，威信最高，大家都很尊重他。他作为支部书记，有事经常同我们商量或征求群众意见，党支部的工作很有成效。他 1960 年 11 月研究生毕业回地理研究所工作，我 1961 年 7 月毕业回国分配到地理研究所工作。作为老同学，我同老左一直保持较密切的联系。

1978 年"文革"之后，老左担任地理研究所副所长和党委副书记，协助黄秉维所长，在恢复被"文化大革命"破坏的科研秩序中发挥了极其重要的作用。

1984 年老左被任命为地理研究所所长。当时正值科学院全面推行科研体制改革，实行研究所所长负责制。他认真贯彻中央和科学院关于科研体制改革的各项政策与措施，主持制定了地理研究所科研体制总体改革方案，使地理研究所成为中国科学院试行改革的先行单位。

我 1987 年担任所长咨询组组长，1989 年担任地理研究所副所长，在左大康所长领导下同他共事 4 年多，他作为我的领导和学长，我始终对他非常尊重，也很乐意协助他工作。我也得到他的很多帮助与支持，也受到他的很多教诲和启迪。感受较深的有以下几点。

1. 左大康先生具有很强的事业心、无私奉献精神和改革创新意识

他到前苏联莫斯科大学地理系攻读气候学副博士，就决心为我国气候学发展奋斗终身。他在莫大地理系气候教研室师从前苏联著名气候学家阿里索夫教授，经过四年的发奋学习和刻苦钻研，于 1960 年 7 月以优异成绩完成论文答辩。回国后率先开创了我国辐射气候学新的研究领域，并取得了中国太阳辐射时空分布及其变化规律等创新性重要成果，其中完成了《中国太阳辐射量（年均与 1—12 各月平均）图》，首次发表在我参与编

---

* 廖克（1936 年—），研究员，国际欧亚科学院院士。曾任中国科学院地理研究所副所长、中国科学院自然科学史研究所所长。本文完成于 2015 年。

制的《中华人民共和国自然地图集》中。后来他又在国内最早开展了气象卫星辐射气候学的研究，主持和组织完成多项攻关或重大项目，取得一系列重要研究成果。

左大康先生作为研究所所长，积极推动地理研究所的科研体制改革与综合配套改革。为了正确制定地理研究所的发展战略和各项改革措施，他决定建立所长咨询组。咨询组成员当时都是思想比较活跃、改革意识较强、愿意为地理研究所发展出谋划策的科研骨干。咨询组不定期进行地理研究所体制改革的研讨，向所长提出咨询建议，并印发《咨询简报》，供所长和各研究室参考。左大康所长对咨询组的意见与建议都比较重视，不少建议均被采纳。

左大康所长在所长咨询组的协助下曾经组织过地理研究所方向与任务的讨论，经过反复研讨，进一步明确了地理研究所主要方向是"从事地理环境的结构、形成、演变规律及其改造利用的研究，着重探讨地理环境中物质能量的迁移、转化、积累、消耗的过程，人类活动对地理环境的影响，人类适应、利用、改造地理环境的途径"。

左大康所长正确贯彻当时国家提出的"科学研究面向国民经济建设主战场"的要求，继承和发扬了竺可桢副院长和黄秉维所长强调的"地理学为农业服务"的指导思想。他先后亲自主持和组织或支持"南水北调对自然环境的影响""黄淮海平原中低产地区综合治理和综合开发研究""中国低硒带及其与克山病大骨节病病因研究""京津唐地区国土开发与整治综合研究""黄河流域环境演变与水沙运行规律"等多项直接面向生产建设的大型科研项目，所获得的成果均被国家和地方政府及科研单位广泛应用。

左大康所长既重视地理学基础理论与应用基础理论的研究，又注重地理学的实验研究。他还重视支持地理学新技术与新方法的应用。他积极支持和认真贯彻黄秉维先生提出的三个新方向，坚持地理学综合研究观点。他决定成立理论地理研究室和区域开发理论研究室；积极支持建立禹城综合试验站和大屯农业生态系统试验站，以及流水地貌、径流、^{14}C、孢粉等实验室；积极支持开展遥感定位观测实验、计算机制图；积极支持地理研究所二部和资源和环境信息系统国家重点实验室等。

2. 左大康先生具有克己奉公、严于律己，待人诚恳、乐于助人，作风踏实、谦虚谨慎的高尚品德与优良作风

实行所长负责制后，虽然所长的权力较大，但他从不独断专行，遇到重要问题，总是先同有关人员商量，听取不同意见然后再作决定。他考虑问题比较细致周到，处理重要事务比较慎重稳妥。他还注意发挥所务会议、学术委员会、职代会的作用。他从不为个人谋取私利，不争名利。他很少谈论自己过去的光荣历史和工作中的成就和贡献。他也从来没有提出过希望地理研究所或地理学会帮他申报中国科学院院士的要求。他待人诚恳，平易近人，做思想工作耐心细致。他生活俭朴，勤俭治所。他较好地处理所长与所党委之间的关系，他同历届所党委书记的关系都比较好。他组织纪律性很强，即使对科学院某个决定或对某个院领导有意见，从来不在群众中或公开场合议论。由于左大康所长的正确领导和影响，所以当时地理研究所的风气一直比较好。

3. 左大康所长既尊重老先生又重视培养年轻人

左大康所长对当时比他年长一辈的老先生都非常尊重，充分发挥老先生的作用。他经常征求和听取老先生的意见，对他们的工作尽可能给予支持。除了黄秉维先生，我知道他还对吕炯、郭敬辉、吴传钧、陈述彭、沈玉昌、赵松乔、邓静中、罗来兴等老先生都很尊重，过年过节或他们生病时都亲自去他们家里或医院探望，对他们提出的意见和建议也尽量采纳。对个别老先生的家庭困难尽量帮助解决，例如在政策允许的前提下，安排其子女在地理研究所工作。

左大康所长能信任与放手使用年轻人，大胆提拔年轻人到室、处领导岗位。他对年轻人的培养也非常重视，例如在高级职称评定方面积极支持"在同等条件下优先照顾年轻人"的原则，每年固定给年轻人3—4个研究员名额和申报两个特批研究员；同时制定了"地理研究所人才培养十年规划"，受到院里好评，并在全院介绍经验。当年晋升的一批较年轻的研究员后来都成为所、室领导和主要科研骨干。

总之，左大康所长为地理研究所的发展作出了杰出贡献，为地理研究所后来的发展奠定了坚实的基础。

由于他长期过度劳累，加上他性格内向，一些不如意的事情闷在心里，以致于1991年底得病住院。

1992年1月2日下午4点，我去医院看望他，感觉他精神也还可以，而且他对所里工作很关心，提出了一些好的意见和建议，我们交谈了一个多小时。可万万没有想到，第二天上午11点36分他就突然离我们而去。我当时得知这一噩耗，感到非常悲痛和惋惜；觉得他非常不幸，不应该只活到67岁就过早去世，他还能够为地理研究所和我国地理学的发展作出更多贡献。

今天我们缅怀左大康先生，就是要我们后人牢记曾经为地理研究所发展作出过杰出贡献的老所长，学习、继承和发扬老一辈地理学家为发展我国地理学和创建与发展地理研究所的无私奉献精神和他们的优秀品德，使地理研究所不断向前发展。

终身难以忘怀左先生对我的培养、关心和影响

童庆禧[*]

左大康先生是我一个非常重要的引路人。在 20 世纪 50 年代末，我有幸被选中到苏联学习，我的专业正好与左大康先生重叠，属于气象气候学，当时我在敖德萨。那个时候在前苏联学习气象气候学的留学生都知道有这么一个人，他曾经作为地下党和浙大学生会的主席，在解放前领导学生运动，在黑暗的世道反饥饿反内战争民主求解放。解放以后，又响应党和国家向科学进军的号召，被选送赴苏联莫斯科大学地理系刻苦攻读并且获得博士学位，这就是当时在苏联学习气候气象学这个领域里面人们心目中的左大康，一个革命者的左大康，一个地理学者的左大康。非常遗憾，由于当时我们不在一个城市，虽然没缘在异国他乡见到这位向往和尊敬的学长，但是命运还是安排我有一个进一步了解他的机会。回想在 1960 年我在毕业实习期间，学校安排我一个人来到乌兹别克斯坦塔什干的一个当时在中亚最著名气象站实习，到了以后，我才知道左大康先生不久前也在这里实习和工作过一段时间，站里的苏联同事们总是滔滔不绝地向我讲述左大康在那里的许多故事，看来他和站里的工作人员相处十分融洽，他在那里的点点滴滴，他们都如数家珍，这时我才知道在我们心目中那个严肃严谨的左大康原来在生活中也是诙谐幽默、平易随性、真诚可亲、老成持重、勤奋刻苦的人。至于在那个站上的一个站长太太，一个典型的苏联大婶，叫玛丽亚·贝德洛夫娜，经常是大康长、大康短地挂在嘴边上，并且总是以大康的待人处世的标准来要求我，这大大增强了我对左大康先生的崇敬。无形之中在我的人生中树立了一个努力的标杆、学习的标杆和前进的标杆。

1962 年，我终于有幸成为左大康先生所在的中国科学院地理研究所气候研究室的一员，当时的气候研究室基本上按气候要素形成了以左大康先生为领头人的辐射气候学，以徐淑英先生领衔的动力气候学学科，以丘宝剑先生负责并在黄秉维先生指导下着重研究下垫面作用的农田小气候学，还有江爱良先生的实验气候学。我能够在这么一个充满高水平学术氛围和名师指导下学习和工作，对我来说是莫大的荣幸。20 世纪 60 年代初期，世界科学技术经历了二战后的复苏，正处在一个快速发展阶段，先进技术飞速发展，新的学术领域不断开拓，在空间科学技术的影响下气象学和气候学以至于地理学都在孕育一场革命，左大康先生正是这场革命风暴中的海燕，是他以敏锐的目光将关注的焦点聚集到当时刚刚兴起的气象卫星和卫星气象气候学，是他身体力行，对当时以美国泰罗

----

　　* 童庆禧（1935 年—），中国科学院院士、国际欧亚科学院院士，曾任中国科学院遥感应用研究所所长。此文为 2015 年作者在"纪念左大康先生诞辰 90 周年座谈会"上的发言。根据录音整理，未经本人审阅。标题为编者所加。

斯气象卫星为主的卫星气象学,特别是卫星辐射测量进行了大量深入的研究,并组织编著了《气象卫星的辐射测量及其应用》一书,这本书在气象气候学界产生了巨大的影响,成为这一新兴领域在我国的先行者和引领者。我正是读了这本书,才知道了什么叫作气象卫星,什么叫卫星多通道辐射计,什么叫作大气垂直剖面测量等,所以这本书是奠定了我最早孕育遥感的一种思路。

在地理研究所期间,左大康先生对我的培养、关心和影响是我终身难以忘怀的,记得那是在贺龙和聂荣臻两位副总理倡导并且开展西藏珠穆朗玛峰登山和科学考察期间,是左大康先生把我托付给了珠峰科考队的施雅风队长,并将珠峰太阳辐射观测研究的任务交给了我,是他无论在高山辐射测量方法、测量仪器和仪器的研制方面都给了我极大的支持和科学指导。同时还指派他所领导的辐射气候组的一些得力人员,如项月琴、苗曼倩等协助我工作,我还清楚地记得,就是他们在左大康先生的指导下,为了测量数据的可靠性,利用当时大气物理所的低温箱连续进行了几个昼夜的定标测试,可以认为当年为珠峰科考的太阳辐射测量的一系列的仪器,包括在当时比较先进的仪器,像真空直接辐射计、滤光片转轮式光谱辐射计、遥测温湿和梯度计的研制,也是得到了左大康先生悉心指导和大力支持,凝聚了左大康先生的心血。

1973年,当我从中国科学院确山"五七"干校风尘仆仆回到家里的第一时间就看到时任地理研究所业务处长的左大康先生托人给我带的字条,让我第二天到他的办公室找他,又是他将我送入了院组织的地球资源卫星调研组,这是由于左大康先生的指引,我的人生之路出现了这个重大的拐点,由对太阳和对天的观测转为对地,使我走向了遥感的科研道路。

正是由于左大康先生代表地理研究所的全力支持,很快地理研究所这支调研队就成为院资源卫星调研和论证的主力军。1975年科学院正式就研制和发射地球资源卫星,向时任国防科委副主任的钱学森同志汇报,而技术和总体的汇报人全落在我这个当时还是实习研究员的身上。正是由于左大康的鼎力促进,1977年根据中国科学院遥感技术发展规划,中国科学院在国务院和中央军委批准下,联合国家地质总局在新疆哈密地区展开了以找富铁矿的遥感综合试验。在此之前,院成立遥感发展和总体协调单位,就在当时院许多单位都在争取这个名额的情况下,最后由于当时地理研究所任业务处长左大康先生的鼎力努力,经过争取,最后院里决定成立地理研究所二部,实际上就是中国科学院遥感发展初期的遥感总体部,正因此举才有后来的"腾冲遥感""二滩能源遥感""津渤城市遥感",以及"六五"国家攻关,由左大康先生亲自领衔的黄淮海农业遥感,包括黄淮海农业的工作,得到中国科学院科技进步奖特等奖。这些为中国科学院的遥感发展奠定了基础,地理研究所在遥感发展初期的作用以及地理研究所二部为基础的遥感所的成立,左大康先生是功不可没的,这就是左大康先生与遥感发展的情缘。

左大康先生长我十岁,与他相处得到他的教诲,使我受益匪浅,有左大康先生这样的良师益友,作为我的引路人,是我人生之幸。

左大康先生的学术贡献和人格魅力

许越先[*]

我和左大康先生认识是在 20 世纪 70 年代后期，他带领我们建设禹城实验站和开拓南水北调的研究。他当副所长的时候，我担任水文室的学术秘书；他当所长的时候，我当科研处长和副所长。直接参加他领导的多次大型的野外考察，在他指导下，共同编辑出版了五本文集，合作发表了八篇论文。左大康先生比我大 15 岁，我是在他的亲身培育下成长起来的，他是我敬重的好领导、栽培我的好师长。

下面讲三点意见：一是从地理研究所的左大康年代看左先生对中国地理学和地理研究所的贡献；二是从左大康精神看左先生人格的魅力；三是继承和发扬左先生等老一代科学家的优良传统，推动地理科学持续发展。

第一点，从地理研究所的左大康年代看左先生对中国地理学和地理研究所的贡献。从 20 世纪 70 年代末，到 90 年代初，左先生担任地理研究所的副所长和所长长达 13 年，整个 80 年代，地理研究所是在他指导下运作的，可以称为地理研究所的左大康年代。这个年代是一个什么样的年代？它是一个由十年动乱转入改革开放的大变革年代，是一个地理学处于内忧外患的年代，也是一个在科研经费十分困难的情况下进入兴旺繁荣大发展的年代。大变革的年代。大家都很清楚，关于内忧外患，我想只说这么一些事实，外患是在地理学外部，环境科学和生态学的迅速崛起，不断挤占地理学的传统领域，地理学内部出现一股去地理化的思潮，一些大学地理系和研究单位纷纷改名换姓。我的母校南京大学地理系就改成大地海洋科学系。有些地理学正常的研究工作，也回避用"地理"二字，比如我们所的资源环境信息系统，实际上就是地理信息系统。关于这点陈述彭先生曾做了很好的说明。这股思潮的出现与政府主导的选题是有关系的，但是与地理学界一些人对地理学发展信心不足也有关系，一时间地理学发展堪忧。就在这种内忧外患的氛围中，中国地理学界的领头羊——地理研究所及其掌舵人，扬风破浪创出一番天地。在黄秉维老所长提出的 3 个传统的研究方向基础上，左先生提出人地系统、实验地理新方向，建成了禹城和大屯两个定位试验的研究平台，支持遥感和地理信息系统新领域的开拓，人文地理和化学地理发展壮大起来，黄淮海、黄土高原、青藏高原、京津渤、环渤海、三江源等热点区域研究取得重大成果，一大批地图集和学术专著问世，一些前沿学科和新学科的研究室和实验室建立起来，等等。这个时期自然地理、经济地理、实验

* 许越先（1940 年—），研究员。曾任中国科学院地理研究所副所长、中国农业科学院副院长。此文为在"纪念左大康先生诞辰 90 周年座谈会"上的发言。根据录音整理，2022 年 9 月经作者本人审定。

地理和地理制图全面发展，基础研究、应用研究和开发研究布局合理，在若干研究领域引领全国地理学发展，初步建成了现代地理研究所。地理研究所在初创、发展、动乱之后进入了一个繁荣昌盛的阶段。这是全所职工共同努力的结果，但左所长的决策是起着主导性的作用，他是那个年代地理界的标志性的人物，为地理学和地理研究所的发展做出了杰出贡献。

第二点，关于左大康精神和人格的魅力。在和左先生十多年近距离有时是零距离的接触中，我学习了很多，受到的启发很多，受到的教育很深。教育我们如何做学问，如何做人，如何当处长，如何当所长，如何去组织，如何去协调，如何处置突发事件和急办事件，如何处理个人小局和事业大局的关系等，有的是身教，有的是言教，有的是从他的行为中悟出来，故事很多，事例也很多，不能一一列举，下面我讲三个例子。

1980年10月16日，左先生带队坐巡洋舰越野车去禹城开会，行驶到河北青县附近遭遇车祸，车子侧翻，左先生和中排的四位伤势很重，我在后面坐在马扎上基本上没有什么伤，他带伤继续指挥处置这个事件，并继续以大局为重，带伤赴禹城去开会。

1982年7月12日至31日，左先生受中国科学院领导委托，带领18位院内外的著名专家，在黄淮海4省13个地县考察，由于酷暑闷热和连续20天考察，他的老毛病胃病发作，他强忍疼痛继续工作，有几天痛得严重，他跟我讲他想回去，叫我临时带队，后来可能觉得我初出茅庐，不可能胜任这个工作，就继续带病忍痛坚持到底。

1985年2月5日，左所长叫我到他的办公室，就担任业务处长做我的思想工作，因为他在前一年让我当业务处副处长，我拒绝了。这次谈话他的原话是："玉海同志另有安排，你接替他担任业务处长，这件事我考虑很长时间，考虑来考虑去你比较合适，不要过多从自己的角度想，更多从全局、从地理学发展需要来看，对你来说，离开研究岗位可能要做点牺牲，但是从大局来说当前十分需要。"我觉得这段话正是以他个人的经历做我的工作，他原来辐射领域理论研究做得很好，后来长时间地转到管理工作，就是从大局出发做了牺牲的。

左先生人格魅力，归纳起来，就是忘我工作的高度责任心，大局和全局意识，学术上的协商民主和包容精神，培养和育人的长者风范。由于左先生人格的力量，才能在80年代体制转型的困难时期，凝聚全所的人心，成就地理研究所兴旺发达的左大康年代，左大康精神必将继续感召和影响年轻的学者走上成才和成功之路。

第三点，继承和发扬左先生老一代科学家的优良传统，提升地理学研究的质量，推动地理学可持续发展。我们地理研究所这块研究园地，经历了三代人的辛勤耕耘。第一代是解放前就开始研究的竺可桢、黄秉维、吴传钧、陈述彭等前辈，这是奠基的一代。第二代从建国后到"文革"前，以左大康为代表的群体是发展的一代。改革开放后进入研究的第三代，为当前的骨干力量和学术带头人，是新生的一代。奠基的一代给我们留下丰厚的思想遗产，发展的一代留下了宝贵的精神财富，新生代的地理学家们，应当发扬光大前辈科学家的优良传统和治学态度，在原有基础上提升地理学的研究质量，推进地理学可持续发展。为此建议：

（1）强化地理学基础理论研究。这是左先生生前的遗愿，1986 年 3 月，在职代会上提出"基础理论研究是地理学的立命之本，要给予足够的重视，需要一任又一任的所长不间断地给予重视和支持，也需要一批又一批的有思想有兴趣的人才为之奋斗。"在前后多个场合和很多文章中，都提到重视基础理论研究的问题，我们要研究和领会左先生重要的学术思想，把应用基础研究、基础理论研究，这个地理学发展的优质基因代代相传，并有新的作为。

（2）创新面向经济建设的应用研究。这也是左先生一贯的思想，如 1986 年祝贺《地理新论》青年刊物创刊的讲话中，他说"国家经济建设赋予地理学发展一系列的动力，也向地理学提出了几个有待解决的难题。"我个人认为，基础理论研究和面向经济建设的应用研究及其理论方法、定位实验等这些研究工作，构成了左大康学术思想的体系，我们今天纪念他，追思他，就要继承他的学术思想，提升地理学在国家建设和科学界的地位，在诸多学科发展竞争中立于不败之地，并长居前位。

（3）建议地理科学与资源研究所牵头，组织学术研讨会。以地理科学为主题，研讨地理科学的概念、内涵、外延、方向、范畴和任务，地理科学与地理学的异同之处，通过研讨会引出很多新观点新思想，为现在所名中的"地理科学"下个准确的定义。

（4）出版《左大康先生纪念文集》。因为会议只能一时，出书才能流传一世。

以上发言是个人的一己之见，不当之处请批评指正，多谢会议组织者的邀请和提供发言的机会，多谢在地理研究所工作期间同志们的支持和帮助，谢谢！

左大康先生的学术思想与高尚人品交相辉映

李玉海[*]

我于 1962 年从南京大学毕业，分配到地理研究所气候室辐射组，在左大康先生领导下从事研究工作。他安排科研工作的创新性与前瞻性、敢为人先的智慧与勇气给我留下极为深刻印象与影响。他不仅是我的领导，更是我人生几次转折点的贵人与恩人。大康先生离开我们已经超过 30 年了，但每每念起他，心中仍然激荡起不尽的思念。

一、创新成果意义重大，得到竺可桢先生的赏识与引用

大康先生于 1960 年从苏联获副博士学位回到地理研究所，在气候室组建了辐射组。在短短的两年多，先后发表了 3 篇有关辐射气候学的文章。尤其是《中国地区太阳总辐射的空间分布特征》一文，是气候学领域的基础性著作，对于气象学与地理学都具有重要意义。该文发表后不久，竺可桢副院长到地理研究所曾约大康先生进行过一次谈话，充分肯定这项工作的重要意义，给予了很高的评价。竺老在 1963 年 6 月 4 日在日记中记述说："晨八点三刻至中关村地理研究所和左大康谈我国的太阳辐射问题，他已于去年写好一篇《中国地区太阳总辐射的空间分布特征》。我国西藏有格尔木、昌都、拉萨三个站 1957 年 7 月至 1960 年 4 年多的记录，再根据乌克拉莫采夫的方程式，算出了另外 136 个地点的年、月总辐射量，作了估计并讨论。可知我国西部西藏、新疆年辐射量特高，至 200—160（千卡/厘米^2）。但东部因受季风影响，在春夏比同纬度要略低，而四川盆地有一个低区域，只 90 千卡/厘米^2，这一工作补充了世界的一大块空白，我认为是重要工作。"（《竺可桢全集》第 16 卷第 526、527 页，上海科技教育出版社，2009 年 12 月）。竺老以左大康先生的文章为重要依据，撰写出《论我国气候的几个特点及其与粮食作物生产的关系》一文。这是一篇具有现实指导意义的论文，受广泛赞赏。竺老只有在看到大康先生的研究成果后，才得以撰写出那篇影响很大的文章。就是说，左大康先生的研究成果，是竺老文章不可或缺的基石。是左大康先生的工作同样得到黄秉维院士的充分肯定，黄先生说："没有他的工作成果，竺老和我关于农业自然生产潜力的工作就无法起步。"

1964 年大约第 4 季度，辐射组全组共同撰写的关于"气象卫星辐射测量的应用研究"大体完成初稿。当时大康先生在安徽参加"四清"，他嘱辐射组留所的几位年轻同事在所内举行一次学术报告会，张贴启事，请所领导与其他室有兴趣的同志参加，听取意

---

  * 李玉海（1938 年—），高级工程师，曾任竺可桢秘书、中国科学院技术条件局局长等职。

见。并嘱邀请竺老，争取竺老参加，听取他老人家的指教。没有想到竺老很爽快地应允，如期而至。竺老不但认真听，而且还在记录。听完报告后，竺老做了即席发言，对这项研究工作给予了充分肯定。竺老在 1964 年 11 月 17 日日记中写道："8^{h}30′去北郊，到 917 大楼地理研究所，听取气候室年青两同志周允华、李玉海两人报告气象卫星的辐射研究。这工作是在左大康同志领导下做的（其余三人尚有陈建绥）。""当讨论时我说，科学各科不应限制太严，尤其是尖端。重点突破以后各种科学统要利用。地理研究所可以应用卫星所得辐射来解决地理上问题，如西藏是否是热源、季风的起源问题等问题。"这是竺老对大康先生带领辐射组涉足新的研究领域给予的积极评价与重要支持。（《竺可桢全集》第 17 卷第 293 页，上海科技教育出版社，2009 年 12 月）。

二、前瞻性是左大康先生选择课题的突出特点

1962 年到 1965 年，在先生领导下，辐射组有了长足的发展，取得了较多的研究成果。1963 年全组 4 个人完成 4 篇论文，分别发表于《气象学报》与《地理学报》。1964 年到 1965 年，大约用一年半左右的时间，完成了《气象卫星的辐射测量及其应用》一书的编写。而这些课题的一个共同特点，是它的前瞻性，是左先生学术研究在选题上智慧与勇气的显示，也是他高瞻远瞩的学术思想的体现。

1964 年，在国内还没有哪个单位开展气象卫星方面的研究工作。先生选定这一研究课题，是非比寻常的决策，充分体现在学术研究领域的高瞻远瞩与远见卓识。前瞻性是他学术思想的突出特点。他的目的，是带领全组人员率先进入这一具有发展前景的新领域，加快培养人才。

对于全组每个人，这都是一个陌生的领域。只有外文文献，我们的阅读能力又有限。为了克服这些困难，尽快进入角色，先生想出了一个好主意。他让每个人都将阅读的文献翻译成中文，然后大家共享。这是一条捷径，大家受益良多。在翻译过程中，就是深入学习、消化文献的过程，同时又可以提高外文水平，一举两得。有了中文译稿，就可以反复阅读、学习，有助于大家不断加深对文献的理解与消化。全组齐心协力，当时所能看到的主要英文、俄文文献，基本上都翻译成了中文，还有个别德文文献。记得译文文稿有厚厚的一摞。由于发挥集体力量，提高了工作效率，加快了工作进程。

为了深入理解文献，还定期召开学术讨论会，轮流担任主讲。相互讨论、切磋，共同提高，也活跃了学术气氛，密切了彼此关系。

左先生承担的部分分量最重。他很有学术造诣，逻辑思维缜密，文思敏捷，打好腹稿后，办公桌上铺上稿纸，往往一气呵成。

在左大康先生卓有成效的领导下，大家齐心协力，按每人的分工，终于于 1965 年完成《气象卫星的辐射测量及其应用》一书定稿工作，并于 1966 年由科学出版社作为内部资料出版，前后只用了两年多的时间。该书比较全面地介绍了当时国际上开展气象卫星辐射测量研究的状况与初步结果，及其在气象学方面的若干应用，并把这些测量结果与

理论研究结果做了比较研究，指出了在气象学的应用方面所存在的问题及今后改善的途径。这是我国地理和气象界涉及卫星气象和遥感研究领域的最早著作。通过这项工作，使我们的学习能力、研究能力、业务知识和外语水平都得到很大提高。

左先生具有领导才华，有方有法，他根据每个人不同的专业背景与长处，分配不同的任务，相互间既有分工，又有合作。对每人的工作，既提出明确要求，给以具体指导，同时又大胆放手，调动每个人的积极性。左先生自己也参与分工，承担更多的工作。在大家各自完成后，由他统稿。大家合作得非常愉快，那几年在先生领导下的时光，一直让我铭记在心。

三、识才、爱才、重用人才，不遗余力提携年轻人

识才、爱才，是左大康科研组织领导指导思想的重要组成部分。我与周允华分别于1962年10月、1963年初进到气候研究室辐射组的。允华毕业时填报的唯一志愿是地理研究所。但他不知道，施雅风先生为了充实数理方面的人才费了大劲向北大要毕业生，选中了他，计划先请左大康先生带一年，然后去到兰州冰川室。允华为此找到地理研究所的副所长兼党委书记李秉枢，被断然拒绝。左大康先生早有吸收数理基础更强的毕业生到辐射组工作的计划。加之允华填报的唯一志愿是地理研究所，又有兴趣从事辐射研究工作，就积极与所领导及人事部门沟通，并请施雅风先生支持。据说施雅风先生提出了放人条件，要求左先生去兰州指导及帮助分析整理冰川观测的辐射资料，左先生欣然应允，并很快前去兰州。又经地理研究所人事部门联系北大毕业生分配部门，办理了改派手续，终于使允华来到辐射组。允华数理基础扎实、聪慧、研究能力强，进组后很快进入良好状态，成为研究骨干。1963—1966年辐射组研究成果突出，发表文章数量、质量得到各方肯定，其中允华发挥了重要作用，特别是数理要求高的部分研究工作，都是允华承担的。俗话说千里马常有，而伯乐不常有。左大康先生则是允华及地理研究所不少研究骨干的伯乐与贵人。左先生为党与地理事业发现、培养、重用人才，是源于他对党的地理研究事业的忠诚、宽广的胸怀与远大的目光。

在培养、选拔、任用干部问题上，他公道正派，讲原则，敢担当，放眼五湖四海。有的同志刚从外单位调来不久，而先生一视同仁，予以重用，有的还得到不断提拔。

在他身边工作的很多同志，都得到他的培养与重用，在研究条件上予以支持，后来成为研究工作的骨干。有的成为其研究领域的学术带头人，有的做出了具有国际水平的研究成果。他培养的下属，有的离开地理研究所后，成了其他单位的领导。

四、集高尚道德情操、无私奉献与高瞻远瞩的学术思想于一身

在先生身上，让我们看到了革命先辈光荣的革命传统和对革命事业的无限忠诚。他高标准地严格要求自己，认真贯彻党的方针政策，具有很强的事业心和责任感；无私奉

献，克己奉公，具有中华民族的传统美德与高尚情操。在各个历史阶段，都起到表率作用，对社会作出巨大贡献。

他把一生献给了党的事业。在解放前最黑暗的黎明前时期加入中国共产党，带领广大青年学子奋不顾身地参加对国民党当局的英勇斗争。到地理研究所后，以坚强的毅力，顽强拼搏，在莫斯科大学取得副博士学位。回国后，积极投身于科研工作中，惜时如命，刻苦努力。

当担任地理研究所副所长、所长以后，白天时间几乎全部用于处理各种纷纭繁杂的所务工作。但仍然坚持科研工作，承担重大项目的领导与参与工作，很多研究工作与撰写论文都是晚上与节假日完成的。在他的日历表上，从没有休息日，每天晚上都工作到深夜。还常常乘夜车往返禹城，早晨回到北京就直接到所投入工作。将研究所的工作及发展时刻放在心上，以百分之百的精力全身心地投入，他忘我的工作精神到了无我的程度，给广大职工留下永远难忘的记忆。

去年以来，为了纪念他，我与项月琴收集他的照片，发现他竟然没有留下一张在北京游览的照片，令我们吃惊。他在北京生活几十年，一直舍不得把时间用于游览那些名扬中外的名胜古迹上，而是将全部时间与精力用在工作与做学问上，这是很少有人能做到的。他在学术研究上不断取得的创新性成果，是在承担繁重行政与管理工作情况下取得的，付出了加倍的心血、全部节假日与业余时间，同样是常人难以做到的。

他吃苦耐劳，严于律己，不搞特殊化。他家几十年住在西四狭窄而简陋的平房里，当了所领导还是一样与职工一起乘坐班车。1985 年搬到芙蓉里后，需要走更远的路才能乘班车，就是在这种情况下，还是不同意所里安排专车接送，那时他已经是 60 高龄了，已不再年轻。后来想到老先生上下班也有困难，才同意安排一辆面包车作为班车，与住在中关村的老先生一起乘坐，只有这样安排，他才能接受，他的心才感到安稳、踏实。

他具有谦虚谨慎的美德。从不谈当年成为地下党员、在浙江大学任学生会主席的那段历史。人们所以知道，都是他的战友说出来，然后再口口相传彼此得知的。真正做到好汉不提当年勇啊。禹城站的工作、改变黄淮海面貌，是他投入精力最多、时时系于心上的大事。禹城站做出的成绩，得到国家最高层的认可与重视，给科学院争了光。但他从不突出自己的贡献，把个人荣誉看得很淡。每年职代会都认真汇报工作，虚心听取群众意见和建议。

他平易近人，和蔼可亲。不管是谁有事找他，都来者不拒，认真接待，态度谦和。"文革"后，百废待兴，许多同志有各种困难，期望领导解决。他家住在西四时，差不多每天晚上都所里的同志找到他家，又常常正是吃饭的时间。在他女儿记忆里，左先生几乎没有一天是按时、完整地把晚饭吃完。每次都耐心、认真地听取情况，在政策和条件允许之下，他都想方设法给予解决。他工作中严肃、认真，生活中朴实无华，衣着随意，与大家打成一片。每天中午端个饭盒或与人谈事，边吃边谈，无拘无束，或观看有些同事玩扑克，有时也玩上一把。不管是当面还是背后，上上下下都亲切地称呼他"老左"。

他严于律己，作风正派，办事公平。例如干部任命、评审副研究员与研究员，他坚持原则，根据每个人的条件、能力与做出的成果，公平对待，够资格的就给以支持。他非常反感有人代为说情，告诫不需要，这样做影响不好。他对待自己也是一样，有人推荐他当院士，但只有经过投票后才能确定上与下。当有人委婉地提示他，说找一下院士做些介绍，有助于别人的了解，左先生则说："能增选上院士虽然是好事，但必须依规依据，堂堂正正做人，至于找人疏通关系我坚决不干，这也不符合我做人的原则"。他从当处长到所长，都是组织任命的，从助研到研究员，都是评委会投票通过的，从来没有托过人情关系，而对下属也是这样要求的。讲规规矩矩办事，建立清清爽爽的上下级关系，是他做人的原则，也是一个革命者的高尚品格。

左先生为人诚恳、正直的品德难能可贵。为了维护地理研究所的利益与发展，对上级敢于直言，敢于据理力争，把个人利害置之度外。社会上有些人为了升官发财对上级溜须拍马、送礼那一套，他看不惯，也做不出。凡事讲原则，讲公平，作风正派，从不拉帮结派，不搞团团伙伙。在他当政时期，带头把精力用在工作上，形成风清气正的良好氛围。一身正气，两袖清风，是左先生为人的真切写照，是后人钦佩他、怀念他的重要缘由。

左先生对老先生及革命前辈很尊重，虚心求教、听取意见。为青年人创造条件、压担子、予以重用，使他们加快成长。对于一时说话过火或犯过错误，都耐心引导，采取宽容与爱护的态度，用一分为二的辩证观点正确分析与对待。这些同志有的后来成了科研工作的骨干，有的当了领导，多年后对他都一直心存感激。

大康先生集高尚道德情操、出众才华、远见卓识、无私奉献以及高瞻远瞩的学术思想于一身，因此能成为科研单位一位优秀的领导干部；是一位难得的德才兼备的科学家、学术带头人和出色的帅才。他短暂却是无限奉献的一生，令后人刻骨铭心；他的学术思想与道德品德，值得后人继承、学习与铭记。

五、永远的记忆与鞭策

先生有很高的修养，从没有见他过发火，对每个组员交谈都轻声细语，使人无拘无束，倍感亲切。先生办事公允，对大家一视同仁，深受敬重与信任，享有很高的威信。例如，全组合作编著的著作，他根据每人的具体情况，作出分工安排，提出署名排序，大家都心悦诚服。在他的领导下，全组团结奋进，和谐相处，如同一个温暖的大家庭。在我心中，那是一段无比充实、收获丰盈、心情舒畅的美好时光，至今仍记忆犹新。

"文革"中先生受到冲击，经历了磨难。我本人也身处窘境。因此"文革"开始后的前几年，未曾谋面。1969年12月我在中国科学院湖北"五七"干校劳动，接到调回老家哈尔滨的调令。离开干校的那天早晨，正值有一批新学员抵达。得知先生就在其中时，我赶过去与他匆匆见了一面，他仍如往常一样笑容可掬，和蔼可亲。

如人们常说的，失去以后才倍感珍贵。回到哈尔滨后，常常怀念先生及在他手下工作的岁月。

1980 年我回到地理研究所，再次有幸在先生领导下工作，不尽欢喜。

先生心胸宽阔、目光远大，严以律己、宽以待人，从不把个人得失与恩怨放在心上。"文革"中虽然受到了难以容忍的冲击，身心备受摧残，但乌云散去之后，又抖擞精神，一如既往地奋斗在工作岗位上。他心中满载着的是地理研究所未来发展的蓝图，早把"文革"中经历过的苦楚、那些是非颠倒的喧嚣与恩怨抛弃得无影无踪。他的宽广胸襟令人肃然起敬。

先生有很强的组织纪律性、原则性，有很强的党性。虽然我与他走得更近一些，关系更好些，包括对我的提携，关键时刻伸出温暖的手给以巨大的帮助。但我与他之间有着一条不可逾越的界线，这就是党性、纪律与原则。在我面前，从不谈及与领导班子及会议有关的事情，从不谈及不该我知道的事。1983 年那次换届让我当业务处处长，在宣布之前，先生不曾透露半句。先生没有领导架子，平易近人，我从未见到过他发脾气。但先生不言自威，平时是和蔼的，但涉及原则与党性的时候则是严肃的。越是比较亲近的人，先生越是严格要求。我逐渐领悟到，这才是对干部的真正爱护。

我两进、两出地理研究所，都是我人生道路上的转折点。1966 年初去给竺老做秘书，对我人生意义重大，一直影响到我退休后的生活。当年，我到院办公厅机要室报到时与机要室领导谈话后，我方明白自己何以被选中，何以有如此的幸运。我在辐射组的两年多，包括合作完成的，在学报上发表过 3 篇文章，这成为了我的有利条件。这完全归功于左先生的培养与领导有方。我在地理研究所气候室辐射组工作的两年多时间里，先生带领全组取得较多的科研成果，我是受益者。人生的许多事情都有难以诉说的奇妙性。现在想来，对我的带领与培植，仿佛就是为被选去做秘书在准备条件。人们常说，机遇只垂青于有准备的人，但是，有些准备是个人力所不及的，离不开贵人的帮助。先生为不少人的成长提供准备，创造机遇，搭建舞台，是许多后辈的贵人与恩师。我是其中幸运者之一。

1986 年，我在院机关工作。由于评审职称需要，请求先生写封推荐信，他欣然应允。他的亲笔推荐信珍藏至今，是我仅存的先生遗物，是先生恩情的永恒见证。

我也感到冥冥之中与先生是有缘的。先生在浙大学习时曾是地下党员，又任学生会主席，与当时的校长竺可桢先生有过多次接触。上世纪五六十年代也相互多次见面。而我有幸与竺老结缘，退休后又有幸参与《竺可桢全集》编纂工作，左先生与竺老的每次见面在《竺可桢日记》中都有记载，所以在做先生年谱时，他与竺老接触的往事，都可以在《竺可桢日记》中查到，这是我比其他人更有条件能够做到的。

还有一次是概率极小的偶遇。1987 年 8 月我应邀访日，8 月 25 日出发，在机场极为惊喜地偶遇先生，那天先生是赴美参加"中国科学院和美国能源部合作研究 CO_2 导致气候变化会议"，我与先生恰好同机。那天我夫人李梅曾前去送我。我同李梅与先生在机场拍了一张合照，这是我们夫妇一起同先生唯一的一张三人合影，现在珍藏在我的影集里，更镌刻在我心中。

我随先生仅有的一次出差是 1984 年 10 月末，前去南京出席中国科学院地学部召开的地学口所长与业务处长会议，好像是汇报交流改革情况及讨论地学研究重大方向、任务事宜。其间有一天周日，安排休息与自由活动。在成都地理研究所杜炳鑫的倡议下，左先生与我俩一同瞻仰了中山陵和雨花台。杜炳鑫原在北京地理研究所自然地理室，彼此都很熟悉，边游边聊，很尽兴，又一起合影。这是我在地理研究所做业务处长与先生仅有的一次同赴会、同游览的机会，至今仍历历在目。然而阴阳两隔已越数十年，我今也已老迈，光阴何其匆匆啊！

先生最后一次住院时去看他，已经很虚弱，但远非是不可医治的。完全没有预料到他会驾鹤西去。噩耗传来，十分震惊与意外，令我痛彻心扉。

左大康先生为我国地理科学研究事业与地理研究所发展，数十年如一日，呕心沥血，无私奉献，功绩卓著。终因长期超负荷工作，患病后未能及时治疗，以至于过早地离开了他所热爱的事业，离开了我们。

他虽然走了，却把他高瞻远瞩、敢为人先的学术思想，以及沉甸甸的爱与美好留下了，留在了他后辈的心中，留在了他所热爱的科研事业中。

左大康先生已经是一位历史人物。他的尊名将永垂千古！

良师益友左大康同志

郑长在[*]

大康同志是我国著名的地理学家，同时也是一位优秀的科研管理者，他为地理学和地理研究所的发展呕心沥血，作出了突出贡献。1984 年至 1991 年他任地理研究所所长，在此期间，我和他共事 7 年，他兢兢业业、勤勤恳恳的奉献精神使我难以忘怀。

1985 年我所实行所长负责制。2 月 16 日，大康同志在党委会上全面、系统地阐述了地理研究所的长远发展规划，首次提出基础研究、应用基础研究和发展研究各自应占的比例，并对各重点学科的发展重点、人才培养、研究所机构设置、研究所的改革方案等提出了完整的意见。经过党委和所领导班子讨论形成共识后在全所展开讨论，并取得了一致意见。这一举措对地理研究所在一段时期内的发展起了至关重要的作用。

左大康担任所长期间组织多项重大科研课题，经过多年艰苦奋斗，我所取得了很多有影响的大的科研成果，为国家经济建设作出重要贡献。他做事严格认真，凡事都要经过周密思考深思熟虑才说、才做。每次领导班子开会讨论重大问题时，他总是先认真听取各方意见之后，再全面系统地提出自己的意见，听了他的发言之后，总会感觉既完整又准确，其他同志也就再提不出修改和补充意见了。

1985 年中国科学院将研究所按不同经费来源所占比例分为 4 种类型管理，我所属于以基础研究和应用基础为主的研究所，院里只下拨包干经费和专项支持费，明显感到经费十分紧缺。为保证各项工作顺利开展，在此后几年中他每年都要亲自制定所里的年度预算，不管经费多么紧缺，他总把科研摆在优先的位置来安排。在此后的两年内曾出现过 40 万元的赤字，但在他的精心指导下经过多方努力终于在换届时填补上全部赤字。

他关爱干部、尊重别人，从不发号施令，在和他讨论工作时，他总是耐心地听取你的意见，而后再表达自己的看法，当一时拿不出意见时，他会要求你等几天他考虑好了再答复。

他对中老科学家的业务和生活方面的情况十分熟悉，哪些人应给予某些支持或照顾在他心中十分明确，这为我开展工作提供了极好基础。

某同志在提职前院里收到了举报信，为慎重处理此事，他约我同去人事局了解相关信息，而后根据我俩掌握的情况进行说明，返所后他还不放心，让我起草专题报告，经他修改后我俩签名由我亲自送院人事局。

* 郑长在（1934—2021 年），曾任中国科学院地理研究所党委书记兼副所长。本文原载《地理学发展之路——中国科学院地理研究所科学活动回忆录（1940—1999）》，科学出版社，2015 年，168—169 页某中层干部在住房问题上群众有反映，为了爱护干部帮助他改正缺点，他两次约我在下班后找他谈话，直至解决问题。

他艰苦朴素勤奋工作，20 世纪 80 年代中期以前，他家老少三代人还是住在西四北三条 46 号院的每间不足 10 平米的三间平房里，后来由所里出面直接到国务院机关事务管理局才申请到芙蓉里的单元房。迁入新居后，他每天上班都要先乘一段公交车才能赶上中关村的班车。1986 年初，行政处主动提出要开小车接送他上下班，当我向他转达这一安排时被他拒绝。隔了几天之后，他对我说，还是开个小班车为好，这样可以把中关村的几位老先生都接送上下班，从此中关村开行了小班车。

他每天工作都很忙，中午也得不到休息，经常利用午休时间处理手边的工作，中午偶尔空闲时，就到气候室端着饭盒边吃边看同志们打扑克，这就是他最好的午休！

他每次出差返京，只要是上班时间总要让接站的司机把车直接开到所里，直到下班时才回家。只有一次从日本开会返回北京时，因为他发烧才直接回家，第二天送他去医院，此后不久便永远离开了我们。

纪念左大康同志　学习左大康同志

孙惠南[*]

　　1959 年我大学毕业被分配到地理研究所工作，因为我是学自然地理专业的，自然就安排在自然地理研究室。当时我对地理研究所和自然地理研究室都不了解。左大康同志是气候研究室主任，后来也是地理研究所的副所长、所长。自然地理研究室的老同志告诉我，左大康同志是早期的中共地下党，后来留苏副博士毕业回国等。简单的几句介绍就使我肃然起敬。对于一个刚刚毕业的学生，他的历史不但使我感觉神秘，而且异常仰慕。虽然自然地理研究室是黄秉维所长领导的，但是我们感觉还应该向气候研究室更多学习，因为气候研究室左大康领导有方。但是当时对老左的了解还是比较抽象的，一般化的，肤浅的。后来我也进入了所党委，对老左就有比较多的接触，也了解得更具体深入些，对于他政治上的成熟，研究工作中的严格、深入，待人接物中的诚恳都逐渐了解更多，也更感到我应该好好向他学习，该学的东西越来越多，似乎有学不完的困惑。当我开始成熟一点以后才明白，向先进人物学习，本来就是一辈子的事，是无止境的。

　　左大康同志在学术上有很深的造诣，他首次研究、发表了关于我国太阳辐射的定量公式，还孜孜不倦地带领年轻的研究人员探索遥感领域等新的课题，向科学进军。他自己有着非常丰硕的科研成果，又领导全所为黄淮海农业生产作出了重大的贡献。他在百忙中还关心研究生的培养工作，当我们请他为科技大学的研究生讲课时，他曾认真准备拨冗前往，受到学生们的赞赏。

　　今天，大康同志离我们而去已经多年了，但他将永远活在我们心中，活在地理研究所同志们的心中。我们将永远向他学习，一辈子向他学习。

　　左大康同志千古！

---

　　* 孙惠南（1934 年—），研究员。曾任中国科学院地理研究所副所长、中国科学院审计局局长等职。

亦师亦友左大康

郭来喜[*]

我与左大康先生的关系绝非寻常，30多年的交往，亦师亦友。

师　　友

1986年我到云南支边，是受左大康的指派。支边工作给我的科研与管理工作搭建了新的舞台，是我人生的一段难得与难忘的闪光时期，令我刻骨铭心。

老左是我老师辈的学者。1985年曾要我去中国地理学会接任秘书长，瞿宁淑是我师母，我不敢接她的班。

1985年夏在京西宾馆国家自然科学基金开首次评审会，黄秉维、任美锷、陈述彭、施雅风、陈吉余、严钦尚、左大康诸大学者都参评，吴传钧院士因申报项目回避，我代表人文地理学科出席，讨论十几个申报项目。老左对我说："小郭，就我俩年轻，咱们分工多干点吧!"这样我只能干更多活。当晚我开通宵夜车把十几件项目评语都起草完（特别是落选项目要切中要害，改进方法提得准确），早晨交给老左修改定稿，老左夸我是个快手，几位老前辈欣然签字。其时，老左不知道我还担负海洋组两项评语起草。

1983年地理研究所考核研究员，举行答辩会，不料黄秉维所长宣布我这个副研究员代他主持研究员答辩，诚惶诚恐，开一天会，晚上还加班。散会时黄、吴、左和我同乘小车回家。吴先生开玩笑说，我们20来个人当了你郭来喜一天"傀儡"，叫开会我们就开会，叫发言我们就发言，叫举手我们就举手，也不犒劳吃好点，盒饭就打发了!我说吴先生您别嫉妒，这次是受黄先生重托，下次我当您的"傀儡"，您指到哪我就冲到哪，绝不含糊!弄得黄秉维先生和老左忍俊不禁。

1984年我主持黄金海岸规划开发，我致信中央领导，中办派员三次找我要有关规划成果。1985年习仲勋副总理代表胡耀邦主席视察，表扬河北省昌黎县领导班子为中央暑期办公地分流大众游解忧，说我和你们领导班子合影留念，代表中央对你们工作表示肯定!

接着，中共中央主席、国务院总理以及全国人大委员长、全国政协主席等首长和政治局委员们都来视察，还批1 200万元特别经费，作为路、桥、水、电基础设施费。1986

————————————

　　[*] 郭来喜（1934—2021年），研究员。曾任中国科学院地理研究所副所长、云南地理研究所所长、党委书记等职。本文2015年3月28日完成于海口市。

年我请左所长前往实地考察，此前邓飞书记、吴传钧院士、李文彦副所长和办公室杨春茂主任都赞成买地，推举我代表地理研究所在招商会上第一个表态。大伙商议出资 10 万元买 100 亩地（每亩地价 1 000 元）。后来老左却不认账，被陈文章忽悠 40 多万元办养虾场（我去滦南看过，不同意投资），结果赔了钱（我的美国友人陪美国虾王来华选地投资，被江苏连云港、辽宁大连拉去都没成功，此教训我在《人民日报》发表专文评论，还加了编者按）。老左才去昌黎访问，昌黎党政五套班子全出来迎接座谈宴请，很隆重，让老左十分感动，悄悄对我说："小郭，所里没钱，我给你 3 万元，你看着办吧！"我立即站起来敬酒说："左所长授权我代表地理研究所买地，我们是个穷所，但专业多，智慧人士多。我们买地建个工作站，综合研究海岸带开发问题，更好为昌黎发展服务，所以请诸位首长优惠我们！"昌黎县委李守纲书记站起来说，我们有今天全靠地理研究所科学规划，向中央反映情况，提建议，来了几十位中央首长视察，还表扬我们，郭教授是我们县政府经济顾问组组长，又主持规划，向中央反映，你说多少钱就多少钱，我们决不讨价还价！我立即说现在两家都让我作主，我哪家也不偏向，站在公正立场出价。去年我是第一个代表地理研究所报价 10 万元买 100 亩地。因为没有按时交钱，罚地理研究所出违约金，每亩罚 1 000 元，加上去年的 1 000 元/亩购买价，那就算 2 000 元/亩。你们现在卖到 6 000 元/亩，马上还将涨到 10 000 元/亩，这些都不算数，地理研究所按 2 000 元/亩付款，以后这地的各种税务全给地理研究所免除！你们合同上奖励我们吸引投资的千分之二点五提成和十年床位提成费（每床年提成 1.5 元连续 10 年），我也全部上交对冲！既然一家人，别讲价钱和上税了！这样，大家皆大欢喜，纷纷举杯相庆，我又代表地理研究所为碣石山李大钊烈士纪念地捐 1000 元，碑上刻中国科学院地理研究所赞助！老左私下夸我真有本事，说话都到位，双方皆满意！

　　后来我请郑度所长支持下，1992 年派气候室姚文权同志来昌黎当挂职副县长，兼地理研究所工作站长，陈文章也当了县顾问，1986 年我与他把国家地震局引来共建昌黎工作站，后周光召院长给 60 万元建地理研究所昌黎站大楼，就与国家地震局分离了。我出面每年给他们几十份名额优惠权。我又牵头组织第二期规划，请地貌室、气候室、工交室、水文室、农业室、环化室和旅游中心等十多位同志参加（姚文权、宋力夫、刘卫东、陈田、蔡清泉、高善明、唐以剑、程天文、杨积武、牟海省、邱军等），由我任组长，姚文权为副组长。科学出版社出版我主编的《中国黄金海岸开发研究——以昌黎段为例》一书。给院部划一块地（5 亩），向县政府仅支付了 5 万元（当时地价涨到 5 万元/亩），建院属疗养所。土地丈量时我又找张永凌工程师（后任县旅游局局长）让他把尺子放松点，把林地划进来，他私下对我说你们实际是 18.3 亩，我只报 15 亩。第二期规划时我又以 3 万元规划费太少为由，把所和院之间 5 亩地要来做补偿，还把计算所的远海地块调到靠海处（年节时计算所还给我送了一大箱苹果感谢，给我儿子 30 元压岁钱）为院部购地块节约 20 万元。地理研究所党委邓飞书记知道这件事后在全所大会上表彰说："我发现郭来喜同志是个有经济头脑的地理学家！"，当场代表所领导给我发了几千元的奖金，我让经济地理部毛汉英主任代领作为公积金全部上交。

1986 年 5 月，老左让我代表所里征求杨冠雄、洪笑天、陈洪经、张家祯、宋林华等报名支边云南事。我两天谈话很不理想，向左所长汇报说，让人家支边云南，没有任何优惠条件，怨言很多，都要打退堂鼓。"除非像我们这些傻瓜，不讲价钱，党叫干啥就干啥!"我不过借口替人家发牢骚而已。老左马上抓住我的话，我看你最合适，你就带队支边云南吧!这样我被推到风口浪尖，后来争到几位支边者提副研待遇。本来 1986 年秋我准备到美国加州大学北岭分校去做一年的访问学者，中国科学院任命我当大西南国土资源考察队副队长兼三个小组组长，老左让我支边云南，我只好服从组织安排（后来我率云南地理科技代表团访问加州大学受到特别优待，免除各项费用，仅付了国际机票费，我还获 1000 美元的讲课费，让大家各分 200 美元）。在云南期间我多次向老左请教，汇报办所方针、选题方向、人事安排、开展国际合作，他都一一细听，不时提出指导意见，教导我当好所长的要领。春节我不回京在昆明值班，他让党委委员、经济地理部主任胡序威代表所领导致电慰问我，正月初一收到来电，备感组织关怀温暖!三年后他亲自到昆明检查指导我工作，给予鼓励。对我说下次地理研究所领导换届，我举荐你进新领导班子。果不出所料，左所长交接时举荐我当了副所长。我连续十年支边云南，身兼云南所所长、书记，在陈述彭院士、左大康所长谆谆教导和鼓励下，团结大伙，把一个落伍研究所建成全省先进集体、优秀基层党组织。省委省政府发了铜牌和奖旗。云南地理研究所与欧、亚、美多国开展合作，其中获福特基金会 10 年 350 万美元资助；受黄秉维院士委托，我与德国戈莫森教授合作培养两名德国研究生，与保加利亚、斯洛文尼亚、法国合作解决喀斯特水库渗漏问题，为石林申遗奠定基础等。我的助手和所内研究骨干，有的评为全国先进工作者、全国"三八"红旗手，有的当选省人大常委、评为云南省特等劳模、被聘省政府咨询顾问等，实现我第一次与全所同志见面时宣布的"当好黏合剂、铺路石和人梯"发言。

学　友

我们习称大康先生为老左，可谓是大家对他的爱称。他不仅姓左，也是真正的左派革命家。他毕业于浙江大学地理系，是竺老培养下成长起来的。1948 年加入中共地下党，当过学生会主席，组织过反饥饿争民主斗争。他告诉我在浙大一间教室内，地下党介绍人在手心里放一颗红五星，一句句带领念入党宣誓词，完成入党仪式。"文革"时这位入党介绍人还健在。

浙大毕业后先到浙江农林厅工作，1953 年到地理研究所，师从周立三院士从事农业气候地理研究。后来请留德的原中央气象局长吕炯来所组建气候地理室（所党委派我给吕老当助手，整理他与中国科学院郭沫若院长特别顾问、苏联莫斯科师范学院地理系主任、河口学家萨莫伊洛夫谈地理研究所学科建设暨研究所由宁迁北京问题）。1956 年选派到莫斯科大学攻读副博士学位。周立三院士此际主持新疆综合考察队，老左的论文便选新疆自然地带与气候资源评价研究。在莫斯科大学论文答辩时，我负责论文图表制作和悬挂。回所后专攻太阳辐射研究。

老左是莫大地理系中国研究生党支部书记。1959—1960年左大康、汪安球、邬翊光、曾尊固和我组成晚餐联盟组。因为学习任务紧，时间宝贵，又要注意营养健康，故早餐各自解决，中午到莫大食堂就餐，晚上五人轮流做饭，菜谱由做饭者自定，款各人轮流付。当时对汪安球做饭评价最差，他为省事，买白菜炒炒，拌个凉菜，切个香肠，煮个红菜汤，弄个面包就应付了事。大伙对我评价不错，我主打糖醋红烧肉（出国时带了10斤酱油糕，又到莫斯科北京饭店买新鲜酱油料酒），或者牛肉清炖西红柿、洋葱、土豆，外加红萝卜炒白菜、凉拌黄瓜和肉汤面。我们一边用晚餐，一边交流一天的学习和见闻，相互提携，亲如兄弟，那时我年纪最小（25岁），老左比我年长10岁，大伙都特别关照我！

牌　友

1969年11月29日，我和老左一同下放湖北潜江中国科学院"五七"干校，这儿本是个劳改农场，专门关押国民党县团级"历史反革命分子"，是围湖造田的产物。为办干校把劳改犯迁走，我们就在这劳改场改名的五七干校锻炼。除了学习劳动，有不少晚上空闲，就打桥牌消磨时间，我和老左同在一连三排，他一班我五班，经常凑在一起，老左还叫我配对，打得还顺手，经常赢牌，有时又聊点往事，关系不错。有人对我评价，你这小子能量极大，在正确路线指引下是建设力量，若在错误路线下就成大破坏力量。老左接着说，这对小郭评价很恰当。不然谁敢在清理阶级队伍高潮中砸造反派的抄家办公室！他这一砸让整个917大楼三所都紧张，所有的茶水供应点都上锁，茶炉伙房派专人看守，怕投毒呀！

1970年春，"五七"干校搞批"516分子"，掀起贴大字报新高潮。此时接干校政工组通知，让老左和我写揭发山东海洋大学高曼娜专案外调组有无搞过逼供信？我和老左商量后，我起草揭发材料，把高曼娜专案外调人员的来龙去脉、打人、逼供一一写出，老左和我共同签名交"五七"干校政工组寄往青岛海洋大学。

不久，高曼娜平反出了监狱（可怜她爱人进牛棚，自己坐了牢，撇下六岁孩子照看两岁弟弟，邻居偷偷帮衬，才度过艰难日子）。粉碎"四人帮"后，海洋大学派她到北京大学遥感班进修，我星期天请她来家做客打牙祭，说起这件心酸事（六岁儿子照顾两岁的弟弟，父亲进牛棚，妈妈关牢房），她还掉了泪！我说老左不揭发你还挨了打！我们要供出这件事，会连累一大堆人。她一定要我代她向老左表示衷心感谢！两年后高曼娜丈夫金翔龙院士从美国回来，又专程到我家看望，再次向老左转致问候！

室　友

1977年郭敬辉所长（地理研究所副所长兼中国科学院栾城农业现代化所所长）指名

要我给他当秘书，老革命科学家看上我，不得不服从。所学术委员会恢复工作，黄秉维院士任主任，让我当所学术秘书，这样两个秘书我一肩挑，我协助郭所长跑河北、四川、湖北组织农业现代化所专家队伍，自己又奉命组建中国科学院旅游地理组，开展与新华社合作考察长城，与美国国家地理学会合作考察中国。世界土壤结构改良委员会主席还专程来华与我探讨抑制农田蒸发的国际合作。我因在农村蹲点多年，鼓励全国建了500多个增温剂加工厂，我和丘宝剑合作多次上书中央，八位副总理、副委员长批示支持，我想从事农田抑制蒸发和土壤结构改良深化研究，向老左申请3万元经费购人工气候调控室，改变一年在自然状态搞一次试验，想在人工气候环境下一年从事多次试验。当时农业杂交育种到海南岛试验，我想在北京仪仗营农场做节水农业试验，老左认为这是中国农科院的事！不过，老左同我谈起杭嘉湖一带搞一年三熟制，提高了复种指数，但费工费力效益差，他让我写篇文章《三三见九，不如二五一十——谈太湖流域耕制改革》，即双季加绿肥，用地和养地结合。种三季（稻—稻—小油菜）才收900斤，不如种两季产1 000斤，还可腾出几个月种绿肥，又省种子、工本，又恢复地力，综合效益好。本来我在无锡、镇江都有试点，因改从事旅游地理研究，与比利时根特大学的国际合作也不再联络。老左让我写的农业气候资源利用与合理复种指数安排研究也没有时间开展，这是很遗憾的事。

1978年老左提升为副所长，他从业务处搬到郭敬辉副所长办公室，虽然三人一间但还算宽敞，不仅放三张办公桌、一对沙发，还有一张高级沙发床。我家是4户20人一单元，做饭、洗菜、上厕所都排队，故我平时不回中关村，住在办公室，享受沙发床待遇。我每天早上把办公室打扫干净，茶水准备好，开窗换空气，与郭、左两位所长同室办公，其乐融融。一晃两年多。老左不时征求我对地理研究所发展意见，特别是经济地理发展规划如何让吴传钧院士满意，让他这位自然地理出身的所长也很关注人文地理学科发展。

敬爱的大康所长、恩师、挚友，您永远活在我心中！整个中国地理学界都铭记您的学术贡献！

大康治学风范长存！

与左大康赴美参加学术会议及其他

李克让[*]

一、与左大康赴美参加学术会议及让我担任气候研究室的主任

在左大康等所领导的支持下，地理研究所气候室参加了中国科学院与美国能源部合作的"CO_2导致的气候变化（1984—2000年）"合作研究，并在1985年4月17日—5月10日参与接待了美国能源部代表团一行14人。代表团赠送IBM最新研制的微型计算机两台和复印机两台给气候室，上述设备的使用，大大改善了气候室特别是历史气候研究的工作条件。此后，中国科学院与美国能源部关于大气微量气体合作计划在北京签订，地理研究所为执行单位之一，气候室的科学家主要参与其中的区域气候数据的制备、验证和分析以及区域气候与大尺度气候的关系分析，由张丕远和葛全胜负责。该项目同时获得美方支持的9名访问学者和学生的全额资助（林振耀、李克让、吴祥定、张翼、郑景云、葛全胜、郝志新、龚高法、张丕远）。合作期间，轮流在中美两地召开学术交流会，其中1987年8月26—29日在美国哈珀斯费里举行了中国科学院和美国能源部合作研究"二氧化碳导致的气候变化"首次学术交流会。中国科学院代表团由地理研究所和大气物理研究所的研究人员组成，代表团团长为中国科学院副院长叶笃正院士，地理研究所的代表团成员为左大康所长、张丕远、李克让、林振耀研究员等，大气物理研究所的代表团成员为陶诗言院士、巢纪平院士等，中国科学院资环局赵剑平副局长也出席了会议。会后，中方代表参观访问了纽约州立大学等学术单位，并进行了学术交流。

1983年的一天，左所长找我谈话说，经所领导研究决定，让我担任气候研究室的主任，当时我有些突然，担心不能胜任，还怕影响科研……。老左耐心地告诉我如何管理一个研究室，主要是多听和依靠老先生的建议，同时发挥年轻人的作用，带领大家主动寻找项目，并组织实施……。上任后，按老左的建议，我采取了如下措施：一是定期在室内组织学术报告会，开展学术交流，既活跃了学术气氛，又促进了课题组间的交流，又让青年人增长了见识；二是不定期召开由学科组长和老先生组成的室务会议，互相交流学科组的工作进展，以及争取课题的情况，达到相互了解、互相促进的作用。

辐射气候组的周允华、项月琴等于1987年参加了国家自然科学基金资助项目"1987年9月23日日环食的联合观测和研究"，分别在北京和安徽设点观测，根据日食观测，揭示了辐射平衡各分量和温、湿、风等变化规律，首次获得晴朗条件下变暗的计算公式。

---

* 李克让（1936年—），研究员，曾任中国科学院地理研究所气候研究室主任。

据此推算出因日食造成的太阳辐射能量的损失，发表 3 篇论文，研究成果作为 "1987 年 9 月 23 日日环食联合观测研究" 的组成部分，获 1992 年中国科学院自然科学奖二等奖。此外，他们的太阳紫外辐射和光合有效辐射的气候学研究（1979—1984 年），获 1986 年中国科学院科技进步奖三等奖。

在左大康、黄秉维所长的支持下，李克让、张丕远等承担了中国科学院重大综合项目 "中国气候变化及其影响"（1985—1987 年）的资助，组织所内外专家撰写出版了《中国气候变化及其影响》专著，地理研究所参加撰写该专著的作者多达 12 人（李克让、张丕远、龚高法、郑斯中、郭其蕴、吴祥定、谢又予、李宝田、王守春、邢嘉明、冯丽文、邹宝山）。

物候研究组的张福春、刘秀珍开展农业物候研究，并参加多项国家重点攻关研究项目。物候观测主要由刘秀珍担任，1963—1988 年的物候资料已分 11 册出版，此外由宛敏渭和刘秀珍完成的《中国自然历选编》上册和《中国自然历选编》下册，以及《中国动植物物候图集》分别于 1986 年和 1987 年由科学出版社出版。上述《自然历》和《物候图集》获 1989 年中国科学院科技成果奖三等奖。

小气候学科组和小气候实验室的徐兆生等也开展和参与了大量实验研究工作。在此期间，所内在气候室批准组建了由陈发祖博士担任组长的近地层环境物理实验室，主要开展自然环境中能量和物质的交换和传输过程。

二、左大康所长推荐，让我参与世界气候组织（WMO）气候委员会（CCL）的会议和相关工作

1985 年，国家气象局外事司给地理研究所来电话，建议地理研究所派一位气候专家参加联合国下属的世界气象组织气候委员会的全会和相关工作，左大康所长推荐由我参加。我同意并于 1985 年 12 月中旬，会同国家气象局气科院的张家诚院长等，前往日内瓦参加了 WMO CCL 第 9 届气候委员会会议，第 10 届全会我正在美国合作研究，由时任气候室主任的吴祥定研究员参加，此后我相继参加了第 11 届和第 12 届气候委员会全会及相关工作。

我在全会上多次发言维护中国的权益、参与 CCL 的各项业务及组织机构的讨论、两次为大会提供报告员的报告、为 WMO 专门主编撰写了一期《世界干旱、荒漠化和减灾技术》的专著（1995, WMO No.663）。报告员的工作及为 WMO 主编完成的专著、报告等受到全会大会文件的肯定和表彰；在由多个著名国际组织：WMO、联合国荒漠化国际公约秘书处、UNDP/UNSO 和美国国家减灾中心联合召开的 "干旱早期预警和干旱管理" 的专家组会议上（2000 年）作特邀报告，介绍中国的干旱早期预警和干旱评估经验；在由 WMO 组织的气候知识的业务应用工作组会议以及 CLIPS 专家组会议上（1996 年），两次分别作特邀报告，介绍中国的气候服务和短期气候预测经验以及水资源、干旱与荒

漠化的研究现状；上述报告受到与会专家的一致好评。三个报告分别全文刊登在 WMO 正式出版的刊物上。此外还应邀在工作组和世界各国专业人员参加的讲习班（1994 年）上作水资源、干旱与荒漠化的报告，受到各国专业人士的欢迎。同时，先后应世界著名的美国 Nebraska 大学国际干旱信息中心和美国干旱减灾中心主席 Wilhite 教授的邀请，参与完成了由他主编的两本世界干旱灾害的专著（撰写两章），分别出版（1993 年和 2000 年）。专著出版后，收到许多国家专家的来信索取或作学术讨论。

三、左大康先生是我的良师益友和学习榜样

左大康先生 1956—1960 年在莫斯科大学地理系攻读研究生，获副博士学位。1961 年回到地理研究所。1964 年任气候研究室副主任，吕炯先生任主任。1962 年，我从北京大学地球物理系研究生毕业后，分配到地理研究所气候研究室，在吕炯和左大康先生指导下工作学习。

当年，正值国家发出向科学进军的号召，气候室的研究人员，特别是年轻人积极响应，纷纷表态支持和参与，掀起了学好外语、搞好科研向科学进军的热潮。当时，气候研究室的办公室在动物所五楼，许多人在左大康等科学家的带领下，日夜工作学习在办公室，特别是夜晚灯火辉煌，学习和工作的气氛非常浓厚。几年内，在吕炯、左大康的带领下，气候室迅速发展壮大，高水平的研究成果不断涌现。气候室成了全所最大的研究室，学科齐备、力量雄厚、人才辈出，室领导提出要争做中国气候学研究的火车头。我在 1963 年荣幸地获得地理研究所的先进工作者。

左大康先生 1948 年参加革命，曾任浙江大学学生会主席，是该校学生运动的领导人。1949 年 5 月浙大毕业，获学士学位。来地理研究所后，又赴莫斯科大学地理系攻读研究生。回国后，全身心投入科学研究，在气候室创建了辐射气候组。对中国地区太阳辐射和地球大气辐射进行了系统研究，主笔完成《地球表层辐射研究》专著，发表了一批创新成果。此后，又开拓辐射研究的新领域——遥感，编著出版了《气象卫星的辐射测量及应用》一书，促成了遥感应用研究所的建立。

不仅如此，左大康先生先任地理研究所副所长，其后连续两届担任所长，实际主政地理研究所约 20 年之久。在此期间，组织开展黄河流域治理和黄淮海平原农业开发研究、南水北调及其对自然环境的影响研究、自然灾害防治研究等一系列跨研究室跨学科的地理学综合研究和区域综合研究……。作为组织者和主要研究者完成的主要获奖项目有："黄淮海平原中低产地区综合治理和综合发展的研究"，1987 年获中国科学院科技进步奖特等奖，1988 年获国家科技进步奖二等奖；"黄河流域环境演变与水沙运动规律研究"，1995 年获中国科学院自然科学奖一等奖……。以上综览种种，左大康先生是我的学习榜样和良师益友！

左大康是具有国际科学视野的科学家

彭公炳*

左大康先生是一位好所长，在担任中国科学院地理研究所所长期间，十分尽职尽责，勤勤恳恳，事必躬亲，所以非常辛苦。有一次，大约中午 12 点半，我在他办公室门口经过时在走廊遇见了他，我问他吃午饭没有？他说："还没有吃午饭哩！忙得没有时间吃饭，当所长这个活不是人干的。"真是语出惊人啊！这反映他对所长工作的高度负责，难能可贵啊！

左所长任职期间，致力于地理科学的现代化，包括加强地理学的基础理论研究和增强现代实验手段。他是一位称职的所长，促进了地理科学研究现代化进程。例如，在他的所长任期内，开创了理论地理研究室，对此举的看法并不一致，但他敢为人先，进行探索，说明他对基础理论的高度重视。

在苏联莫斯科大学留学期间，他曾担任该校地理系中国留学生党支部书记，他的工作风格很稳健，力排左倾思想的干扰。在当时国内开展大跃进和反右倾运动时，对国外的留学生也开展了与运动相应的教育活动，作为支部书记，他鼓励留学生集中精力于学习，排斥左倾思潮的影响。在"大跃进"和"反右倾"思潮下，坚持实事求是精神，保护了一些对运动有看法的人，这在当时是难能可贵的。

1960 年国家曾组织留苏学生短期回国政治学习，然后让他们回老家探亲。返回苏联后不少人讲了实话，反映了"大跃进"中的浮躁问题，有的负责人主张对此进行批判，但左大康坚持实事求是，反对对这些人上纲上线加以批判。遇上他这位好支书，是我们的幸运。

在"文化大革命"中，他对当时地理研究所的极左思潮进行了抵制，与造反派头头对着干，作为地理研究所党委委员，他出面鼓励与支持主张保护老干部老科学家的群众组织，这在当时是要冒政治风险的，也因此受到了造反派的攻击。但在遭受批判时，他能坚持原则，检讨很有分寸，经受住了历史性考验。

在粉碎"四人帮"和改革开放的进程中，他旗帜鲜明，领导全所人员积极投身于新

* 彭公炳（1936 年一），研究员，国际欧亚科学院院士。曾任中国科学院地理研究所气候研究室副主任。

时期的科研事业中，使地理研究所焕发出新的活力，出现了欣欣向荣的局面。

左大康同志待人诚恳，和蔼可亲，严于律己，原则性和事业心极强。并具有国际的现代的科学视野，又具有很强的组织领导能力，是一位德才兼备的有威望的好所长。

他永远活在我们心中，永远是我们学习的榜样！

深切缅怀良师益友左大康所长

毛汉英*

左大康所长虽然离开我们已经 30 年了，但他的音容笑貌、他那清癯和蔼的脸庞、坚毅的目光、高度的责任感和忘我的工作精神时时在我的脑海中浮现，他对我的亲切教诲仿佛犹在耳畔，他对我的殷切期望更是鞭策我不断前进的巨大动力。

我虽自 1961 年 9 月进所后就认识了左大康同志，但他当时在气候室任职，接触很少。记得 1962 年秋邓静中先生让我翻译《苏联农业气候》的文章时遇到问题，曾大胆地到他的办公室当面请教过一次。我与他接触较多，对他逐步了解是在他所长任期内的最后四年，亦即是从 1987 年给他写第一封信开始。1990 年年初我担任经济地理部研究室主任后，更是在他的领导下工作，虽然时间不长，但左所长的人格魅力深深地吸引了我，从他的身上感受到一位老共产党员的远大抱负与崇高品质。

一、向左所长汇报苏联地理研究工作

1979 年 10 月，左大康同志作为"文革"后上任不久的主管科研工作的副所长，对"文革"时期盛极一时的世界地理研究工作十分关心。由于"文革"初期被撤销的经济地理、自然地理、地貌和水文等研究室相继于 1973 年前后恢复，研究人员陆续归队，导致世界地理研究人员锐减。以苏联地理研究组（原"一连三班"）为例，研究人员从全盛时期一度 24 人减至 1978 年的 7—8 人，而且留下的同志思想也不稳定。在这关键时期，左所长将我找到他办公室，听取我的工作汇报，意义不同寻常。首先，我扼要地向他介绍了苏联地理组从 1969 年 3 月组建以来的工作，研究方向从最初的以自然地理为主逐步转向以经济地理为主，研究地区从全苏转向东部的西伯利亚和远东区为主，以及近 3—4 年又开展一些重点专题研究的过程。左所长是留苏的副博士，对苏联地理情况比较了解，不需我做过多解释。因此，我直接点明当前存在的主要问题：苏联地理要不要继续搞下去？如果继续搞的话，未来几年的方向、任务是什么？如何稳定人心？左所长沉思了一会，问我有什么打算？我如实地告诉他，苏联地理研究迄今已有 10 年，其间积累了大量数据资料，仅摘下各类文献的卡片就有约 4 万张，这些前后经过 20 多人积累的宝贵资料（包括黄秉维所长两年间摘录的约 3000 张卡片）绝不能轻易流失，建议在此基础上抓紧进行系统总结，出版系列专著。同时，根据当时国家改革开放的大形势，以及国内外经

---

* 毛汉英（1938 年—），研究员，国际欧亚科学院院士。曾任中国科学院地理研究所经济地理部主任。

济建设和开展国土整治研究工作的需要，开展中外对比研究，总结苏联在资源开发、生产力布局、城市规划等方面的经验教训，为我国提供借鉴。这也是我与已回经济地理部的原苏联组的陈汉欣和孙盘寿等老同事讨论后的共同看法。左所长听完后连连点头表示赞同，并指出，这才是对待一项科研任务负责任的态度，必须有始有终。希望由我牵头，组织全组同志力争用 4—5 年时间通过系统总结提高，写出四五本具有较高水平的专著。为支持我们的补充调研和资料收集工作，所里每年将给我们拨 5 万元经费。我将左所长的意见在组内转达后，大家都深受鼓舞，干劲倍增。经过两年的勤奋工作，首先出版的是陈汉欣主编的《苏联钢铁工业地理》（1982 年），1983 年又与东北师大合作出版了 60 多万字的《苏联经济地理（上册，总论）》。接着，又陆续出版了《苏联农业地理》（1984 年）、《苏联石油地理》（1985 年）、《苏联经济地理（下册，区域）》（1987 年）。上述系列成果的出版，特别是由中国学者撰写的首部百万字的《苏联经济地理（上、下册）》问世后，受到国内外学者的广泛关注与好评。其中，《苏联经济地理（上册，总论）》获 1985 年中国科学院科技进步奖二等奖；全部研究成果以"苏联地理研究"为名上报，又获 1989 年中国科学院自然科学奖二等奖。这是中国科学院地理研究所成立以来世界地理学科获得的最高级别奖项。这些成果的取得，离不开左所长高瞻远瞩的指导、鼓励和扶持。

二、在苏联进修时给左所长的一封信

1986 年 8 月，受中国科学院和地理研究所派遣，经国家教委统一考试，我十分荣幸地被派往苏联列宁格勒大学（后改为"圣彼得堡大学"）进修一年，这对于从事苏联地理研究 17 年、已经 48 岁的我来讲，是十分难得的机会。我将此次进修目标定为：一是通过实地考察，检验苏联地理研究成果的科学性，并加以充实、提高；二是学习苏联经济区划和组建地域生产综合体的理论方法，为国内开展同类研究作准备。我十分珍惜这次进修、访问机会，但一到苏联就面临着最大的拦路虎——语言障碍。尽管我当时在俄语阅读和笔译方面已具有一定水平，出国前俄语水平考试（WSK）得了 134 分（满分 150 分），但由于过去在国内学的"哑巴"俄语，听说能力不行。所以刚到苏联，只能对付简单的生活用语，难以进行交流，特别是第一次与合作导师见面时的尴尬局面使我下决心必须尽快突破语言障碍。为此，我一方面每天坚持宿舍—教室、图书馆"两点一线"的生活，每天上午听本科四年级的两门课，下午在图书馆查阅文献资料，每天晚上在宿舍坚持收听 2 小时俄语广播；另一方面，与学校指定的俄语老师每周两次"一对一"教学；并积极参加教研室的双周学术讨论会。通过三个多月的辛勤付出，我的俄语口语有了很大进步：从开始上课只能听懂 40%—50%到后来提高到 90%以上；在教研室讨论会上发言从磕磕巴巴的 2—3 分钟到一口气能用俄语流利地讲 10 多分钟。寒假开学后，经精心准备，我还应邀在全系学术年会上用俄语作了"中国经济地理学的现状与发展前景"的学术报告。这是列宁格勒大学在中苏科技交流中断 20 多年后的首位中国学者亮相。为此，学校校刊作了专门报道，讲稿全文被刊于《列宁格勒大学学报》。这时，我才踏踏实实地坐下来给左所长写了一封长信，汇报我在苏联半年来的学习和生活情况，特别是如何突破语言关，以及进行学术交流活动，并表示：一定不辜负党和国家的期望，高质量完成进修计划。同时，我在信中也提及在世界地理工作期间个人政治上受到的不公平待遇，特别在入党问题上受到个别领导打压的事例。基于当时中苏关系刚开始恢复正常化等考虑，左所长没有立刻回信，但却委托半个月后来苏联出差的凌美华同志捎来口信，大致意思为：左所长对你在苏半年进修期间取得的成绩表示满意，尤其是在学术交流中的"破冰之旅"更为赞赏。希望你在下半年多去几个地方进行实地考察，有针对性地多阅读一些理论方法文章，增进与教研室主任拉夫罗夫教授的联系，入党问题回所后党办会与你联系。根据左所长的指示精神，我在下半年进修期间，先后访问了莫斯科（莫斯科大学、苏联科学院地理研究所）、中亚地区的哈萨克斯坦和乌兹别克斯坦（阿拉木图及塔什干大学、费尔干纳盆地等，重点为干旱地区开发和绿洲农业）、外高加索的格鲁吉亚（第比利斯大学，重点为山地垂直地带的开发与保护），以及黑海沿岸的索契（旅游资源开发）等。在此基础上，回国后我先后撰写了5篇学术论文，发表于《地理研究》《地理集刊》。1992年，我经所领导批准，我以中国地理学会和吴传钧院士名义，成功邀请拉夫罗夫教授偕夫人访华，进一步加深了中俄地理学的合作交流。这些成果都与左大康所长的远见卓识和热情关怀与指导分不开的。

三、对我的关爱与栽培

1987年10月14日，我从苏联进修回所后，基于当时所内发展形势，人文-经济地理越来越受到国家重视，扩建为经济地理部，而世界地理研究则受项目、经费所限，处于萎缩状态。因此，在经济地理部领导胡序威和赵令勋两位先生的力邀下，我于当年年底正式回归经济地理部新成立的区域开发理论研究室。在左所长担任所长的最后三年多任期内，他给了我很多的关爱与栽培，使我从一个连学科组长都不是的"小人物"，先后提拔为研究室副主任（1988年）、研究室主任（1990年）、研究员和所学术委员（1990年），以及所研究员职称评委与所学位委员会委员（1991年），并参与负责所内一些重要科研项目，其中以下两件事至今仍难以忘怀。

一是担任左所长主编的《现代地理学辞典》的常务副主编。早在1987年下半年，所领导就酝酿举全所之力编写一本覆盖地理学各领域、反映当前国际最新研究成果、释文具权威性的大型地理学工具书。该书由老所长黄秉维和著名经济地理学家邓静中先生任顾问，左大康所长担任编委会主编。全所参与辞条编写的作者有209人，其中包括吴传钧、邓静中、高泳源、李文彦、胡序威、刘昌明、郑度等一批知名科学家，以及绝大部分研究员和副研，甚至还有部分博士生参与。左所长推荐邢嘉明和我担任常务副主编，既是信任，也是压担子和培养，因为我刚调回经济地理部，没有多少业务和人脉基础；而邢嘉明则是当时所内业务出众的新星，从助研破格越级提升为研究员和博士生导师。三位副主编中，孙惠南和许越先是副所长，牛文元则是刚从国外回所、才华横溢的人才。

为不辜负左所长的厚爱，我竭尽全力，并在经济地理部领导的大力支持下，于1989年3月完成了人文地理学和经济地理学的12个分支学科814条辞条、地理学总论部分36条辞条，合计850条辞条的精选和释文的撰写，总字数约45万，占全书的约三分之一。由于按时保质保量地完成了任务，受到了编委会左所长的表扬。

二是全力支持我在山东莱州县域规划中的方法创新。1989年8月，我室承担中国科学院资环局下达的《山东省莱州市经济社会发展规划》。在规划前我发动室内进行了热烈的讨论，县域规划如何搞？是走过去传统的定性研究路子，还是紧跟国际定量研究的新潮流？通过讨论，我接受了顾朝林和陈为民两同志的意见，决定引进系统动力学模型，对影响区域发展的人口-资源-经济-社会-生态环境系统进行仿真、模拟和预测，并同传统的定量研究相结合。为此，我们还决定与中国科学院系统科学研究所合作，边干边学，培养队伍。这在当时的经济地理部乃至经济地理学界都是一次重要的尝试，不少人抱怀疑观望态度，但课题组很团结，决心闯出一条县域规划的新路。因为当时所财务规定，向合作单位转科研经费在10万元及以上要所长签字。所以我找左所长签字时他问起莱州规划工作的近况，我扼要地向他汇报了上述的想法和做法，他听完后十分赞赏地说，这是对传统区域规划方法的重大突破与创新，我支持你们干下去，干出成绩来！并叮嘱我，一定要让年轻同志虚心向系统所同志学习，通过这次合作机会，掌握系统动力学模型建模的理论方法，能熟练地运用 DYNAMO 软件进行编程、仿真模拟、情景分析等，并在今后的区域规划中扩大应用，不断总结提高。根据左所长的要求，课题组通过半年的努力，莱州规划工作取得了骄人的成绩，不仅为县域经济社会与人口、资源、环境协调发展提供了管理与决策支持，而且在山东省10多个县（市）推广应用成效显著。1990年7月，时任全国政协副主席、农工民主党中央主席、中国科学院院长卢嘉锡院士在视察山东时，专程赴莱州听取我的汇报，称赞我们为地方政府科学决策做了一件大好事，并为规划文本题字和与规划组全体同志合影留念。1992年，《山东省莱州市经济社会发展规划》获山东省科技进步奖二等奖。其后，又通过在山东禹城、寿光、黄河三角洲等地的实践、总结、凝练，在此基础上形成了区域可持续发展理论方法框架体系，并于1995年出版了由我主编的《人地系统与区域可持续发展研究》一书，"区域可持续发展"已成为当代人文-经济地理学的主要流派之一。

四、在山东禹城招待所一次推心置腹的彻夜长谈

1991年7月下旬，左所长刚从所长岗位上退下来一周多，因对他任职期间发展起来的、并在黄淮海地区旱涝盐碱综合治理中发挥很大作用的禹城综合试验站怀有特殊的感情，专程赴禹城站看望大家。当时我正好主持《禹城县经济和社会发展规划（1991—2000年）》《禹城县综合国土规划》的编制工作，同住在禹城县招待所。次日上午，他让我同他一起去位于南北庄的禹城站看望站上全体工作人员，并参观实验装置和听取工作汇报。下午，他与禹城县领导一起参加了两个《规划》编制组讨论会，对禹城县的发展

定位、未来 10 年发展主要目标、产业发展、城镇体系建设、土地合理利用、国土整治等重大问题进行了热烈的讨论。他在会上专注地倾听大家发言，并在最后讲了两点意见：一是两个《规划》一定要与黄淮海平原综合开发与治理相结合，发挥试验示范区作用；二是《规划》应紧密围绕县域经济社会发展与区域环境治理中的重大问题（如农业自然资源开发、工业主导产业选择与园区建设、中低产田区域治理等），为县级领导部门科学决策提供依据。左所长的讲话不仅为两个《规划》编制、也为禹城试验站今后的发展指明了方向。

晚上，左所长特地要我搬到他住的房间，我们两人床对床从 9 点起开始长聊。首先聊的是工作。左所长对我回经济地理部三年多来的工作给予充分肯定，认为我工作有热情、有干劲和闯劲，将一个成立不久的研究室搞得生机勃勃，在出成果、出人才方面成绩突出，特别是对区域规划方法的创新和构建区域可持续发展的理论框架方面受到同行的重视与好评。同时，也指出我脾气急躁、有时工作方法简单、不善于主动团结同志等毛病。

接着，在政治思想和入党方面，我们谈了很久。我将自己在大学期间（1960 年）就写过入党申请的经历，以及改革开放以来又于 1985 年再次写入党申请的过程，并将我在苏联进修期间给他写信中提及的情况，向他作了详细汇报。左所长耐心地听完我的诉述后，对我政治上要求进步、积极靠拢党组织表示肯定，并语重心长地对我讲，在追求进步的道路上，要正确处理好三方面关系，即：思想上入党与组织上入党的关系，如何正确看待党的组织与个别党员作风的关系，如何将一时（或一段时期）政治上的进步冲动化为持久的行动、乃至逐步树立为共产主义事业奋斗目标的关系。他既有观点又结合实际的分析使我茅塞顿开、心悦诚服。尽管后来由于我自身的原因，至今仍没有加入党的组织，但是我早就将热爱中国共产党、热爱社会主义祖国、用自己的知识服务于国家和人民作为一辈子坚守的"三条红线"，做一名永远跟党走的"党外布尔什维克"。

左所长在这次长谈中给我留下最深刻印象的是，他以亲身的经历向我提出，今后一定要"低调做人、高调做事"。所谓"低调做人"就是为人要谦虚，心态要平和，不要太张扬，不要过多炫耀自己。一个人生气时要低调，不要动不动就迁怒别人；升迁时更要低调，不要过高估计自己，更不能因此脱离群众。"高调做事"就是当一个人设定了正确目标后，就要坚决地去执行，行事要果断、决断，而不必拘泥于他人的议论和看法。同时，他还进一步指出，"低调"是一种高尚的人生态度，它代表豁达、成熟和理性，是同含蓄联系在一起的一种博大的胸怀，也是做人应有的态度。"高调"意味着无论面对什么事情，要有积极和自信的心态。打开我的日记本，看到左所长的这番讲话，虽时隔 31 年，但仍十分亲切，令人记忆犹新，并时刻鞭策我做一个像左所长那样高尚的人。

这次长谈最后的话题是不久前关于增选中国科学院院士的事。我对他说，今年院士增选结果出乎意料之外，听说前几轮你还不错，以你在地学部的影响，尤其在大气科学领域熟人很多，为什么不在关键时刻托人找找他们，致使错失了增选院士的宝贵机会，我们很多人对此都深感不平。左所长听后淡淡地苦笑了一下说："能增选上院士虽然是好事，但必须依规依据，堂堂正正做人，至于找人疏通关系我坚决不干，这也不符合我做人的原则。"通过这件事从一个侧面反映了左所长淡泊名利、严于律己的崇高思想品质。

五、后　　记

中国科学院地理研究所的老同志普遍认为，左所长是我所建国以来历任所长中功绩最为卓著、最受人敬重的所长，但他过早离开我们，令人万分惋惜！因此，从 2013 年开始，我与赵令勋、李宝田三位同志多次在一起商议，要为此做点什么。最后，一致酝酿在 2015 年左所长诞辰 90 周年开一次纪念会，为此，我们三位联合了原气候室的李克让、项月琴同志一起向葛全胜所长汇报，得到了所领导的大力支持，并通过所老科协和离退办联系离退休的老领导和老同志。2015 年 3 月 27 日《纪念左大康先生诞辰 90 周年座谈会》开得十分成功，与会同志 180 多人。左所长的高尚品德和为地理科学事业与地理研究所发展呕心沥血、无私奉献的精神永远值得我们学习和怀念，左所长永远活在我们的心中！

笃实　志远

——点点滴滴纪念左大康先生

陈建绥[*]

　　"时光"是一个很难被人们说清楚的东西，但它又客观存在，有时带给人们欢乐和幸福，有时又让人忧愁、痛苦。时光荏苒，不知不觉中我们都已进入耄耋之年。虽然脱离了繁杂的工作，但往事却在脑中不时回荡，历历在目。时间并没有流动，陆陆续续来到了那间小小的办公室，这里边静静地，和谐而温暖，老左也和我们坐在一起，他很少说话，但温温地一笑，就进入了他的书本，开始无尽的思索，因为科研是一件复杂的工作，不断地实验、选择，随着时光的流逝，在他的领导下，我们顺利地完成从太阳、天空、大气到地面的系列研究，奠定了辐射组的工作基础。

　　团队、小组，这都是作研究工作不可缺的力量，小组的和谐一致才是工作成功的基础，一个争争吵吵的集体，将是工作失败的基础。辐射组在这方面起了一个好的作用，互相尊重，认真讨论成了他们工作的基本模式，尊重不是软弱，它是一种文化，一种高尚的道德修养。老左（我们这样称呼他）给我们树立了这方面的榜样，强加于人，甚至训斥这是科研工作的大忌，笑眯眯地讨论研究才是我工作成功的基础。

　　不论什么时候，集体都是任何一项工作能否完成的基础，尤其是规模比较大的工作，其中每个人的力量都不能或缺，主要是发挥他们的创造性。辐射组虽然是个小集体，若要完成当时的任务，就更需要发挥这个集体的潜力和智慧，他们跑遍了北京所有能找到资料的地方，再来分析研究决定取舍，这期间左大康同志和大家一起，利用他丰富的经验，分工团结，给大家有力的指导，使每个人各得其所，然后再聚集起来，使工作得以顺利完成。

　　生活是面镜子，他显现的是一个人的全貌。左大康同志此后虽然不再从事具体研究工作，但我们还是常常能够见到他，他还是那么平常、自然、忙碌着所里的事宜，不管是眼前的杂事，还是一个研究所未来的发展，在那个以品牌为荣的时代，他仍然那么朴素，忙忙碌碌，编词典，筹划新的研究成果，如地理学报英文版、远期地理学的创作、筹建技术室等等。我虽然也参与了一小部分的工作，但能看出他不断运筹的思想与辛苦。

　　说实在的，科研是一项繁杂、单调、枯燥的工作，每取得一项成绩与进步，都需要付出巨大的努力和自己那豪华的时光。时间并没有对他特别地青睐，不好的消息突然传到了所里，大家不约而同地去医院，最后一次看看老所长，无尽的回忆充满了每个人的心田，这就是人们常说的"历史"？那我们也都将无奈地徘徊在历史的终点，历史将会记住这一切。

---

　　* 陈建绥（1934—2022 年），编审。曾任《地理研究》编辑部主任。

协助左大康先生工作的日子

杨勤业[*]

我与左大康先生从 20 世纪 80 年代中期开始有了比较多的接触。1984—1991 年，左先生担任地理研究所所长，全面主持研究所的工作。其间，我在左先生的领导下参与了由他主持的两项工作。

编辑画册《中国自然景观》（中、英文版）

画册《中国自然景观》（中、英文版）是为满足国际交流需要，地理研究所与人民画报社的合作项目。由左先生和人民画报社社长邢雁担任双主编，人民画报社茹遂初先生和我担任画册的双副主编，负责具体工作。至今我也不是很清楚，为什么选择我来担任副主编。或许是在此之前，左先生就了解我曾经写过或参与写过《世界屋脊》《中国的青藏高原》等几本高级科普小册子，愿意做些科普方面的工作，认为"此人尚可雕也"。编撰画册《中国自然景观》之后，确实在科普方面给我敞开了一扇门。这是后来接受研究所指派到地理知识杂志去创办《中国国家地理》的重要基础。

《中国自然景观》画册以图文并茂的形式，介绍全国不同区域自然环境的基本情况。在编辑画册时，左先生给我留下的最深刻印象是事必躬亲，毫无领导的架子。大到参与整个画册的设计思路、区域划分、章节设置的讨论和最后确定，小到每一张照片的选择，甚至照片的文字说明都亲自动手撰写。我们撰写的稿子在送往人民画报社之前，他都要逐页批改。为了选出能代表各地自然景观的好照片，他不止一次和我们一起到花园路人民画报社去，中午在人民画报社的食堂简单就餐，下午接着干，一干就是一整天，十分平易近人，完全看不出是地理研究所的所长。这在人民画报社也有很好的反响。还有一个小例子可以了解左先生的平易近人。当时在 6 楼地貌室每天中午午休时间总能聚集几位先生打桥牌。左先生在忙了一上午后也经常会光顾这里，和大家融入到一起。他一般是静静地看牌，人手不够时他也上手打几把，他勤于思考、精于算牌，水平很高。

《中国自然景观》画册的编撰、出版等工作前后有半年时间。后续销售也还不错。在一段相当长的时间里，《中国自然景观》（英文版）画册经常作为地理研究所的礼物送给来所访问的外宾，起到了宣传祖国大好河山和优美自然环境的目的。记得我前往俄罗斯考察、访问时也曾带去一本送给俄罗斯朋友。

---

* 杨勤业（1940 年—），研究员。曾任《中国国家地理》杂志社社长、地理研究所名誉所长黄秉维学术秘书等职。

国家自然科学基金重大项目"黄河流域环境演变与水沙运行规律研究"

"黄河流域环境演变与水沙运行规律研究"（1988—1992 年）是国家自然科学基金重大项目。由地理研究所和水利部黄河水利委员会共同主持，组织了有关科研、生产和高等院校等 19 个单位开展协作研究，参加的科技人员计有 140 余人，包括自然地理、气候、地貌、古地理、土壤、水文泥沙、水利水保、历史地理、海洋和河口等专业。项目下设 4 个课题分别由吴祥定、熊贵枢（时任黄河水利委员会副总工程师）、叶青超和我担任课题组长。项目开始就建立了由左大康、叶青超、吴祥定、杨勤业、唐克丽（西北水土保持研究所）、熊贵枢（黄河水利委员会）组成的学术领导小组。左先生是领导小组组长。

"黄河流域环境演变与水沙运行规律研究"的总目标为："综合研究历史时期黄河流域环境变迁与水沙变化事实，流域侵蚀产沙规律及水利水保效益，黄河下游水沙变化与河床演变规律，提出黄河流域环境演变与水沙变化趋势及整治方向，为 2000 年以后国家治理黄河决策提供科学依据和基础资料"。重点回答减少入黄泥沙前景、干流水库和小浪底水库联合运用可行方案。探讨延长黄河下游河道寿命的途径，以及流域综合治理与开发方向。显然，这是一个综合性很强的跨部门、跨学科的综合研究和区域综合研究项目。它强调"黄河流域综合治理必须统一领导、综合规划"的理念，强调将全流域作为一个整体进行综合分析，强调开发治理及人类对生态/环境的调控和定向塑造；提出黄河治理要立足于全流域，上、中、下游全盘考虑，点、线、面统筹兼顾；要做到治理与利用相结合，近期利益与长远利益相结合，微观研究与宏观研究相结合。这些也都是左大康先生学术思想的体现。

由于项目是科研单位与产业部门共同主持。所以，在许多理念上、需求上、具体实施的做法上，甚至语言的表达方式上不免产生这样或那样的不同意见，甚至"摩擦"。工作会议或讨论会上争论是难免的，也是经常的。记得 1989 年在郑州召开过一次项目的年度会议。很多人是乘坐火车去的。左先生和我们几个人乘坐中巴前往，早晨从 917 大楼出发，接上左先生后离京一路南行，到晚上十点左右才到郑州。第二天一早就开会。虽然疲惫，但大家讨论认真，还在一些具体问题上产生激烈的争论。左先生静静地听取着各方面的意见和争论，一天都没有发言，直到第二天会议结束前才总结性地发表了自己的意见。一次两次，每当会议出现这种情况的时候，左先生都是这样，静静地待在那里听取各方面的意见，有时在笔记上记上几个要点，一直在认真地思考着。一旦他发言，就是成竹在胸，也是众望所归。一、二、三……几点意见发表完，顷刻间大家就都没有意见了，会议也就到了应该结束的时候。左先生的这种领导艺术和看问题的全面、细致，让项目中的成员，特别是来自生产部门的成员感叹不已，有时大家甚至都会希望左先生早点发言。

国家自然科学基金重大项目一般会得到中国科学院的匹配资金。可是，当年中国科学院获得的重大基金项目已经不止一项，都是院士主持的大项目。而我们的项目因为支持的经费有限，左先生还多次到院里去争取，但也没有能获得必要的资助，下面的同志不免有各种议论，对院里的做法提出质疑。左先生多次在项目领导小组的会议上说没有关系，等我们出了成果，他们会支持的。寥寥数语，却非常大度、宽容。

在项目进行的过程中，左先生十分强调理论与实践相结合。1991 年左先生从地理研究所所长的位置上卸任，即将前往国家自然科学基金委员会地学部任主任。他要求我们跟他一起到野外去。他说，主持了这样一个大的项目，一直没有时间到野外去实地看一看，那是不行的。7 月，景可先生和我陪同他从北京出发穿越山西、陕西到甘肃，在黄土高原上跑了千余公里的路程，8 月回到北京，他对我们说收获很大，需要认真总结。紧接着他又去出访日本。未曾想到，听说刚到日本就开始生病，也许是野外工作劳累，积劳成疾吧！

左先生在北大医院住院期间，我们前往医院看望过。记得那是 1992 年的元旦前夕。叶青超先生和我推开他的病房门，他正在闭目养神。我们没有想到左先生竟然住在一个 4 人间的大病房内。看到我们去，他很高兴，谈兴也还可以。但是，他拒不跟我们握手，还让我们稍微离远一点，说他的病可能传染。随即跟我们交代了许多项目的事。临离开时，他说，这个地方不能久待，元旦后他就会出院，到时再进一步讨论项目的事。让我们万万没有想到，元月 4 号左先生竟然驾鹤西去了，项目失去了掌舵人，我们党失去了一位优秀的领导者。前后只有几天的时间，事情竟然如此突然，不禁愕然！

左先生去世后，大家公推叶青超担任学术领导小组组长。1993 年 7 月 7—8 日在北京，由国家自然科学基金委员会组织召开了项目验收会。验收会专家组认为："该项目已圆满完成了预期目标和国家自然科基金委下达的任务书，研究成果达到了国际先进水平"。1994 年由叶青超主编的项目总结——《黄河流域环境演变与水沙运行规律研究》一书由山东科技出版社出版。此外，还在国内外各级学术刊物发表论文 136 篇，出版论文集 4 本，撰写阶段性成果报告 137 篇，总结报告 5 本，出版专著 4 本。1995 年，该项目获得了中国科学院自然科学奖一等奖。

左大康先生是地理学的大师。20 世纪 60 年代，组建辐射气候研究组，倡导开展太阳辐射和地球大气辐射研究。1991 年，主笔完成《地球表层辐射研究》。同期还开展了气象卫星辐射气候学研究，是我国在该领域的先行者，合著出版《气象卫星的辐射测量及其应用》。1980 年后，组织开展黄河流域治理和黄淮海平原农业开发研究、南水北调及其对自然环境的影响研究、自然灾害防治研究等大型综合性研究。坚持地理学为解决国家和国民经济发展中重要问题和重大需求服务，坚持为农业服务的大方向，充分吸纳新技术和相邻学科的新思想，强调地理学综合研究和区域综合治理开发，主张通过地理学试验和定位研究获取实时数据，积极支持遥感应用在地理研究所的发展，促成了遥感应用研究所的建立，积极支持在地理研究所建立对国内外开放的"资源与环境信息系统国家重点实验室"，领导"中国科学院禹城综合试验站"的建设，鼎力支持和关心"北京农业生态系统试验站"的建设与运行，为同类工作开了先河。重视地表过程要素的演化和相互作用研究。积极支持经济地理部的建立，支持人文地理研究的发展壮大。

左先生是地理研究所的卓越领导者，曾连续担任地理研究所所长，实际主政地理研究所前后约 20 年，特别是在 20 世纪 80 年代，他以卓越的组织和科学的决策能力，带领地理研究所积极进取、锐意改革，使地理研究所进入了一个繁荣昌盛的阶段，为地理学和地理研究所的发展作出了杰出贡献。虽然他离世多年，但他的学术思想、领导艺术、音容笑貌、行为举止依旧回旋在人们的脑海中，激励着一代又一代的年轻学人。

纪念左大康先生诞辰百年，就是要学习先生的科学精髓，研究他的学术思想、为人处世，从中收获启迪、传承下去并将之发扬光大，在新时代做出新成绩、新贡献，不辜负前辈的教诲，不辜负时代赋予我们的责任。

左大康的一个决定彰显了他的领导力

尹泽生[*]

　　沈玉昌先生是地貌室的老主任，这位被公认学养深厚、治学严谨的地貌学大家，晚年不幸患病，有近 20 年的时间一直留连病榻。尽管受着病魔的煎熬，但他对地貌学事业始终挂怀，仍然做了很多卓有建树的工作。

　　沈先生发病是在 1977 年 7 月 30 日的下午，当时他正在为接待英国地貌代表团的事准备材料，忽然说觉得手臂麻胀，抬起来很费力。当时我正好在侧，便赶紧告知了沈师母赵冬先生和所领导李清林主任，很快和室里的几个人一起送沈先生到城里医院，医生诊断为突发性脑血栓。沈先生在医院里虽然经过了紧急救治，但出院后还是落下了后遗症，始终未能完全康复。而恰恰在此后的这段时间内，国家对恢复和发展科学技术事业有了新的部署，很多工作等待人们去做。1978 年初秋，国家计委、中国科学院和农林部门在山东泰安召开全国科学技术重点研究项目"农业自然条件、自然资源和农业区划研究"选题会议，沈先生接到了邀请，但因有病在身，便转请罗来兴先生出席，同时派我陪同前往。出发前沈先生叮嘱我勤学常问，多做记录，随时向罗先生请教汇报。会议正值"文革"后到来的"科学的春天"，来的人很多，气氛相当热烈。会议按行政区和专业交叉划分，按行政区我们属于华北组，按专业属于地貌组。会议开了五天，到第三天的时候，地貌组建议将编制全国百万分之一地貌图列入会议选择课题，并将此议案交各行政区组讨论，得到了大家的赞同。因为我担任了华北组的副组长，又被地貌组讨论时安排做了记录和整理，就被指派在第四天的大会上做汇报，得到大会组织部门的认可，最后列入了正式选题计划。地貌制图任务落实由我所负责组织。这个结果符合沈先生的设想，回到北京向他汇报时，他很高兴。

　　很快地貌图编制工作正式启动。此时沈先生的病情稍稍稳定，便指挥我们开始了头绪繁多的筹备事宜，包括收集资料并开展技术培训、征询各方意见、组织全国同业的地貌图编辑队伍，还着手策划 11 月在重庆召开的筹备会议。沈先生一生做学问，向来细致躬亲，此番劳累，终于使他体力不支，在临近出发准备主持筹备会议之前感到不适。记得定于下午出发的那天一大早，赵冬先生急急到我家说沈先生整夜失眠，血压很不稳定。我马上过去看望了沈先生，见他沉沉卧床，知道断断不能成行了，便安慰了两位先生，

　　* 尹泽生（1937—2016 年），研究员。曾任中国科学院地理研究所古地理与历史地理研究室主任。本文标题为编者所加。本文摘自《回忆地貌室三位师长、室友的片段往事》，原文载于《地理学发展之路——中国科学院地理研究所科学活动回忆录（1940－1999）》，科学出版社，2015 年，202—203 页。

到所里向副所长左大康汇报。左先生思考后，又邀了罗来兴先生，一起到院部约见负责全院资源环境研究工作的黄坚主任，几位领导商议后决定，由左大康先生参会主持筹备会议，并宣布成立以沈先生为首的制图编辑委员会，在沈先生不能到会的情况下，由罗先生组织讨论各类事项。这件看似难解的问题，便得到圆满解决。

左大康所长访问香港大学地理系

张文尝[*]

1991 年 4 月 24 日至 5 月 3 日，应香港大学邀请，左大康所长访问了香港，会见了地理系系主任梁志强教授以及各位教师，进行了交流，并且做了学术演讲。

随同访问的有李文彦副所长、张文尝研究员。

4 月 29 日上午，香港大学地理系全体教师在梁教授支持下与左所长三位会见，相互介绍恳谈。下午，左所长作了演讲，详细介绍了中国科学院地理研究所五十年的发展、取得的研究成果、获得的奖项，当前研究领域，今后的学术研究方向。对于地理研究所取得的大量科研成果，他们表达了钦佩之意；也羡慕中国内地国土辽阔，自然条件多样，为地理学研究提供了宝贵的条件。[当时中国科学院地理研究所与苏联科学院地理研究所，是世界上规模最大的地理学研究机构]

5 月 1 日下午，李文彦和张文尝分别作了演讲。李文彦的演讲题目是"中国工业发展与布局"，主要介绍了新中国 40 年的工业迅速发展、工业部门结构演变、工业地区分布的变化、等等。赠送了刚刚出版的由他主编的《中国工业地理》。张文尝的演讲题目是"中国交通发展战略与政策"，介绍了 40 年间中国各种运输方式的迅速发展，包括五种运输方式的综合运输网的规模、各个地区的分布。尽管交通基础设施建设增长很快，随着社会经济的快速发展，仍然出现了客货运输紧张的局面。国家制定了多种政策，继续加快交通发展。同时说明地理研究所交通专业组同事编写的《中国交通运输地理》已经完稿，年内就可出版。

特别说明的是，我们三位的演讲稿、幻灯片，都是使用汉字繁体字。左、李不说，张文尝在中小学学习也是繁体字，1956 年高考试卷还是繁体字。汉字简体字是 1958 年才正式进入学校教育课本。我们用繁体字书写，丝毫不费力。这些都有利于香港同仁的理解。

4 月 25 日访问香港中文大学地理系：座谈、午宴。4 月 30 日，香港中文大学徐藤一教授邀请三人到宽敞的中文大学住宅做客，并且宴请。徐教授是气候学学者，与左先生有过交往。

5 月 2 日，应邀访问了香港浸会学院地理系，座谈和宴请。（赵晓斌陪同——地理研究所硕士、英国大学博士。浸会学院教师）

---

* 张文尝（1938 年—），研究员。曾任中国科学院地理研究所工业与交通研究室、产业布局与区域经济研究室主任。本文完成于 2022 年 4 月 29 日，发表时删除了具体访问日程、日志等。

梁教授及香港大学地理系教师安排了丰富的参观访问活动。登上香港岛太平山顶，俯瞰山下的壮丽街景和维多利亚湾的港口；游览香港海洋公园、沙田跑马场，去九龙半岛的新区元朗等。访问香港运输署，了解香港交通建设的成就和经验。参观了一些空置的大型写字楼，本来是为吸引本港中小企业办工厂，此时深圳和内地的优惠招商政策吸引走了大批港商。

追梦我们的好所长

姜德华[*]

  不由思量，自然难忘。千里英灵，何处话凄凉？夜来归梦忽还乡，芙蓉国里来相会。写字台，书满房，意气风发，春光满面，神采奕奕，有位老人挥笔写作忙。纵然久别相逢而不识，双双对眼，久久无语，细细端量，我认定，就是他，道一声"您好，我们的好所长？！"他这才若有所悟，长吁短叹地说："啊，啊……，原来是你……；你看，我才六十七岁；而你……你怎么尘满面，添华发，鬓如霜？原来你这个小姜，莫不是变成了老姜？请不要说什么您不您，所长不所长，我就是老左呀！你我本来是同乡，过去工作忙，从未叙家常。而今老乡见老乡，两眼泪汪汪……"余音未落，突然听得哗啦一声门窗响，狂风刮来，惊醒了我美梦一场。在星移斗转，时间倒流，阴阳错乱之中，我立即睁开双眼，真是又喜又惊又遗憾又惆怅，惊的是，人的精神之伟大而生命之暂短；喜的是，我总算又见到了所朝思暮想的人，证实了"有的人死了，他还活着"这句名言；遗憾的是，我们的好所长，如果能一直活到现在，大家今天来给他开一个九十华诞的庆寿会，那该多好呀，如今九十岁的人多的是，也不显得老呀；让我惆怅的是"有的人还活着，可是在人们心目中已经死了"。老天爷为什么不把那些贪得无厌、挥金如土的"苍蝇老虎"早早收拾掉！而对于"一身正气、两袖清风"的左大康先生，是如此不公平？！我思绪万千，定了定神，心潮澎湃，泪如泉涌，久久不能平静。

  回顾左所长在地理研究所的任职生涯，姜德华作为一个普通的科研人员，感受他的教育和指导良多，历历在目。概括说来，我从事黄淮海农业攻关40年，其中在左所长领军指导之下，就干了20多年；还在他的直接指导帮助下，又作了几年科学扶贫调查研究与开发工作。感激不尽的是，我的所有收获和成果都离不开左所长、老前辈以及同志们的大力支持与帮助。

  记得20世纪70年代末，我随同左大康先生赴徐州参加国家科委主持的黄淮海平原科技攻关会议，在许多单位和说客争先恐后包揽项目之中，左先生脱颖而出，侃侃而谈，以他的聪明才智，阐明了地理研究所的优势、人才与能力，为我所争得了禹城旱涝碱综合治理的定点试验、黄淮海平原综合治理宏观战略研究等重大项目，开拓了新时期黄淮海攻关的新局面。不久左先生又指派黄勉、我、胡朝炳、于沪宁等同有关单位合作，完成了栾城农业资源调查、农业区划与农业现代化研究，促成全国首次农业现代化会议在

---

  * 姜德华（1936—2022年），研究员。曾任中国科学院地理研究所农业地理研究室副主任。

栾城召开和石家庄农业现代化研究所的建立。刘昌明先生曾经多年担任该所所长。

1980年2月29日，左所长约我到办公室谈话，黄淮海平原综合治理与农业发展应该怎么搞?他说，你参加禹城旱涝碱综合治理已经十几年，你们要顶得住，好好干。提出"黄淮海，点片面，多兵种，长期干"做法很好，要继续坚持下去。我请你继续出一把力，是不是可以先抓一个点。再到禹城去，同试验区的一些同志好好合作，把综合治理和发展规划搞好。没过几天，我便奉命赴禹城与张兴权等会同当地干部群众，再次调查研究，提出了禹城综合治理与农业结构调整规划，获得了当地的认可。

1982年，在中美首次科技政策会议的筹备工作中，院里指定我所出一篇论文。由黄秉维先生命题，左大康所长亲自安排具体指导姜德华完成了《华北平原的利用和改造》的初稿，黄、左两位先生又仔细地改了又改，还增添了一些段落（其中左先生所一贯倡导的"南水北调"，放到了本文"重大措施"中的头一条。），最后我请求他们署名，但是都被拒绝了。此文不得不用姜德华的署名提交到院里，被这次会议采纳，中方与美方分别用中英两种文本出版。科学院又把此文上报国务院。尔后，左所长把此文推介到《地理研究》刊物上发表。

1983年，左所长又委派邓静中、姜德华等与南京土壤研究所等单位合作，完成了《黄淮海平原综合治理与农业发展若干问题研究》，由科学出版社出版，在学术界产生了较大影响。

为了促进国际交流，1986年在刘昌明等先生帮助下，左所长指派任鸿尊与姜德华赴美国世界粮食政策研究所访问交流，进一步提高了我们的研究能力和英语水平。1987年5月回来，当我们把有关黄淮海平原综合治理与水资源开发利用的两份英文稿送交到左所长面前的时候，他笑着说："你们总算可以写英文论文啦！这就是对我最好的回报。"

1987年5月底，左大康所长又找我谈：要求立即开展"中国贫困地区分类研究"，这是国家交办的一项重要而紧迫的任务。我说自己的主战场是在黄淮海；出国交流已近一年，贫困分类问题不大摸底。加之要求高，任务重，时间紧，单枪匹马，恐怕难以胜任。

"你来牵头，要哪些人我来配备；扶贫工作在我所也是白手起家，总得有人来开头。你们经济地理搞过农业区划、区域规划；贫困区划难道不可以先走一步！"他这么一说，倒是使我想起了1981年9月，赵令勋同志与我代表地理研究所参与国家计委门晋如局长牵头组织的宁夏南部贫困山区考察，提出了加快贫困农村经济体制改革，推行家庭联产承包责任制；建设大柳树水利枢纽工程，开辟新的引黄灌区；贫困农户异地迁移，改变山区落后面貌等建议。尔后，姜德华又参加了科学院副院长李昌率领的宁南与陕北黄土高原贫困地区考察。增加了左所长交办任务的信心。

左所长还说："地理研究所必须把国计民生任务摆在第一位。听说美国也搞扶贫。"左所长几句话说服了我。同时也提醒我，IFPRI对中国的贫困问题也感兴趣，当然我们要走在人家前面。我没有多说，便把这个任务扛下来了。

6月初，我奉命去国家计委洽谈，地区司高纯德司长说："扶贫工作已在全国铺开，但工作人员大都是新手。你们是专家，总比我们强。现在急需将国家所选定的 664 个贫困县分类划片，指导各地扶贫工作。贫困县的名单和基本统计资料由计委提供，希望你们争取一年之内拿出成果来。至于经费，年初'切块'时，始料不及；只能从计委机关'挤出'三千元启动。"

一回所，我就向左所长提出经费太少。他说："先干着，我再向院里要一点。"他立即沟通院扶贫办，又叫所业务处召集农业地理室姜德华、杨柳，地貌室张耀光，化学地理室侯少范等组成贫困地区研究与撰写小组；室内研究与野外工作同时进行；何书金、罗荣生、张永祥、周英明等研究生参与西北、西南等地的调查研究收集资料工作；地图室、大地公司为有关制图和打印提供方便条件。

我们应用地理学的基础知识，首先把所有的贫困县标在全国分县地图上。发现这些贫困地区大都分布在老革命根据地、少数民族地区、边陲和山区，统称为"老、少、边、山"贫困地区。其中 86% 以上的县集中连片分布在大兴安岭南部经坝上高原、太行山、巫山、武陵山直到苗岭一线以西，与东部丘陵山区孤岛状分布的贫困片呈鲜明对比；同时又以秦岭—淮河为界，区分为南、北两类贫困区。但东西差异大于南北差异。贫困区总的分布趋势，同全国大地貌上的第一、二、三级台阶的分布相照应，分布密度由东向西明显提高。又发现，贫困地区大体同生态脆弱区相重叠。

我们进一步分析综合研究大量的调查研究资料，并参考自然区划、农业区划、灾害区划等成果，提出了"考虑自然、社会、经济条件地域组合的类似性；具有决定意义的主导因素；发展方向、途径和重大措施的一致性；以县（旗、市）为基本地域组织单元"等四项分类划片原则，把全国 664 个贫困县划分为"黄土高原、东部平原与西部山区接壤带、西南喀斯特山区、东部孤岛状丘陵山区、青藏高原和蒙新干旱区"6 大类，以下又分 21 个亚类（或者叫作区），亚类以下又分为若干个片。

最后，根据编写组人员的专业基础和特长，分别对各类、各片进行了详细论述。结果花了不到 8 个月时间，提前交出了 15 万字的报告，并附详细图表。

1988 年初，国家计委发文将此报告抄送到各部委，各省、自治区、直辖市。同年 2 月 28 日《人民日报》在头版头条报道"中国科学院对全国各贫困地区自然、经济、社会状况进行了综合调查与分析评价，提出了 10 多万字的报告。中国科学院作为全国 28 个扶贫成绩突出部门受到国务院通报表扬。"该报告摘要在《地理研究》1988 年第 9 期作为头篇论文发表，并列入中国科学院《七五科技扶贫论文集》第一篇。在完成以上研究工作的基础上，由姜德华、张耀光等主笔编写成了我国第一本贫困地区综合研究专著——《中国的贫困地区类型及开发》，李昌同志挥写"分而治之，战胜贫穷"的题词，点明了本书的主题。当旅游教育出版社承诺出版，我们正为 5 000 元的出版费发愁的时候，突然得到社里通知，出版经费已经获得国家扶贫领导小组的全额赞助。真是"天上掉馅饼"，从而使此书顺利出版，在国内外广泛发行。中央及各省（区、市）扶贫部门几乎"人手一册"。国家计委主管部门评价："研究报告在分析综合大量材料的基础上，全面地阐明我国贫困地区类型划分与开发方面的问题，从客观实际出发，提出了很有参考价值的意见，为当前全国有关省区、部门编制 2000 年扶贫长远规划提供了科学依据。"国家教委来信说："我们在研究全国实施九年义务教育前景时，借鉴了贵所研究的部分成果……得到了很好的结果。"出版单位评价："本书是目前我国这方面内容的第一本书，很有独创性。"国家计委评价本书："第一次提出了划分贫困类型的四条原则。"《中国科学报》1988 年 9 月 6 日报道："地理研究所提出贫困地区类型划分与开发宏观设想，……填补了地学在此类研究上的空白。"

在此，我要特别感谢左所长的全力支持。

好所长左大康先生永远活在我们的心中！

回忆在左大康身边工作的难忘岁月

周允华*

我于 1962 年进入地理研究所，在气候室左大康领导的辐射组工作，1981 年转到黄秉维先生亲自筹建的北京农业生态系统试验站工作，直到退休，一直从事地表环境辐射研究工作，数十年来一直沿着黄秉维先生发展实验地理学思想的指引下，以"实验研究"为主要特色，在实验地理学领域做出了成绩。

1960 年左大康在气候室担任室副主任、辐射组组长，在黄秉维先生上述学术思想的指导下，在开拓分支学科的过程中身体力行，积极推动。支持气候室小气候组在石家庄开展水热平衡的观测，支持治沙研究中风洞的研制工作，支持气候室建立小气候实验室和风洞实验室等。亲自带领辐射组同志一起努力，为发展实验地理学的实验研究开展研究工作。"文化大革命"后，左大康先生在地理研究所担任领导工作，他除了继续关心和指导辐射组的研究工作外，把绝大部分精力放在发展地理研究所的科研方向方面。在他的领导或支持下，1977 年 12 月地理研究所设立从事遥感研究的二部；1979 年 8 月成立新技术室，期望为引进新技术、实现地理学研究现代化服务；他亲自筹划，于 1979 年建立禹城综合试验站；支持黄秉维先生于 1981 年建立北京农业生态系统试验站，以后还一直关心该站的工作。他积极有效地支持了黄秉维先生"发展实验地理学"的学术思想，使之发扬光大。

20 世纪 60 年代，当时左大康先生每天都和辐射组同志在同一办公室工作，辐射组在他的领导和参与下做了 3 项研究工作：①地表辐射平衡、东亚地区地气系统和大气辐射能量收支；②气象卫星的辐射测量及其应用；③派出和支持童庆禧参加珠穆朗玛峰科学考察中的太阳光谱辐射测量和研究工作。通过这 3 项工作，为我们奠定了今后开展科研工作的重要基础。

1. 地表辐射平衡、东亚地区地气系统和大气辐射能量收支（1962—1964 年）

这是辐射组成立后开展的第一项工作。左大康对辐射平衡中的 3 个主要分量（地表总辐射、地表反照率和长波辐射）如何开展研究提出了设想。

（1）地表总辐射：左大康派鲍士柱到全国各日射站抄录资料，以后请他们邮寄。因此，左大康首先利用我国气象台站实测的辐射观测资料，建立了中国自己的总辐射计算公式，并绘制了一套完整的具有气候学价值的《全国总辐射分布图》，被《中国自然区划》

---

* 周允华（1938—2017 年），中国科学院地理研究所研究员。

《中华人民共和国自然地图集》和《中国气候图集》采用。左大康去世后，黄先生在《左大康地理研究论文选》的序中曾写道："没有他的工作成果，竺老和我关于农业自然生产潜力的工作就无法起步。"

（2）地表反射率：地表反射率的取值是否正确，对净余辐射的计算精度至关重要。由于地表状况的复杂性，日射台站反射率测量值不能直接用于绘制分布图。陈建绥等根据大面积反射率概念，总结了国内外学者对地面反射率的高空测定结果，结合我国日射台站的实测结果和平均积雪日数，并参考气候、植被状况，绘制了我国第一幅《全国地表反射率分布图》，分析了我国反射率四季的时空分布特性。

（3）长波辐射：20世纪60年代，在辐射气候学研究中，对大气长波辐射都采用经验计算方法，但是在某一地点得到的经验公式不一定能适用于其他地点。

本人提出用辐射图解方法，大气中影响长波辐射传输的主要是CO_2和水汽分子共同作用的结果，因此本人学习分子物理学原理，采用理论计算的方法，选择了8种辐射图解，进行计算比较。当时最新发表的Elsasser图解，理论上最完善，被许多人采用，但在我们的计算中，发现结果异常而没有采用，后来的研究者发现，数学方法有错误。最后我们完成论文《八个辐射图解的比较》（周允华、左大康等，1964），该文被美国东方图书馆全文翻成英文，收入美国政府科技报告（AD报告）。

在对辐射图解全面比较的基础上，李玉海等选择了合适的辐射图解，计算了东亚地区晴天地面和各层大气的长波辐射（1965年）。

研究结果体现了左大康注重研究工作与地理研究所的需要结合，注重采用实测资料，注重机理研究，做出了与当时的同类工作不一样的特点。《八个辐射图解的比较》文章由左大康执笔完成，但发表时左大康坚持不为第一作者。由此辐射组坚持这一传统，发表文章的第一作者都是研究工作的主要完成者。

2. 气象卫星的辐射测量及其应用

1957—1964年期间，苏联和美国先后发射5颗卫星，都是探测地球大气的气象状况，积累了一批资料，当时气象卫星的实验研究还处于探索阶段，卫星辐射学的理论研究还只是开始。1963年左大康组织全组同志大量查阅有关英文、俄文文献资料，于1966年出版《气象卫星的辐射测量及其应用》（左大康等，科学出版社），比较系统地介绍了气象卫星的轨道选择及其辐射测量仪器的一般情况，气象卫星辐射测量资料的整理和计算方法；重点阐述了地球-大气系统射出辐射场特性的理论研究及地球大气系统辐射差额及其组成要素的一般研究结果；讨论了气象卫星辐射测量的初步结果及其在气象学方面的若干应用，并把这些测量结果和理论研究结果作了比较，指出了在气象学的应用方面所存在的问题及今后改善的途径。这是我国地理和气象界关于卫星气象和遥感研究的萌芽，也使我们在这方面的业务知识和英语得到极大的提高。

· 格尔木站点的热源观测和"利用卫星云图对 1979 年 5—8 月青藏高原辐射平衡场各分量研究"成果（1979—1984 年）

该实验由中央气象局和中国科学院领导，格尔木站是在青藏高原地区设立的六个热源观测站之一。地理研究所辐射组参加野外观测的人员有周允华、项月琴、谢贤群，在北京参加研究和资料分析的人员有单福芝、周树秀、叶芳德。

与本课题有关的研究任务是：为研究高原地区地面辐射平衡和热量平衡分量的日变化、季节变化和地理分布特征，以及高原的加热作用。为项目组提供了格尔木点的观测数据；完成的研究工作是《利用卫星云图对 1979 年 5—8 月青藏高原的辐射平衡场研究》系列成果和研究论文。

青藏高原冷热源问题是气象学研究的一个重大课题。在中央气象局和中国科学院的组织领导下，1979 年 5—8 月开展青藏高原气象科学实验，共设立 6 个热源观测站，地理研究所承担其中的格尔木站的观测任务，目的为研究高原地区地面辐射平衡和热量平衡几个分量的日变化、季节变化和地理分布特征，以及高原的加热作用。于 1979 年 5 月 15 日—8 月 31 日进行了为期 3 个半月的野外观测。

由于青藏高原日射和气象台站稀少，特别是高原中西部地区缺乏台站资料，以往绘制的青藏高原辐射分布图缺乏依据。我们首次以 TIROS-N 卫星云图照片为基础，采用青藏高原实验期间 6 个热源站的资料和高原地区原有的日辐射站和气象站的资料，研究了高原总辐射的计算方法，在对长波辐射机理全面了解的基础上，研究和建立了长波辐射各分量的计算公式。以 2°×2° 为经纬网格，计算并绘制了 1979 年 5—8 月青藏高原月、旬总辐射分布图；月、旬有效辐射分布图；月、旬地表反射率分布图；以及月、旬辐射平衡分布图。首次获得了整个高原辐射场的完整图像，使青藏高原中部无人区的分布图有了客观依据。结果表明，夏季高原总辐射虽然比较强，但有效辐射耗损也大，加上较高的反射率，地面得到的净余辐射平均只占总辐射的 38%，和平原相比并不算高。净余辐射最高值往往出现在高原中部。值得指出的是，1964 年陈建绥绘制的全国反射率图在高原部分的反射率值与谢贤群的图大致相近，并得到高原实测资料的验证，而其他一些学者绘制的图，在该地区均明显偏高。

此外，还利用云图和地面实测资料绘制了青藏高原 5—8 月的降水分布图，发现初夏在高原的横轴方向（34°—35°N）有一条多降水轴线，第一次比较细致地了解到夏季青藏高原西部，特别是羌塘高原地区的降水分布形势，为进一步研究该地的天气、气候以及对流活动、水汽输送、地表辐射平衡、热量平衡和大气潜热释放等问题提供了依据。

与前述项目相比，时隔将近 20 年，虽然都是关于地表辐射平衡各分量的研究，但"格尔木点的热源观测"是一项纳入大规模野外实验研究的项目，配备了全套精良的辐射平衡和小气候观测仪器。我们在格尔木进行了为期 3 个半月的观测，充分利用青藏高原气象科学实验期间的实测资料、高原地区同期的日射和气象观测资料，以及卫星云图照片开展研究，用于建立计算公式、绘制分布图和进行验证。

· 太阳分光辐射的测量和应用的研究

这是一项有开创性的工作。童庆禧在 1966 年和 1968 年珠穆朗玛峰科学考察中，在我国开始了太阳分光辐射的测量工作。联合中国科学院北京天文台，首次在 5 000 m 以上的高度上开展太阳光谱辐射的测量，并根据测量数据推算埃斯川姆大气浑浊度系数和大气水汽含量。童庆禧改进了测量仪器，通过对测量仪器的严格标定和改进计算方法，保证了测量和计算结果的精度，能同时得到在 5 000 m 以上的高度上表征大气气溶胶的平均粒径和平均浓度两个参数。通过珠峰考察任务添置了许多测量太阳辐射的仪器和设备。辐射组成员后来开展大量野外观测工作和长期从事实验地理研究的工作发轫于此。

学术贡献：①按照当时国际日射委员会的规范采用 3 片特定波长的锐截至型有色玻璃滤光片，通过分光测量只能得到表征大气气溶胶粒子含量的浑浊度系数 β，不能得到表征大气气溶胶粒子尺度的参数 α，童庆禧改进了测量设备和计算方法，提高了 β 的计算精度和同时得到了 α 值。可以用更准确的数据，研究珠峰地区大气的透明状况，并探讨了考察期间珠峰地区气溶胶的来源。此方法一直为地理研究所辐射组沿用，开展我国太阳直接辐射的分光测量及其应用的研究，也被国内其他单位采用。②将国际日射委员会作为鉴定用的标准日射表：ÅngstrÖm 补偿式辐射表配以各种滤光片和单色仪带上珠峰同时使用，对单色仪进行绝对能量定标，单色仪的测量波段 0.6—2.5 μm。由此同时获得了珠峰地区大气气溶胶含量和水汽含量，以及研究它们对太阳辐射减弱的情况。这样的研究工作在其他高山科考中未见报道。

· 太阳直接辐射的分光测量和大气浑浊度研究应用（1974—1990 年）

1974 年，从承担荒地考察的任务开始，本人带领全组开展地表太阳辐射光谱的测量和应用的系统研究，开拓了日射测量学的研究和应用的新方向。参加人员有项月琴、谢贤群、田国良、朱志辉、单福芝、周树秀。

（1）根据任务设立 12 个测点，取得实测数据（1974—1985 年）

为了方便开展多点测量，获得可靠数据，在技术上：①改进了转轮式滤光片太阳分光辐射计的转轮；②走访北京玻璃厂和玻璃研究所，了解他们烧制锐截至型有色玻璃滤光片熔块的技术和条件，最后确定定制单位，滤光片光学特性的测量单位，经过一系列的工作，最后得到光学参数符合要求 20 套（每套 8 片）锐截止型玻璃滤光片。

从 1975—1982 年，利用热电式相对日射表和八种有色玻璃滤光片，先后在我国不同地区的 12 个测点：苏州，呼伦贝尔草原的 4 点：完工、上库力、孟根楚鲁和海拉尔、拉萨、昌都、北京、桂林、南宁、格尔木、禹城进行太阳直接辐射的分光测量，获得 2 700 组观测数据。通过对实测数据和太阳光谱辐射在大气中传输特性的分析，揭示了太阳光谱成分的变化规律，提出了利用常规的辐射和气象资料推算分光辐射的方法，为进一步研究提供了计算方法；此外，在国民经济有关领域有实用价值。论文《太阳直接辐射的分光测量》（项月琴、周允华，气象学报，1985）发表后，北京市城市规划局、四川省建筑设计院、兰州大学和解放军有关部门都来人咨询。

（2）呼伦贝尔草原开垦后风蚀的研究（1974—1976 年）

这是国务院下达的任务，地理研究所组成东北荒地考察队，辐射组参加，进行"呼伦贝尔草原开垦后风蚀"的研究。参加人员：周允华（课题负责人，进行课题设计）、项月琴、谢贤群、朱志辉、鲍士柱、单福芝、周树秀。

于 1974—1976 年春季连续三年对开垦地和非开垦地的大气浑浊度作了监测，发现开垦地上空大气含尘量明显增高（周允华、项月琴、谢贤群、朱志辉，1975，1978，1983）；谢贤群、鲍士柱（1978）对热量平衡对比观测也表明，草地开垦后，黑色土壤裸露，地表净余辐射增高，中午前后，湍流热通量比草地增大 4 倍以上，个别日子可高 10 余倍。以上均表明，干旱半干旱草原盲目开垦，会加速土壤沙化，在这些地区应以发展畜牧业为主。

项月琴、周允华（1984）利用分光辐射资料提出了计算大气浑浊度参数——干、湿浑浊因子的方法，改进了以往利用全波段太阳辐射资料估算气溶胶减弱的方法。还根据格尔木的分光测量，估算了在柴达木盆地内的沙漠戈壁地区，一次大风，向大气输送的细小尘埃量。

以上工作于 1979 年获得中国科学院科技成果奖三等奖。

（3）大气透明度特征量和大气污染的研究（1983—1984 年）

除了完成上述任务之外，朱志辉（1983）、谢贤群（1984）根据北京日射资料，计算了大气透明度特征量，发现林克浑浊因子有逐年增高的趋势，冬季林克因子在 20 世纪 60 年代初为 2.7，到了 80 年代初已高达 3.7，反映了北京大气污染逐年加重的事实。

利用分光测量资料，周允华、项月琴（1984）研究了北京的大气浑浊度后指出，春季北京上空的灰尘，相当一部分源自本地。垂直气柱内，尘埃含量每日的增加速度是 70 mg/m^2，为草原地区（9 mg/m^2）的 8 倍，表明植树造林、绿化环境是改善北京环境的重要途径。

林振耀、吴祥定、田国良（1984）也在青藏高原测量了大气浑浊度，分析了大气消光特性。

（4）太阳紫外辐射、光合有效辐射和光照度的气候学研究（1979—1984 年）

主要完成人员：周允华、项月琴。

太阳辐射中紫外辐射具有强有力的生物学效应和化学效应，越来越受到人们的重视。

光合有效辐射是植物生物量形成的基本能量来源，也是农业气象研究的一个基本要素，是作物生长模拟和光合潜力研究的一个基础数据。光合有效辐射（PAR）有 2 种计量系统：①能量学系统；②量子学系统。用于能量学系统测量的传感器的标定比量子传感器的标定更为方便，也更直接准确，而光合有效辐射最好计量系统是量子学系统，在光合作用和农业生产潜力的研究中，首先要了解的就是太阳辐射中 PAR 光量子的多寡。

而光辐射是人类藉以照明的自然光源，随着城市高层建筑的兴起，如何科学地考虑建筑物的采光，北京市的建筑设计单位向我们提出了要求。

以上各特征量在气象台站都没有常规观测资料。本人根据已经获得的大量实测资料，在对太阳分光辐射相对通量变化特征全面了解的基础上，根据上述 4 种类型特征量的定义，采用辐射传输方程，对太阳直接辐射的光谱结构进行理论分析，获得了半经验半理论的计算公式。并由此进一步分析了各种天气条件下散射辐射和总辐射的特性，最终得到利用常规气象和日射资料计算紫外和光合有效辐射的气候学和光气候学的计算公式，首次绘制了中国太阳紫外辐射分布图和 PAR 能量分布图，首次给出我国以上 4 类特征量随地理纬度、海拔高度和气象条件的变化状况。本人作为第一作者于 1984—1990 年发表研究论文 10 篇（其中学报 5 篇）。相关论文发表后，得到了学术界和应用部门的广泛重视，被许多学科的学术论文广泛引用。该项研究成果已成为北京市城市建设规划管理局制订《北京市居住建筑日照标准》的重要科学依据，国家科委已确定本项研究成果为国家的重大科技成果，在国家科委印发的《科学技术研究成果公报》（1987 年第 6 期）上公布。该项目于 1986 年获中国科学院科技进步奖三等奖。

忆左所长两三事

彭玉水[*]

我是 1974 年至 1999 年在地理研究所工作，我和我这一代人，我讲是我这一代人，是在左所长和在座的许多老一代领导的关心培养教育下成长起来的。现回忆我亲身经历了左所长的几件事，以表达对左所长深切的缅怀和崇高敬意。

第一件事是关于整党工作。1985 年我陪左所长和党委书记参加了在怀柔管理干部学院举办的京区党委整党工作培训班，会议结束前一天，左所长主动把党委书记和我叫到他的房间讲，明天是周末，下午回所要开党委会研究（整党）工作，下周一就要召开全所党员动员大会，时间紧任务重，我们先研究一下工作计划，接着他从我所整党工作的指导思想、工作重点计划安排谈了他的考虑。我一边听左所长讲话，一边认真做记录，当时我的心情久久不能平静，我到研究所工作已经十年了，只知道左所长是 1948 年入党的老党员，今天听他对整党工作讲得头头是道，才真正认识到左所长不仅是一位杰出的科学家，也是一位政治家，他把党的精神同我所实际相结合，工作考虑得深入、细致、全面，其党性修养、政治水平是一般所长或专职书记难以达到的。回所后，所党委基本按照左所长意见，制定了整党工作计划，在整党工作中，左所长带头学习，带头剖析自己，处处做领导干部和广大党员的表率，事后我将此事写成了案例，被中国科学院人事教育局和京区党委收录在《研究所加强领导班子建设案例》中。

第二件事，左所长锐意改革，20 世纪 80 年代末 90 年代初，正是我国深化科技改革的重要时期，我非常同意许院长（许越先）说的这个时期是左大康年代，左所长在科研改革方面做了大量工作，取得了可喜的成绩，但是左所长也是最早开展机关管理工作改革的事却鲜为人知。

1988 年我被左所长任命为技术条件处处长，根据左所长和所党委的要求，在梁凤英、刘徐圣同志的帮助下，技术条件处开展了以"保质、保量、保时和价格合理"为主要内容的承包责任制，现在社会上正在热播《平凡世界》，那时在农村推行联产承包责任制都非常困难，在科研事业单位进行管理工作承担责任难度可想而知，但是在左所长和所党委的领导下，在包括业务处、财务处等广大职工的支持下，在技术条件处职工的共同努力下，改革工作取得了一定的效果，但是改革工作如何深入发展我们心中没有底，一天左所长把我叫到他的办公室，给我提了新的要求。他说，现在研究所的机动车管理混乱，

---

* 彭玉水（1949 年一），曾任中国科学院地理研究所党委副书记。此文为作者在"纪念左大康先生诞辰 90 周年座谈会"上的发言。根据录音整理，未经本人审阅，标题是编者所加。

有的车不知去向，技术条件处要把机动车全面管理起来，把管理权同使用权分离开，左所长还希望条件处多为科研工作提供保证。根据左所长要求，技术条件处建立了机动车台账，做到账账相符、账物相符，严格购买、调拨和报废手续，加强对机动车使用情况的监督，妥善处理已经调拨和租借给外单位的车辆，记得当时到泰安要一辆已经送人的车了，又无法过户，但又要要回来，难度相当大。研究所机动车的管理水平不断提高，保证了科研工作用车的需要。

根据左所长的希望，技术条件处在技术条件局领导和支持下，我们积极探索投身黄淮海平原治理开发工作，在钢铁、木材、水泥和化肥等方面提供保证，我不展开说了。在左所长和所党委的领导下，技术条件处的改革工作不断取得新的进展，得到全所职工的认可和院技术条件局的好评，技术条件处在中国科学院技术条件系统做了经验介绍，我们的改革还在院技术条件局的刊物上进行了专门报道。

第三件事，左所长关心爱护培养年轻干部成长。由于历史的原因，20世纪七八十年代是科研和管理干部断档的特殊时期，当时我所进了一批"工农兵学员"、复转军人和新大学生，左所长对这批年轻干部，坚持从政治上关心保护他们，我讲的是关心保护他们，在业务上培养教育他们，在工作上压担子锻炼他们。

在同一个时期，左所长还考虑如何把广大青年的积极性引导到科研工作中去，在左所长的支持下，我所在全院率先成立了"青年地理协会"，左所长还拨专项经费开展青年学术交流和出版《地理新论》，不少当时此项工作的倡导者和积极参与者后来都成长为科研骨干。大家想一想，这样的人挺多的，我就不点名了。也是在这个时期，左所长注意调动方方面面青年的积极性，根据他们的不同特点和实际情况，大胆使用他们，在实践中进行锻炼，我所不少新大学生、工农兵学员、复转军人和辅助人员，在当时和今后的时间里都成长为所内外科研和管理工作骨干，有的同志还担任了重要的领导工作。

我们深切缅怀左所长，就是要牢记左所长对地理研究所和地理学发展的巨大贡献，就要继承他的遗志，学习他的崇高思想品质，开拓创新，努力开创地理学研究的新局面。

左先生是我政治、业务、生活上的领路人

郑若霭[*]

我 1958 年毕业分配到地理研究所气候室，我的第一个任务就是帮助左大康同志在苏联回国准备写博士论文。我跟左大康先生在中央气象局抄资料半个多月，回来拿手摇计算机统计分析辐射资料。我们当时在中央气象局遇到了程纯枢先生，程纯枢先生讲当时在中央气象局辐射台站不多，对进行太阳辐射观测有两种意见：一种意见继续发展；另一种意见不要管了，没太大意义。

左大康同志在辐射气候学的发展上是开辟了我们国家的先河。在抄资料的过程当中，因为我刚到这个所没有工资，每天左先生给我买饭，另外就是在中午休息时候，左先生给我介绍了整个科研的程序，从搜集资料、阅读文献一直到怎么写论文，怎么发表论文，一直给我讲这个。后来左所长回到了苏联，我参加了三年治沙工作，这三年的民勤治沙工作，和郑度同志在一起的，当时我独立承担一个沙地凝结水的观测研究，三年的资料下来，非常丰富，左先生也回到了地理研究所，帮助我分析资料，他认为这些资料，你完全可以写两篇文章。我当时整理了以后，写了一篇沙地凝结水的特征，又写了一篇沙地水分电测法的初步研究，前一篇发表在《土壤学报》（1961），另外一篇发表在《地理集刊》第 8 期（1964）。我是初出茅庐，起点很低，是北京气象学校毕业的，我就发表了两篇学报级的文章，没有老左是不可能的。老左对我进行全面了解以后，1962 年介绍我加入了中国共产党，老左是我政治上、业务上、生活上的领路人，我一辈子不能忘的。

岁月蹉跎，迎来了科学春天，我们工作就更紧张了。我到了技术条件处，老左给我的任务是，明确地讲，你经历过科研全过程，从实验站整个试验项目到最后发表论文，你跟前几任处长不一样，你一定要抓地理研究所的基础支撑系统，就是实验室实验站的建设，所以我和刘徐圣同志、梁凤英同志，我们一直执行老左的这项任务，抓实验室和试验站的建设。

我深切体会到老左的人品、作风和学术思想跟黄秉维所长是无缝对接的。我这里讲几件事。老左的学术思想是在不声不响地、踏踏实实地为地理研究所的发展和创新做了大量工作，打下了非常好的基础。

第一个他让我抓仪器研制。他有一个思想，就是我们过去的科研都是使用国外的仪器，这样我们整个的学术研究都框定在外国人的思路下，没有创新。所以第一个要抓仪

* 郑若霭（1938 年—），高级工程师。曾任中国科学院地理研究所技术条件处处长等职。本文为作者在"纪念左大康先生诞辰 90 周年座谈会"上的发言。根据录音整理，未经本人审阅，标题为编者所加。

器研制。

第二个要抓学科的交叉、渗透、融合。我想地理研究所要创新，这两个是非常关键的，它可以从源头上创新，就是原始创新。这个思想跟现在提倡的"大众创业、万众创新"这个思路是非常相像的。这里我简单谈几点。抓实验室建设，老左重视到什么程度，全所当时的资金一共 360 万，当时就划给器材经费 120 万，占三分之一。当时，我当技术条件处的处长，每天早上谈工作、来办事的都排着队。根据我的回忆，地理研究所当时建立一共 18 个实验室，一级实验室 8 个，二级实验室 10 个。这里我简单点一下，跟过去完全不同的实验室，就是已经跨入新时代的实验室，一个是资源环境信息实验室，一个是地图室甩掉小笔头画图的机助制图实验室，再一个就是经济地理部的区域发展模拟实验室，这三个实验室都跟过去的传统实验室不一样，当时在国内已经接近了国际先进水平。在环境化学的实验室里边，当时我们已经申请了很精密的高档的分析仪器，就是等离子体发射光谱仪。当时老左背着书包亲自跟我跑这台仪器，甚至计划局跟东方公司说，所长跑仪器设备来的，就两个所，一个是冰川所的施雅风，一个是地理研究所的左大康。

再一个就是老左和我一起跑机助制图实验室，当时给我们的外汇不够，老左跟我一起到院里计划局跑外汇额度，最后把机助制图实验室顺利地建立起来了。

另外，老左的眼光看得非常远，在 1983 年，就是 80 年代初，老左下决心拨给我 24 万元经费，成立科技录像组，这在全院的研究所不多的，包括我们也就一两家。我们现在的录像室里面，储备了大量的声像资料，有去世的老先生的声像资料，全有，非常宝贵，这是一个。再有试验站，老左事无巨细抓得非常具体，刚才葛所长谈到禹城建立数据采集系统，当时数据采集系统因为自然界的微弱信号很微弱，要想能够采集传输处理，一定要放大。当时我们了解到国际上最好的一个放大器是美国的，当时禁运，后来我们了解到在广东佛山无线电八厂有，我及时向老左做了汇报，他说马上派郜玉海同志去一定要买到，我们当时就到广东佛山买到 4 块，数据采集系统建立起来了。

还有另外一个唐登银主持的蒸发渗漏仪，和澳大利亚联邦科学和工业组织一起合作的，它是 2 m^2 原状土，深 2m，12 吨重，最后感量 50g，可以测量土壤水分 0.03 mm 感量的变化，这个在当时是亚洲第一，世界上也不多见。另外，在原子能研究院，是王淦昌和黄秉维先生两人达成的默契，我们仿制了中子土壤水分仪。禹城站是老左一生当中花费心血最多的试验站，事无巨细，大小都抓。禹城试验站在今天看来它起了非常大的引领和放大作用。禹城试验站的建立，打响了黄淮海战役的开发，催生了中国科学院生态网络系统的建设。就在今年 3 月初，山东省的省委宣传部跟几个单位表彰为山东省作出贡献的人，我们的欧阳站长被授予的称号叫"齐鲁最美人"，我想左大康同志也是齐鲁最美人。所以说，我这一生当中在老左的培养下，我懂得了非常多，我几乎成了一个杂家。

我下面简单谈一下老左的刻苦，谈他的衣食住行。老左跟他的夫人结婚以后，一直住在西四北三条大概是 46 号。进门以后，往右一拐弯，三间每间大约不足十平方米的小房子里，一直住到 20 世纪 80 年代中期。几次分房他都没有要，一直到 80 年代中期，搬到北大那边的芙蓉里的单元楼。我记得非常清楚，我和李福生要给他开个专车接送他上下班，老左坚决不要，后来在他的建议下，中关村开了一个小班车，中关村的几位老先生跟他一起坐这个班车上下班，他对自己的要求非常严。再有就是吃，每天中午端着饭盒，不是在当时的办公室，就是在气候室的办公室，看打扑克就等于是休息了，时间不长，一般是一刻钟，20 分钟，因为都是约好中午谈话，这就是中午休息。而且都是家里面带点饭，也不多，质量也不太高，就这么吃，就算中午休息了。对自己的生活要求非常严。另外我陪他好几次，礼拜六的晚上坐火车去禹城站，礼拜天的晚上坐夜车返回北京。返回北京后，所里派车接他到所里，也就七点多一点，继续他的工作。老左的一生身体透支非常厉害，在 67 岁就离开了我们，走得太早了，太可惜了。

左大康所长对我的指导和帮助终生难忘

钱金凯[*]

　　1980 年，我在左大康所长的指导和帮助下，实现了编制《1∶50 万中国陆地卫星假彩色影像图》的自选课题任务。早在 1975 年，我所就率先引进了美国陆地卫星（Landsat）四个波段卫星影像，当时每一景四波段卫星原片要 100 美金，中国要 550 景才能覆盖全国。一般单位买不起。用光学合成仪合成一张 1∶50 万假彩色卫星影像图也要 50 元人民币，而且速度慢，质量也不好。因此，卫星遥感技术在国内推广应用遇到了阻碍。我当时萌生了一个想法，能否把卫星遥感、地理信息系统、计算机制图和印刷等技术有机地结合在一起，对卫星影像信息进行数字化增强处理，探讨一种适合于我国实际情况的彩色合成新路，印刷合成的新方法。于是，我对四个波段的卫星影像信息进行地理区域的分析研究，采用电子分色扫描仪，从四个波段卫星影像中提取有用的信息，直接加网，两翻平凹版新工艺，再把卫星影像和地形图的优点相结合，编制出 1∶50 万中国陆地卫星假彩色影像图，取得很好的效果。与当时国家测绘总局测绘研究所通过光学合成 1∶50 万中国陆地卫星假彩色像片比较，我们的卫星影像图更为清晰，信息量更丰富，鲜明地展示了我国地质、地貌、土壤、植被以及土地利用等地理元素，同时，还能揭示地下隐伏的地质、地理现象以及有关现象的动态变化。在影像图上加绘了一些地形要素，使影像地图化、地图影像化，更方便判读，对于普及推广卫星遥感技术的应用十分方便。随后，国家测绘局派人跟我联系，希望与我个人合作编制一套全国 1∶50 万中国陆地卫星假彩色影像图，要求我对每一景影像信息进行地理区域的分析研究，制定一个卫星影像信息增强处理和信息提取的方案。他们不同意进行单位之间的合作。我把这个情况及时向左所长汇报。左所长听了我的汇报，看了样图后问我投入生产需要多少经费。我说要 30 万人民币，1 万美元进口感光片。左大康所长立即表态说："既然我们技术已经过关，只是没有经费，我们可以向院里地学部王尊基部长汇报，向院里申请贷款。"后来，王尊基部长听了我的汇报，看了样图后说："国外卫星遥感技术在地学领域已经得到广泛应用。卫星影像图国家很需要，你写一个申请报告，由左所长给你做担保，我来批。"很快向中国科学院计划局贷款了 30 万元人民币和一万美元。地图室又给我配了两位助手。经过三年努力，我主编完成了中国第一本 1∶50 万中国陆地卫星假彩色影像图的任务，印刷了 1 000 套分省区简装本和 500 套全国精装本一、二、三册，共计 1 500 套，由科学

---

　　* 钱金凯（1940 年—），研究员。曾任中国科学院地理研究所办公室副主任、科研处副处长等职。编者稍有删节。

出版社出版。国外由科学出版社对外发行，全国一套共 550 幅图，销售价格为 2 500 美元，与地理研究所四六分成。国内由地理研究所发行，当时国内有 800 多户订单，销售价格每套 900 元。深受用户欢迎，满足了全国农、林、牧、水利、工业、交通等生产部门，以及地质、地理、生物、海洋等科研部门和教学部门的急需，受到国内外专家学者的普遍好评。《1∶50 万中国陆地卫星假彩色影像图》出版也取得很好的经济效益和社会效益。1983 年还清了院里的全部贷款。1983—1984 年间地理研究所还从卖图的收入中拿出 20 多万元给全所职工发放年终过节费。此项成果后来获得 1984 年中国科学院科技成果奖二等奖。

1984 年 5 月，左大康所长和邓飞书记找我谈话说"所里急需从研究室挑选一些业务骨干，充实研究所的管理部门，所党委决定，把你从地图研究室调出，到所办公室担任副主任。"征求我的意见，当时我感到很突然。这不是我的心愿，因为我热爱我的地图研究工作。所长和书记给我做思想工作："调你的理由是，你在"文革"之前是地图研究室的团支部书记、党支部委员，在"文革"中一直坚持做科研工作，完成了多项科研任务，并取得了很好的成绩"。按照国家提拔干部的标准，和干部要革命化、年轻化、知识化的要求，认为你最合适。经过一个星期的考虑，我是一名共产党员，只有无条件服从组织的决定。到所办公室后，深感行政管理与科学研究完全是两回事。但开弓没有回头箭，只有虚心向老同志学习，提高自己的服务意识，努力协助主任做好办公室的工作。1989 年年终总结时，我的工作得到领导和同志们的认可，并给予表扬。1985 年 5 月，左大康所长又一次找到我说，所领导决定，把我从所办公室调到所科研处，担任副处长兼党支部书记。尽管我有些不理解，但我仍然无条件地服从分配到所科研处。这样一直到 1987 年所领导班子换届，左所长和邓飞书记连任。他们希望我能继续留任原职务。假如不想在科研处连任，还有党委办公室主任和所图书馆馆长两个正处级岗位任由我挑选。当时我们国家正处在改革开放的初期，我也想到开发公司去搞科技开发工作，并自我推荐去大地科技开发公司工作。所领导研究同意了我的要求，调我到大地科技开发公司。从 1987 年到 1998 年先后在公司担任副总经理、总经理兼科迪亚印刷厂厂长，前后长达十一年之久。在此期间，除了公司的日常管理外，还结合自己的专业特长，开展并完成了几十项地图设计与编制、遥感制图研究与开发任务。1998 年，我已经接近退休年龄，趁领导班子换届的机会，提出辞去公司的领导职务。这个请求得到所领导的同意，所里还对大地科技开发公司和科迪亚印刷厂的财务进行了审计，审计结果是账目清楚，没有发现违规问题。我在公司这些年，除了还清地理研究所 20 万元贷款，还向地理研究所上交各种费用 120 多万元，向国家缴纳税金 60 多万，移交现金和固定资产 100 多万元。

我在大地公司取得较好成绩：①把科研成果推向市场，一出了成果，二取得了较好的经济效益和社会效益。1988 年我被评为"中国科学院技术服务系统先进工作者"。1990 年度地理研究所优秀共产党员。②公司为地理研究所分流了部分职工，为社会解决了一些待业青年的就业问题，减轻了国家和研究所的负担。③积极进行旅游地图的研究与开发。运用地图信息传输的理论，进行旅游地图的设计和编制，改变了传统平面地图的表示方法，改为三维空间的立体地图。还采用图文并茂的形式，除地图外，还配有彩色照片，清晰直观，情景一体。每个景点还附上简单的深入浅出的文字说明，增长了旅游者的知识和兴趣。我在全国地图学术讨论会上，先后发表了两篇学术论文，分别是《北京旅游图集的设计与编制研究》（1992 年《测绘学报》）和《论提高旅游地图编制水平的途径》（1993 年《地理学报》）。《北京旅游图集》1991 年获中国科学院科技进步奖三等奖。

回想我 1980—1998 年这段人生路，在左大康所长的指导下，我为党和国家做了一些工作，从 1993 年起享受国务院政府特殊津贴。我能取得一点成绩，要归功于左大康所长对我的指导和帮助。对此恩施之情，我将永远铭记在心，终生难忘。

怀念左大康先生

王继琴[*]

1961 年春，在黄秉维所长的授意下，左大康先生负责开展对德州农业实验站冬小麦灌溉与非灌溉田的热量平衡研究。为此，左先生在气候研究室组建了一个小组，称为辐射气候组，组长是左先生，副组长是徐兆生，组员有单福芝、鲍士柱和我，总共五人。这就是最早旳辐射气候组。

我第一次见到左先生，是在辐射气候组的会议上。他给我第一印象是温文尔雅，讲话引人入胜。因为大家都知道他是留苏回国的，是我们的组长，所以他没有自我介绍，而是直入主题，即今后的工作任务、意义及野外观测工作中所需的仪器设备等都作了详尽的介绍，并确定了观测地点为山东德州试验站。

到了德州试验站，首先选好了有代表性的冬小麦灌溉田和非灌溉田，随即安装了观测仪器，确定了观测时段、时间。还决定第一阶段先观测三天，一天观测 24 次，在灌溉田和非灌溉田两个观测点同时进行，以便对灌溉田和非灌溉田的结果进行对比。

大家知道，1961 年我国遭受了严重的自然灾害，实验站所在的德州尤其严重。农作物几乎颗粒无收，人们口粮得不到保证，实验站当然也不例外。食堂为了大家吃饱，用玉米面掺上棉籽做窝窝头，作为主食，副食是白菜汤。我们虽然有 28 斤粮食定量，但在实验站也不能搞特殊，只能跟站上同志同样吃住。左先生刚从苏联回国，生活水平突然下降，身体一时适应不了，出现浮肿。大家知道，这是营养不良引起的，症状是身体没力气，精力不足。有一次我到他房间请示工作，进门见他靠在床头的被子上，闭着双眼，脸色蜡黄。我没敢打扰，默默地退出他的房间。当时想，他是太累了，身体撑不住了，才回房间小憩，平时，他从不搞特殊化，是一个非常律己的带头人。

左先生身体浮肿是大家有目共睹的，但德州工作离不开他，他更放不下自己精心设计、全心投入的工作。就这样带病坚持在第一线，直至德州工作走上正轨，并取得第一批预想的观测资料，他才放心地回北京。

德州观测工作结束后，立即对资料进行整理，利用国外计算热量平衡经验公式进行了大量计算，得出冬小麦灌溉与非灌溉田热量平衡的计算结果，并很快完成论文，发表在 1962 年 3 月的《地理学报》上。这在当时，是一项新的主要通过田间实验观测数据完成的工作。文章发表后，引起有关研究部门热烈反响。中国农业科学院农业气候研究室

---

* 王继琴（1937 年—），高级工程师。

要求左先生给他们作观测、计算田间热量平衡方法的报告；河北地理研究所也派弓冉跟左先生进修；中国科学院兰州冰川研究所、河南地理研究所等单位也派人向左先生学习有关辐射研究方面的问题。

在工作中，左先生注重培养年轻人，我是 1960 年进地理研究所的，这次就让我负责整个观测工作，并指导我参加文章的写作，还夸我写得好，是发表文章的合作者。左先生还让我代表他向中国农科院农业气候研究室的同志介绍我们这次的观测和计算工作。我认真准备，很好完成了任务，这些事，我至今记忆犹新。

随着研究工作的进展，左先生不限于小气候方面研究，而要求更高，施展更宽。1962年又着手对全国太阳辐射的分布进行研究。这时期，李玉海、周允华同志也大学毕业先后被分配到气候研究室跟随左先生工作，给辐射组增添了新生力量。我们在左先生的指导下，搜集了国家气象局 1949 年以来所有台站的太阳辐射逐年逐月的观测资料，然后进行大量计算，并绘制出全国各地太阳辐射分布图，为后来辐射研究奠定了有利基础，同时完成并发表了多篇论文。

正如黄秉维先生指出，左大康利用这些观测资料，领导全组系统地做了许多研究，如果没有他的工作成果，竺老和我关于农业生产潜力的工作就无法起步。他和他领导的同志除了利用气象局的观测资料，还自己进行观测，成为竺老所积极提倡的实验地理学中的一支重要劲旅。

左先生是气候室党支部的成员，除了自己全心身地投入工作和学习外，每周三晚上是约定的做政治思想工作的时间，找他谈心的人很多。他关心着每一位年轻人的成长及业务的提高与发展。他鼓励年轻人要树立事业心，要站得高看得远，要做出有水平、对科研发展有意义的成果。在他的言传身教影响下，组里同志形成刻苦学习的良好风气，工作中不断出新成果。

其实，这时期他的家庭有很多困难。家里有年迈的母亲和年幼的孩子；爱人身体病弱，有时需住医院治疗，他只能在周六下午去医院探视，但他从不因家庭困难影响工作。为了多做工作，他晚上住集体宿舍，只有周六回家一次。每天晚上还在办公室看书学习。为提高英语阅读速度，他常常利用晚上时间熟背英文字典。他这种刻苦学习精神，深深地感动着我们，激励着全组年轻同志。

左先生是我们学习的榜样，我们永远怀念他！

怀念左大康所长

逄春浩[*]

左大康先生在担任所长期间，带领传统的地理学走向改造自然的工程地理和实验地理方向，从而发展了地理学。我们怀念老所长左大康先生。

地理研究所的土面增温剂研制生产和在农业生产上的应用，取得了明显的效果。我本人较早就参与了土面增温剂研制，记得蔡文宽在大兴县芦头公社从事水稻水面抑制蒸发剂工作时，我就参与了。土面增温剂在人员上的不断地增加，在育苗的品种上不断地扩大，从水稻、棉花到树木的育苗，在地域方面从北京扩展到河南、辽宁、内蒙古等地。

由于土面增温剂有延长水稻、棉花的生长期，增加产量，原来三年树苗出圃减为二年，加快树木育苗速度等方面效果明显。但由于增温剂是由工业废料做原料制作的，随之而来的是各方的质疑：其一是有人怀疑有毒，即是否含有致癌物三四苯并吡；其二，有人告商丘棉办的状；其三，院里和国家科委要亲眼看增温效果。首先，左所长指示郭来喜和我赴沈阳林土所请求支持。后来我留在那里，在谢崇阁先生的指导下进行毒性测定，历时一个月，连国庆节都没有回京，测试只能在密闭的一个 2 平方米的室内用液体苯进行，由于空气不能流通，经常被苯熏得头晕脑胀，呼吸困难，就是在这样的环境里完成了测试任务，测定结果是产品里既无重金属也不存在致癌物质——三四苯并吡。第二个问题，他指示我赴河南商丘搜集证据，在傅和和专员的协助下，冲破新棉办的强烈阻拦，取得一些材料，我怕不够，就打电话请示左所长，他告诉我已经足够了，我这才放心回京。至于第三个问题，要我准备土面增温剂，第二天要到大兴喷洒给国家科委和中国科学院的司局长们看，由于没有现成的，我只好去大楼连夜制作。听张仁华回来告诉我，喷洒后增温 14 ℃以上，效果明显。由此，为后来获得发明奖奠定了基础。最终增温剂获得的是国家发明奖四等奖，这是地理研究所乃至地理学界第一个国家发明奖。

此外，左所长在禹城试验站建设和发展方面也注入了不少心血，对北京大屯生态站建设和发展上的许多事情也都亲自操作。我记得有一次他要亲自视察大屯生态站，我也一起跟去，他视察完了之后，就来到大屯公社的信用社，与刘旺主任聊起来，刘旺主任向他介绍大屯公社的现状，并陪着我们在会议室看了看，我看出他的心思，他是想把大屯生态站扩大，在大屯公社很穷的状态下，左大康所长有心要买下整个公社的土地，当时其面积有老豹房南里那么大。左所长问刘旺出多少钱能卖，他张口要 80 万，这下子把

---

* 逄春浩（1937 年一），1996 年通过研究员资格评审。

老左吓着了，最后没有成交。

"七五"期间，左所长很关心我们在禹城北丘洼重盐碱地的治理工作，很关心我们在外面工作的情况，我记得，仅仅是北丘他去过两三次，有两次我们到他家集合，然后动身集体前往禹城。

在北丘我提出的强排强灌的措施并独自承担，取得了明显的效果；他非常高兴，并给予赞扬，也获得院里颁发的科技进步奖一等奖，还奖励我一个副研指标。在指标尚未下达到地理研究所之前，左所长就让我先享受副研待遇；同时让我在地理研究所作强排强灌治理重盐碱地的报告，收到很好的效果。事情虽然已经过去几十年，我还是愿意借此机会写出来，表达我对左大康所长的怀念之情。

左大康先生重视吸收人才

周允华[*]

左大康先生对人才极为重视，他常说："兵不在多，而在精"。现就我经历的两件事说一说。

1. 挽留南京大学大气物理专业四名大学生的经过

1963 年中国科学院大气物理研究所去南京大学招了几名大气物理专业毕业生。这几个学生是挑了又挑，选了又选，品行良好，学习优秀。分来北京后，大气所因用人计划变更，学生收多了，不好安排。地理研究所气候室听到这个消息以后，马上和大气所有关部门联系，把这几个学生调来气候室。这四名学生是项月琴、苗曼倩、高汉宾、龚家龙。可是这些学生一来气候室就闹起了专业情绪，有优越感，认为自己是学校的尖子学生，又不是学气候的，他们数学物理知识不能在地理研究所发挥作用，等等，要求仍回大气所工作。他们不能安心工作，有些人表现出自视甚高，瞧不上地理科研工作。左大康先生并没有因为他们有这样那样的毛病而生气，只是耐心做工作，劝他们留下，告知在地理研究所英雄大有用武之地，可是工作的收效不大。这一年，北京大学也分来了两名大气物理专业毕业的大学生——朱志辉和冯丽文。他们两个思想稳定，态度谦和，没有优越感，也不闹专业情绪。我想可能他们在北京大学学习期间和地理研究所气候室有过接触，或对地理研究所略有了解的缘故。毕竟北大和地理研究所位置相距很近，并不陌生。过了几天，传出消息，新来大学生一律要经过考试，南大来的有人说："还要考我们？地理研究所有能够出考卷的人吗？"真是尾巴翘到了天上。

那天晚上，左大康先生找我谈话，要我为新来的大学生出两份考卷：一份是"高等数学"；一份是"物理学和专业知识。"我一听，这两份考卷几乎是包罗万象了。我问："题目出容易些，还是难些?"，左大康先生重重回答一句："难一点!"我听明白了，他是要通过这两门考试，让刚刚离开大学的学生明白，你们掌握的知识还少着呢，不要骄傲自满。要通过考试让他们接受一次最好的自我教育。我很快出好了考题。考试前一天宣布："明天考试，考生可以带笔记本、讲义、教科书和任何资料"。当时气候室党支部书记陈嘉珠同志一听就不满意了，着急地说："进考场还能带书，那不都考 100 分了？"他又看了看高等数学考题，说"题目都这么短，太容易了。"左大康先生在旁边说："开卷考试比闭卷考试更难，这些题目也不算简单了。"这样，陈书记才被说服了。

---

[*] 周允华（1938—2017 年），中国科学院地理研究所研究员。

第二天考试下来，这四位南京大学学生中，项月琴高等数学几乎满分，因一点小疏漏，本该扣一分，为了从严要求，我扣了她 10 分，数学得 90 分。高汉宾"物理学和专业知识"几乎是满分，只是最后一题把小数点错点了一位，该扣一分，我也扣了 10 分，最后也得 90 分，除了这两份考卷外，其他考卷惨不忍睹，全部只有 20—30 分，没有超过 40 分的。考试结果表明：①考题未超过学生所学的知识范围，因为每一科考卷都带有几乎考满分的，②极大部分考卷成绩差得离奇，表明刚毕业的学生，所学知识往往不深不透，对课文的理解还很肤浅，解决实际问题的能力还很差。

我把每个考生的考卷，对左大康先生作了详细汇报，首先肯定了这些学生，别看分数不高，但他们都是好学生，有的很有才华。从每份考卷中，可看出学生的思维状况、学习方法，甚至还流露了每个人的个性。总之，这些学生很有特色，各有优点。我分析完了，左大康先生很满意，他说："你的分析和我所了解的情况差不多。"对这些学生很满意。

通过这件事，我认识到，左大康先生重视这些青年学生，并不因他们的一些过激言论而生气，同时，他又用了巧妙的方法来教育他们，让他们正确对待自己，知道自己还有很多方面不足，通过自我教育，解决了思想问题，稳定了专业情绪。

2. 挽留我留在地理研究所工作的前前后后

1962 年我毕业于北京大学物理专业，毕业分配方案中有一个名额是地理研究所的。我做学生时，曾来过气候室小气候组参观，并讨论工作，所以对这里略有了解。所以我的分配志愿就填了"地理研究所"。没有再填第二个志愿。分配后很高兴到地理研究所报到，接待我的是办公室赵修桂（赵卫）同志。他告诉我，我先在气候室辐射组跟左大康先生学一年辐射，然后去兰州冰川室工作（兰州冰川室当时属地理研究所的一个研究室，由施雅风先生领导）。我一听急了，毕业分配时只说到地理研究所工作，没说到兰州工作呀，赵卫用各种话解释也没有用。以后我就去找左大康先生，左大康先生没有批评我一句"不服从分配"之类的话，他只说："我带你去找李所长（李秉枢，当时是地理研究所副所长兼党委书记），你可以把你的想法和他谈谈。"说着就领我去了李所长办公室门口。他指着门说："你进去吧"，他自己则回办公室去了。我见了李所长谈了思想。李所长是军人出身，脾气比较急，一听我说，就大声嚷嚷"那怎么行？这是计划好了的事情，你还去冰川室。"我走出所长办公室，但有恃无恐，因为毕业生分配时，学校正式对学生承诺；到了被分配的单位，如果不满意，可以回校另行分配。我就想，大不了我就回校再分配算了。我就去找左大康先生，告诉了李所长说的话，并表示，实在不行，我就回北大，再分配了。左大康先生听了笑了，和蔼可亲地说："不要着急嘛，慢慢来，问题总能解决的，你就等着吧。"听了左大康先生的话，我心中有谱了，就住在中关村冰川室的宿舍里等着。不久就接到通知，说把我留在气候室，不去冰川室了。这样，问题就算解决了，我立刻去辐射组上班，左大康先生向我布置了该阅读的文献。事后我才知道，我这个名额是施雅风先生费了大劲向北大要来的，计划先请左大康先生带一年，然后去冰川室。施雅风先生还请左大康先生代表用人单位去北京大学查看学生档案。我自信，我的学习档案是出色的，6 年制大学，1960 年在反右倾机会主义运动中，我也受了批判，但 1961 年就甄别平反了。不过受批判后的那些日子里，精神压力很大，不想好好学习了，当时考的两门功课，一门考了 4 分，一门考了 3 分。除这特殊时期外，六年中我的考试成绩全部都是 5 分。毕业论文也是 5 分，我毕业分配的第一志愿是地理研究所。我想左大康先生一定查阅了我的档案并看上我了。所以我到地理研究所后闹情绪，要回校，左大康先生是不会放我走的。我以后听说施雅风先生来京和左大康先生达成协议，我留地理研究所，左大康先生去兰州帮助指导他们分析整理冰川上观测到的辐射资料，出差期是一个月（或 3 个月，记不清了）。

当我第一天到辐射组上班时，只见左大康先生在整理衣箱，准备出差兰州。当时我是一个刚刚毕业的学生，懵懵懂懂的，什么也不知道。

到了辐射组，左大康先生给了我精心的指导，指定阅读的文献，定期做读书报告，以后大家讨论，学术空气非常浓厚。我也没有辜负左大康先生的培养，我是 1963 年 1 月份由冰川室调到辐射组的，就在刚毕业的这一年里，就和李玉海、左大康三人署名，写出了《几个辐射图解的比较》一文，于 1964 年刊登于《气象学报》第 34 卷第 2 期上。该文提出了许多新观点，提出了当前常用的几种辐射图解的计算差异大，以及产生差异的原因，并指出了它们各自计算误差的来源和误差的大小。文中还明确提出："我们不同意康德拉捷夫有关辐射图解评论的观点"。康德拉捷夫是当时苏联辐射权威，也是联合国专家组成员。我们这篇文章表现了中国人能自信和敢于向外国权威挑战的气概。此文一经发表，就被美国东方图书馆全文翻译成英文，并收入《美国国家政府科技报告》（AD报告）之中，至 1966 年，我们在中国科学院图书馆里看到了美国全文翻译出版的这份英文 AD 报告。这也无可争论地说明，我们的论文是属于国际先进水平的。

我的内心，一直感激着左大康先生的知遇之恩、培养之恩；若不是左大康先生把我留下，我现在也不知在哪里了。1992 年，左大康先生因病去世，我和项月琴、张仁华三人怀着沉痛的心情去他家中慰问，项月琴和张仁华二人也是左大康先生精心培养，在工作中都做出了出色成绩。我们为痛失了一位好导师而难过不已。

他很严肃，但我永远记着他和蔼的微笑
—— 怀念左大康先生

赵千钧[*]

我是 1987 年到地理研究所工作的，前后在地理研究所工作了 13 年。工作岗位在科研处，比别的年轻人有更多接触所领导的机会。左大康先生当时任地理研究所所长，因此，我刚到所里就认识了左大康先生，先生也认识了我。

起初，我见到左先生总是有点激动和紧张。激动是因为在我心目中左先生是大科学家，我在大学期间学习的气象学教材就是左先生写的，那时候觉得能写书的人都是大文学家或大科学家，因此会悠然升起崇敬的心情。突然一天，你和你心中崇敬的人成为了同事，而且就在他身边工作，自然会感到自豪且激动。紧张是因为最初的见面多是在开会的时候。左先生是所长，坐在会议室中间的沙发上，通常左先生说话不多，声音不大，但感觉很严肃、很权威。我一般是坐在角落里旁听记录，也没什么实际的事，但总是感觉紧张，当然这也与刚参加工作有关，懵懵懂懂，生怕做不好领导交给我的工作。

有机会直接和左先生打交道，是我工作后第一次出差。应该是 1988 年的年初，当时左先生牵头申报国家重大自然科学基金"黄河流域环境演变与水沙运行规律研究"，申报金额 200 万，是地理研究所截至那个时候历史以来资助金额最大的一项。快到申报日了，合作单位中国科学院西北水土保持研究所参加人员还没有在申报书上签字，公章还没有盖。那时不像现在，既没有高铁也没有快递，乘飞机办事多是梦想，如果通过邮局寄送，来回至少要一周以上，必定耽误基金申报，因此，凌美华处长派我乘当天下午的火车前往陕西省杨凌镇——中国科学院西北水土保持研究所，完成基金申报书合作单位参加人员签字盖章的任务。我是马不停蹄第二天中午就完成任务返回了北京。本想着这不是什么大事、难事，刚工作，又是单身，很喜欢出差到全国各地看看，这趟差对我而言是占了便宜的。没曾想，下午快要下班的时候，左先生慢悠悠地出现在了我们办公室。我立刻起了身，因紧张而凝固在那里。左先生环顾一下办公室，然后转向我，对我露出了和蔼的笑容，并说：小赵辛苦了。声音不大，但和蔼可亲。我当时还没有反应过来左先生为什么对我说这话，只是傻傻地站在原地，赶紧

* 赵千钧（1965 年—），研究员。现任中国科学院植物研究所党委书记兼副所长。

用紧张加激动的憨笑回应左先生的问候。

也可能是因那次"辛苦地"完成了基金申请书签字盖章任务，待该项重大基金获得资助后，凌美华处长派我作为科技处直接服务该重大项目的秘书，并说是左所长的指示。自那以后，与左先生的直接交往就多了，会常常看到先生和蔼的微笑，尽管严肃的形象依然在，但我感受在心中的是先生的和蔼，是大领导、大科学家也不忘记在小事上勉励年轻人的作风。自那以后，左先生和蔼的微笑就像烙印一样留在了我的脑海里。

左先生"每临大事有静气"的大家风范，也永远驻留在我的脑海中。那时候因我在科研处工作，参加所领导的会议比较多。每次会议左先生都是简要开个头，然后就让大家充分发言，而左先生就会安静地坐在沙发上。先生总是会点燃一支白色过滤嘴的中南海牌香烟，慢慢地抽，若有所思地听大家发言。每当烟抽到一半的时候，先生会把烟掐灭放在烟灰缸上，然后继续听大家发言。稍过一段时间，先生会把剩下的半支烟点燃继续抽完，这个时候，似乎就该到左先生总结了。先生说话总是不多，声音不大，但感觉沉静有力，不慌不忙中所有的问题都迎刃而解，所有的决策就制定了。

左先生非常关心年轻人的成长和发展，非常关心地理研究所、地理学的未来。20世纪80年代末期，地理研究所的年轻人办了一本《地理新论》月刊，主管部门是科研处。到了1990年，我记得有一次当时的主编葛全胜希望增加办刊经费，科研处负责管理《地理新论》的王平副处长同意，但要请示左先生。赶巧一天左先生到科研处，王平就向左先生做了汇报，当时我也在办公室。左先生非常痛快地答应了，并说一定要办好《地理新论》，让它成为培养未来地理学人才的阵地；让《地理新论》一定要立足新，要有新思想，地理学一定要创新发展。当时王平还提出说，是不是让小赵做个副主编，直接联系和参与《地理新论》编委会，以便更好地支持办好这本刊物，此提议事前王平与主编葛全胜谈过。王平说完，左先生看着我，又是和蔼的微笑，说年轻人多干一点不要紧，我支持。就这样我成了《地理新论》副主编。主编葛全胜也非常支持我，让我做了两期执行主编，得到了锻炼。

最后一次看到左先生和蔼的微笑，是去北大医院探望左先生的时候。1992年，我在北京市石景山区科委挂职副主任，经常不在所里。有一天，我回到科研处，处长凌美华和我说，左所长（那时已卸任所长）病得很重，我们几个去医院去看看吧。我跟着凌美华处长、王平副处长一起去了北大医院。进到病房，我看到左先生脸色蜡黄，身体非常虚弱，但是他依然用尽力气，勉强地对我们露出和蔼的微笑。这是我最后一次看到左先生和蔼的微笑，并永远地留在了我的脑海里。

左先生是我的好领导，是我的人生导师。他是一位大科学家！左先生平静中露着和蔼、沉稳中带着严肃、寡言中透着睿智的音容笑貌至今深刻地印在我的脑海中：他冷静中蕴含着对事业、对同事的热情；他威严中蕴藏着对失败、对过错的宽容；他认真中彰显着对单位、对个人的公正无私。他对年轻人、对地理学事业的后继者的培养用心良苦：对年轻人，他激励创新且宽容失败，在这一点上，我深有体会。我曾经在地理研究所科技处工作时犯过很多错误，左先生在了解了思想动机后，都给予原谅和爱护！他全力地支持由青年人创办的《地理新论》，并经常悉心指导。那些曾经主办《地理新论》的和在《地理新论》上发表文章的人，目前很多都是推动地理学发展的领头羊和中坚力量。

左大康先生是一位具有高洁人格魅力和高尚情操品格的导师。地理研究所、地理学发展到今天仍"年轻康健、激情未减"，应该说有左大康先生的重要贡献。

我深深地怀念左先生！

左大康先生指引我走上地理学实验研究

孙晓敏*

左大康先生虽然离开我们已经 30 年，但他的音容笑貌仍然经常浮现在我的脑海中，常使我回忆起 20 世纪 80 年代中我在地理研究所的工作和生活场景，是左大康所长的亲自关怀改变了我的人生道路。我到办理退休时为止，已经在地理研究所（地理资源研究所）工作了 36 年。

我于 1985 年 4 月份调入中国科学院地理研究所气候室，主要是在中国科学院与美国能源部合作项目"大气中二氧化碳导致气候变化合作研究"所建立的计算机机房工作，也是地理研究所当时第一个装备有最先进的 IMP-XT 计算机、10 兆容量的可移动硬盘、HP 彩色绘图仪和两台佳能复印机的现代化计算机机房。在中美合作项目建设的计算机机房承担技术支撑的工作，具体实施我国历史气候数据的数据库建设，及国内刚刚兴起的办公自动化工作。其间，室领导还安排我到北京大学大气物理系选课进修学习一年。

我所在的气候研究室计算机机房就在左所长办公室的斜对门，虽然与左所长是朝夕相见，但很少有与左所长正式说话的时候，当我们之间有目光交流的时候，多是以我主动点头致意而过，毕竟我只是一个普普通通的职工，在日常的工作上与左所长也基本没有直接的交集。但天天守着所长工作，工作起来自然要努力了许多。时间飞逝，一晃就是两年。由于种种原因，我产生了再次调动工作的念头。借着研究室领导班子调整的机会，我向新任主任提出了调动工作的请求。没想到我的行为给新主任带来了很大的困扰，新主任讲此事他要向左所长汇报，看所长怎么处理，我有些不知所措，我的工作调动与为何要惊动研究所所长？我不得其解。但我一直在等待那一天的到来。一天上午，左所长突然推开了机房的门，让我到他办公室谈谈。太突然了，我没有任何的思想和心理准备，也没有过与左所长单独相处的经历。我当时大脑一片空白，不知要发生什么。我怀着惴惴不安的心情来到左所长办公室，与左所长一阵寒暄后，被左所长安排坐在了他办公桌对面的椅子上。左所长开门见山地谈到了我要调动工作的事。他首先基本认同我要求调动工作的理由，然后用非常平缓的语气征求我的意见，问我可否先考虑继续留在研究所，接受工作调整的安排，若仍然感觉不行时，再谈调出研究所的事情。左所长跟我讲："你

* 孙晓敏（1957 年—），中国科学院地理科学与资源研究所研究员。

这两年的工作情况我还是了解一些的，你希望的工作方向我也有所了解。咱们所有一位刚刚从澳大利亚学成回国的陈发祖同志，要成立一个研究组，要研制观测仪器和发展观测技术，需要你这样的技术人才。你可以先跟陈发祖同志谈谈，看看你们有没有合作的可能，营造一个双向选择的机会……，如果你认为可以，就先留在他的组里，干一段看看，不行你再走……"。听到左所长讲我是技术"人才"，还着实地让我激动了一下，不管这技术"人才"是不是真的，反正我是当真了。其间，左所长还谈到了当初地理研究所老师们为我调入地理研究所所做的不懈的努力，使我深受感动的同时又心生不安。这是我生命中与左所长唯一的一次单独的谈话，时间大约只有 40 分钟，但它改变了我的生活和工作的轨迹。

之前我对左所长的传说也知道不少，概括起来就是：老革命、科学家、地下工作者、留苏副博士、气候研究室的老主任……，对他我自然是敬仰有之。这次左所长与我的谈话，给我留下了新的、强烈的印象和感受。他和蔼、平易近人、务实、了解谈话对象的基本情况、谈话针对性强、直接进入谈话主题、不回避问题、鲜明地指出问题要害和实质、能够实事求是、没有官架子、能够听取我那些不是太中听的意见和牢骚、大度宽容、最重要的是感受到他把握全局、对工作有系统和全面的思考。这次谈话后，我对左所长又多了一层仰慕和敬佩，感性多于理性，折射了我一个凡人的本质。

陈发祖在缅怀一代宗师黄秉维先生的追思文章中谈到："很幸运的是，我的工作得到了孙晓敏的大力支持和配合，我们成了很好的搭档。特别要提到的是，当时所领导左大康所长对我们工作给予了全面的支持和肯定。" 这也可能是与左所长有过交集的大多数人共同的感受。导致的结果就是"地理研究所成了全国最早在热水平衡研究中采用涡度相关技术直接测定热量和水分传输通量的单位。" 1987—1992 年，陈发祖研究员在气候研究室组建了"近地层环境物理实验室"研究团队。1992—1994 年，陈发祖研究员重新组建了生态环境物理实验室，后撤销归属于中国生态系统研究网络（CERN）水分分中心。

从 1990 年开始，我们研究组在应用涡度相关物质通量观测技术方面一直处于较高水平，是我国第一个运用涡度相关物质通量观测技术进行自然状况下作物群体光合作用即 CO_2 通量观测研究的研究组（1991 年），也是国内第一个在不同气候区域内运用涡度相关物质通量观测技术进行 CO_2、潜热、显热和能量通量观测研究的研究组。

2001 年 11 月，中国科学院知识创新工程重大项目"中国陆地和近海生态系统碳收支研究"批准执行，使我有幸亲身参与和见证了中国陆地生态系统通量观测研究网络（ChinaFLUX）十几年的建设与发展。2006 年，我们研究组在国际上第一台水汽 $H_2^{18}O$、$HD^{16}O$ 和 $H_2^{16}O$ 激光稳定同位素气体分析仪（TGA100A, Campbell Scientific Inc., USA）的基础上，与美国耶鲁大学森林与环境学院教授合作开发了大气水汽 $^{18}O/^{16}O$ 和 D/H 在线标定系统，利用样品和旁路气泵设计剔除歧路管压力变化的影响等问题，解决了仪器非线性响应难题，首

次实现了大气水汽 $\delta^{18}O$ 和 δD 的原位连续观测及其与涡度相关相结合的技术实现。相关的工作成为国家科技进步奖二等奖（2010）的成果之一。

在黄秉维先生发展实验地理学思想指导下，我们努力地践行着左大康先生积极倡导的地理学研究要把野外考察、实验研究和遥感等方法结合起来的思想，强调设立定位、半定位试验站与各种模拟实验开展地理学的实验研究、生态系统生态学的网络研究，用我们的工作和实际行动告慰左所长的在天之灵。

左大康先生是陈德亮的伯乐

张福春[*]

地理研究所气候室是个人才辈出的地方，走出了巢纪平、童庆禧、符淙斌、陈镜明、陈德亮等院士。其中又以陈德亮最为特殊，①他有多个院士头衔——瑞典科学院院士、中国科学院外籍院士、第三世界科学院院士等；②他还当过一届世界科学联合会执行主席，这是该组织成立以来的首位华人领导，在此期间他组织制订和参与了 IPCC 计划，即政府间气候研究计划；③他对国内的贡献也很多，他当过国家气候中心三届共八年的外籍主任，他还是南京大学、北京师范大学等学校的客座教授；④他获得过我院和国家的国际合作奖。他刚满六十岁，作为科学家还有发展空间，如将来得诺贝尔奖或成为瑞典科学院的领导等都是有可能的。所以，陈德亮是我室走出的千里马，而陈的伯乐就是左大康先生。所以这么说，是左为陈作了两件决定他前途的大事：①在陈的人生低谷时把他选拔到地理研究所，并加以重点培养；②送出国读研，并选了诺贝尔奖得主作名师，起点较高。

陈德亮是江苏泰州人，童年和青年时期并非一帆风顺的，可以说是大起大落的。他出生于 1961 年，童年处于"文革"时期。在他九岁那年父母因出身等问题被隔离了，作为未成年人晚上独自在家，特别恐惧，其他小孩还挖苦和欺负他。但他聪明，是小儿王，谁欺负他就武力还击，打架争斗是常事，所以被学校看成问题小孩。当时每月生活费只有两三元，肯定不够，但他老家泰州河上的桥很高，人力车过桥费劲，他就帮人推车，看见车来了，就从后面帮着推过桥，每次能得一角钱，这样解决了生活问题。后来他迷上了看书，成绩突飞猛进地提高，又被学校树为由坏变好的典型，其事迹还登过报纸。恢复高考那年，他高二，学校就推荐他参加高考，当年报名的有一千多万，才收三四十万，他居然被师范学院录取了，后放弃了。第二年考上了南京大学。在南京大学他当上了系团委副书记、校文工团团长，代理了学生会主席，还是预备党员。在此期间做了一件不可思议的事，他联合七个学生会的执委，驱赶校党委书记，结果可想而知，所有职务和预备党员一抹到底。用他的话说，就差被开除了，这是他人生低谷。在这低谷时，他迎来了毕业分配的大事，当年除军队部门外，中国科学院有优先挑人的优待。在这种

* 张福春（1940 年—），研究员。

作者说明：左大康是我的老领导。陈德亮是 1983 年分到气候研究室的学生，至 1988 年他出国，一直和我同在一个办公室（内外套间）。本文就我所见所闻，谈谈左大康是如何培养陈德亮的。我认为，如果说陈德亮是千里马，左大康就是陈德亮的伯乐。

情况下，他居然被左大康挑来地理研究所。过去和他一起干的其他人没有那么幸运，如他的女朋友被分到边远地方的小学校，过得不如意。在他出国前，据说他们不满的党委书记终于被赶走了，学校表示可恢复他的预备党员，因他正在办出国的事，也就算了。

1983 年陈来到气候室，该年我室共来了五个学生，四人是研究生，只有陈不是。研究生中的两人还是北大的，都是党员。一般人看陈应是排在这五人中最后，实际上左最看重的是陈，好像当时他就认定陈最有发展前途似的。陈的编制挂靠在气候室，但人和课题由左亲自管理和指导，现在的资料上说他是所长助理和是左的研究生，实际上是左为了提高陈的学术地位而已。左是所长，还是国家大科研课题"黄淮海农业开发项目"的负责人，实际他根本没让他干所长助理的杂事，而是让他专心在气候室搞科研、写论文。陈的工作效率高，对计算机又熟，英语也很好，开几次夜车就能写出一篇论文，黄淮海项目的文集里，很多论文都是陈在左指导下出的成果。

左还为陈的出国深造下足了功夫。出国深造能开眼界、长知识，左在美国和德国都使了劲，双保险。气候研究室和美国能源部有合作项目，美方主持人为美籍华人王维强。王来华时，左安排陈坐在王旁边，并让陈陪同王在北京参观游览，王对陈留有良好印象。另外又通过彭公炳，联系德国导师，因为德国导师是诺贝尔奖获得者，所以最后去了德国，由于起点高，所以有后来的名师出高徒。不要以为出国深造的名额多，不是的，室里曾有一个名额，两人竞争的情况。可看出，左对陈的重视。

话要说回来，陈也没辜负左的期望，以后处处出彩，显示他的多才多艺和聪明才智，如在研究生院学习英语时他的成绩优秀，他还给研究生院同学作音乐讲座，得到一致好评，以后好几个单位请他去做讲座。到德国后，要学四个月德文，他是班上学得最好的，其事迹在当地报纸登了半个版面，结果有个德国人请他吃饭，原来是请他帮忙买中国熊猫金币。如果当时陈出国不成会怎么样?从平时聊天中流露出的倾向是下海经商，有可能中国多了个商人而少了个科学家，因为经商的风险太大，能否成功难说。

纪念左大康先生诞辰 90 周年座谈会在京举行[*]

毛汉英　项月琴

2015 年 2 月是原中国科学院地理研究所所长、著名的地理气候学家左大康先生诞辰 90 周年。3 月 27 日，中国科学院地理科学与资源研究所举行了"纪念左大康先生诞辰 90 周年座谈会"，缅怀他崇高的革命品质和为新中国地理科学的振兴和繁荣所作出的重大贡献。出席座谈会的有郑度院士、童庆禧院士、陆大道院士，以及原地理研究所的老领导和老同志近百人。

座谈会由原地理研究所副所长唐登银主持。地理科学与资源研究所所长葛全胜研究员在会上介绍了左大康先生的生平、科学成就与学术思想、对地理研究所发展的贡献和崇高品行。他着重指出，左大康先生是新中国培养的杰出地理学家和科研组织管理者，他始终站在中国地理学的前沿，坚持地理学为国民经济建设服务的正确方向，强调综合研究并重视地表过程要素的演化与相互作用研究，倡导实验地理学和地理学的定位研究，积极推动遥感及地理信息系统等新技术和新手段在地理研究中的应用。在他担任地理研究所业务处长、副所长和所长的 20 年间，特别是主政地理研究所所长的 8 年中，在学科建设、人才队伍培养，以及科研技术装备、制度和文化建设方面都作出了巨大贡献。他以高尚的品格、先进的学术思想和杰出的组织领导能力，带领着地理研究所，引领了中国地理学的发展。已故老所长黄秉维院士曾评价他具有"沉着理繁治纷的能力"，使得"全所面貌焕然一新"。座谈会上发言十分踊跃。童庆禧院士深情地回忆了他与左大康先生在留苏期间和回国工作后结下的亦师亦友之情，并成为了他学术事业转折的"引路人"。陆大道院士则对左大康先生学术上的前瞻性与较好地把握了地理研究所的发展方向给予高度评价。在他主政的 10 多年间，将国家需求与学科发展方向较好地结合，使得我所地理学各分支学科都得到了较快的均衡发展。胡序威研究员则以 20 世纪 80 年代我所人文-经济地理学的大发展为例，说明与左大康所长的高瞻远瞩、统筹全局的指导思想分不开的。原地理研究所所长、后任科技部副部长的刘燕华在发言中指出，左大康先生不仅是一位著名科学家，他在地球表层辐射气候学的研究方面作出了开创性的贡献；同时他又是科技领军人才和杰出的科技管理人才。原地理研究所党委书记郑长在同志在"怀念良师益友左大康同志"的发言中，将他的优秀品德总结为：主动自觉地接受群众监督；勤奋工作，勇于担当；艰苦朴素，廉洁自律；尊重人才，爱护干部。从地理研究所走向中

----

* 本文原载《地理学报》第 70 卷第 11 期，封 2，2015 年 11 月。

国科学院机关司局领导岗位的李玉海、孙惠南和彭玉水三位同志在发言中特别强调，左所长十分重视对青年干部的关心培养：在政治上严格要求；在工作上充分信任并让他们勇挑重担；在生活上主动关心，帮助解决困难。长期在左大康领导下工作、后担任地理研究所副所长及中国农业科学院副院长的许越先研究员，将左大康先生的人格魅力归结为：高度的责任感和忘我的工作精神、大局和全局意识、学术上的协商民主和包容精神，培养和育人的长者风范。正是由于这些，地理研究所能在 20 世纪 80 年代体制转型期凝聚人心，开创了兴旺发达的新局面。1978—1991 年期间与左大康所长共同转战在黄淮海平原农业综合开发主战场的姜德华与张兴权两位研究员认为，左所长对黄淮海的贡献是多方面的，包括组织协调、提出研究方向、制定研究方案，建成了禹城和大屯两个试验站，以及试验科技成果的集成与推广。廖克、郭来喜、张晋、赵千钧等 6 位因故未参会的同志也在会上作了书面发言。

左大康学术活动小传

项月琴[*]

左大康，男，湖南长沙人，1925年2月7日出生，1992年1月3日在北京逝世，享年67岁。中国共产党党员，著名地理学家、气候学家。1944年9月至1949年5月浙江大学史地系毕业，获学士学位。1948年3月加入中国共产党。在校期间，在白色恐怖下，曾任学生会主席，是该校学生运动的领导人之一。1953年调入中国科学院地理研究所。1956年被选送至苏联莫斯科大学地理系攻读研究生，1960年获副博士学位。回国后一直在中国科学院地理研究所工作。1978年和1986年分别晋升为副研究员和研究员。1953年起任气候研究室副主任，1972年任地理研究所业务处处长，1978年任副所长，1984—1991年任所长。1991年任国家自然科学基金委员会地球科学部主任。

曾任《地理研究》副主编、《地理科学》编委、《地理译报》主编、中国科学院地学部地理学科组副组长、中国科学院遥感应用研究所学术委员会委员、中国地理学会常务理事、中国地理学会气候专业委员会副主任、中国气象学会理事、中国太阳能学会理事等。

一、简　　历

左大康从初中到高中一直在他祖父教学的湖南长沙广益中学读书，他的祖父、老师和母亲均对他要求严格，要他好好读书，可以免去学费，将来考取大学，毕业后有个好工作。因此他是学校中用功读书、学业优秀的好学生。

1944年9月—1949年5月浙江大学史地系毕业，获学士学位。其间，参加和领导学生运动，1948年3月加入中国共产党。入党后，担任学生会主席，在白色恐怖下，领导全校学生开展护校斗争，争取反饥饿、反内战的民主权利，为迎接解放作出积极贡献。

1949年从浙江大学毕业后分配至浙江省农林厅工作，任副股长。1950年7月至1952年7月，在浙江省土改工作队，任组长。1952年7月—1953年3月，在浙江省财政经济委员会综合计划处工作，任综合组副组长。

1953年初，左大康调入中国科学院地理研究所。1956年11月—1960年11月苏联莫斯科大学地理系研究生，获副博士学位。

* 项月琴（1939年—），研究员，曾任中国科学院北京大屯农业生态试验站副站长、站长。本文标题为编者所拟。本文原载《中国科学院人物传》第1卷，科学出版社，2010年。此次发表有删节。

1961 年回国后，左大康在气候研究室组建辐射气候研究组，对中国太阳辐射进行系统研究。1991 年出版专著《地球表层辐射研究》，它是"地理学的理论与实践"系列丛书之一，是左大康和他的研究团队 30 年研究工作的结晶，是该领域的一本常用参考书。1966 年左大康敏锐地看到了卫星辐射发展的前途，与组内同志合作编写出版了《气象卫星的辐射测量及其应用》一书，这是我国关于卫星气象与遥感的萌芽。

1973 年左大康任地理研究所业务处长，1978—1983 年任地理研究所副所长，1984—1990 年任地理研究所所长。在此期间，展示了他的领导艺术和才能，在发展地理学和地理研究所的工作方面，作出了卓有成效的贡献。首先，他坚持地理学为解决国家和国民经济发展中重要问题和重大需求服务，坚持为农业服务的大方向，组织和亲自主持的区域性治理和研究的重大项目包括：①《黄淮海平原中低产地区综合治理和综合发展的研究》；②《南水北调对自然环境的影响》；③国家基金重大课题"黄河流域环境演变与水沙运行规律"等。我国著名地理学家、地理研究所名誉所长黄秉维院士认为："《黄河流域环境演变与水沙运行规律》与南水北调和华北平原整治开发唇齿相依，互为表里。许多问题解决都需要在这三方面有真知灼见，兼顾统筹。"每项任务参加人数都逾百，参加单位众多，其组织协调之艰巨可想而知。但他从来是胸有成竹，调度游刃有余，这充分显示了他对科研工作的领导和布局方面的深谋远虑、统帅全局的大将风度和超凡的能力。遗憾的是，他担任项目学术领导小组组长，领导了"黄河流域环境演变与水沙运行规律"项目的设计、论证和头两年的实施，还带病亲自赴野外考察，但未能等到项目结束就不幸辞世。在他的学术思想指引下，1995 年"黄河流域环境演变和水沙运行规律"项目完成，并获中国科学院自然科学奖一等奖。

此外，为了使地理研究所科研工作的发展更好适应国际、国内科学发展的新形势和新需求，向科技现代化迈进，左大康十分注重支持应用基础方面的研究、新技术应用和新设备的引进。他积极支持陈述彭院士在地理研究所建立对国内外开放的"资源与环境信息系统国家重点实验室"；在黄淮海农业开发试点区等方面，他全力支持"中国科学院禹城综合试验站"的研究和开发，将基础研究和应用研究结合到一起，发挥了实际效益；1981 年春，他亲自领导在禹城站建立实验遥感研究点，并与热水平衡的实验研究密切结合，在我国开拓了实验遥感研究的新领域；他同时也积极支持和关心黄秉维院士于 1980 年12 月建立的 "北京农业生态系统试验站"。

由左大康担任领导小组组长、由中国科学院 4 个研究所合作完成的"黄淮海平原中低产地区综合治理和综合发展的研究"（1983—1985 年），1987 年获中国科学院科技进步奖特等奖和国务院二等奖；1988 年获国家科技进步奖二等奖。1983—1985 年完成的"华北平原地区水量平衡研究"和"远距离调水"两项成果，1986 年获中国科学院科技进步奖二等奖。

二、在科研工作和学术组织领导方面的成就和贡献

从 1960 年至 1966 年左大康主要在地理研究所气候研究室从事辐射气候学的研究工作；从 1973 年开始至 1990 年，在担任地理研究所业务处长、副所长和所长期间，他不仅在地理研究所科研计划、执行和成果形成中发挥了重要的决策作用，具有很强的学术组织能力，而且参与若干重大课题，亲临第一线从事研究工作，取得了突出成就。

1. 辐射气候学的研究

他在赴苏联攻读博士学位期间，完成了新疆气候报告的手稿。

太阳辐射不但对农作物及其他植物生产有重要意义，而且是气候形成的最基本因素，因此 1961 年左大康从苏联回国后，在气候研究室创立辐射气候研究小组，首次利用国家气象局按照国际地球物理年的要求从 1958 年开始观测的辐射资料，开展系统研究，取得了一系列重要研究成果：首次得出了中国各纬度带晴天条件下的总辐射值；建立了月总辐射计算公式；最早绘出全国月、年总辐射分布图，并分析了空间分布规律；研究了东亚地区地球-大气系统和大气辐射平衡，改进了云的反射率和云面的射出辐射的计算方法。其中月总辐射计算公式多年来一直为国内学术界广泛采用，全国总辐射分布图收入《中华人民共和国自然地图集》《中国气候图集》。以他为主完成的《地球表层辐射研究》一书，是他和他的研究团队 30 年研究工作的结晶，迄今仍是我国该研究领域唯一的学术专著。

2. 在国内较早开展了卫星辐射气候学的研究

在气象卫星问世不久，左大康就预见到它对气象学和地理学将产生深远影响和作用，他将研究团队在辐射气候学方面的有关研究成果与气象卫星的辐射研究相结合，1966 年以他为主编著的《气象卫星的辐射测量及其应用》出版，是国内这方面最早的著作。本来在当时地理研究所已经开始了接收卫星资料的一些工作，在我国也可以接收卫星资料之时，"十年动乱"致使此项工作中断，尽管如此，亦为以后的遥感应用研究打下了基础。左大康为地理研究所培养了一批从事辐射气候和遥感研究的人才，在后来的地物光谱、地气系统辐射平衡、太阳分光辐射、农田辐射、坡地辐射、实验遥感等研究方面，均成为该领域我国重要的学科带头人，成为建设遥感应用研究所、禹城综合试验站和北京农业生态系统试验站的骨干力量。

3. 为遥感技术在地理学上的应用作出贡献

遥感技术在国际上出现之始，左大康就认识到了它的重要性，1978 年积极参与组织和促成建立了以研究遥感技术在地理学中的应用为主要任务的地理研究所二部。1979 年，又在此基础上建立了中国科学院遥感应用研究所，从而推动了国内这项工作的开展。

4. 积极支持和推动我国地理信息的研究

左大康积极支持陈述彭院士的建议，把资源与环境信息系统国家重点实验室的筹建工作纳入地理研究所的发展规划。他作为所长从行政领导、后勤保障以及研究队伍的组建方面均给予支持，建立了对国内外开放的资源与环境信息系统国家重点实验室。

5. 在国内首先倡导和开展实验遥感研究

1981 年左大康在中国科学院禹城试验站建立国内首个实验遥感研究点，亲自设计研究目标、组织队伍、支持设备的配置。课题设计以遥感地表蒸发为切入点，将地表能量、物质交换的实验研究和遥感实验研究相结合，点面结合，基础研究与禹城当地农业生产中的实际问题相结合，开展以应用基础研究为目标的实验遥感研究，后来实验遥感研究被列为中国科学院试验站的五大研究方向，1988 年成为 IGBP 国际地圈生物圈的国际性"锚"站。在我国的定量遥感基础研究领域中为地理研究所占了一席之地。

6. 领导并组织了"南水北调及其对自然环境影响"的研究

左大康在 20 世纪 70 年代后期组织领导了"南水北调及其对自然环境影响"的研究。1980 年组织了中外专家对南水北调中线和东线进行实地考察，与联合国环境署科学顾问 A. K. Biswas 博士共同主持了流域调水国际学术会议，他领导的专家小组制定了包括 14 个课题的调水研究计划，对现在和将来都有指导意义。同 A. K. Biswas 等人共同主编了《远距离调水》一书，中英两种文字发表。书中着重分析了调水后水量调出区、水量通过区和水量调入区可能出现的各类环境问题，它在空间和时间上影响的范围、程度及其对策。另外，论证了黄河以北地区的缺水，并充分利用当地水资源和环境与经济效益，最优考虑，建立了水资源联合最优化系统分析模型。不仅具有实用价值，而且亦为国家决策提出了重要建议。左大康本人前后发表 5 篇论文，取得的成果奠定了我国在这一领域研究工作的基础。该项目的研究成果"远距离调水"与"华北平原地区水量平衡研究"联合申请，1986 年获中国科学院科技进步奖二等奖。

7. 组织和领导了重点攻关项目黄淮海平原综合治理和开发研究

20 世纪 80 年代初，左大康担任了黄淮海综合治理国家攻关项目的学术指导小组组长。从现场实地考察，到完成该项目的课题设计、分解实施，并具体指导了地理研究所参加各课题的实施，对规划这项大规模联合攻关作出了贡献。该成果运用遥感、计算机等新技术初步查清黄淮海平原农业自然资源，研究了旱涝成因、灾害防治、农村经济，提出农业发展若干问题和战略目标，并向中央提出黄河人工改道、南水北调等重要建议。综合研究一个流域农业发展的总体方案，提出战略目标和主要技术措施，被四个县政府肯定；建立了三个不同类型万亩综合治理和开发技术体系并已实施，效益明显，部分推广。左大康在此基础上，以河北省低平原为例，分析了主要农作物的需水量，根据农田水分平衡方程，估计了冬小麦、夏玉米和棉花整个生长期的水分盈亏及其在地区上的差异，分析了作为需水关键期的水分状况；在前人工作基础上，分析了黄淮海平原主要农作物的光能利用率和光合潜力。1987 年获中国科学院科技进步奖特等奖。1988 年获国家科技进步奖二等奖。

8. 重视地理科学的普及

在他的主持下，与中国画报社合作，完成了大型画册《中国自然景观》（中、英两种文字）的编辑出版，当年发行量高达近 40 万册，获得了良好的社会效益。

从学者到所长——访气候学家左大康教授

姜素清[*]

他，实在是太忙了。有时，早上 5 点钟刚下火车，顾不得旅途劳累，就直奔研究所里讨论工作，研究决定重要问题。我为了寻找一个机会能与左大康教授进行较长时间的交谈，费了不少周折。现在我把这个"艰难的"访问结果，介绍给读者。

中国辐射气候研究的先行者

太阳辐射是地球上一切生命和生命过程的能量源泉，也是地理环境中最主要的外来能源，如果没有太阳辐射能的投入，地球上一切生命都将会停止，一切现代地理过程也就不存在了。

1960 年，左大康先生从苏联莫斯科回国以后，一心扑在他所喜爱的事业——辐射气候学的研究工作上，成为当时这门分支学科的初创者。

采访伊始，左先生顺手从他办公室的书柜里拿出一叠书刊，这是他 20 余年所发表各种论文的一部分。他接着谈到了选择太阳辐射研究的初衷："地球上气候差异的最主要原因，归根到底是太阳辐射能达到量的不同引起的。太阳辐射对于发生在地球上和地球大气中的各种各样的过程和现象都有极大的作用，如果没有太阳辐射能的输入、传输与转换，地球上就不可能有生命和一切生命过程，许多地理现象与地理过程也不会发生，许多复杂的天气现象也不会存在。所以，太阳辐射的研究对于地理学、气候学、农业科学、水文学的研究都有重要的意义。这就是为什么我选择太阳辐射等进行研究的原因。"

左大康教授在辐射气候学领域中的研究，可以概括为三个方面的内容。

（1）研究了中国地区的太阳辐射特征，确定了中国地区全年和各月晴天太阳总辐射的纬度带值，绘制了太阳总辐射分布图，讨论了它的时空分布规律。这篇论文发表后，竺可桢教授在他的著名论文《论我国气候的几个主要特点及其与粮食作物生产的关系》一文中利用了这项成果。

地表辐射平衡是地表辐射能收入与支出间的差值，是研究地表能量转换的重要参数。通过对全国 146 个地点辐射平衡值的计算，左大康教授第一次绘制出全年和各月中国地区的辐射平衡分布图，并讨论了它的时空分布特征。根据 26 个日射观测站的实测资料，

* 姜素清（1937—2013 年），编审。曾任《地理知识》杂志社常务副社长。本文原载于《现代中国地理科学家的足迹》，学苑出版社，2002 年 6 月，327—339 页。

分析了我国不同地区和不同季节内太阳直接辐射与太阳总辐射的比值，探讨了该比值和太阳高度、云量和相对日照的关系，指出了该比值的时空分布规律和大气环流及地方天气条件之间的密切联系。此外，为探讨地方辐射状况特征，还对北京地区和我国北回归线以南地区的辐射状况进行了研究。为提供一种可供工业利用的太阳能的计算方法，他曾以北京为例，计算了北京地区各月垂直面上直接辐射和水平面上太阳总辐射可供利用的时数和时段，从而为工业利用的有效太阳辐射能量提供了科学依据。

（2）他和他的同事最早研究了东亚地区地球-大气系统和大气的辐射平衡。根据国内外 34 个站点 12 月和 6 月的气象资料，计算了东亚地区地球行星反射率、射出辐射、地气系统和大气的辐射平衡。他指出了 6 月东亚地区地球行星反射率低值带在北纬40°—50°之间，比北半球的低值带（北纬 25°—35°）要偏北得多。这种差异反映了东亚季风环流、天气状况和下垫面特性对东亚地区地球行星反射率的影响。6 月北半球的最大射出辐射值出现在北纬 20°—30°，即副热带高压带范围内，而东亚地区的最大值北移到北纬 40°，这是由于东亚范围内北纬 40° 附近有面积广阔的荒漠和半荒漠，夏季地面温度高，空气中水汽含量和云量少的缘故。而东亚地区纬度 20°—30°处，正处于西南季风和东南季风影响下，空气中水汽含量多、云量大，射出辐射因而减小。

（3）他编著了《气象卫星的辐射测量及其应用》一书。自 1957 年 11 月首次发射的人造地球卫星对太阳直接辐射进行测量以后，美、苏等国先后发射了许多气象卫星，到1964 年为止，也发表了几百篇有关气象卫星测量及其应用方面的文章。考虑到这种新手段的采用，无疑会促进气象科学和地球科学的发展，并有可能在将来利用它为生产建设服务，所以，在 1964 年，他组织有关人员花了一年时间，对国际上有关气象卫星的辐射测量及其应用成果进行了总结。这本书反映了 1964 年以前国际上在这个领域研究中的进展，在国内首次系统地介绍了这个领域的研究状况，为国内以后进行的遥感研究也提供了帮助。

大型攻关项目的组织者

左大康教授不但是一位从事辐射气候研究的学者，同时在领导"六五"攻关项目如黄淮海平原治理与开发、南水北调对自然环境的影响等重大课题中，显示了他的组织才能。

为了组织协作好各个有关课题，他和项目的学术领导小组成员一起，要求每个课题都需要作正式的开题报告，提出课题的总体设计方案；对攻关目标、研究内容、技术难点、计划安排、人员组织、经费安排、预期成果及搞好协作等都要一一过问。并在项目安排上注意多层次的结合，宏观与微观相结合，综合治理研究与合理开发研究相结合。同时还注意发挥科学院的人才优势和特点，因而取得了一大批可喜的成果。例如在组织对于黄淮海地区进行了地貌类型和土地类型等的划分，编制了 6 种 1∶50 万黄淮海平原专题地图，查明了水资源与土地资源，得出了各类低产土的分布与数量，指出了水土资源合理利用与开发的方向，研究了洪旱涝盐碱等灾害的时空变化规律，提出了对黄河下游的治理途径以及调整农业结构的意见；同时还建立了黄淮海平原农业资源、农村经济开发的配置模型，提出了加速黄淮海平原经济振兴的措施，从而得到了国家和中国科学院的奖励。谈到这些工作，左大康先生谦虚地说："以上成绩的取得，归功于参加黄淮海工作的全体同志的努力，我只不过是做了一些组织工作。"

如何办好一个研究所

"提高执行党的三中全会以来的路线、方针、政策的自觉性，归根结底要为生产建设服务"。"我们今后的应用研究要看得远一点，走在国民经济建设的前面，例如黄淮海平原的综合治理与黄河问题的研究要结合起来，要与黄河中下游土壤侵蚀和水土保持结合起来，要在'深'字上下功夫，搞清规律……"。这是 1984 年 3 月 6 日左大康就任地理研究所所长时就职演说中的一段话，也是他从一个学者走上所长领导岗位的开端。

"请谈一谈你是如何领导一个研究所的？"我很直率地问。

左大康所长沉思了片刻说："从 1984 年底试行所长负责制以来，我们首先从清理课题人手，制定出以实行所长负责制、课题组长负责制、岗位责任制为主要内容的全所科研体制总体改革方案。全所的业务、行政管理由所长全面负责，接受党委和群众的监督。所长的主要职权是科研方向与任务的确定、规划和计划的制定、经费的分配、重大课题和购置重要设备的决策、科技和行政干部的任免、机构设置和调整、规章制度的颁布以及职工工作条件和生活条件的保障等。"

左所长接着又说："要使自己的决策保持正确或基本正确，避免主观性和片面性，必须要有坚实的群众基础，充分走群众路线，集中群众智慧。例如，所务会议、学术委员会、所长咨询组以及各种专门委员会的建立，就构成了所长决策的网络系统，同时发挥业务、行政指挥系统的效能，使他们真正起到所长的助手作用。"

左所长还强调："要处理好所长同党委的关系。改变过去那种党政不分、以党代政的领导体制上的不适应状况。有重大事情时，我都要事先提交党委会讨论，然后再召开所务会议决定。分工明确、团结协作，这是搞好所领导工作的重要保证。"

通过三年的实践证明，中国科学院地理研究所在左大康所长等人的领导下，已经取得了重大科研成果 31 项，包括获国家进步奖和自然科学奖 4 项，中国科学院科技进步奖和成果奖 27 项，其中一等奖 5 项，二等奖 14 项，三等奖 8 项。获国家有关部门和有关省市奖励 12 项。经济地理部的建立，为经济地理学的发展创造了良好的条件。近年来，他们在结合国家的经济建设任务中，做出了一定的贡献。同时还建成了两个野外试验站，为基础理论的研究打下了基础。对外开放的资源与环境信息系统实验室也已经胜利建成。

总之，三年来，地理研究所在前进，它的进步，它的发展壮大，是地理研究所广大职工辛勤劳动的结果，也是和左大康所长的努力工作、日夜操劳分不开的。

地理学在崛起

1986 年春，地理研究所正式实行由中国科学院和国家计委双重领导，这是地理研究所的科技体制改革中的一个重大事件。它说明国家对地理学的重视，同时也预示着地理研究所今后的科研任务一定会更紧密地结合国家经济建设。

"请你再谈一谈地理学今后的发展方向是什么？"记者问。

左大康很有信心地说："近 20 年来，人类社会面临着许多重大问题，如环境、人口、资源、国土开发等，要求许多不同性质的学科合作研究才能解决。而地理学这门既联系着自然、又联系着社会的学科，具备着沟通自然环境与人类行为之间的桥梁作用。它将空间分布研究与时间过程研究统一起来，从而体现出在解决上述问题时的学科优势。加上进入 80 年代以后，地理学广泛采用各种先进技术和方法，增强了解决问题的能力，也使地理学的面貌发生了可喜的变化。"

左所长进一步用地理研究所的发展事实，说明地理学在国民经济建设中的重要作用和地位。他认为，当前地理学面临社会发展挑战的情势下，必须抓住三个方面：

一是继续重视地理学的基础研究。它是使应用研究保持后劲，从而在新的高度上更好地服务于经济建设，同时也是促进地理学长期兴旺发达的重要措施。必须组织少而精的研究队伍来担任这一工作。当然，面向经济建设，大力加强应用研究，还是地理研究所科研工作的"主战场"，需要投入更多的人力。

二是进一步发展经济地理学。它是我所最早发展起来的重要分支学科，与国家经济建设关系非常密切。经济地理过去已经做出了很好的成绩，并已有一定的基础和实力，受到有关部门和学术界的重视，今后应得到更快的发展和加强。

三是加强地理学的实验研究。为了提高地理学的研究水平，使取得的研究成果能在生产建设中得到及时的应用，必须进行地理学的实验研究。例如，南水北调对环境的影响问题；解决华北地区水资源亏缺的对策问题；减少黄土高原土壤侵蚀量的途径问题；大规模改造自然和重大工程项目的实施等，都会对环境产生影响，要正确决策，没有较精密和连续的实验研究是不行的。

左大康所长认真地强调指出，自然地理现象的形成与发展，是一个多因素相互作用、相互制约的复杂的动态过程，要搞清这些复杂的动态变化过程，阐明其形成与变化的规律，还必须开展地理学的野外定点实验。中国科学院北京大屯农业生态系统试验站，研究影响农作物产量的环境因素；中国科学院山东禹城综合试验站，研究农田水分循环和水量平衡。这些实验研究的开展，将有助于地理学理论水平的提高。

左大康所长为我们描绘了一个研究所未来发展的蓝图。通过对他的采访，使我看到了中国地理学的研究，正面临着一个新的崛起。我祝愿左大康所长，在继续连任一届所长期间，为地理研究所的发展和地理学的繁荣昌盛作出更大的贡献。

左大康，他将地理研究与国民经济发展联系起来[*]

高　雨

　　近现代的湖南人都有一股敢为人先的精神，这种精神除了体现在革命家和政治家身上，也集中地体现在了地理学家身上。说起湖南的地理学家，左大康便是非常重要的一位，一方面他将地理学研究与国民经济发展相联系，并在担任中国科学院地理研究所所长期间支持创建了经济地理部；另一方面他对于地球表层辐射气候学有着开拓性的贡献，在 20 世纪 60 年代，人造卫星刚刚起步的时候，他又研究了人造地球卫星的辐射测量，再一次走在了地理学研究的前列。说起地球表层辐射气候学，可能一般人很难理解这个学科的意义，但是它对地理学却有着重要的意义，是很多地理现象的决定因素。简单来说，正是由于太阳辐射的差异才造成了地表受热不均，在不同区域表现出不同的气候特征，从而影响到人们生产生活的众多方面。左大康就是这门基础科学的开拓者。

长沙出生、浙江求学、苏联留学：终成一代地理学家

　　1925 年，左大康出生于湖南长沙，喝着湘江水长大的左大康和众多湖南名人一样，都有一股强烈的敢为人先的精神品质。1943 年，左大康来到浙江大学化工系求学，后转入史地系。在学校期间，受到时代的影响，左大康积极地从事学生运动，中国科学院已故院士、著名地理学家、地图学家陈述彭先生便是左大康在浙大的同学与老师，据陈述彭撰写的文章回忆，全国解放前夕的浙江大学阳明馆广场的大墙上便写着"左大康"三个大字，所有学生都支持他竞选学生会主席，在那个风雨如磐、刀光剑影的岁月里，这并不是什么殊荣，而是极大的风险。也许是从小便受到众多湖南热血先辈的影响，左大康在求学期间便处处体现出热血精神，代表全校师生做民权斗争。1953 年，左大康被调到了当时的中国科学院地理研究所，不久之后便被派往苏联留学，改攻太阳辐射学。回国之后便积极投身到了太阳辐射对中国各地气候影响的研究中，并将研究内容应用到了农业生产和更多的领域，成为了我国研究辐射气候学的地理学家。

在地理学研究中开创新方法、新手段

　　由于我国幅员辽阔，所以各地所受的太阳光热并不一样，进而表现出众多的气候差异，这种气候差异对于生物生态、农业生产等都是决定性的。左大康所研究的就是辐射对气候的影响以及对农业生产的决定性作用，他首次得出了中国各纬度带晴天条件下的

　　* 本文刊于《中国国家地理》，2021 年第 2 期。撰文：高雨，绘图：李亚龙。本次发表编者稍有删改。

总辐射值，建立了月总辐射计算公式；最早绘出全国月、年总辐射分布图并分析了空间分布规律；研究了东亚地区地球-大气系统和大气辐射平衡，改进了云的反射率和云面的射出辐射的计算方法；在我国最早提出卫星辐射研究的思想，早在1966年就撰写了《人造地球卫星的辐射测量及其应用》一书，提出了可供利用的有效太阳能量的计算方法；这些数据的得出对于划分出我国各个区域的辐射值，进而指导不同区域的农业生产具有重要的基础意义。其中最具代表的便是左大康主持的黄淮海地区的农业开发和粮食增产项目，成为了将辐射科学应用到农业生产中的生动范例。尤其值得一提的是，他研究人造卫星的辐射测量及应用，可谓是开创了地理学研究的新手段、新方法，在人造地球卫星刚刚起步的阶段，左大康通过这一前瞻的设想极大推动了后来的遥感科学在地理学中的应用。

黄淮海平原治理、南水北调、黄河水沙：跨领域的地理学中也有他的贡献

到了20世纪70年代末，左大康先后全力支持了山东禹城综合试验站和北京大屯农业生态试验站，围绕着农田水分循环和水量平衡这一主要研究方向，重点开展了农田蒸发试验研究，将中国农田蒸发研究推向了世界同类研究的先进行列，推动了中国地理学的定量化研究进程。再后来，左大康主持了"黄淮海平原治理与开发""南水北调及其对自然环境影响""黄河流域环境演变与水沙运行规律"等科学研究，这些都是关系到国家发展的重大项目。在左大康担任所长期间，中国科学院地理研究所经济地理部得以组建，经济地理部的地理学家将地理科学与经济发展联系起来，将实验地理与区域地理相结合，提出了众多影响了中国经济几十年发展的理论，在这背后，都与这位湖南地理学家有莫大联系。

其实，当我们看左大康在地理科学中的几次转变，就可以发现他身上其实拥有的是湖南人的精神特质，那就是推动变革、走在前列。

左大康重要著作和著作目录

新疆气候*

（节选）

---

　　* 原编者按：此文为左大康先生手稿，原文共十一章。估计是 1960 年在苏联攻读博士学位期间所作，题名为编者所加。手稿全部附图已无法找到。在手稿中缺第二、第七和第八章。经和左大康先生在苏联写成的副博士论文（俄文）相对照，这三章的内容应该是太阳辐射、云量和日照、风三部分。1963 年左大康先生和陈汉耀、丘宝剑合作，著有《新疆气候及其和农业的关系》一书，该书中第一章第二节、第二章第三节和第四节由左大康先生执笔，这三节的内容正好就是手稿所失的三章的内容，故编者把这三节取来补齐手稿所失的三章。

　　原文刊于《左大康地理研究论文选》，科学出版社，1993 年 12 月。此次仅节选部分内容，删除附图，也省略参考文献。左大康先生此文最早发表于 20 世纪 60 年代，距今已 60 余载。其中，关于新疆太阳能及风能的利用等论述，彰显了左先生超前的学术思想，在当前全球环境变化的背景下，仍具有重要的现实意义。

第二章　太阳辐射

太阳辐射是最重要的气候形成因子之一。不同地区气候上的差异主要是由到达该地太阳辐射量的不同所引起的。到达地面的太阳辐射量的多少首先决定于地理纬度，其次也与云量和大气透明度有关，因此地面上太阳辐射能的分布和大气环流及天气状况的特点是密切相关的。不同的下垫面对太阳短波辐射的反射率也是不同的，因而实际上地球表面所吸收的太阳辐射能量，也随下垫面的不同特性而有所差异。上述各种因素的综合影响也就导致了太阳辐射热量在时间和空间分布上的不同。

本节首先利用 1957 年 7 月到 1960 年 12 月库车、喀什、若羌、和田以及 1959 年 1 月到 1960 年 12 月乌鲁木齐的实际日射观测资料来分析新疆地区的太阳辐射特征。

1. 太阳总辐射

在南疆地区根据三年半（1957 年 7 月到 1960 年 12 月）时期中上述 4 个站的观测资料，太阳辐射的年总和为 140—150 千卡[①]/（厘米^2·年），而北疆的乌鲁木齐（1959 年 1 月到 1960 年 12 月）为 133 千卡/（厘米^2·年）。在太阳总辐射的年过程中最大值都出现在 6 月，月最大值约为 17—20 千卡/（厘米^2·月）。12 月到处都观测到太阳总辐射的最小值，该月的太阳总辐射值约为 5—7 千卡/（厘米^2·月）。太阳总辐射值从 12 月到 6 月逐渐增大，然后再从 6 月向 12 月逐渐减少。但是新疆地区秋季日射的减少各地是不十分平衡的，从图 2-1[②]可以看出，秋季日射的减少比较缓慢，这和新疆地区秋季云量的显著减少有关，图 2-1 上的月平均（1957 年 7 月到 1960 年 12 月）云量年过程曲线，就能很好地解释衡性，显然也反映了多年平均状况。从表 2-2 中可以看出，春季当太阳位置较

表 2-1　月平均总云量（1954—1960 年）　　　　　　　　　　（单位：成）

地点	1 月	2 月	3 月	4 月	5 月	6 月	7 月	8 月	9 月	10 月	11 月	12 月
乌鲁木齐	4.5	5.4	6.4	6.1	6.0	5.6	5.6	4.9	3.5	2.9	5.1	5.8
库车	5.0	5.5	6.6	6.7	6.8	6.3	5.5	5.3	3.7	2.9	4.3	4.7
喀什	6.1	6.0	7.3	6.4	6.0	5.0	4.6	4.6	3.4	3.1	4.5	5.2
若羌	5.7	5.7	7.4	7.3	6.3	5.8	4.6	4.1	3.6	2.8	4.1	5.3
和田	6.1	6.0	7.0	6.8	5.2	5.9	5.2	5.1	3.8	3.0	3.6	4.3

---

① 1 卡 = 4.18 焦耳，下同。

② 插图已作删除。下同。

高和白昼较长时，太阳总辐射值显著地大于秋季，同时还可以看到冬季和夏季太阳总辐射值的差异随纬度的增加而增大。例如和田地区夏季总辐射值仅为冬季的 2 倍，而乌鲁木齐则达到 3 倍半。

表 2-2　年、季太阳总辐射、直接辐射和散射辐射　　　　　　　（单位：千卡/厘米^2）

地点	乌鲁木齐	库车	喀什	若羌	和田	塔什干
坐标纬度（北纬）	43°49'	42°31'	39°31'	39°05'	37°07'	41°20'
经度（东经）	87°33'	83°00'	75°45'	88°03'	79°55'	69°18'
高度/米	851	1067	1289	950	1382	479
冬季总辐射	14.96	20.23	20.02	21.57	23.58	13.59
直接辐射	8.09	10.75	9.93	11.41	12.15	7.11
散射辐射	6.87	9.48	10.09	10.16	11.43	6.48
春季总辐射	40.95	41.05	41.09	40.90	40.92	37.25
直接辐射	25.57	15.44	20.78	16.68	16.93	25.60
散射辐射	15.38	25.61	20.31	24.22	23.99	11.65
夏季总辐射	49.78	48.89	54.66	51.16	47.96	55.99
直接辐射	35.27	27.39	35.96	28.35	21.45	46.16
散射辐射	14.51	21.50	18.70	22.81	26.51	9.83
秋季总辐射	27.00	30.55	30.58	33.32	32.95	28.22
直接辐射	18.50	16.21	17.08	20.88	17.95	20.93
散射辐射	8.50	14.34	13.50	12.44	15.00	7.29
年总辐射	132.69	140.72	146.35	146.95	445.41	135.05
直接辐射	87.43	69.79	83.75	77.32	68.48	99.80
散射辐射	45.26	70.93	62.60	69.63	76.93	35.25
观测时间（年.月）	1959—1960	1957.7—1960.12	1957.7—1960.12	1957.7—1960.12	1957.7—1960.12	1926—1952

太阳辐射年总值的地区分布随纬度增高而减少，新疆地区纬度每增高 1°，太阳辐射年总值约减少 1.5—2 千卡/（厘米^2·年）。冬季南疆和北疆之间太阳总辐射流入量的差异表现得十分明显。例如，冬季乌鲁木齐的太阳总辐射只有和田地区太阳总辐射值的 61%。夏季太阳总辐射值几乎不随纬度而变化，它甚至有随纬度增高而略增的趋势。造成这种现象的原因有二：①夏季期间太阳在地平面上的高度虽然随纬度的增高而有些降低，但白昼的时间增长了；②夏季期间南疆地区的空气中充满着灰尘，大气透明度较北疆显著减小，太阳直接辐射流入量遭到了极大的削弱。

为了比较南疆和苏联中亚地区的太阳总辐射量。在表 2-2 中引出了塔什干的多年平均太阳总辐射值。以纬度相差不大且同属于内陆沙漠区的库车和塔什干相比较，则可以看到，库车冬、春、秋季的太阳总辐射值都大于塔什干的值，而夏季则小于塔什干的值。这是由于塔什干冬春极锋（伊朗锋）上的气旋活动频繁、阴天较多、云量较大之故。夏季出现相反的情形是由于塔什干的夏季经常是碧空无云、晴天频率大和大气透明度极佳的缘故。至于库车的夏季则云量较多，且有频繁的尘暴，大气透明度差，因而削弱了到达地面的太阳直接辐射量。根据上述的原因，我们可以推断，上述南疆和苏联中亚地区太阳总辐射量的季节差异现象应当反映了多年平均的情况。

2. 太阳直接辐射和散射辐射

在新疆的不同区域中太阳直接辐射、散射辐射和总辐射间的比例关系是十分不同的。在南疆的大部分地区内散射辐射值都很大，各季的散射辐射都占总辐射值的40%以上，而且和田与库车的年散射辐射值大于年直接辐射值（表2-2），这对农作物利用太阳光能来说是十分有利的。这样大的散射辐射值是由地理环境和天气条件共同形成的。南疆的塔克拉玛干沙漠是一个广阔无垠的缺少植物覆盖的沙漠戈壁，整个南疆地区的降水极为稀少，而土壤极其干旱，因此当风力达到一定的速度时，即能扬起地面上干而轻的土粒，造成浮尘天气。耿宽宏曾根据观测资料，把地面上2米高度处5米/秒的风速定为起沙风，对于扬起直径很小的微粒来说风速当然还要小些。根据在和田与喀什等地调查的结果，一般在地面上10米高度处每秒风速达6—7米时，就会出现浮尘天气，而这种风速在南疆地区是比较常见的（尤其是春季）。春、夏期间大戈壁中的尘卷风又特别多，当我们在南疆进行考察时曾见到大尘卷和小尘卷一个接着一个地产生，而能见度迅即变坏。1959年6月，当我们沿着喀什到和田的昆仑山北麓工作时，虽然经常是晴朗无云的天气，但始终没有见到昆仑山的真面貌。以上所述就是南疆地区浮尘天气较多的原因。南疆地区由于浮尘天气频繁，到达地面的太阳直射光线也经常受到大量微粒散射作用而减弱，而散射辐射值则因此而增加了。

在南疆叶尔羌河以东地区全年盛行东北风，以西地区则全年盛行西北风，这种盛行风在吹过塔克拉玛干沙漠时，常常能引起尘暴和浮尘。在上述的盛行风向和沙漠位置的具体条件下，南疆各地的浮尘天数也是不同的。南疆东部地区的浮尘天数较少，塔克拉玛干沙漠南部和昆仑山北麓地区的浮尘天数最多，南疆最西部的地区一般只是在刮东风的时候才出现尘暴天气，东风一般可以作为预报喀什等地浮尘天气的气象指标。上述论点从表2-3中的哈密与和田的全年浮尘天数得到证明。

北疆地区由于浮尘天气很少，散射辐射值比南疆小得多（见表2-2）。乌鲁木齐的年散射辐射值只占年总辐射值的34%，在这里年和各季的散射辐射值都比直接辐射值小得多。

南疆地区太阳散射辐射流入量的年过程中最大值大多出现在4月到6月，而最小值则出现在12月。春季在南疆的大多数地区内散射辐射值都大于直接辐射值，这从图2-2和表2-2中都可以看到。春季散射辐射值大的原因有二：①春季是新疆大风最多的季节（参看第二章第四节），因而也是浮尘日数最多的季节。根据1957年7月到1960年12月的气象统计资料，春季三个月（3—5月）南疆地区的平均浮尘日数达到51—65天（见表2-3），即春季期间大约有2/3的日子里出现了浮尘天气，这是造成南疆地区春季散射辐射值大于直接辐射值最重要的原因。②从图2-2还可以看到，春季也是新疆地区云量最多的季节，云能减弱太阳直接辐射而增加散射辐射值。散射辐射的最小值出现在 12 月份，也和该月浮尘日数最少有关。

从表 2-1 和表 2-3 中我们可以看到，1957 年 7 月到 1960 年 12 月期间春季云量和浮尘日数最多的特点也同样表现在多年平均的气象资料中，因此 1957 年 7 月到 1960 年 12 月期间，南疆地区春季散射辐射值大于直接辐射值的特点显然也代表了多年平均的情况。

新疆地区太阳直接辐射年过程中的最小值大多出现在 1 月和 12 月，最大值则出现在 6—7 月。这是由太阳高度所决定的。但是从图 2-2 可以看到，南疆地区 3 月份到处都可以观测到直接辐射的显著减小，这同样也是和浮尘天气密切相关的。从表 2-3 可以看到，南疆地区 3 月的浮尘日数平均达 20 天以上，比 2 月份增加了 1 倍到 2 倍。这种现象也同样表现在多年平均的浮尘天数资料中。因此我们也同样可以认为，南疆地区 3 月份直接辐射值的显著减少代表了多年平均情况。

秋冬期间太阳直接辐射从南向北递减，但春夏季则显得毫无规律，例如，乌鲁木齐的直接辐射值比和田要大得多。这同样也是浮尘天气影响的结果。

综上所述，我们可以认为，决定南疆太阳直接辐射、散射辐射和总辐射间的比例关系的主要因素是浮尘天气的多寡而不是云量。

表 2-3　浮尘日数

地点	观测时间	1 月	2 月	3 月	4 月	5 月	6 月	7 月	8 月	9 月	10 月	11 月	12 月	全年
乌鲁木齐	1954—1960 年	0	0	0	1	1	0	0	0	0	0	0	0	2
乌鲁木齐	1957 年 7 月—1960 年 12 月	0	0	0	1	0	0	0	0	0	0	0	0	1
库车	1954—1960 年	2	4	18	11	10	7	3	4	5	7	1	0	72
库车	1957 年 7 月—1960 年 12 月	3	3	23	15	14	10	4	3	3	8	1	0	87
喀什	1954—1960 年	6	10	20	17	14	8	11	8	10	9	5	2	120
喀什	1957 年 7 月—1960 年 12 月	9	9	20	17	21	6	8	6	12	13	5	1	127
若羌	1954—1960 年	6	12	20	16	14	14	11	10	7	6	4	4	124
若羌	1957 年 7 月—1960 年 12 月	9	7	20	17	14	8	14	9	8	8	2	4	120
和田	1954—1960 年	5	8	22	20	21	19	21	17	14	9	6	3	165
和田	1957 年 7 月—1960 年 12 月	11	6	25	20	20	20	24	22	13	8	6	1	176
哈密	1953—1958 年	0	2	5	2	1	1	0	0	1	0	1	0	13

左大康等曾研究了中国地区太阳直接辐射 S'' 和总辐射 Q 的比值 S''/Q 和日照百分率有良好的相关关系，并确定了中国沙漠地区和非沙漠地区 S''/Q 值和日照百分率的相关曲线。根据该相关图和新疆日照百分率的资料，我们查算了新疆各地的比值 S''/Q（表 2-4）。从表 2-4 可以看出，北疆地区由于浮尘天气少，空气透明度大，年平均 S''/Q 值都在 60%以上；南疆各地浮尘天气多，空气透明度极差，年 S''/Q 值都在 60%以下；南疆西南部则更低，年 S''/Q 值大多在 50%以下；新疆东部各地由于云量和浮尘日数都比南疆少些，年 S''/Q 值为 60%左右。

表 2-4 新疆地区各月太阳直接辐射 S'' 与总辐射 Q 的比 S''/Q （单位：%）

地点	1月	2月	3月	4月	5月	6月	7月	8月	9月	10月	11月	12月	全年
阿勒泰	61	65	66	71	65	65	69	63	73	71	57	52	65
精河	58	59	51	61	66	69	67	72	78	73	48	43	62
石河子	63	63	60	66	69	72	72	73	79	75	59	50	67
乌鲁木齐	64	65	56	63	68	69	68	72	77	74	60	54	66
哈密	56	60	61	55	57	58	55	61	68	65	64	56	60
库车	53	54	45	49	50	49	52	52	61	59	62	57	54
阿克苏	48	43	33	42	42	48	49	46	51	56	57	51	47
焉耆	49	54	56	54	54	54	53	60	66	63	64	49	56
若羌	50	50	50	49	51	54	53	64	58	64	57	46	54
和田	42	39	40	42	40	46	45	45	52	58	58	48	46

在 S''/Q 值的年过程中最大值都出现于秋季 9、10 月，月最大值北疆在 70% 以上，南疆为 60% 左右。最小值北疆出现于冬季 12 月，南疆则出现在冬季和初春之间，月最小值北疆为 50% 左右，南疆则介于 40%—50% 之间。

知道了比值 S''/Q 的空间与时间变化规律后，我们也就知道了太阳散射辐射 D 与太阳总辐射 Q 的比值 D/Q（因 $Q = S'' + D$），因此根据新疆日照百分率的资料和上述相关图，就可以间接了解新疆各地太阳辐射的基本情况。

3. 总辐射的计算资料

为了研究新疆全境太阳总辐射的空间分布特点，前面所引用的五个地点的实际观测资料当然是不够的，因而就有必要应用经验公式来间接地计算新疆地区的太阳总辐射。

M. C. 阿维尔基耶夫曾计算了不同的大气透明度和无云条件下纬度 40°—70° 之间水平面上各月的太阳总辐射值 $(Q+q)$。为了确定新疆地区的 $(Q+q)$ 值，我们利用了 M. C. 阿维尔基耶夫的计算资料，对北疆地区我们采用了阿拉木图的大气透明度，这是因为北疆和阿拉木图的气团基本上是相似的；南疆地区则采用了阿什哈巴德的大气透明度，这两个地区各月的大气透明度系数我们列举在表 2-5 中。

表 2-5 各月大气透明度系数

地点	1月	2月	3月	4月	5月	6月	7月	8月	9月	10月	12月
阿什哈巴德	0.798	0.795	0.784	0.763	0.761	0.753	0.740	0.748	0.765	0.817	0.836
阿拉木图	0.822	0.822	0.811	0.790	0.785	0.783	0.783	0.786	0.783	0.794	0.820

由于投射到地面的太阳总辐射 $(Q+q)_0$ 还要被云层所减弱，因此，实际上到达地面的太阳总辐射流入量 $(Q+q)_n$ 和 $(Q+q)_0$ 之比值，因此就可以利用下面的公式来计算：

$$(Q+q)_n = (Q+q)_0 K_n \tag{1}$$

公式中的 K_n 为有云条件下达到地面上的太阳总辐射的减弱系数，K_n 值也可由总云量和低云量的成数来决定。因此

$$K_n = (Q+q)_n / (Q+q)_0 = 1 - CN \tag{2}$$

式中

$$C = C_m + (C_L - C_m) N_L / N \tag{3}$$

式中，N 为总云量成数；N_L 为低云量成数；C_m 为对中层和高层云而言的系数 C 的平均值，根据 C. N. 萨维诺夫和 B. 海尔威特茨（Haurwitz）的资料取为 0.037；C_L 为对低云而言的系数 C 的平均值，根据上述作者的资料取为 0.076。

根据上述公式对新疆地区 22 个地点进行了太阳总辐射的计算。计算结果（见表 2-6）表明，和实际观测资料一样，在总辐射的年过程中最大值出现在 6—7 月，最小值出现在 12 月；春季的总辐射值也同样大于秋季的总辐射值。

新疆的年总辐射值大致变化在 120（北部）千卡/（厘米^2·年）到 155（南部）千卡/（厘米^2·年）之间。从年总辐射值分布图 2-3 上可以看出，总辐射值不均匀地由南向北递减的，在广阔的塔克拉玛干沙漠中，由于云量和大气透明度的一致性，太阳总辐射值由南向北的减　少进行得十分缓慢，沙漠南北之间太阳总辐射值仅在极小的范围内变动着[140—150 千卡/（厘米^2·年）]。愈接近天山，由于云量的增加，太阳总辐射值的减小愈为迅速。在天山南麓太阳总辐射值的减少几乎要比塔克拉玛干沙漠中快 3 倍。在北疆，由于准噶尔盆地中天气条件的相似，太阳总辐射值又重新缓慢地由南向北减少，并变化在 120—130 千卡/（厘米^2·年）之间。

从图 2-2 中还可以看到，年总辐射的等值线不具有严格的纬圈方向，年总辐射值的梯度方向是南东南-北西北。这就是说，愈近新疆东部年总辐射值愈大，这主要是由于新疆的云量向东减少的缘故。

表 2-6　平均年、季、月太阳总辐射（1954—1958 年）　　　　　　（单位：千卡/厘米^2）

地点	1月	2月	3月	4月	5月	6月	7月	8月	9月	10月	11月	12月	年	冬	春	夏	秋
阿勒泰	4.07	5.59	9.69	12.45	15.64	16.05	16.09	14.52	11.23	7.94	4.21	3.12	120.60	12.78	37.78	46.66	23.38
塔城	4.57	6.16	9.91	12.33	15.78	16.38	17.04	15.10	11.69	8.55	4.80	3.51	125.82	14.24	38.02	48.52	25.04
伊宁	4.92	6.22	9.21	12.18	15.54	16.01	16.72	14.83	12.51	9.37	5.40	4.05	126.96	15.19	36.93	47.56	27.28
乌鲁木齐	5.05	6.31	9.35	11.97	14.98	15.56	15.82	14.43	12.51	9.81	5.18	3.88	124.76	15.24	36.21	45.81	27.50
吐鲁番	5.65	7.41	11.48	13.49	16.37	17.19	15.79	15.05	13.36	10.89	6.98	5.35	139.01	18.41	4134	48.03	27.50
库车	5.61	7.13	10.88	12.58	15.27	15.54	15.52	14.11	12.67	10.84	6.81	5.45	132.41	18.19	38.73	45.17	30.32
喀什	5.45	7.25	11.39	13.38	15.46	16.64	16.88	15.21	13.04	11.08	7.38	5.84	139.00	18.54	40.23	48.73	31.54
若羌	6.15	7.87	10.96	13.10	16.60	16.29	17.75	16.25	13.78	11.76	8.00	6.14	144.65	20.16	40.66	50.29	33.54
和田	6.51	8.16	11.87	14.23	17.43	16.80	17.42	15.92	14.05	12.24	8.73	6.65	150.01	21.32	43.53	50.14	35.02

冬季 1 月太阳总辐射的变化范围不大，由北部的 4 千卡/（厘米 ^{2}·月）向南增加到 65 千卡/（厘米 ^{2}·月）。从图 2-3 可以看出，1 月太阳总辐射值随着纬度的增加而减少是比较均匀的，但 1 月的总辐射值梯度方向也具有南东南-北西北的方向。

夏季南北疆之间总辐射值的差异是很小的。和年总辐射分布图的特征一样，7 月太阳总辐射值也是不均匀地由南向北递减，总辐射的梯度也具有南东南-北东北的方向。但是，从 7 月太阳总辐射分布图 2-4 上，我们可以看到，在天山地区及其两侧有一个低于 16 千卡/（厘米 ^{2}·月）的太阳总辐射值的低值区，这个低值区呈舌状横亘在新疆中部，这个低值区是由天山上云量的增加所造成的。

将新疆地区的太阳总辐射值和同纬度的欧亚大陆地区的总辐射值相比较，从 M.H.布德科的热量平衡图上即可看出，新疆的太阳总辐射量要比中亚要小，比地中海沿岸要小得更多，但比中国东部地区要大些，这主要与暖季中的云量有关。暖季是太阳辐射热量最多的季节，但这个季节中新疆的云量比中亚和地中海地区都要大得多，而比中国东部的夏季季风区的云量则要小些。

为了检验太阳总辐射计算值的可靠程度，我们将计算值和实际观测值进行了比较，从表 2-7 中可以看出，它们之间的偏差（%）变化在+3 到–6 的范围内。在计算太阳总辐射年总值时，这样的偏差基本上是能够允许的。

表 2-7　年总辐射的计算值与实际观测值的比较　　　（单位：千卡/厘米 ^{2}）

项目	乌鲁木齐	库车	喀什	若羌	和田
计算值	124.8	132.4	139.0	144.7	150.2
实测值	132.7	140.7	146.4	147.0	145.4
偏差/%	–6	–6	–5	–2	+3

4. 下垫面对太阳辐射的吸收

投射到地面的太阳辐射并没有全部被下垫面所吸收,其中一部分是被下垫面反射了。根据很多观测资料确定了：温带纬度内稳定雪覆盖的反射率平均取为 70%，不稳定雪覆盖的反射率为 45%，无雪覆盖时期中沙漠下垫面的反射率为 30%,在北疆沙漠内植物覆盖较多，反射率取为 28%，北疆反射率是和哈萨克斯坦东部沙漠中的反射率是一致的（邓琴科）。根据上述资料，我们计算了新疆 22 个地区每个月的反射率。以乌鲁木齐为例，雪覆盖平均出现在 10 月 27 日，4 月 13 日完全消失，稳定雪覆盖的形成时期由 11 月 26 日到 3 月 16 日。因此乌鲁木齐各月反射率的确定如下。

项目	1 月	2 月	3 月	4 月	5 月	6 月	7 月	8 月	9 月	10 月	11 月	12 月
反射率/%	70	70	70（16 日） 45（15 日） 58	45（13 日） 28（17 日） 35	28	28	28	28	28	28（26 日） 45（5 日） 30	45（25 日） 70（5 日） 48	70

根据此方法求得新疆各地下垫面的反射率（表 2-8）。

表2-8　各月反射率　　　　　　　　　（单位：%）

地点	1月	2月	3月	4月	5月	6月	7月	8月	9月	10月	11月	12月
阿勒泰	70	70	66	35	28	28	28	28	28	28	46	70
塔城	70	70	66	34	28	28	28	28	28	28	49	70
伊宁	70	70	56	29	28	28	28	28	28	28	45	62
乌鲁木齐	70	70	58	35	28	28	28	28	28	30	48	70
吐鲁番	35	30	30	30	30	30	30	30	30	30	30	35
库车	45	35	30	30	30	30	30	30	30	30	30	35
喀什	45	35	30	30	30	30	30	30	30	30	30.	35
若羌	45	35	30	30	30	30	30	30	30	30	30	30
和田	35	30	30	30	30	30	30	30	30	30	30	35

根据表 2-8 中反射率的资料，就可以计算各地区和各月下垫面所吸收的太阳辐射热量（表 2-9）。

表2-9　年、月平均吸收辐射　　　　　（单位：千卡/厘米²）

地点	1月	2月	3月	4月	5月	6月	7月	8月	9月	10月	11月	12月	年
阿勒泰	1.22	1.68	3.29	8.09	11.26	11.56	11.73	10.45	8.09	5.72	2.27	0.94	76.30
塔城	1.37	1.85	3.37	8.14	11.36	11.79	12.17	10.87	8.42	6.16	2.45	1.05	79.00
伊宁	1.48	1.87	4.05	8.65	11.19	11.53	12.04	10.68	9.01	6.75	2.97	1.46	81.68
乌鲁木齐	1.52	1.89	3.93	7.78	10.72	11.20	11.40	10.39	9.01	6.87	2.69	1.16	78.65
吐鲁番	3.67	5.19	8.04	9.71	11.84	12.64	11.05	10.54	9.35	7.62	4.89	3.48	98.02
库车	3.09	4.63	6.72	8.81	10.69	10.88	10.86	9.88	8.87	7.59	4.77	3.54	91.23
喀什	3.00	4.71	7.97	9.37	10.82	11.65	11.82	10.65	9.13	7.76	5.17	3.80	95.85
若羌	3.38	5.12	7.67	9.17	11.62	11.40	12.43	11.38	9.65	8.23	5.60	4.30	99.95
和田	4.23	5.71	8.31	9.96	12.20	11.76	12.19	11.14	9.84	8.57	6.11	4.32	104.34

5. 有效辐射

新疆地区由于缺乏有效辐射的观测资料，故只能利用温度、湿度和云量的资料来计算有效辐射。我们采用了 A. 安斯苍（Angstorn）的经验公式来计算无云条件下的有效辐射 E_0，公式如下：

$$E_0 = \beta\sigma[\, T_0^{\,4} - T^4 \,(0.820 - 0.250 \times 10^{-0.126e})\,] \tag{4}$$

式中，σ 为斯忒藩–玻耳兹曼（Stefkn-Boltzmann）常数，取为 0.814×10^{-10} 卡/（厘米² · 分 · 度⁴）；

$\beta=0.95$，它表示土壤表面平均的辐射能力；e 为以毫米表示的空气绝对湿度；T 为空气绝对温度；T_0 为下垫面温度。

式中其余系数是根据波尔兹（Bolz）和法尔根别尔格（Falkenberg）得到的。有效辐射随着云量的增加而减小，其减小的程度还与云的高度和性质有关，因此，为了计算云量对有效辐射的影响，可以利用下面的公式：

$$K_N = 1 - \beta N \tag{5}$$

式中，K_N 为有效辐射的减弱系数；N 为以整数表示的平均云量；β 为由低云量和总云量的比例所表示的系数。式（4）所算出的 E_0 值应当乘以由云量所引起的有效辐射的减弱系数 K_N。因此

$$E（有效辐射）= 0.95\sigma[T_0^4 - T^4（0.820 - 0.250 \times 10^{-0.126e}）]（1 - \beta N） \tag{6}$$

计算结果表明，新疆地区的有效辐射是很大的，全年有效辐射值达 48（北部）千卡/厘米^2 到 62（南部）千卡/厘米^2，最大值为 69 千卡/厘米^2 出现在吐鲁番盆地中（表 2-10）。新疆地区的有效辐射占全年吸收辐射值的 50%—64%，即一半以上的吸收辐射是由有效辐射支出了。本区有效辐射大的原因，首先与空气中绝对湿度小有关，由于空气中水分含量少，因而减少了大气的逆辐射；其次由于暖季中下垫面的温度很高，地面的辐射能力增强了；再次，也与新疆的云形有关，新疆以高云（尤其是密卷云）居多，它对降低有效辐射的作用不很显著。因此，新疆地区这样大的有效辐射值也正好反映了本区的干旱、高温和云量（低云）不多的特征。

在有效辐射的年过程中最大值大多出现在 7 月和 10 月，最小值出现在冬季各月。这主要是由于 7 月地面温度高、10 月具有最少的云量和最多晴天日数的缘故。冬季各月下垫面的低温和逆温的存在及云量的增多削弱了有效辐射。秋季在新疆的多数地区有效辐射大于春季，这主要仍然是秋季到处都具有最小云量的缘故。

表 2-10　年、季、月有效辐射　　　（单位：千卡/厘米^2）

地点	1月	2月	3月	4月	5月	6月	7月	8月	9月	10月	11月	12月	年	冬	春	夏	秋
阿勒泰	3.26	3.34	4.17	4.24	5.24	4.65	5.01	4.72	4.47	4.58	3.29	2.85	49.82	9.45	13.65	14.38	12.34
塔城	3.39	2.98	3.72	3.68	4.69	4.60	5.05	4.71	4.41	4.58	3.35	2.94	48.10	9.31	12.09	14.36	12.34
伊宁	3.42	3.10	3.05	3.70	4.43	4.47	5.37	5.05	5.07	4.93	3.31	3.12	49.02	9.64	11.18	14.89	13.31
乌鲁木齐	3.52	3.30	3.54	3.73	4.70	4.49	4.70	4.76	4.78	5.30	3.39	3.14	49.35	9.96	11.97	13.95	13.47
吐鲁番	4.91	5.37	5.86	5.57	6.47	6.30	6.08	6.11	6.06	6.13	5.10	4.82	68.78	15.10	17.90	18.49	17.29
库车	4.18	4.29	5.02	5.11	5.68	5.55	5.52	5.50	5.59	5.70	4.70	4.46	61.30	12.93	15.81	16.57	15.99
喀什	3.66	3.81	4.34	4.79	5.39	5.64	5.89	5.31	5.32	5.68	4.55	4.24	58.62	11.71	14.52	16.84	15.55
若羌	4.17	4.39	5.07	5.06	5.87	5.55	5.93	5.97	5.80	5.98	4.70	4.32	62.82	12.89	16.00	17.45	16.48
和田	4.02	4.03	5.10	5.33	5.60	5.21	5.88	5.64	5.35	5.52	4.83	4.26	60.77	12.31	16.03	16.73	15.70

　　按地区言，南疆有效辐射都大于北疆，南疆年有效辐射值大约在 60 千卡/厘米^{2}左右，而北疆约为 50 千卡/厘米^2。北疆的年有效辐射最小值出现在精河和石河子[47.8 千卡/厘米^2]，而南疆则出现在阿克苏[52.8 千卡/厘米^2]，这也是由云量、温度和绝对湿度所决定的。一年中南北疆之间有效辐射的最大差值出现在春季，这是由于南疆春季期间地面增温快，而北疆在春季前期地面上仍覆盖积雪，下垫面所吸收的热量大多用于积雪的融化，因而春季期间南疆下垫面的长波辐射热量比北疆大得多。另外，北疆地区空气中的水分含量多于南疆，因而北疆的大气逆辐射也多于南疆，上述两种原因造成春季南疆有效辐射比北疆大得多。

6. 下垫面的辐射平衡

　　辐射平衡（R）以下面方程式表示：

$$R=(Q+q)_n(1-\alpha)-E \tag{7}$$

方程式（7）中，$(Q+q)_n$ 为太阳总辐射；α 为下垫面对太阳辐射的反射率；E 为有效辐射。

　　计算结果指出，新疆地区辐射平衡的最大值大多出现在 6 月，月最大值为 5—7 千卡/厘米^2；最小值出现在 1 月，而在新疆最南部出现在 12 月，月最小值在 0.5—2.0 千卡/厘米^{2}之间（表 2-11）。在辐射平衡的年过程中，北纬 46°以北的地区全年有 5 个月的辐射平衡是负值（11 月—3 月）；北纬 46°和 43°之间的地区，3 月份的辐射平衡转为正值；在北纬 43°和 39°之间的地区 12 月和 1 月仍然出现负值辐射平衡；在北纬 38°以南地区，全年辐射平衡都是正值。

　　在辐射平衡值逐月增加和逐月下降的年过程中，春季北疆地区辐射平衡的最大增长出现在 3、4 月之间[4 千卡/（厘米^2·月）]，南疆出现在 2、3 月之间[2—2.5 千卡/（厘米^2·月）]；秋季辐射平衡值最迅速的下降出现在 10 月和 11 月之间，南疆的部分地区则出现在 9、10 月之间。这种现象的产生主要和雪覆盖的形成与消失时期有关。北疆地区雪覆盖通常于 3 月末消失，而南疆则在 2 月末消失；秋季新疆地区通常在 11 月才出现积雪。雪的存在大大增加了下垫面的反射能力，也减弱了下垫面对太阳辐射的吸收。

　　辐射平衡年过程中的另一特点是，春季辐射平衡值显著地大于秋季，但是春秋季辐射平衡值之间的差值是随着纬度的降低而减少的。

　　新疆的年辐射平衡值由北部地区的 26 千卡/（厘米^2·年）向南增加到 44 千卡/（厘米^2·年）。年辐射平衡等值线的走向是由西西北到东东南。也就是说，新疆西北地区的辐射平衡值略高于东部地区，这主要是由于有效辐射是向东增加的缘故。天山西部高山区的辐射平衡值也高于天山的东部地区。

　　1 月新疆的大部分地区都具有负辐射差值，北疆 1 月的负辐射平衡值约为–2 千卡/（厘米^2·月）；伊犁河谷、吐鲁番-哈密盆地、天山南麓和星星峡高原等地区 1 月的负辐射平衡值在–1—–2 千卡/（厘米^2·月）之间；从图 2-7 中可以看出，它的零值线是在北纬 38°附近通过的。

表 2-11　年、季、月辐射平衡　　　　　　　　（单位：千卡/厘米^2）

地点	1月	2月	3月	4月	5月	6月	7月	8月	9月	10月	11月	12月	年	冬	春	夏	秋
阿勒泰	-2.04	-1.66	-0.88	3.85	6.02	6.91	6.72	5.73	3.62	1.14	-1.02	-1.91	26.48	-5.61	8.99	19.36	3.74
塔城	-2.02	-1.13	-0.35	4.46	6.67	7.19	7.12	6.16	4.01	1.58	-0.90	-1.89	30.90	-5.04	10.78	20.47	4.69
伊宁	-1.94	-1.23	1.00	4.95	6.76	7.06	6.67	5.63	3.94	1.82	-0.34	-1.66	32.66	-4.83	12.71	19.36	5.42
乌鲁木齐	-2.00	-1.41	0.39	4.05	6.02	6.71	6.70	5.63	4.23	1.57	-0.70	-1.98	29.21	-5.39	10.46	19.04	5.10
吐鲁番	-1.24	-0.18	2.18	4.14	5.37	6.34	4.97	4.43	3.29	1.49	-0.21	-1.34	29.24	-2.76	11.69	15.74	4.57
库车	-1.09	0.34	2.60	3.70	5.01	5.33	5.34	4.38	3.28	1.89	0.07	-0.92	29.93	-1.67	11.31	15.05	5.24
喀什	-0.66	0.90	3.63	4.58	5.43	6.01	5.93	5.34	3.81	2.08	0.62	-0.44	37.23	-0.20	13.64	17.28	6.51
若羌	-0.79	0.73	2.60	4.11	5.75	5.85	6.50	5.41	3.85	2.25	0.90	-0.02	37.14	-0.08	12.46	17.76	7.00
和田	0.21	1.63	3.21	4.63	6.60	6.55	6.31	5.50	4.49	3.05	1.28	0.06	43.52	1.90	14.44	18.36	8.82

7 月新疆南北地区之间的辐射平衡值差异很小，因这个时期太阳总辐射很少随纬度而发生变化；另外，夏季中北疆地区的有效辐射和下垫面反射率也较南疆为小的缘故。从图 2-8 中可以看出，7 月辐射平衡值仅在 5—7 千卡/（厘米^2·月）的范围内变化着，而且它的最小值出现在天山南麓和塔里木盆地北部的地带内，在吐鲁番-哈密盆地内 7 月的辐射平衡值比各地都小，只有 5 千卡/（厘米^2·月）。

将新疆地区的辐射平衡值与同纬度的欧亚大陆各地区的辐射平衡值比较的话，从 M. H. 布德科等所著的热量平衡图中可以看出，新疆的辐射平衡值是不大的，它小于中亚和地中海沿岸的地区；这主要由于新疆的沙漠下垫面具有较大的反射能力和大的有效辐射的缘故。

7. 下垫面的热量平衡

下垫面的热量平衡方程式为

$$R + LE + P + A = 0 \tag{8}$$

式中，R 为下垫面的辐射平衡；LE 为蒸发的热量消耗；P 为下垫面和大气之间的热量乱流交换；A 为土壤内部的热流，即下垫面表面和土壤深层间的热量交换。

北疆各月自然条件下的蒸发量是根据 B. B. 波列科夫的图式计算的，在南疆地区因为降水量极少，降下的水当即蒸发掉，因此我们假定南疆地区的各月降水量即为当月的蒸发量。根据蒸发量（E），我们就可以计算出各月蒸发的热量消耗（LE），此处蒸发潜热（L）我们取为 0.6 千卡/克。土壤中各月热量交换（A）的近似值，我们是根据苏联地球物理观象总台的方法利用气温年变幅的资料来计算的。大气中的乱流热量交换（P）是作为式（8）中的余项求出的。

计算结果指出，北疆蒸发的热量消耗的最小值出现在冬季，最大值在春末和夏初。南疆蒸发的热量消耗的年过程和降水的年过程是完全一致的。乱流热量交换的年过程中冷季的热流是从空气中流到下垫面，在北疆这个时期长达 5 个月（11 月到 3 月），这种现象的持续时期随着纬度的南移而缩短，在新疆的最南部，全年内的乱流热量交换方向都向下垫面供给空气以热量。在乱流热量交换的年过程中热量支出的最大值出现在夏季，最小值北疆出现在 11 月，南疆是在冬季期间。从大气中供给下垫面的最大热流量一般都出现在 1 月。土壤内部热量交换的年过程中 3 月到 8 月热流是从土壤表面流入到土壤深层，从 9 月到 2 月土壤内的热流方向恰恰相反。

表 2-12　下垫面热量平衡组成部分的年、月平均值　　　　（单位：千卡/厘米 ^{2}）

地点		1月	2月	3月	4月	5月	6月	7月	8月	9月	10月	11月	12月	年
阿勒泰	LE	−0.24	−0.30	−0.42	−1.80	−1.92.	−2.76	−1.38	−1.44	−1.14	−0.40	−0.54	−0.30	−12.64
	P	1.41	1.39	1.60	−1.48	−3.23	−3.28	−4.62	−3.83	−2.78	−1.20	0.84	1.34	−13.84
	A	0.87	0.57	−0.30	−0.57	−0.87	−0.87	−0.72	−0.46	0.30	0.46	0.72	0.87	0
吐鲁番	LE	−0.14	0	0	0	−0.06	−0.22	−0.10	−0.51	−0.04	0	−0.05	−0.05	−1.17
	P	0.45	−0.43	−1.85	−3.53	−4.38	−5.19	−4.19	−3.43	−3.58	−1.89	−0.51	0.46	−28.07
	A	0.93	0.61	−0.33	−0.61	−0.93	−0.93	−0.77	−0.49	0.33	0.49	0.77	0.93	0
乌鲁木齐	LE	−0.24	−0.30	−0.66	−1.80	−2.70	−2.88	−1.86	−1.92	−1.26	−0.54	−0.42	−0.30	−14.88
	P	1.37	1.14	0.57	−1.68	−2.45	−2.96	−4.12	−3.25	−3.27	−1.49	0.40	1.41	−14.33
	A	0.87	0.57	−0.30	−0.57	−0.87	−0.87	−0.72	−0.46	0.30	0.46	0.72	0.87	0
喀什	LE	−0.36	−0.20	−0.52	−0.37	−0.75	−0.43	−0.46	−0.58	−0.37	−0.06	−0.17	−0.27	−4.54
	P	0.20	−1.18	−2.86	−3.73	−3.95	−4.85	−4.87	−438	−3.67	−2.40	−1.05	−0.02	−32.67
	A	0.73	0.48	−0.25	−0.48	−0.73	−0.73	−0.60	−0.38	0.25	0.38	0.60	0.73	0

注：+代表热量的收入；—代表热量支出。

表 2-13　土壤中的年热量循环值

地点	阿勒泰	伊宁	乌鲁木齐	吐鲁番	若羌	喀什	和田	炮台
年热量循环值/[千卡/（厘米 ^{2}·年）]	3.73	3.28	3.79	4.06	3.57	3.17	3.05	4.48
占吸收辐射的值/%	4.9	4.0	4.8	4.2	3.6	3.3	2.9	5.7

从表 2-13 中可以看出，新疆地区的蒸发热量消耗不大，特别在南疆地区，由于土壤中水分的不足，蒸发几乎完全停止。在北疆的多雨区蒸发热量消耗的年总和达 12—15 千卡/（厘米 ^{2}·年），在准噶尔盆地中小于 10 千卡/（厘米 ^{2}·年），在南疆大多数地区则少于 3 千卡/（厘米 ^{2}·年）。以乱流方式供给空气的热量显著地大于蒸发的热量消耗，在北疆的多雨区乱流热量的年平均值为 13—18 千卡/（厘米 ^{2}·年），在准噶尔盆地中大于 20 千卡/（厘米 ^{2}·年），在南疆则达到 28—40 千卡/（厘米 ^{2}·年）。在南疆乱流热量交换的年平均值，要比蒸发的热量消耗年平均值大十多倍，在暖季期间下垫面所获得热量的 80%以乱流交换方式用之于空气的增温，因此南疆的夏季是十分炎热的。

土壤中热量交换值也不小。暖季（3 月到 8 月）南疆地区深入到土壤内部的热流超过了蒸发的热量消耗，冷季（9 月到 2 月）来自土壤深层的热流也同样超过了蒸发的热量消耗。新疆地区土壤中的年热量循环值约为 3—4 千卡/（厘米^2·年），在吐鲁番盆地和准噶尔盆地的西南低地的年热量循环值达到新疆地区的最大值[4—4.5 千卡/（厘米^2·年）]。北疆和吐鲁番盆地内土壤中年热量循环值约占吸收辐射的 4%—5%，南疆为 3%—4%，准噶尔盆地的西南低地为 5.7%。土壤中年热量循环最小值出现在塔里木盆地的西南部，在这里土壤中的年热量循环值仅占有年吸收辐射值的 3%（表 2-13）。

从图 2-9 中可以看到，在南疆吐鲁番盆地内由于日射较多的缘故，1 月下垫面上的热量收支总和要比北疆的乌鲁木齐大 27%。从图 2-9 还可以看到，两个地区 1 月热量平衡中的收入部分是很不一致的。在吐鲁番盆地内吸收辐射占有整个热量收入部分的 73%，而乌鲁木齐仅占有 41%，来自大气中的热量收入在乌鲁木齐占整个热量收入的 35%，而吐鲁番仅占 9%；来自土壤深层的热量收入在两个地区内的差异不大，约占整个热量收入的 18%—24%。在上述两个地区内 1 月的热量几乎全为有效辐射支出了，它占有整个热量支出部分的 95%，而蒸发的热量支出仅占 5%。

7 月吐鲁番与乌鲁木齐的热量收支总和的差异很小。热量的收入部分完全是地面所吸收的太阳辐射热量，但热量平衡的支出部分具有显著的差异。在吐鲁番盆地中，蒸发的热量消耗仅占热量支出部分的 1%，而乌鲁木齐则达 13%；吐鲁番盆地中的有效辐射支出占热量支出部分的 55%，而乌鲁木齐则只有 41%，上述两个区域中进入到大气中的乱流热量支出量都比有效辐射值为小，它占热量支出部分的 38%—40%；夏季进入到土壤深层的热流量在整个热量平衡中所起的作用较冬季小得多，它仅占热量支出部分的 6%—7%。

在热量平衡的年平均值中，南北疆之间热量的支出部分也具有不同的结构。从图 2-9 中可以看到，吐鲁番盆地内有效辐射占整个热量支出部分的 70%，而乌鲁木齐为 63%。在上述两个区域中大气的乱流热量支出都显著地小于有效辐射支出，吐鲁番盆地内的乱流热量占支出部分的 29%，而乌鲁木齐为 20%。至于蒸发的热量消耗，则吐鲁番仅占整个支出部分的 1%，而乌鲁木齐则达 17%。

第三章　气候的环流因素

1. 盛行气团及各季的大气环流

在新疆地区，气候的环流因素具有极其重要的意义。下垫面的湿度是由环流因素决定的，环流因素也给予气温以很大的影响。大气中盛行气流和气团输送的方向，是环流因素中最重要的方面。带状环流的加强常常导致了东西输送的加强和潮湿的海洋气团从大西洋远远伸入东部内陆，在这种情形下根据 B. P. 杜宾佐夫的计算，大西洋气团在 3—3.5 天内就能到达靠近新疆的地区，而且在自己东移的旅程中仅仅发生了微弱的变性，因此新疆虽然处在大陆的极内部，但在带状环流加强的时期里，新疆地区气候的大陆性就显著地减弱了。冬季东西输送的加强常常引起湿度的上升和显著的融雪。夏季从西方来的温带气团具有很大的水分含量，在新疆的西部地区，这种气团仍然保存着很大的湿度不稳定性。从北方来的只有很少的水分贮量的冷的冰洋气团，则大多不仅不能带来潮湿，而且显著地降低着空气温度。对降水而言，在带状环流和经状环流交替的时候则具有极良好的条件。

下面我们按季来研究大气环流的特点。

冬季：在一年的寒冷季节期间（从 10 月到 3 月）在气压平均图上，整个北疆地区都被大陆内部的高压区所占领，这个高压区称为亚洲高压或西伯利亚反气旋。10 月亚洲高压形成在中国（新疆）和蒙古的边境上，然后它逐渐东移，1 月这个高压的中心已位于蒙古的西北，且该月海平面上高压中心的压力平均值达到最大值（1 036 毫巴[①]），而在新疆的极南部也达到 1 024 毫巴。

1 月之后，亚洲高压又重新渐渐西移。到 3 月份，该高压中心已位于准噶尔盆地，但该高压中心内海平面上的气压已降至 1 029 毫巴。平均"气候学"高压中心的移动在实质上已指出了温带大陆空气中所形成的大陆反气旋的最大频率区的移动。

同时在喀什准噶尔盆地中冬季也常常观测到副反气旋的形成。这个副反气旋中心的气压有时甚至可以超过亚洲高压中心的气压值。在气候图上，由亚洲高压中心向西伸出了它的一支，该支经中亚细亚扩展到苏联欧洲部分的南半部，这里就是大陆反气旋单独形成的区域。

冬季在亚洲高压的形成中，下垫面所引起的空气的地方性冷却也起了极大的作用。但是，这个高压区经常都由冰洋移来的反气旋所填充和加强。

在这个广阔的高压区内，由于风力微弱和稳定的负辐射平衡，在大气低层和上层大

[①] 1 毫巴 = 100 百帕（hPa）。下同。

气比较起来，低层进行了强烈的冷却。因而低层大气十分稳定，逆温层厚度很大和一切热力对流现象都停止了。例如，乌鲁木齐1月逆温层厚度达到2 000米（特别是在低于1 500米的一层大气内），而且逆温达8℃。

冬季，塔里木盆地大多处在大陆高压的西南边沿，因此，冬季塔里木盆地主要盛行东北风，而在准噶尔盆地的西北则盛行东南风。这些风都带来了温带地区的大陆气团。因此冬季在整个新疆地区里都为温带纬度的大陆性气团的形成创造着良好的条件，因而整个新疆地区的冬天都具有极明显的大陆性特征。冬季在准噶尔盆地中盛行的温带大陆气团造成了极低的温度（–18—–20℃）。但是，冬季塔里木盆地北部负辐射平衡度不大，而在该盆地南部甚至在1月辐射平衡也是正值。因此，在塔里木盆地中空气的冷却不很强烈，甚至1月的气温也只–6— –12℃，这个气团可以称之为塔里木温带大陆变性气团。

冬季，空气中的水分含量很少。乌鲁木齐地面上比湿值大约为0.9克/千克，700毫巴高度上的比湿值为0.5克/千克，500毫巴高度上为0.1克/千克。在塔里木盆地中地面上、700毫巴和500毫巴高度上的比湿值分别为1.2克/千克、0.6克/千克、0.2克/千克。

冬季在新疆内温带大陆气团是一种盛行的气团，1月它的频率达到80%。同时冬季从冰洋来的移动性反气旋的冰洋气团也常常侵入新疆，它的频率也达到10%左右。冰洋气团的侵袭引起温度的强烈下降，一般可降温到–25—30℃，而冬天的严寒大大地增加了。

夏季：夏季新疆处在南亚气候学低压的北沿。在压力平均图上，这个区域是一个广阔而不深的低压，这个低压是和南亚低压有关，而且具有微弱的气压梯度的低压。

在亚洲的东北夏季也出现一个低压槽。同时在北极气压上升，而在俄罗斯平原南半部则扩展着一支反气旋的高压分支。因此夏季从冰洋或欧洲输入到新疆的空气就具有最重要的意义。因此夏季期间的北疆和塔里木盆地的西部就盛行西或西北气流。绕过天山东端的西方气流呈反气旋式旋转，并转变成东北气流方向，这从7月地面气流图上可以看出，在这个广阔的沙漠区域里，由于丰富的太阳热量，显著的正辐射平衡和下垫面的高温，在塔里木盆地内由5月，而准噶尔盆地里从6月开始即形成了热带型气团的热低压。在塔里木盆地中，这个热低压具有极显著的垂直扩展，一直到500毫巴面上才观测到压力的上升。在准噶尔盆地中热低压的垂直厚度要比塔里木盆地中小得多，一般仅扩展到3—4千米的高度。这个热低压通常很少移动和失去了大气锋面。在热低压中锋的结构的出现常常是由于较冷的气团侵入到热低压系统中所引起的。热低压的活动，和其他各季环流的特征一样，也与一般行星环流的强度具有紧密的但是相反的联系。在一般行星环流强度加强的时候，热低压的活动性就减弱了；相反，在一般环流消弱的时候，热低压的活动性就加强了。在带状环流的条件下热低压的频率最大，而在经状环流条件下则热低压很少出现。

夏季本区可以观测到二种天气型：一种是盛行纯粹的热低压的天气；一种是冷空气侵入到新疆的天气。在纯粹的热低压控制下，新疆的天气十分炎热，温度层结变得很不稳定和对流强烈地发展起来。例如，若羌和新疆的东南部7月多年平均气温达到28.3℃，对流层顶的高度达到16—17公里，天气经常是晴朗和干燥的，气温日振幅很大，达

15—20℃，早晨凉爽，白天炎热。在夏季期间这是整个新疆地区最典型的天气。

在塔里木盆地中，夏季盛行热带大陆气团，夏季期间该气团直接形成在塔里木盆地的上空，同时是温带纬度大陆气团变性的产物，因此这里的热带大陆气团是地方性的"塔里木"热带大陆气团。

涂长望（1938 年）和张丙辰（1949 年）曾经指出过，塔里木盆地是中亚热带大陆气团形成的源地。这个气团很干燥，这是由于在温带大陆气团变性为热带大陆气团的过程中发生了强烈的增温，而气团并没有进一步地增湿。因此空气的相对湿度开始显著地下降。夏季在准噶尔盆地中也可以观测到热带大陆气团，但在准噶尔盆地中热带大陆气团的频率要比塔里木盆地中小得多。

由于新疆位于欧亚的中心和很难直接受到潮湿的太平洋和大西洋气团的影响，又由于欧亚大陆夏季环流的特点，使得大陆起源的冰洋气团和极地气团容易进入本区，因此夏季期间新疆上空的任何气团都是干燥的。冰洋气团和温带气团通常都是沿着热低压的西沿进入到新疆的，并在进入新疆的路途上这些气团逐渐变性为热带气团。

过渡季节：4 月亚洲高压通常分裂为两个中心。其中之一是大陆上的高压，它处在巴尔喀什湖以北；另一个高压中心形成在日本海上（陶诗言，1948）。位于巴尔喀什湖以北的大陆气候高压的形成，可能是由于从西北或北方移来的冰洋反气旋在东部高山影响下，在这个区域里发生了该反气旋运动速度减弱的缘故。由于反气旋的环流，春季准噶尔盆地就盛行西北或北方气流，而塔里木盆地盛行东北气流。4 月新疆盛行着温带大陆气团，但是冰洋气团也频繁侵入，因此气温剧烈地变动着，甚至在塔里木盆地中 4 月也能够观测到晚期的春季霜冻。

5 月气压的一般分布完全改变了，在大陆地面上的气压显著地下降，而高空副热带高压带则北移，5 月北疆地区盛行着温带大陆气团的西方气流，而南疆则形成了热低压和热带气团。

秋季、夏季环流改变为冬季环流进行得很快。9 月新疆已经不存在热低压而热带气团的形成则不再发生了，在准噶尔盆地的北部已经出现了一个亚洲反气旋的中心。在新疆的大部地区盛行温带大陆气团的东北和西北气流。到 10 月一般气流的输送方向则非常接近于冬季气流输送方向。秋季冰洋气团的侵袭也更频繁了。

2. 气旋活动

根据 5 年天气图资料（1954—1958 年），产生在中亚南部的气旋常沿着准噶尔盆地的西北边沿移向东北，或者开始消弱和在巴尔喀什湖附近锢囚，这是由于附近山系阻障的缘故。在整个 5 年内气旋仅一次进入到准噶尔盆地（1957 年 4 月 25 日）。蒙古是气旋形成的一个较近的地区，在这里气旋活动是在极锋上发展起来的。因此气旋对本区气候的影响是不大的。仅气旋后部的冷锋可以到达新疆，冷锋能引起气温的下降、降水和强风，而暖锋则仅仅穿过伊犁河谷与塔城盆地。

对天气过程和环流状况具有很大意义的反气旋的移动和气旋活动有关。根据 5 年天气图的资料，运动的反气旋是由三条道路来到新疆的：西北路径、西方路径和北方路径。反气旋的西北路径开始于格陵兰的东北沿岸，穿过斯堪的那维亚半岛的南半部、波罗的海和苏联欧洲部分的中部区域或者穿过巴伦支海。新地岛及西西伯利亚来到新疆。反气旋西方路径是由苏联欧洲部分的南半部或者是由黑海、里海穿过巴尔喀什湖来到新疆。北方路径的走向是由喀拉海、新地岛或巴伦支海经过西西伯利亚来到北疆。

移动性反气旋的路径和山脉以及高空引导气流有着密切的关系。由于西藏高原和天山山脉的阻挡，上述反气旋的路径主要集中穿过准噶尔盆地。反气旋运动的方向则基本上和高空3—5公里高度上的引导气流相符合。

5年内经过新疆的反气旋次数达到372次（表3-1），即平均五天有一次反气旋。西北路径的反气旋次数最多，5年中达191次；西方路径的反气旋次数5年中达156次；北方路径的反气旋具有最少的次数，5年中仅达25次。

各季中反气旋的分配比较均匀，春季、8月和9月移动性反气旋的次数最多，每月约达10次左右，而冬季和7月则反气旋次数最少。冬季移动性反气旋的减少是因为这时的反气旋常常静止的缘故。

随着靠近新疆的程度，反气旋中心的压力平均值就逐渐增加，通过新疆之后，反气旋中心的压力平均值又重新下降。从表3-1中（根据张淮）可以看出，春季西西伯利亚南部反气旋中心的压力平均值为1 032毫巴，巴尔喀什湖附近为1 035毫巴，而准噶尔盆地为1 037毫巴。在其他各季内也可以观测到这种现象。在上述的方向上反气旋中心运动的平均速度是减小的，例如，春季西西伯利亚南部反气旋中心运动的速度是40公里/小时，巴尔喀什湖附近为29公里/小时，而准噶尔盆地中则为25公里/小时。经过准噶尔盆地之后，反气旋中心运动的速度又重新逐渐地增加。这从表3-1可以看到，显然，在新疆地区反气旋中心压力的增加和它的运动速度的减弱是和山脉的影响密切有关的。

冷空气随着反气旋而侵入新疆。在冷空气侵入时，如果一昼夜内气温降低10 ℃或更多，同时发生降水和大风，则李宽之（1935）称这种反气旋为"寒潮"。如果在一昼夜之内气温仅下降5—10 ℃，而在二三昼夜内温度连续下降到10 ℃或更多，同时发生降水和强风，那么这种反气旋可以称之为"冷反气旋侵入"。

表3-1　1951—1955年反气旋中心的平均气压值和平均运动速度[根据张淮]

项目	气压值/毫巴				运动速度/（公里/小时）			
	春	夏	秋	冬	春	夏	秋	冬
西西伯利亚南部	1 032	1 020	1 030	1 045	40	42	40	38
巴尔喀什湖	1 035	1 018	1 042	1 040	29	50	35	42
准噶尔盆地	1 037	1 025	1 042	1 050	25	40	29	27
蒙古西部	1 036	1 020	1 040	1 050	38	48	40	44
内蒙古	1 030	1 015	1 033	1 045	44	38	50	31
甘肃北部	1 032	1 012	1 035	1 050	44	40	38	42
黄河下游沿岸	1 026	1 009	1 029	1 030	33	33	25	50

　　1954—1958年通过新疆的寒潮数达26次，即每年平均达5次。从表3-2中可以看到，在春秋期间，特别是在4月、5月和9月，经常可以观测到寒潮。这种晚春和早秋的寒潮常常带来了广大地区的晚春和早秋的霜冻。这对农业是非常有害的。在夏季期间没有出现过寒潮。冬季新疆的气温已经很低，因此冷空气侵入到反气旋中的作用就减小了，而寒潮的次数也同样减少了。

　　从西北路径来的寒潮具有最多的次数，5年中达12次；从西方路径来的寒潮是8次，而从北方路径来的寒潮则为6次。将这些资料和上述每一反气旋路径的反气旋总数加以比较的话，我们就可以看到，北方路径的寒潮频率最大，达24%；西方反气旋路径的频率最小，仅有5%。

　　寒潮大多仅扩展到准噶尔盆地。在5年期间的26次寒潮中仅6次扩展到了整个新疆地区。其中三次来自北方路径，二次来自西北路径和一次来自西方路径。从此可以看出，虽然侵入新疆的反气旋北方轨迹的次数很少，但这种寒潮的强度和扩展到整个新疆地区的寒潮频率是最大的，达50%。在北方路径寒潮的侵入下，温度的下降也最显著，因此在预报寒潮的时候，就应当特别注意到反气旋的北方路径。这种寒潮也常常侵入到塔里木盆地，这是由于这种寒潮的源地最靠近新疆，并当其以较大的速度通过西西伯利亚时，冷空气几乎没有发生变性。

表3-2　　1954—1958年反气旋、冷反气旋侵入和寒潮的总数

项目	1月	2月	3月	4月	5月	6月	7月	8月	9月	10月	11月	12月	全年
反气旋	21	24	35	37	38	33	23	37	38	30	24	32	372
冷反气旋侵入	6	12	16	22	15	16	5	18	19	5	14	14	162
寒潮	2	0	2	5	4	0	0	0	5	3	3	2	26

　　天山东部较低且不连续，因此直接从北方来的冷空气能够很容易地穿过天山的缺口而侵入到塔里木盆地。

　　冷空气侵入塔里木盆地可以分为三条途径：第一，当冷空气的厚度很大时，它可以直接地从正北面穿过天山而进入塔里木盆地，这种侵入主要出现在冬季的反气旋北方路径中。第二，在反气旋的西方和西北方路径时，冷空气可以切过帕米尔高原的山口，而从西部侵入到塔里木盆地，这主要出现在春季。第三，冷空气能够绕过天山的东部而自东向西地侵入到塔里木盆地，最后的一种侵入现象出现得最频繁，也可以出现在任何季节中。

　　现在我们来分析冷反气旋侵入的次数。西北方侵入的冷反气旋次数5年有91次，西方侵入的52次，北方侵入的19次。冷反气旋侵入的年平均次数为32次。冷反气旋侵入最大频率，出现在4月、8月和9月，在这些月份中频率为12.5；而在1月、7月和10月可观测到最小的频率，它为3.1。因此冷反气旋侵入频率的年过程和整个反气旋频率的年过程是相符合的。

从所有上述的资料中可以看到，北方路径的反气旋毫无例外地全部形成寒潮和冷反气旋侵入，西北路径则占有一半，而西方路径则只有35%的反气旋形成寒潮和冷反气旋侵入，因此，西方路径反气旋对降温和降水的影响是最小的。

由于反气旋的频繁侵入，新疆的锋面大多属于冷锋型。冬季移动性的反气旋常常在天山北麓受到阻滞，而形成静止的冷锋面，这种静止冷锋面仅由于冷空气的变性而逐渐被冲毁掉，但有时由于冷反气旋的重新侵入，这种静止冷锋面能够重新加剧起来，并保持达半月之久，同时在天山北坡和准噶尔盆地的西南地区到处都出现坏天气并降落不少的雪。这种降雪能持续2—3天，但降雪的强度并不大。天山北麓的这种静止锋面和降水现象在其他季节中也可以看到。

流过帕米尔山口的冷空气也能在塔里木盆地的西部地区形成冷锋面，这种锋面渐渐东移。在这些冷锋的底部可观测到强而冷的西风，这种西风造成了尘暴。在冷锋之上可观测到暖的东向或东南向的气流，这种气流很干也很少发生降水。

绕过天山东端的冷空气常由东向西走，这种冷风也造成塔里木盆地西部地区的尘暴。有时这种冷气流也能在天山南麓和昆仑山的北麓形成静止的冷锋面。

当来自东部的冷锋面和来自西部的冷锋面相遇时，那么在昆仑山的北麓和田于田地区一带能形成锢囚锋面，但这种现象的较少出现。

在准噶尔盆地中，还可遇到从西或西北方来的其他冷锋面，这种冷锋面的移动速度很快，因此降水持续时间很短，但这种冷锋的过境能引起大风，风速有时能到20米/秒。

一般说来，新疆地区的降水和冷锋的活动密切有关（杨国强、陈永春，1953）。

在热带大陆气团内部夏季期间对流强烈地发展着，但对流很少能达到凝结平面。如果在冷空气前方形成了积雨云（Cb），那么在冷空气来临的时候积雨云就扩展起来并发生降水。夏季新疆地区的降水常常是在对流和平流的共同作用下产生的（顾震潮，1952）。当敦煌、若羌与和田降水的时候，在准噶尔盆地和天山北麓也同时可观察到降水现象（斯文海定，1930）。这就证明了新疆地区的降水很少具有地方性，在新疆地区，当发生降水的时候常常可观测到近地面层气温的下降和气压的上升，在大气上层也能观测到气温微弱的下降。这同样也证明了新疆地区的降水主要地和冷空气的侵入有关。甚至可以断定冷空气和入侵是新疆地区发生降水的必要条件，因为冷空气的侵入，不仅抬高了暖空气，同时也使得上层空气冷却，其结果是增加了空气的垂直不稳定性。

3. 自由大气中的环流

为了研究新疆地区的高空空气输送，我们根据3—10年共28个站的高空资料，并经过补充计算，作出了1.5公里和3公里高度上的气流图。从图中可以看出，冬季（1月）新疆地区1.5公里高度上在东经92°—93°处可以看到一条气流辐散的经向轴，这条辐散轴的存在和地面层所盛行的高压有着密切的关系。叶笃正（1957）指出，当冷空气南下和西藏高原相遇时，则这种气流的辐散还要更为加强。还可看到在南疆东经83°附近、在北疆的中苏边界上还出现有气流的辐合线，这些辐合线是西藏高原北部的西方气流和辐散区的东部气流辐合带。因此在 1.5 公里的高度上仅在新疆的极东部和极西部的地区盛行西风气流，在新疆的大部分地区则盛行东风气流。大家都知道，新疆地区的海拔高度平均达 1 000 米，因此 1.5 公里高度上的气流图基本上反映了大气近地面层的空气输送特征。

从 3 公里高度上的气流可以看到，冬季在这个高度上到处都盛行西风气流。

前面已经谈过新疆的山系都是自西向东延伸的，而且它们的高度都超过了 3 000 米，因此 3 公里高度上的西风气流基本上是沿着阿尔泰山、天山、昆仑山和阿尔金山的北坡流过并从北面绕过这些山脉，这种绕流就能形成从帕米尔到巴尔喀什湖一带的地形性高压脊。此外，流过喀喇昆仑山北麓的西风气流向南弯曲，因此在这里形成一个小槽。

新疆地区夏季在 1.5 公里高度上，在东经 90°—95°之间有一条东北-西南向的气流辐合轴。夏季新疆上空，愈向北则西风的风速愈大，因此这条辐合线也就具有东北-西南走向。绕过天山东部的西风气流呈反气旋式旋转并获得东北方向，这种东北气流和西北气流相遇于东经 81°附近，在这里也就形成了一个短的辐合轴，这个辐合轴具有南北走向。因此夏季在 1.5 公里高度上在新疆西部基本上盛行西北气流，而在新疆的东部则盛行东北气流。在 1.5 公里高度上在东经 70°附近自帕米尔到巴尔喀什湖有一个不深的槽。

夏季 3 公里高度上新疆地区的空气输送基本上和 1.5 公里高度上的环流状况相近似。但在 3 公里高度上东经 90°—95°之间不存在气流的辐合线。夏季 3 公里的高度上，准噶尔盆地上空到处盛行西风气流，而在南疆上空环流具有反气旋的特征。

为了研究中部对流层中环流的一般特征，我们利用了陶诗言（1957）的北半球 500 毫巴的绝对形势平均图。从这些图中可以看出，自 12 月到 3 月在东经 80°附近自帕米尔到巴尔喀什湖北部有一个地形性高压脊。帕加香（1955）在利用 500 毫巴绝对形势平均图来研究北美和欧亚大陆空间上的自然天气周期时，也指出过欧亚大陆上这个高压脊的形成和西藏高原与帕米尔的山脉影响有着密切的关系。从 4 月起这个高压脊渐渐西移，6 月，这个脊已位于东经 50°，而在东经 75°—80°之间形成了一个东北-西南向的槽。7 月，这个槽减弱了并表现得不明显，但 8 月这个槽又重新加强了。

夏季三个月槽的位置基本上没有改变，9 月和 10 月新疆和中亚的上空槽和脊都表现得不明显，在这些月份中新疆上空的西风气流发展得很平直。11 月在东经 60°附近形成了脊，而在 70°—80°之间是一个槽。

各月高空槽脊的分布给予新疆地区的气温和降水以影响。冬季，当高空脊位于东经 80°附近时，冰洋冷气团就常常沿着这个脊的东沿自北向南侵入到新疆，因此新疆的冬季十分严寒。春季这个脊位于东经 60°—70°之间，且离新疆较远，因此冷空气经常侵入新疆，而降水量亦因此而有所增加。6 月槽位于东经 75°—80°之间，因此这时在北疆和塔里木盆地西部降水量达到一年中最大值。7 月在这些区域中降水量到处都减少了，这和东经 75°—80°的槽的减弱有关。

从 500 毫巴绝对形势的月平均图中可以看出，在这个高度上新疆地区全年盛行西风气流，而且冬季空气输送的强度要比夏季大得多。

4. 山脉对大气环流的影响

亚洲大陆的大地形给予大气环流和天气过程以重大的影响。近年来，苏联学者 M. A. 彼得洛香兹（1951 年），B. A.卓尔卓、德国学者 H.勿龙（1952 年）和中国学者叶笃正、顾震潮和陶诗言等（1951，1955，1957）都在这方面进行了许多研究工作，并获得了巨大成就。新疆四面都有高山环绕，天山又自西向东地横亘在新疆的中部，因此在研究本区大气环流时就不得不涉及山脉对大气环流的影响。

山系从两方面给予大气环流以影响：第一，它形成一种地方性的大气环流；第二，它给予一般行星环流以一定的影响。

在本区天山的两坡和昆仑山的北坡强烈地发展着山谷风，这种山谷风现象在以后"风"的一章中会进行叙述。在自由大气中也可以观测到一种近似于近地面层山谷风现象的环流。顾震潮和叶笃正（1955）曾指出，白天西藏高原和天山上空气的增温要比同高度的自由大气中的增温来得大，而夜间恰恰相反的现象，因此在天山北麓午后可观测到显著的北风，清晨为南风；而在天山南坡恰巧可以观测到相反方向的气流交替。在昆仑山北坡在自由大气中午后风吹向西藏高原，夜间相反。因此在自由大气中午后风吹向天山和昆仑山，而清晨则相反，风是从上述山脉和高原中吹出的。因此在准噶尔盆地和塔里木盆地上空的自由大气中午后气流是辐散的，而清晨是辐合。天山则相反，午后是辐合，而清晨是气流的辐散。在昆仑山的北坡海拔 3 000 米左右的高度上彼甫佐夫（1895，1896）白天曾观测到吹凉风，在奇克沙塔乌山上他也观测到这种相类似的风，显然，这种凉风是由塔克拉玛干沙漠的自由大气中吹到斜坡上来的一种冷气流，这种冷气流并沿着斜坡下沉。

东西走向的山系，例如天山，是冷气团自由进入到塔里木盆地中的一种障碍。冷气团具有不大的垂直厚度而山系能给予显著的阻碍影响。冷气团从西部或东部绕过这些山体的时候就可以导致冷锋上地形性波的激动的形成，这种波的激动就引起了云的形成和降水。这种现象在天山西坡和北坡、准噶尔阿拉套山上都可以观测到。当比较潮湿和不稳定的气团进行东西输送时，帕米尔和阿拉套山山前可以观测到很明显的地形性影响的效果，这时气团直接沿山坡上升，因而引起降水的显著加强。

山体不仅影响到冷暖气团的输送，同时也影响中部和低部对流层中具体气压的状况。例如，当发生从北方或西北方而来的平流时，山体的阻碍影响就造成了压力动力上升的条件。如前所述，从北方和西北方移来的反气旋的中心在准噶尔盆地中显著加强，而气旋则由于引导气流的变形而改变自己的轨道。

在对流层的低层在一年的寒冷时期里在东经 70°—80°之间西风气流常由于山脉的阻碍而造成地形性的高压脊。

当锋面从北面接近山脉的时候，锋面在自己的运动中显著地变慢和逐渐静止，而有时会被冲毁。由于这个原因，当一系列的冷锋面从北面接近山体时，降水常常不和第一个锋面有关，而和第二、第三个锋面有关。

冷季（11 月—5 月）在西藏高原的影响下西风气流发生分支，分为南北二支。暖季西风带移向较北的纬度，而南支则消失（顾震潮，1951，1955；叶笃正，1950，1952；Chaudhry, 1950）。

在新疆上空全年都可观测到西风气流的急流，冬季这个急流大致位于天山北坡，而夏季则更北；8 月它达到自己最北的位置，大约在北纬 50°附近。

第四章　气候的区域因素和地方因素

在第一章中已经描述了新疆的自然地理特征，但没有触及到这些条件对气候影响的问题。但是，很显然，地形、下垫面性质、植物、雪覆盖、河流、湖泊以及其他地方的和区域的景观因素都会给气候以很大的影响。地形给予内部大陆区的气候以最大的影响。大地形的作用特别大，它不仅给予近地面层气候状况以影响，同时还影响到自由大气中的一般环流状况，以及与此有关的不同气团的水热输送，大地形还影响到锋面的形成和冲毁、气旋的路径及其锢囚，所有这些在第三章中均已叙述了。

1. 地形

新疆地形对气候的影响很大，它显著地超过了所有其他区域因素对气候的影响。

（1）地形对降水的影响

新疆地形的特征之一是它四面被高山和高原所包围，在它的中部横亘着天山，仅准噶尔盆地的西部有一系列的河谷，因此湿气流仅能从西部和西北部自由地穿过这些河谷进入到准噶尔盆地和造成降水的可能性。但这些湿气流进入南疆比较困难，因此这里的气候极端干燥。

山脉的坡向、位置和高度也给予降水的分布以极大的影响。由于最潮湿的气流来自西方或西北方，因此阿尔泰山和天山的西坡和北坡（迎风坡）可观测到最大的降水量，而在背风坡则降水量显著地减少了。

阿尔泰山和天山处在湿气流最初来到新疆的道路上，因此这里降水很多。在昆仑山和阿尔金山上降水很少，这是由于穿过了无数山脉后的湿气团，在来到这些南部地区的山脉时，所含水分已十分少了的缘故。至于山脉的高度和大小，那么天山、昆仑山和阿尔泰山都是自西向东降低的，这些山脉的体积也自西向东减小，因此在山体上从大气上层中水汽凝结的可能性也是自西向东减少的。阿尔泰山和阿尔金山的不高的东南部就可以作为这样的例子，在那里没有森林和永久积雪，在山的表面上到处都可遇到干河床。上述南北坡和山系的东西部分在湿度上的差异也表现在不同的雪线高度、不同的冰河发育程度、植物垂直带界限、河源及河流的水量上。

高的山坡加强了大气中的对流。如在"风"一章中将谈到的，在天山的南北坡强烈地发展着山谷风环流。白天谷风沿坡上升，结果夏季在山顶上就形成了积雨云（Cb），发生暴风雨，库车就是例子。大家知道，经过新疆的冷锋在平原上很少降水，当接近山坡时，冷锋上的环流就加强起来，由于不稳定的潜能，就发生了大量的降水。

（2）地形对温度的影响

天山西部和帕米尔高原的高度达 3 000 米以上，它是冷空气通过的障碍。天山东部高度较低，且有许多通道，因此冷空气多通过天山东部侵入到塔里木盆地。在这种侵入时塔里木盆地东部就出现了冬季的严寒、春秋霜冻和气温的不稳定性。这就造成了塔里木盆地东西部之间气候的基本差异。

当寒潮侵入新疆时，它必定要经过准噶尔盆地中，因此冬季由于冷空气的频繁侵入和下垫面的辐射冷却，在准噶尔盆地中可观测到特别的严寒。盆地地形促进着冷空气的聚集，因此在盆地中严寒的冬季保持得很长久。夏季，在准噶尔盆地中特别是在塔里木盆地中冷平流表现得很弱，太阳辐射是温度状况的主要因素，因此在这些盆地中夏季特别炎热。因此，新疆地区的盆地和谷地地形对温度状况的影响就表现在冬季严寒和夏季炎热以及较大的气温年较差和日较差。

新疆地区有数十个大小不同的盆地、平原与河谷，有的盆地与河谷海拔高达 2 500 米，有的则低于海平面。这些盆地有的四周闭塞，有的向西开口，由于这些地形的特别，所以新疆地区的气温分布就具有复杂性和多样性。伊犁河谷与塔城盆地三面环山，仅向西开口，这种地形阻挡了从准噶尔盆地流来的干暖空气和减弱了从西北方来的冷的冰洋气团的侵入。因此，在这些地方夏季不十分炎热，而冬季的严寒则稍稍缓和些。1 月石河子的平均气温为–19.6℃，而塔城要高 5.1℃，伊宁高 7.8℃。7 月石河子的平均气温为 24.4℃，而塔城则低 2.4℃，伊宁低 1.8℃。而石河子和伊宁则几乎具有相同的纬度位置和海拔高度。1 月石河子气温低的原因可能是由于在石河子前方没有任何阻挡而冷空气可以自由侵入的缘故。因此，这两个地区的气候有异于新疆其他地区的气候，而接近于中亚的气候。吐鲁番盆地四周环绕着高山且位于海平面以下 100—200 米，因此在这里可观测到特别炎热的夏天和整个新疆地区的最高温度。因此，地形对气温的影响就决定于盆地闭塞的程度，它的绝对海拔高度。

（3）和地形有关的风

焚风和山谷风的产生和山地地形密切有关。我们已经谈过，在天山、昆仑山和帕米尔的山麓常常可以观测到这种地方风。

在准噶尔盆地和塔里木盆地中，由于高山环绕，所以盛行静风，在这些盆地中年平均风速不大于 2—3 米/秒。冬季，当这些盆地被冷空气所充满时，低层的空气就很少移动，同时可观测到最大的静风次数。在富蕴、青河和乌恰的河谷中静风频率达到 60%以上，在乌鲁木齐、吐鲁番和七角井的盆地内静风频率则达到 30%。

在天山和准噶尔盆地界山的山口中，常常可观测到具有极大危害和破坏力的强风。这种强风是由于从西北方来的冷空气遇到天山阻挡之后，聚集于准噶尔盆地，因而造成天山南北之间很大的气压梯度而引起的。

山地占新疆土地面积的 1/3 左右。这些山脉不仅影响到邻近平原和谷地的气候，同时也造成了山地本身特有的气候特征。在山上辐射、温度状况、湿度和其他气象要素完全不同于平原的状况。此外，在山上到处都可观测到垂直气候带，这个垂直气候带是由绝对高度的变化所造成的，它有异于平原上的气候带。

地形对于气象要素的影响，我们将在下一部分中详加讨论。

2. 下垫面、植物覆盖和水体

下垫面（土壤表面、雪面、植物覆盖和水面）也是新疆地区气候形成的景观因素之一。它给予气候的不同要素以影响。在第二章中我们已经分析了下垫面对辐射平衡要素的影响，其实，反射率的改变决定于下垫面的性质。因为太阳辐射是基本的气候形成因素，所以下垫面的影响也是极其重要的。

除了山脉以外，新疆的大部分地区是为沙漠所占有。沙漠的特征是：它的表面被干燥疏松并有大量孔隙的沙子所覆盖。由于水分少，土壤仅由固体沙粒和空气所组成，因此，土壤的导热性和热容量都很小。在春夏期间的白天沙漠表面的温度在日射作用下迅速地增加，而夜间则由于辐射而迅速降低。因此就形成了地面和空气温度的较大的日变幅。这就是沙漠中下垫面影响下所造成的气候特征。新疆地区较大的气温年变幅在很大程度上也是由于上述原因所引起的。由于缺乏水分和植物，所以沙漠表面上的热量几乎不用于蒸发，因此，沙漠表面从太阳所获得的热量都以乱流交换的方式来增加空气温度。因此，南疆地区春季很早开始增热，夏季炎热，甚至冬季 1 月晴天时气温可高于 0℃，午后有时甚至达到 5—10℃。北疆的冬季地面被稳定的雪覆盖所遮盖，气温很少超过 0℃。早春期间北疆的地面仍为雪所遮盖，因此，地面从太阳所获得的大部热量都用于融雪的蒸发水分，春季的增热就来得较迟，因而北疆春季的气温也就低于南疆。

由于从沙漠表面蒸发的水分很少，而湿气团很难来到新疆，因此新疆的空气极端干燥，在这里不仅可以观测到极低的相对湿度，同时可观测到极低的绝对湿度。春夏期间水汽凝结平面达到极大的高度。因此，这时对流虽然也强烈地发展，但气团内部的降水是很少的。

覆盖在沙漠表面上的雪融化之后土壤迅速变干，同时土壤表面上几乎没有任何覆盖，这就为尘暴的产生创造了条件。当风速达到 6 米/秒时，微小的砂粒和尘粒就能被风抬向上空，引起能见度的迅速转坏。

新疆的雪覆盖对气候的影响也很大。北疆地区雪覆盖持续 3 个月以上，它的厚度达 20 厘米以上。而南疆则几乎没有雪覆盖。雪面不仅具有很大的反射率和辐射能力，同时也具有比土壤表面小得多的导热率。因此冬季雪面要比干燥的土壤表面冷却得快得多。这就是北疆和南疆比较的话，北疆具有较低的地面温度和气温的原因之一。因此，雪面上常常可观测到逆温和空气乱流交换的消弱，因而雪面上常常产生雾。

在一年中的冷季即冬季，雾主要在北疆和焉耆盆地中观测到，这些区域中一年中的雾日约达 15 日。乌鲁木齐有最多的雾日，年平均达 43 天，其中有 36 天是出现在一年中的冷季里（11 月—3 月）。在寒冷季节里雾的形成和雪面因辐射而冷却以及近地面层逆温的存在有密切的关系，因此新疆地区的雾一般应属于辐射雾型。

至于植物对气候的影响，我们没有这方面的资料。

新疆的大部地区是具有稀疏植被的沙漠，这里的覆盖程度估计不会超过 4%，而且盛行灌木和半灌木。因此，可以设想植物覆盖对这些盆地区的气候影响是很小的。稀疏的植物覆盖几乎不能阻止日射进到地面，同时它又能促进空气垂直乱流交换的减弱。因此，在稀疏的植物覆盖区里，白天的温度可能高于而夜间的温度低于光秃的沙漠区域。

在绿洲中由于具有稠密的植物覆盖和人工灌溉，白天的气温低于附近的沙漠，而夜间则高些。因此在绿洲和邻近的沙漠区域之间可能发展着一种近似于水体和沿岸之间的海陆风的地方性环流。可惜，我们没有这种现象的强度和特征的具体资料。

地方水体（湖、河流）对于邻近水体的沙漠的气候的影响，可能仅仅表现在不宽的有限的沿岸地带。夏季这种影响表现在空气湿度的增加和温度的略略降低方面。冬季，由于河流中缺水和湖泊中水的冻结，水体对气候的影响几乎消失了。夏季在地方水体影响下空气湿度的增加和温度的降低可以在焉耆盆地、莎车、巴楚、伊犁谷地、石河子和其他等地方观测到。

第五章　热力状况及一般因素和地方因素对热状况的影响

大气温度场是各种气象要素中最重要的一个场。大气压力的分布随温度场改变而改变，气流的形成和气流的物理特性都与温度场有关。而上述的每种过程也给予气温以影响。新疆地区温度场的特征首先是和太阳辐射及大气环流的特征相联系的。此外，它也和下垫面的性质、地形、海拔高度有关。显然，新疆地区气温的复杂的地区分布更与地方的地势有关。

本区气象站很少，且几乎大多数站都是在近年来设立的，在塔克拉玛干沙漠中到目前为止还没有进行过气象观测，大多数站都是设在绿洲中。因此在研究具有较大年际变化的气温这样的气象要素时，我们就缺乏可以利用来研究温度状况变率的长序列观测资料。此外，1954年以前，气象站的位置经常改变，观测次数也常常变化。因此只有在研究绝对最低和绝对最高气温时才利用长序列资料，而研究多年平均气温，则只采用5年的资料（1954—1958年）。当然，对平均温度状况的特征而言，5年的资料是太短了。对个别年份和月份的气温而言，5年平均气温可能偏高也可能偏低。为了说明本区气温的稳定性，我们将喀什、伊宁、乌鲁木齐、阿勒泰、吐鲁番和哈密的长观测系列和最近5年的气温进行了比较。

从表5-1中可以看出，在这些地方气象场已经迁移了，气温的变动可能由于小气候的变化或海拔高度的改变所引起，也可能是由大气环流的变化所引起。从表5-1中看出，在新疆地区和长序列资料比较的话，5年的平均气温已经降低了。这种气温的下降特别明显地表现在冬季中，只有伊犁谷地是例外。春季北疆5年平均气温低于长序列资料，而南疆则长短序列之间的气温差异不大。夏季仅吐鲁番-哈密盆地中5年平均气温高于长序列的气温。秋季5年平均气温稍高于长序列资料。在广大地区内这种气温的变动显然是和大气环流的变动密切联系着的。至于在长观测序列中所反映出的气温年过程及其他温度状况的特征，和5年平均的气温特点基本上是相同的。

1. 气温的年变和日变

新疆地区最低气温出现在1月，最高气温出现在7月，仅仅在两个高山地区——赛图拉和塔什库尔干——最低温度出现在2月。平均气温从最冷月向最热月逐渐增加，然后从最热月向最冷月逐渐降低。在气温逐月升高和降低的过程中，北疆地区以春季3月和4月之间气温的差异最大，在这两个月之间温度上升达10℃以上。南疆春季中气温最迅速地上升要比北疆早一个月，最大的气温差异发生在2、3月之间。秋季气温的下降进

表 5-1　年、月平均气温（根据长序列资料和 5 年资料）

（气温单位：℃）

站名	纬度（北纬）	经度（东经）	高度/米	1月	2月	3月	4月	5月	6月	7月	8月	9月	10月	11月	12月	全年	观测时期
喀什	39°20'	76°00'	1297	-5.5	-0.3	8.0	15.9	20.6	24.7	26.7	25.5	20.6	12.2	43	-3.0	12.5	1886—1890 1893—1920 1922—1927 1929—1937 1940,1954—1958
	39°31'	75°45'	1289	-7.3	-1.4	8.5	15.5	20.1	24.1	26.5	24.7	20.2	12.0	3.5	-3.4	11.9	1954—1958
伊宁	43°57'	81°50'	670	-11.4	-7.7	2.3	11.7	17.3	21.1	22.7	223	16.5	8.7	0.6	-7.0	8.1	1928—1932 1936—1937 1939—1944 1948—1952
	43°55'	81°17'	664	-11.8	-7.6	1.5	11.1	15.9	20.0	22.6	21.5	16.7	9.2	0.8	-5.9	7.8	1954—1958
乌鲁木齐	43°36'	87°36'	660	-16.1	-12.6	-2.7	9.9	17.1	21.5	24.4	22.4	16.4	7.3	-3.8	-12.4	6.0	1907—1911 1930—1932 1937—1947
	43°47'	87°37'	912	-16.5	-12.6	-3.7	8.1	14.6	20.5	23.1	21.8	15.5	7.0	-3.0	-11.4	5.3	1954—1958
阿勒泰	47°51'	88°07'	830	-16.3	-14.3	-5.3	5.6	13.6	19.7	22.0	20.4	13.9	5.4	-6.1	-13.3	3.8	1938—1943
	47°52'	88°06'	750	-18.0	-15.5	-8.0	5.4	13.7	19.4	21.9	21.1	14.5	6.2	-4.5	-3.5	3.6	1954—1958
吐鲁番	42°56'	89°12'	30	-9.5	-1.3	9.1	19.0	26.1	30.7	33.0	31.2	23.8	13.4	1.4	-5.4	14.3	1930—1931 1938—1943
	42°58'	89°14'	35	-10.3	-3.6	9.0	19.2	25.0	31.3	33.3	31.6	23.9	12.4	2.1	-6.1	14.0	1954—1958
哈密	42°50'	93°35'	820	-12.7	-6.1	4.0	13.2	20.0	25.5	27.7	26.5	19.5	9.5	-1.0	-8.5	9.8	1942—1947
	42°50'	93°27'	735	-14.8	-7.8	4.4	13.5	19.4	26.2	28.3	27.3	19.9	9.7	-1.0	-8.4	9.8	1954—1958

行得很均匀，北疆两相邻月份气温的最大差异出现在 10 月和 11 月之间，南疆的若干地区最大的冷却比北疆早一个月，在最大变冷的时期中月际的气温差异平均达 9—10℃（表5-2）。上述这种现象和雪覆盖有着紧密的联系。南疆降雪很少，广大地区没有稳定的雪覆盖，地面的雪覆盖通常在 2 月间消失（表 5-3），3 月沙漠表面很干燥，用于蒸发的热量很少，地面所吸收的太阳辐射能都转变为热能，来增加地面和空气的温度，因此在 2 月、3 月之间出现了气温的很大的跃进。在北疆大部分地区雪覆盖通常在 3 月末才融化，4 月下垫面反射率强烈下降，太阳辐射能大多被下垫面所吸收，并引起土壤温度和空气温度的迅速上升。秋季整个新疆盛行晴天，雪量很少，地面的有效辐射的条件极佳，因此地面温度迅速下降，11 月寒潮和"冷侵入"侵入新疆，它的次数比 10 月份要多得多（参考第三章）。在 11 月初北疆已开始降雪（表 5-3），因此北疆地区秋季相邻月份的气温的最大差异出现在 10 月和 11 月之间。这种现象我们在研究新疆地区辐射平衡的月际过程时已经发现了，因此，辐射平衡的月际变化可用来解释气温的月际变化。

表 5-2　气温月际差　　　　　　　　　　（单位：℃）

站名	2—1 月	3—2 月	4—3 月	5—4 月	6—5 月	7—6 月	8—7 月	9—8 月	10—9 月	11—10 月	12—11 月	11—12 月
阿勒泰	2.5	6.5	13.4	8.3	5.7	2.5	−0.8	−6.6	−8.3	−10.7	−9.0	−4.5
塔城	3.2	7.5	11.2	6.8	5.2	2.6	−1.2	−6.1	−8.3	−8.7	−7.6	−4.6
伊宁	4.2	9.1	9.6	4.8	4.1	2.6	−1.1	−4.8	−7.5	−8.4	−6.7	−5.9
乌鲁木齐	3.9	8.9	11.8	6.5	5.9	2.6	−1.3	−6.3	−8.5	−10.0	−8.4	−5.1
吐鲁番	6.7	12.6	10.2	5.8	6.3	2.0	−1.7	−7.7	−11.5	−10.3	−8.2	−4.2
焉耆	7.1	10.5	8.6	4.9	4.5	1.6	−1.3	−5.5	−9.0	−9.0	−7.7	−4.7
库车	7.7	10.5	7.5	4.6	5.0	1.5	−1.0	−4.7	−8.9	−9.4	−9.0	−3.8
若羌	7.5	9.7	8.4	4.5	5.4	2.4	−1.8	−6.1	−9.5	−9.3	−7.6	−3.6
和田	7.0	9.2	7.2	3.6	3.1	2.4	−2.1	−4.3	−7.7	−8.0	−5.8	−4.8

从上面的叙述中可以看到，南疆的气温春季上升得很早很快，3 月南疆已经是真正的春天了，但秋季的气温也下降得很快。北疆的春天来临较迟，而秋季结束得也较早。具有负平均气温期的冬天长达五个月（11 月到 3 月）。冬季本区气温的变动很小，平均温度的月际变率约 3—7℃。夏季气温的月际变率更小，通常很少超过 3℃。

新疆地区气温年过程的另一特征是春温高于秋温，4 月气温高于 10 月气温。南疆春季 3 个月的月平均温度总和高于秋季 3 个月的月平均温度总和。北疆仅阿勒泰和乌鲁木齐是例外（表 5-3），这首先是由于在这些地方春季雪覆盖消融得较迟。如阿勒泰的雪覆盖平均在 4 月 19 日、乌鲁木齐在 4 月 13 日才消失。因此，4 月间太阳辐射的热量主要就用于雪覆盖的消融，而气温很少增高，因此这些地方春季的气温总和就比较低些。但是在长观测序列中（气温）并没有发现上述现象。

本区气温年变幅很大。北疆地区除伊犁河谷与塔城盆地外，气温年变幅到处都超过了 40℃。最大的气温年变幅出现在炮台（48.8℃）、车排子（48.7℃）等地。在这些地方，由于处在较高地势中的低处，冬季有强烈的地面辐射冷却，造成了冷空气聚集的有利条件，夏季则造成了空气增热的有利条件，因而气温年变幅就增大了。南疆的气温年变幅较北疆为小，大部分地区变化在 30—40℃ 之间，最大的气温年变幅出现在吐鲁番（44℃）和哈密（43.3℃）。吐鲁番-哈密盆地四面环山，地势很低，吐鲁番盆地位置低于海平面，白天盆地的斜坡增加了受热的面积，因而增加了热量的流入。盆地的形状在一定程度上阻碍了热量的平流输送，因此增热后的空气仅能依靠乱流交换的方法输出热量，因此夏季温度极高，因而也增加了气温的年变幅。在南疆的西南地区气温年变幅较小，卡干鲁克为 30.5℃、莎车 32.7℃、麦盖提 32.4℃。在这些地方气温年较差小的原因是冬温较高的缘故。

表 5-3　春秋气温和雪覆盖出现及消失日期的比较

站名	春秋气温/℃		月平均气温/℃		雪覆盖出现和消失日期（日/月）	
	3月、4月、5月	9月、10月、11月	4月	10月	出现	消失
阿勒泰	11.1	16.2	5.4	6.2	3/XI	19/IV
塔城	22.8	19.3	7.4	6.4	4/XI	1/IV
伊宁	28.5	26.7	11.1	9.2	3/XI	30/III
乌鲁木齐	19.0	19.5	8.1	7.0	27/X	13/IV
吐鲁番	53.2	38.4	19.2	12.4	9/XII	25/IV
焉耆	32.0	21.3	11.9	7.1	19/XII	15/II
库车	43.0	34.9	15.3	11.8	8/XII	16/II
若羌	43.8	32.6	15.9	10.8	31/XII	16/II
和田	45.9	34.2	16.5	11.5	6/XII	5/I

高山上的气温年变幅比平原小得多，水渠子（2 100 米）为 26.6℃，巴伦台（3 000 米）为 29.2℃，塔什库尔干（3 100 米）为 28.1℃，赛图拉（3 700 米）为 22.1℃，卡拉齐（2 300 米）为 28.9℃，巴音布鲁克（2 500 米）为 33℃。气温年变幅通常随高度而减小，但它的减小程度在不同方位的斜坡上是不同的，一般说来，北坡上气温年变幅要比南坡小得多。例如，天山北坡的小渠子要比天山南坡的巴伦台位置低得多，但北坡小渠子气温的年变幅竟比巴伦台要小，这是由于夏季南坡所获得的太阳直接辐射值要比北坡大得多。南坡几乎从早到晚为日光所照射，而北坡则几乎全日处在阴暗中，仅由于散射辐射才获得若干热量，因此南坡最热月气温要比北坡高得多。在最冷月中北坡的逆温层很厚，逆温强度很大，小渠子仍然处在逆温层内。南疆仅清晨的逆温表现较明显，但逆温很弱，逆温层很薄，因此小渠子最冷月气温要比巴伦台高得多。位于昆仑山北坡的塔什库尔干和巴伦台的高度比较近似，但气温年变幅也比巴伦台要小些。高山盆地中的气温年变幅比平原上小些，但比斜坡上要大得多。例如，大尤拉多斯盆地中气温年变幅达 33℃。虽然高山盆地中的地势较高，但盆地的热效应仍然保存着，盆地中的通风条件比平原上也坏得多，不利于冷暖空气的输送，因而导致了气温年变幅的增加。

本区气温绝对最低和绝对最高的极端值来临时间和平均气温的最冷最暖月基本上是一致的。极端最低气温主要出现在 1 月，若干地区则出现在 12 月和 2 月。在准噶尔盆地上仅夏季 3 个月的绝对最低温度高于 0℃，星星峡高原和焉耆盆地具有和北疆相似的温度状况。南疆有四五个月的绝对最低气温高于 0℃（4 月到 8 月），而在吐鲁番和库车整个暖半年（4 月到 9 月）都具有正的绝对最低温度。极端最高气温主要出现在 7 月，有的地方出现于 8 月。冬季南疆的绝对最高气温是正值。仅在准噶尔盆地最北部、炮台、乌苏、十户滩和巴里坤 1 月的绝对最高气温仍然是负值。

北疆的极端最低温度通常都低于−35℃，有的地方甚至低于−40℃，富蕴地区甚至达到−50.8℃，这个纪录比免渡河的极端最低气温还低（−50.1℃），这是目前我国最低的气温纪录。南疆的极端最低气温通常高于−30℃。焉耆和星星峡的极端最低气温大致和伊宁近似，为−35—−37℃，这是南北疆之间的过渡地区。新疆的极端最高温度通常都超过40℃，仅在极北部地区稍低些，一般在 35℃左右。吐鲁番 1953 年和 1956 年 7 月的极端最高气温都达到了 47.6℃（表 5-4），这是到目前为止我国最高的气温纪录，这种高温在世界各地也是少见的。因此，新疆地区不仅出现了我国的极端最低气温，也出现了极端最高气温。新疆极端温度的年变幅都高于 60℃，北疆则十分大，约 80℃左右，南疆西南部较小，通常小于 65℃，多数地区则变化在 65—80℃之间。极端温度的最大变幅出现在乌鲁木齐（84.9℃）、富蕴（84.1℃）、艾比湖低地和玛纳斯河流域。

本区气温日变化各处都十分简单。最高气温出现在午后 2—3 时，仅冬季北疆地区略早些（通常在午后 1 时左右）。最低气温来临时间则因季节而有所不同。通常暖半年（4—10 月）南疆地区最低气温在 6 时左右来临，而冬季则在 7 时左右。北疆春夏期间最低温度在 5 时左右来临，冬季则在清晨 4 时（表 5-5）。

表 5-4　气温年变幅和绝对变幅

站名	1 月气温/℃	7 月气温/℃	年变幅/℃	绝对气温/℃			观测年份
				最低	最高	变幅	
阿勒泰	−18.0	21.9	39.9	−40.3	35.4	75.7	1938—1943, 1954—1958
塔城	−14.5	22.0	36.5	−40.0	39.2	79.2	1940—1944, 1952—1958
伊宁	−11.8	22.6	34.4	−37.2	40.2	77.4	1928—1932, 1936—1937, 1948—1958
乌鲁木齐	−16.5	23.1	39.6	−41.5	43.4	84.9	1907—1911, 1930—1932, 1937—1940, 1941—1958
吐鲁番	−10.3	33.3	43.6	−26.0	47.6	73.6	1930—1931, 1938—1943 1952—1958
焉耆	−14.3	22.9	37.2	−35.2	38.8	74.0	1939—1945, 1951—1958
库车	−10.4	26.4	36.8	−27.4	41.5	68.9	1951—1958
若羌	−9.7	28.2	37.9	−27.2	43.6	70.8	1953—1958
和田	−7.1	25.6	32.7	−22.8	42.5	65.3	1942—1944, 1946—1958

表 5-5 气温平均日变程

（单位：℃）

站名	月	1	2	3	4	5	6	7	8	9	10	11	12	13	14	15	16	17	18	19	20	21	22	23	24
乌鲁木齐	1	-18.1	-18.3	-18.3	-18.3	-18.1	-18.0	-17.9	-17.7	-16.1	-14.0	13.4	-13.3	-13.3	-14.1	-14.5	-15.3	-16.2	-16.8	-17.0	-17.2	-17.4	-17.4	-17.7	-18.0
	4	5.8	5.4	5.2	5.0	4.8	5.1	6.3	8.1	9.4	10.4	10.9	11.6	12.2	12.4	12.5	12.4	11.9	11.2	9.9	8.8	7.9	7.3	6.8	6.2
	7	19.5	19.0	18.7	18.3	18.2	19.2	21.2	23.0	24.4	25.3	26.0	26.7	27.3	27.5	27.5	27.2	27.0	26.3	25.1	23.3	21.9	21.1	20.3	19.9
	10	5.1	5.0	4.6	4.2	3.9	3.7	4.5	6.9	9.0	10.2	11.0	11.4	11.8	11.8	11.8	11.4	10.1	8.3	7.1	6.4	6.0	5.6	5.3	5.3
和田	1	-9.1	-9.4	-9.6	-9.9	-10.1	-10.3	-10.4	-9.8	-8.0	-6.2	-4.8	-3.8	-3.0	-2.7	-2.7	-3.0	-4.0	-5.1	-5.7	-6.4	-6.9	-7.6	-8.2	-8.7
	4	13.3	12.7	12.2	11.9	11.4	11.1	12.3	14.7	16.6	18.3	19.7	20.9	21.9	22.5	22.7	22.4	21.6	20.2	18.4	17.3	16.4	15.6	14.9	14.2
	7	22.9	22.2	21.6	21.2	20.7	20.6	22.0	24.1	25.7	27.1	28.5	29.5	30.7	31.2	31.5	31.3	30.4	28.9	27.0	25.9	25.4	24.7	24.2	23.6
	10	8.4	8.0	7.8	7.4	7.1	6.9	7.4	10.0	13.1	14.9	16.2	17.3	18.1	18.7	18.7	18.1	15.8	13.3	12.1	11.2	10.5	9.8	9.2	8.7

表 5-6　气温年、月平均变幅　　　　　　　　（单位：℃）

站名	1月	2月	3月	4月	5月	6月	7月	8月	9月	10月	11月	12月	全年
阿勒泰	12.1	13.5	12.9	11.1	12.8	12.7	12.9	12.9	12.9	13.0	11.5	11.0	12.5
塔城	14.4	14.6	12.8	13.4	15.3	15.7	16.6	16.4	17.2	16.8	12.5	12.4	14.8
伊宁	12.6	12.2.	11.2	13.2	14.2	13.7	14.6	14.9	16.8	16.7	12.1	11.2	13.6
乌鲁木齐	11.4	12.0	9.0	11.6	12.6	12.1	12.4	12.4	12.9	11.1	9.0	10.2	11.3
吐鲁番	11.2	13.3	13.8	13.9	14.4	14.6	13.9	13.9	16.0	14.9	12.2	9.9	13.5
焉耆	14.5	17.1	17.1	16.4	16.3	15.1	14.7	15.2	16.5	17.1	14.9	13.3	15.7
若羌	12.2	13.4	16.1	15.8	16.5	15.9	16.4	16.4	17.8	17.1	14.3	11.2	15.2
库车	11.0	11.3	11.3	11.6	11.9	11.9	11.9	11.5	11.8	12.1	10.6	10.0	11.4
和田	9.6	11.0	12.5	13.5	13.3	12.9	13.5	12.9	13.8	13.9	12.4	10.2	12.5

　　本区的气温日变幅也很大，多年平均的气温日变幅为 11—16℃。冬季日变幅较小，因为冬季白天地面所吸收的太阳热量不大。在春秋过渡季节中（9月和10月）气温日变幅最大，例如，塔城、伊宁、若羌等地9月、10月气温日变幅平均达到17℃（表5-6）。这是由于这2个月里雪量最少，白天日射丰富，地面吸收了许多热量，而夜间地面有效辐射也最大的缘故。在春秋月份中在某些地方一天内可以出现四季的气候，例如，若羌的1957年3月17日7时气温为-0.3℃，而15时为23℃；该月14日6时气温为-1.9℃，15时为20.2℃。因此在这里流传着"早穿棉、午穿纱"的谚语，这种情形在盛夏中也可看到。在山上为了适应气温的多变，牧民们终年都穿着一件羊皮袄，这是气候在衣着上的反映。至于气温的最大日变幅，到处都在20℃以上，如星星峡达28℃，若羌、喀什、焉耆、奇台都在27℃以上。

　　本区气温多变。冬季虽然很冷，但冬季的严寒并不稳定。南疆甚至在最冷月中也到处可观测到正温，例如，喀什1954—1958年中常常有日平均气温超过0℃的时候，1958年1月10日喀什的日平均气温甚至达到了8.5℃。至于在最冷月的正午，最高温度则常常高于0℃，有时白天的温度可高于10℃，因此雪覆盖消融了。北疆冬季的正午，最高温度也有高于0℃的时候，但这种现象不是每年或任何地方都可观测到的。

　　夏季北疆气温很高，而南疆则更高。但夏季当冷空气侵入时，气温会显著地下降。喀什的日平均气温急剧下降或强烈上升是很频繁的。在1954—1958年的三个夏季月份中喀什的温度平均有7次降温5℃。在乌鲁木齐有8次降温5℃，而降温10℃以上的则各有1次。

　　春秋气温剧烈变动的现象更为频繁，规模也更大，这对农业生产是极为有害的。春季气温的不稳定性常常使得刚出土的幼苗不能避免气温的突然下降（低于0℃）和作物遭受到冻害，春季气温的不稳定也给冬季埋入土里的果树出土工作造成了困难。它对畜牧业也带来了危害，因为它对剪羊毛和驱赶羊群到高山夏季牧场带来了困难。在照顾不当的情形下，温度的变动常常造成羊只的大量死亡。至于春、夏和秋季温度频繁变化的原因，这在第三章中可以找到答案。它主要与寒潮和反气旋中强烈的地方性冷却有关。

春季，冷空气侵入新疆最频繁，因而气温的强烈下降也最多。因此，春季气温的多变和春季环流有关。我们在这里不讨论这个问题，因为它已经在第三章讨论过了。

从上所述可看到，本区气候的特征是夏季炎热，冬季严寒，大的气温年较差和日较差，春秋期间气温的月际变化大，在各个季节中气温很不稳定，在 1 个月里气温可上升和下降许多次，春温高于秋温。所有上述气温状况的特征足以说明本区气候的大陆性。

2. 气温的地理分布

本区年平均温度除富蕴、青河和高山积雪区以外都高于 0℃，年平均温度一般随纬度增高而降低，但在塔里木盆地中这种现象表现得并不明显，在塔克拉玛干沙漠周围的各站中年平均气温变动在 10—12℃之间，吐鲁番盆地则达 14℃，这是本区具有最高气温的区域。焉耆盆地要冷得多，这里年平均温度仅仅 7.7℃，准噶尔盆地中年平均气温更低，并变动在 3—6℃之间，这里的最高年平均温度出现在艾比湖低地（6℃以上）。伊犁河谷冬季更暖，年平均温度高于 7℃。在一年内气温的地理分布大大地变化着，我们只分析冬夏季气温的地理分布，而且为了说明冬季气温地理分布特征我们采取 1 月，夏季则采用 7 月。对这 2 个月而言，我们绘制了站位高度的等温线图。

1 月气温通常向北和向东降低。从位于同一纬度的 44°N、39°N（表 5-7）各站 1 月温度的比较中可以看到自西向东下降。从位于同一经度 88°E 上的各站气温的比较中可以看出，气温从南向北下降。气温从南向北的降低不仅和日射以及辐射平衡减少有关，而且也由于天山阻挡，冷空气自北侵入准噶尔盆地和塔里木盆地的频繁程度不同所致。

表 5-7　同一纬度和同一经度上各站 1 月平均气温的比较

纬度 44°N	精河（82°58′E）	石河子（86°00′E）	奇台（89°27′E）
气温/℃	−18.9	−19.6	−20.8
纬度 39°N	喀什（75°45′E）	巴楚（78°10′E）	若羌（88°03′E）
气温/℃	−7.3	−8.1	−9.7
经度 88°E	阿勒泰（47°52′N）	乌鲁木齐（43°47′N）	若羌（39°05′N）
气温/℃	−18.0	−16.5	−9.7

新疆东部气温低于西部，这主要也和环流条件有关。冬季冰洋气团主要是从西北方侵入准噶尔盆地，而且由于天山所形成的阻隔，部分冷空气保持在准噶尔盆地中，另一部分冷空气则沿着河西走廊侵入到长江和黄河的下游，此外，还有部分冷空气绕过天山东部的缺口从东部侵入塔里木盆地。来到南疆的冷空气已不多，而且走过很大距离后它已经强烈地变性，因此愈往西部，冷空气的作用也就愈小。从另一方面穿过帕米尔高原而侵入到南疆西部的冷空气，由于下沉增温，因而所引起的降温作用不大，所以在塔克拉玛干沙漠南北部的气温差异不大，它不像塔克拉玛干沙漠东西部之间的气温差异那样明显。在南北疆之间由于天山的阻隔气温差异更为明显。冬季气温分布的环流原因就是

这样。此外，很冷的冰洋气团能直接从北部侵入新疆东部，这也是新疆东部比西部要冷些的原因。

1月的准噶尔盆地西南的炮台是一个冷中心，温度低于–22℃，在其东南部冷中心是三面环山的巴里坤，北部的开口可以迎接冷气流，因此冷气流很容易聚集在盆地里而冷却，并形成冷中心，巴里坤的1月气温能达到–23.4℃。1月最低气温出现在阿尔泰山的西南坡的富蕴（1 177米）为–30℃，青河（1 250米）为–25.1℃。但是这些站都位于河谷中，它并不能代表其他地区的实际温度状况。在塔城盆地和伊犁河谷中冬季温度很高，塔城盆地1月温度高于–16℃，而伊犁河谷约–12℃左右，这是由于盆地北部有高山阻挡、冷空气侵入的次数和力量较少的缘故。在整个准噶尔盆地中，南北部的气温差异不大，例如阿勒泰为–18℃，而天山北麓的各站为–20℃左右。

1月，在气象出版社出版的的气候图集上，将塔克拉玛干沙漠分析为一个暖中心，由于这里的气象站很少，目前还难说这种观测是否正确。按环流特征和冷空气的方向而言，在塔克拉玛干沙漠中温度应当自东北向西南上升，而不应当存在着冷暖中心。按沙漠周围各站的气温而言，实际也可以看到，温度自东北向西南增加的趋势。例如，沙漠东北部的库尔勒温度为–12℃，铁干里克–11.2℃，库车–10.4℃，而在盆地的西南沿气温到处都高于–8℃。

1月焉耆盆地是一个冷中心，在这个冷中心中，由于下垫面的辐射冷却和冷空气的聚集温度低于–14℃。吐鲁番盆地，根据周围各站的资料，可能是一个暖中心，因为该盆地被高山所环绕，北部高山平均在5 000米以上，它阻碍了冷空气的侵入。经柴禾堡谷地侵入到盆地中的冷空气因下沉而增温，由于这种高差达1 200米，因此冷空气对盆地中气温的冷却影响就不大。南疆1月平均气温变化在–7—–12℃之间，而且等温线的方向是由西北向东南。塔里木盆地以东的高原温度较低，星星峡1月平均温度为–16℃。

现在我们分析表5-8中所引的1月气温随高度而变化的资料。我们看到，在天山北麓气温随高度而上升。"八一"农场和乌鲁木齐的高差为463米，而1月平均气温差达4.4℃，乌鲁木齐和小渠子的高差为1 194米，温度差达4.6℃（表5-8）；车排子和乌苏的高差为189米，而温差为3.3℃；乌苏和石场的高差为557米，而温差为2.8℃。白塔山（1 500米）是一个孤独的丘陵，这里1月的气温较高，为–9.7℃。从这些资料可以看出，冬季准噶尔盆地中存在着很厚和很强的逆温层，在近地面层中逆温强度很大。根据乌鲁木齐

表 5-8　不同方位斜坡上 1 月温度的垂直分布

天山北坡温度	"八一"农场（449米） –20.3℃	乌鲁木齐（912米） –15.9℃	小渠子（2 106米） –11.3℃	1957—1958年
天山南坡温度	库尔勒（901米） –10.2℃	巴伦台（3 000米） –9.3℃		1958年
帕米尔东坡温度	喀什（1 289米） –6.2℃	乌恰（2 137米） –9.7℃		1956—1958年

1 月多年探空资料（1954—1957 年 23 时资料）可以证明这个强厚逆温层的存在。乌鲁木齐地面温度为-18.7℃，900 毫巴的高处为-14.5℃，850 毫巴的高处为-11.4℃，800 毫巴处为-10.4℃，700 毫巴处为-13.5℃。

至于天山南坡、帕米尔东坡和昆仑山北坡，温度不随高度而增加。根据少数已有站的资料，在这些斜坡上，冬季温度随高度而微弱地下降。根据库车和若羌 1958 年 1 月 19 时的探空资料并没有发现逆温层的存在，但根据 7 时的资料可以看出，在大气最低层（1 500 米以下）毕竟还有若干逆温现象。例如，库车 1 月 7 时 900 毫巴处温度为-9.7℃，850 毫巴高处为-8℃，800 毫巴高处为-9.1℃。但对日平均气温而言，并没有出现逆温现象。

在夏季的气温地理分布中，地形、海拔高度和下垫面性质起着主要作用。7 月的气温也随纬度的增高而降低，但这种现象表现得并不很明显。

准噶尔盆地北部 7 月气温为 21℃，南部为 24℃左右，该盆地的西南部、艾比湖低地和玛纳斯河流域是一个暖中心，在这里由于地势较低和盆地斜坡面积的增大，暖中心的平均温度达 26℃。根据中国科学院新疆综合考察队所进行的观测，地面最高温度曾达到过 84℃。巴里坤盆地由于地势高（1 500 米），夏季是一个冷中心，7 月平均温度仅 17.5℃。伊犁河谷三面环山，向西开口，准噶尔盆地的干热气团不能从东部侵入到这个河谷中。夏季伊犁河水量充分，河谷中灌溉发展，不少热量用于蒸发，它对降温起着决定性的作用。由于这些因素的影响，伊犁河谷 7 月温度较低，仅 22℃左右。乌鲁木齐由于地势较高（912 米），7 月温度低于准噶尔盆地，仅 23.1℃。夏季塔克拉玛干大沙漠是一个暖中心，位于绿洲中的沙漠周围各气象站 7 月温度大多在 26℃以上，我们估计沙漠中心由于植物覆盖稀少和缺乏蒸发的热量消耗，7 月平均气温将超过 26℃，在沙漠中由于沙丘的起伏大，增热面积也增大了。吐鲁番-哈密盆地是一个最暖的中心，该盆地气温达 32℃或以上。阿克苏是一个大的绿洲，境内灌溉发达，河流交错，因此夏季气温显著下降，7 月平均气温仅 24.4℃。焉耆盆地由于博斯腾湖与开都河的影响，夏季温度较低，焉耆 7 月温度仅 22.9℃。塔里木盆地西南部的纬度虽然较低，但夏季气温仍然略低于它的东北部，这是由于盆地西南部的地势高于东北部的缘故。

7 月气温随高度而下降。例如，星星峡高原（1 776 米）7 月平均温度为 21℃，白塔山为 17.1℃。天山北坡"八一"农场和小渠子的高差为 1 710 米，而气温差达 10.1℃，温度平均垂直梯度为 0.6℃/100 米，阿尔泰山西南坡气温平均垂直梯度大约也是 0.6℃/100 米。至于天山南坡和昆仑山北坡气温平均垂直梯度要小得多，只有 0.45℃/100 米左右，例如，库尔勒和巴伦台的高差为 2 100 米，而气温差只 9℃；莎车和赛图拉的高差为 2 450 米，而气温差仅 11.5℃。其原因在于夏季南疆盛行热带大陆气团，而北疆是温带大陆气团，在同一高度上热带气团中的温度要高于温带气团中的温度。例如，根据 1958 年 7 月探空资料（地方时 7 时）若羌 700 毫巴处的温度为 13.2℃，和田为 12.9℃，而乌鲁木齐只有 7.2℃，伊宁 7.1℃。因此天山南坡与昆仑山北坡气温随高度而下降的程度就比天山北坡要小得多。

3. 土壤霜冻与空气霜冻

霜冻的终始期和无霜期平均持续时间是一项重要的热状况指标，它对农业生产具有重大的实践意义。大家都知道，霜冻几乎都伴随着霜，因为霜是在地面出现负温的条件下水汽凝结的现象，因此，霜也就是土壤温度状况的指标。但新疆的空气极端干燥，气温和地面温度常降至 0℃ 以下而不出现霜。例如，吐鲁番 1956 年 11 月 11 日地面最低温度为–10℃，空气最低气温为–5.2℃，日平均温度为–1.3℃，1 时和 7 时的气温为–3.6℃，但地面上仍然没有霜，因此这一天未作为霜的开始期（该年霜出现于 12 月 2 日）。又如吐鲁番 1957 年 3 月 4 日地面最低温度为–10.7℃，空气最低温度为–5.7℃，日平均气温为–0.3℃，1 时气温为–3.2℃，7 时气温为–5.7℃，但这天并没有霜（该年终霜期算为 1 月 29 日）。从农业生产和其他生产单位的要求出发，这项霜冻的观测资料对研究霜冻来说是不能利用的。因为根据这些观测资料霜冻期缩短了，而无霜期增长了。因此这项资料对于正确确定作物的播种期、收获期和复播期就不能具有参考的价值。为此我们根据地面最低温度<0℃的终始期来决定土壤霜冻的持续时间，以地面最低温度高于 0℃ 的时期作为无霜期。南疆土壤霜冻的终始期和见霜（白霜）期的差异很大，在准噶尔盆地中这种差别要小得多（表 5-9）。这是由于准噶尔盆地中空气湿度大于南疆。因此，当地面温度<0℃，准噶尔盆地中白霜出现的机会要比南疆频繁得多。

在准噶尔盆地和东疆仅夏季 3 个月地面温度的绝对最低值高于 0℃，在塔里木盆地西南最低值为正温的时期约 4—5 个月（5—9 月），在吐鲁番盆地中这种时间长达 6 个月（4—9 月），在这些月份里没有任何轻霜的出现。根据 5 年资料的计算结果，准噶尔盆地中土壤霜冻平均在 9 月末和 10 月初开始和 5 月第一、二旬结束，平均无霜期为 130—150 天，乌苏地区无霜期稍稍长些。焉耆盆地中的土壤霜冻来临较早，无霜期仅 131 天。星星峡高原霜冻来临更早结束更退，无霜期仅 107 天。若羌和且末的霜冻期和无霜期与石河子的条件相近似。在塔里木盆地西南第一次霜冻来临较迟，约在 10 月第二、三旬，结束也较早，大约在 4 月 10 日左右。这里的无霜期长达 180—200 天。吐鲁番和库车的无霜期更长，平均达 210 天，这里的霜冻大约出现在 10 月 20 日，3 月 20 日消失，一般说来，新疆的无霜期是从南向北和自西向东缩短的，但在一些区域里霜冻期的持续时间主要是决定于地形和冷空气平流的路径。奇台和星星峡恰巧处在冷空气入侵的道路上，在春秋期间可以导致温度下降 10℃ 或更多些。焉耆是一个较高的盆地，富蕴与和布克赛尔也位于较高的河谷中。在这些地方夜间发生着强烈的地面辐射冷却，地面最低温度常降到 0℃ 以下，因此这些地方霜冻来临较早，结束也较迟。吐鲁番盆地地势很低，各方面很闭塞，冷空气很难侵入这个盆地。塔里木盆地西南三面也被山脉所环绕，自东向西侵入到这个地区的冷空气，在春秋期间通过塔克拉玛干沙漠之后冷空气发生了增温。自西北方经过帕米尔高原下沉的冷空气因下沉而增温，因此仅仅引起温度微弱的下降。因而在这些地方无霜期十分长（表 5-10）。

表 5-9　见霜（白霜）终始期和地面最低温度＜0℃的终始期的比较

站名	霜			土表最低温度＜0℃		
	开始期（日.月）	结束期（日.月）	无霜期（天）	开始期（日.月）	结束期（日.月）	无霜期（天）
乌鲁木齐	3.X	24.IV	161	1.X	15.V	138
吐鲁番	13.X	8.I	278	19.X	23.III	210
喀什	2.XII	3.IV	241	22.X	9.IV	195

表 5-10　土壤霜冻终始期、最早和最迟霜冻、无霜期持续时间

站名 日月	霜冻开始平均日期（日.月）	霜冻开始最早日期（日.月）	日平均温度通过10℃的日期（日.月）	霜冻结束的平均日期（日.月）	霜冻结束的最迟日期（日.月）	日平均温度通过10℃的日期（日.月）	无霜期平均时间（天）	无霜期绝对持零时间（天）
塔城	24.IX	3.IX	2.X	13.V	24.V	23.IV	134	101
精河	30.IX	15.IX	9.X	9.V	24.V	13.IV	143	113
乌鲁木齐	1.X	23.IX	5.X	15.V	31.V	22.IV	138	114
石河子	2.X	26.IX	6.X	2.V	31.V	14.IV	152	117
奇台	26.IX	16.IX	2.X	15.V	1.VI	19.IV	134	106
星星峡	10.IX	3.IX	25.IX	25.V	2.VI	5.V	107	92
吐鲁番	19.X	11.X	22.X	23.III	28.III	18.III	210	196
焉耆	18.IX	29.VIII	8.X	9.V	22.V	6.IV	131	98
库车	22.X	9.X	21.X	24.III	18.IV	23.III	211	173
喀什	22.X	14.X	22.X	9.IV	8.V	20.III	195	158
若羌	1.X	25.IX	18.X	7.V	23.V	22.III	146	124
和田	13.X	6.X	21.X	13.IV	9.V	17.III	182	149

为了研究霜冻的危害，仅知道霜冻终始的平均日期是不够的，还应当知道这种平均日期的可能偏差。根据 5 年的资料，在准噶尔盆地和焉耆盆地中最迟的春季土壤霜冻和最早的秋季霜冻能偏离多年平均霜冻日期达半个月，在星星峡高原不到 10 天。在东疆、吐鲁番盆地和塔里木盆地西南地区，霜冻开始的平均日期和最早的秋季霜冻之间的时间差距不到 10 天；霜冻结束的平均日期和最迟春季霜冻之间的时间间距，在不同的地区是不同的：吐鲁番为 5 天，东疆为半个月，塔里木盆地西南约 1 个月左右。

在整个新疆地区，当日平均气温通过 10℃时春季霜冻还没有结束，而秋季霜冻已经降临了。

这些现象指出，在新疆地区虽然日平均气温很高，但由于沙子导热性很差，夜间沙质沙漠表面强烈地冷却，春秋期间地面最低温度常降至 0℃以下。经验证明，春秋期间当日平均气温在 0—5℃之间时，土壤霜冻对作物的危害性不大，但日平均温度进一步增高时，土壤霜冻就变得很有害了，它对作物带来极大的危害。

如果采用平均最低气温通过 0℃作为稳定的空气霜冻的终始期，那么根据 5 年的资料，在准噶尔盆地中空气霜冻始于 10 月前半月、终于 4 月后半月，无霜期平均长 170

天左右。天山北麓伊犁河谷和焉耆盆地，空气霜冻平均始于 10 月下半月、终于 3 月末 4 月初，平均无霜期长 190—210 天。塔里木盆地东部空气霜冻结束得更早，无霜期长 220 —230 天。最长的无霜期在吐鲁番盆地和塔里木盆地西南部，平均约 240—250 天，这里的空气霜冻大约出现在 11 月初旬，3 月初结束。

和土壤霜冻终始期比较的话，吐鲁番盆地和准噶尔盆地中空气霜冻的来临要迟半个月而且早半个月结束。在新疆的其他区域空气霜冻比土壤霜冻要早 1 个月结束，迟 1 个月来临。因此按气温计算的无霜期要比按地表温度计算的无霜期长 1 或 2 个月（表5-11）。

根据 5 年资料本区最迟春季空气霜冻和最早秋季空气霜冻能偏离多年平均日期达半个月。本区当日平均气温稳定 > 5℃时，还可观测到春秋霜冻。但当日平均气温稳定 > 10℃时，空气霜冻各地都已结束了，但最迟的春季空气霜冻和最早的秋季空气霜冻仍能出现。

表5-11　空气霜冻终始期、最早和最迟的霜冻、无霜期持续时间（根据 5 年资料）

站名	霜冻开始平均日期（日. 月）	霜冻结束平均日期（日. 月）	平均无霜期（天）	霜冻开始最早日期（日. 月）	霜冻结束最迟日期（日. 月）	日平均温度通过 5℃的日期（日. 月）	
						开始	结束
塔城	12.X	20.IV	174	23.IX	2.V	6.IV	21.X
石河子	20.X	3.IV	199	7.X	19.IV	1.IV	23.X
乌鲁木齐	27.X	30.III	210	7.X	24.IV	5.IV	22.X
吐鲁番	6.XI	3.III	247	8.XI	17.III	6.III	5.XI
若羌	27.X	17.III	223	14.X	1.IV	11.III	4.XI
和田	8.XI	6.III	246	11.XI	18.III	1.III	9.XI

南疆的葡萄，开花期的果树（桃、杏等）和其他喜温作物由于春季霜冻而减产。早秋霜冻对准噶尔盆地中玛纳斯河流域的棉花和南疆的中晚熟棉花及长绒棉特别有害。在这些地方霜冻来临之前，棉花仅能收获 50% 左右。南疆的秋季霜冻常常降低复播作物的收成，因此春秋霜冻是新疆地区农业生产中的最大危害。当然，这种危害的程度和霜冻的强度、持续时间及作物本身的状态有关。一般说来，南疆的霜冻较弱，持续时间较短，因而对作物的危害也较小。

日平均温度高于 10℃时所发生的春秋霜冻常属于平流辐射霜冻。在寒潮或更冷的空气从冰洋侵入新疆时（冰洋气团）常伴随着温度的下降，这时，若夜间平静晴朗，则由于土壤和植物的强烈冷却，常形成对植物极有害的霜冻。但新疆地区春秋期间的霜冻很少是纯辐射性的，即在地势较低的盆地和河谷中也很少是由于夜间的冷却而产生。

4. 土壤温度

本区有 16 个气象站具有 5 年平均的、深 20 厘米的土壤温度资料。大多数站土壤上层温度的测定是采用莎文诺夫温度计。莎文诺夫温度计仅暖季中利用。土壤更深层温度的测定是利用直管温度计。本区这种温度计通常是安装在 20 厘米、40 厘米、80 厘米和

160 厘米的深度上。这种土壤温度的 5 年资料仅 10 个站上有。土表最高、最低温度是用水银高度温度计和酒精最低温度计测定的,在雪覆盖时仅测量雪面的温度。

土表及其上层的热状况,基本上是由地表所吸收的太阳辐射热量的收入和由于辐射地表热量的支出所决定的。此外,土表热状况在极大程度上还和大气热状况、土壤温度及其他物理特性(反射能力、导热率等)有关,同时也和蒸发值、植物特性及海拔高度有关。冬季雪覆盖的有无、它的厚度和持续时间对土壤热状况起着决定性的作用。

5 年的资料指出,北疆、星星峡高原、焉耆盆地和塔里木盆地东部在一年中除夏季 3 个月以外土表绝对最低温度都是负值。在其他地区绝对最低温度的正值时期也只有 4 到 6 个月(4 月到 9 月)。新疆大部地区土壤表面的极端绝对最低温度出现在 1 月,有的地方则在 12 月和 2 月。准噶尔盆地和星星峡高原土壤表面极端绝对最低温度为-40—-45℃,本区东部和南部为-25—-30℃,塔里木盆地西南则高于-25℃,但在富蕴则达到-53.7℃。夏季土表绝对最低温度一般都低于 10℃,仅吐鲁番-哈密盆地超过了 10℃。本区土壤表面的绝对最高温度在全年中几乎到处都是正温。在准噶尔盆地的最冷月里绝对最高温度一般是 5℃左右,在塔里木盆地中则高于 15℃,在塔里木盆地西南则高于 20℃。土壤表面的极端绝对最高温度出现在 7、8 月,在这些月份里准噶尔盆地中的极端绝对最高温度达 83℃,在塔里木盆地中则高于 85℃。

从上述可知,土壤表面温度的极端变幅到处都超过了 100℃。

土壤上层(20 厘米深处)温度的年过程中最低温度和空气温度一样,都出现在 1 月,最高温度则在 7 月。北疆地区土壤上层温度上升的过程中春季土壤最强烈的增温发生在 3、4 月之间,而秋季土壤温度最大的下降发生在 9、10 月之间。南疆春季土壤温度最迅速的变化比北疆早 1 个月,而秋季则迟 1 个月。新疆地区 20 厘米深处这 2 个相邻月份之间土壤温度的差异约 7—9℃,但在吐鲁番盆地中这种温度差异则大于 10℃。在这个深度上吐鲁番盆地中土壤温度的年变幅达 41—42℃,在准噶尔盆地和塔里木盆地东部达 33—36℃,塔里木盆地西南则为 30—31℃,而在塔城盆地、伊犁河谷及天山北麓则为 27℃左右。随着深度的增加土壤冬季平均温度逐渐增加,而夏季则降低了。因此随着深度的增加,土壤温度的年变幅就减少了,而最高和最低温度来临的时刻也逐渐推迟了。

20 厘米深处全年中土壤温度高于空气温度。从 40 厘米深处开始,夏季土壤温度显著低于空气温度,而冬季则高于空气温度。已有的资料指出,新疆大多数地区 80 厘米深处的土壤中最高温度不是出现在 7 月,而是在 8 月,最低温度则出现在 2 月,在这个深度上塔城盆地和伊犁河谷中土壤温度的年变幅为 20—21℃,塔里木盆地西南为 21—23℃,准噶尔盆地和塔里木盆地东部为 22—25℃,而在吐鲁番盆地中则达 26—27℃(表 5-12)。

暖季不同区域的土壤温度决定于地方纬度和地形。7 月北部区域里 10 厘米深处土壤平均温度达 23—24℃。天山北麓为 27—28℃。南疆为 29—32℃,而吐鲁番盆地中则达 37℃。20 厘米深处不同区域土壤温度之间的差异稍有减少,在这个深度上北部地区土壤温度为 22—23℃,天山北麓为 24—26℃,南疆为 27—30℃,吐鲁番盆地中则达 35℃。

在80厘米深处最暖月中北疆的土壤平均温度为20—21℃，南疆为21—23℃，仅吐鲁番盆地达到26℃。

表 5-12　不同深度上土壤温度的年变幅 （单位：℃）

站名	20 厘米	40 厘米	80 厘米	160 厘米
塔城	26.9	22.1	19.8	11.2
伊犁	27.2	22.6	20.4	11.5
石河子	26.4	22.0	20.2	11.4
吐鲁番	40.8	30.3	26.3	13.7
和田	30.7	24.2	21.8	12.1

冷季中塔城盆地和北部地区土壤长期冻结，在20厘米深处从12月到3月土壤温度是负值。在新疆大部地区土壤负温达3个月，即12月到2月份。冬季雪覆盖的有无及其厚度在土壤热状况中起着极重要的作用。例如，伊犁河谷、塔城盆地和天山北麓1月20厘米深处的土壤温度为–2—–4℃，而南疆由于雪覆盖少，为–3—–6℃，在准噶尔盆地的若干区域里，如昌吉，由于雪覆盖被风所刮跑，20厘米深处的土壤平均温度降低到–7℃。

2月在80厘米深处最低的土壤平均温度出现在准噶尔盆地和塔里木盆地东部，其温度大致变动在–0.5—–2℃之间。最高的土壤平均温度则出现在塔里木盆地西南部，在这里土壤冻结不会达到80厘米，在这个深度上土壤平均温度约1℃左右。

在不同深度处土壤温度通过0℃的平均日期和冻结时期的平均持续时间的资料具有一定的实际意义。这种资料列于表5-13中。

表 5-13　土壤温度通过0℃的平均日期和土壤冻结期的平均持续时间

站名	20 厘米			40 厘米			80 厘米		
	开始 （日.月）	结束 （日.月）	冻结日数 （天）	开始 （日.月）	结束 （日.月）	冻结日数 （天）	开始 （日.月）	结束 （日.月）	冻结日数 （天）
塔城	27.XI	17.III	110	26.XII	4.III	69	10.I	26.II	48
伊宁	18.XII	24.II	69	5.I	22.II	49	16.I	16.II	32
石河子	15.XII	5.III	81	7.I	28.II	53	14.I	21.II	39
吐鲁番	10.XII	14.III	67	10.I	18.II	40	—	—	—
库车	10.XII	13.II	66	8.I	16.II	40	19.I	14.II	27
和田	18.XII	10.II	55	15.I	14.II	31	—	—	—

在20厘米深处，在准噶尔盆地和北部地区土壤温度通过0℃的平均日期在11月末和3月中旬，土壤冻结的平均持续时间约110天；在伊犁河谷与塔里木盆地中土壤冻结自12月中延续到2月中、下旬，平均冻结日数约65—70天；在塔里木盆地西南土壤冻结日数更少，约50—60天。

　　随着深度的增加，土壤温度通过负值的时期就较迟些，而通过正值的时期就较早些，因此随着深度的增加，土壤冻结的平均持续时间就显著地缩短了，在40厘米深处本区的土壤仍然长期冻结，在这个深度上，塔城盆地和准噶尔盆地土壤温度通过0℃的平均日期在12月末和3月初，土壤冻结平均持续时间为70天，在伊犁河谷与塔里木盆地土壤温度通过0℃的平均日期在1月初和2月下半个月，土壤冻结的平均日数约为40—50天；在塔里木盆地西南土壤冻结日数更短，仅30天左右；在80厘米深处土壤冻结的平均日数约30天左右（1月中到2月中），而塔城盆地及北部地区则增加到50天。在吐鲁番盆地和塔里木盆地西南在80厘米深处土壤已经完全不冻结了。

5. 热量资源和剩余的热量

　　从生物学观点出发在评价本区热量资源时，应研究不同界限温度的起止日期及其积温。在吐鲁番盆地和塔里木盆地中，日平均温度稳定通过0℃的日期大约在2月下半月，焉耆盆地和塔里木盆地东部则比塔里木盆地大约迟半个月，在准噶尔盆地中大约在3月下半月，而新疆的最北地区则还要更迟一些。日平均气温稳定通过0℃的终止期在准噶尔盆地中大约在11月初，在塔里木盆地中大约比准噶尔盆地迟半个月。在吐鲁番盆地和塔里木盆地西南，日平均气温高于0℃的持续时间约270—290天，焉耆盆地和塔里木盆地东部240—250天，准噶尔盆地220—240天，阿尔泰山区为213天。5年资料指出，在吐鲁番盆地高于0℃的平均积温达5 800℃，塔里木盆地中约为4 000—5 000℃，焉耆盆地为3 900℃，准噶尔盆地为3 500—4 000℃，而阿尔泰山区则少于3 000℃。

　　在塔里木盆地和吐鲁番盆地中，日平均气温通过5℃的日期大约始于3月初，在哈密和焉耆盆地大约在3月中旬，准噶尔盆地和伊犁河谷则在3月末4月初，在准噶尔盆地最北部则迟到4月中旬。日平均气温稳定通过5℃的终止期，在准噶尔盆地中出现在10月中旬，塔里木盆地和吐鲁番盆地则比准噶尔盆地迟半个月。在塔里木盆地和吐鲁番盆地中日平均气温高于5℃的持续时间约为240—250天，塔里木盆地东部220天，准噶尔盆地200—210天，该盆地最北部约180天，高于5℃的积温大约比高于0℃的积温少50—100℃。

　　南疆日平均气温稳定通过10℃的日期约在3月下半月，准噶尔盆地则在4月中旬，伊犁河谷略早，而塔城盆地、乌鲁木齐及准噶尔盆地则略迟。日平均气温稳定通过10℃的终止期一般在10月初，而在塔里木盆地中则在10月下半月。在吐鲁番盆地中10℃以上的积温达到了最大值5 500℃，在塔里木盆地大部地区高于4 000℃，在准噶尔盆地的西南低地及焉耆盆地高于3 500℃，在天山北麓高于3 000℃，而在准噶尔盆地北部则低于3 000℃（表5-14）。

　　在新疆的大部分地区，日平均气温稳定通过0℃和10℃的时间间距都不到1个月，因此≥0℃和≥10℃的积温差也不大。这就说明本区春季温度的上升和秋季温度的下降进行得很迅速。但本区的个别年份中气温的第一次通过0℃可能是气温最后一次通过0℃的日期，但有时这两个日期之间的差距也能达1个月。气温第一次降到<0℃的日期和气温

最终通过 0℃ 的日期之间的差距也能达到 1 个月。这就是说，本区春秋期间气温是极不稳定的。这是由于过渡季节期间环流多变、冷暖平流很强的缘故。有时在寒潮之后出现了很强的持续时间很长的暖平流，而有时则没有这种现象。

表 5-14　日平均温度稳定通过 0℃、5℃、10℃ 的终始日期及其积温

站名	高于 0℃			高于 5℃			高于 10℃			积温/℃		
	开始 （日.月）	结束 （日.月）	日数 （日.月）	开始 （日.月）	结束 （日.月）	日数 （天）	开始 （日.月）	结束 （日.月）	日数 （天）	>0℃	>5℃	>10℃
阿勒泰	4.IV	3.XI	214	15.IV	20.X	189	28.IV	1.X	156	3 065	2 989	2 787
塔城	26.III	8.XI	227	6.IV	21.X	198	23.IV	2.X	162	3 225	3 114	2 885
石河子	23.III	8.XI	230	1.IV	23.X	205	14.IV	6.X	175	3 697	3 630	3 400
伊宁	12.III	19.XI	252	24.III	30.X	220	9.IV	13.X	187	3 707	3 613	3 364
乌鲁木齐	24.III	5.XI	226	5.IV	22.X	200	22.IV	5.X	166	3 406	3 322	3 071
吐鲁番	25.II	26.XI	275	6.III	5.XI	244	18.III	22.X	218	5 790	5 700	5 510
焉耆	6.III	8.XI	247	20.III	23.X	217	6.IV	8.X	184	3 900	3 845	3 613
若羌	23.II	20.XI	271	8.III	4.XI	241	22.III	18.X	210	4 820	4 740	4 520
和田	14.II	30.XI	290	1.III	9.XI	252	17.III	21.X	218	4 710	4 620	4 355
喀什	21.II	29.XI	282	5.III	9.XI	249	20.III	22.X	216	4 760	4 670	4 435

在研究本区热量资源时还需要知道过高的气温，过高的气温不仅对许多作物有害，而且从生物学观点来说，这种温度是不能利用的热量资源。对作物具有危害的过高高温值对不同作物、不同作物品种来说是不同的，根据无数观测资料，喜温作物（棉花、黄瓜、番茄）的最适温度为 25—30℃，玉蜀黍生长的最高气温也为 25—30℃。高于 35℃ 的气温引起这些作物生长的抑制，例如，棉花在最高温（35—40℃）时可观测到吐出花毛的百分比下降和花衣质量的变坏。此外，在一定绝对湿度条件下，湿度饱和差是随气温的上升而增加的。例如，吐鲁番 13 时 5 年平均的绝对湿度为 10.8 毫巴，当气温为 25℃、30℃、35℃ 和 40℃ 时，湿度差则相应地为 20.9 毫巴，37.7 毫巴，45.5 毫巴和 62.0 毫巴。因此，高温（高于 35℃）和大的湿度差的结合，就造成了大气干旱的条件。因此，高于 35℃ 的气温就被视为不能利用的热量资源。最高温度高于 35℃ 的天数在准噶尔盆地和焉耆盆地中一般是很少的，通常不超过 5 天；在艾比湖低地及塔里木盆地西部约 10—20 天，哈密达 32 天，塔里木盆地东部的若羌为 48 天，而吐鲁番盆地中则增加到 93 天。

第六章 湿度状况及一般因素和地方因素对湿度的影响

1. 空气湿度

（1）空气湿度的年过程

空气绝对湿度年过程到处都是和气温年过程相似的。5 年平均的绝对湿度最大值出现在一年的最暖月——7 月，而最小值出现在最冷月——1 月。这是因为 7、8 月里地面温度最高，蒸发最强，因此空气中所含水汽的实际弹性随着土壤温度和空气温度的增加而增大。冬季，盛行凝结过程，蒸发很少，同时随着温度的下降，空气中的水分含量也显著地减少了。冬季新疆处在西伯利亚反气旋的西南沿，从这个高压区中心来的气流仅带来极少的水分。在空气绝对湿度年过程中湿度的最大增加出现在 5、6 月之间，而它的最大减少则出现在秋季 9、10 月之间。

北疆春季的空气绝对湿度到处都大于秋季的绝对湿度，而南疆则相反，春季的绝对湿度到处都小于秋季的。这是由于春季北疆地区雪覆盖的融化蒸发空气湿度增加的缘故，而这时在南疆是没有雪覆盖的。

空气湿度饱和差的年过程完全与气温及空气绝对湿度的年过程相同。但是按湿度饱和差的变幅而言则显著地超过了后二者。湿度饱和差的最大值出现在 7 月，它比 1 月份的湿度饱和差最小值要大 15—20 倍。从 12 月到 2 月湿度饱和差极小并且几乎不变。北疆湿度饱和差的显著增加始于 4 月，而南疆始于 3 月，并一直增加到 7、8 月，仅从 9 月起湿度饱和差才开始减小，到 12 月湿度饱和差已经达到了自己的最小值。

空气相对湿度的年过程基本上是和气温及绝对湿度的年过程相反的，但它并不具有那种规则性和匀称性。相对湿度的最大平均出现在 12 月，有的地方出现在 1 月和 2 月。它的最小值也不是到处都在同一时刻来到的。大多是在 5 月，有些地方则在夏季月份中来到。秋初 10 月还可以观测到相对湿度的若干减少。白天的最小相对湿度（根据 13 时观测）年过程和相对湿度日平均值的年过程是相似的，北疆它的最大值也出现在 12 月，南疆在 1 月；它的最小值在新疆大部分地区也出现在 5 月和 10 月，最低空气相对湿度出现在 5 月的原因是这个时期中气温剧烈上升，而空气绝对湿度仍然不大，而且常常有强烈的干热风出现的缘故。因此，5 月里特别是在南疆，在高温和低湿的条件下就稳定地形成了热带大陆气团。在整个夏季和秋初相对湿度仍然保持很低（30%—50%）。10 月相对湿度的若干下降，例如在阿勒泰与和田所观测到的，可能是由于在绝对湿度的年过程中空气中水分含量的最大下降是出现在 9、10 月之间，而新疆大部分地区气温的最大冷却则发生在 10、11 月之间。这就是说，10 月里绝对湿度减少的程度要比气温大得多。

（2）不同季节里湿度的地理分布

1月北疆地区空气绝对湿度由西部区域的1.8毫巴（伊宁）、1.7毫巴（塔城）向东部地区减少到0.9毫巴（奇台），而南疆也由西部区域2.2毫巴（巴楚）、2.3毫巴（喀什）向东部地区减少到1.3毫巴（哈密）。由此也可以看出，冬季南疆的绝对湿度值要比北疆为大。

到7月，如同前述，空气绝对湿度值显著增加了。由冬季向夏季过渡时南疆地区空气中的水分含量增加6—7倍，而北疆则增加7—8倍。7月新疆的绝对湿度值和冬季一样，也是自西向东减少的，北疆由15.4毫巴（伊宁）减少到10.9毫巴（奇台）。而南疆由13.0毫巴（阿克苏、巴楚、和田）向东减少到9.0毫巴（哈密）和8.5毫巴（七角井）。由此可以看出，南疆夏季月份中绝对湿度值小于北疆。7月北疆的最大绝对温度值出现在石河子（16.4毫巴）和精河（15.5毫巴），而南疆则出现在焉耆（14.2毫巴）和莎车（13.9毫巴）。7月焉耆盆地的气温低于其他地区，但是，这里绝对湿度最大值出现显然是由于博斯腾湖与开都河强烈蒸发的结果。精河靠近艾比湖，夏季的白天中精河盛行北风，这种风带来了艾比湖的水分。在石河子和莎车大的空气湿度是由于河水的蒸发所造成的。最小的绝对湿度值出现在南疆的东部区域，如7月哈密为9.0毫巴、七角井为8.5毫巴。在这些地方夏季气温虽然很高，但干燥的地面上几乎没有蒸发的水分。

从上述可知，暖季空气绝对湿度值主要是决定于下垫面湿度及大气环流条件；而冷季则相反，更多的是由空气冷却的程度所决定的。

空气绝对湿度随高度而减小，这种现象在夏季表现得最明显，而冬季则差得多。例如，星星峡和和布克赛尔全年中、特别是夏季期间空气绝对湿度很小（表6-1），由于这一原因空气绝对湿度的年变幅也随高度的增加而减小。

表6-1 空气湿度

站名	绝对湿度/毫巴			湿度饱和差/毫巴			相对湿度/%		
	1月	7月	年平均	1月	7月	年平均	5月	12月	年平均
阿勒泰	1.2	11.2	5.2	0.5	15.7	6.9	39	71	55
塔城	1.7	13.1	6.7	0.7	14.2	6.2	53	77	64
伊宁	1.8	15.4	7.8	0.7	13.0	6.3	57	79	66
乌鲁木齐	1.3	11.2	5.7	0.5	17.8	7.4	45	80	60
星星峡	1.3	7.4	3.6	2.1	18.2	8.2	30	66	42
吐鲁番	1.6	12.7	6.3	1.4	39.6	17.3	22	63	37
焉耆	1.6	14.2	6.4	0.7	14.7	7.9	37	80	55
若羌	1.9	10.8	5.0	1.4	28.8	13.9	25	63	36
莎车	2.2	13.9	7.5	1.5	19.4	9.7	38	68	52
和田	2.2	13.0	6.6	1.7	21.2	11.3	34	54	42

冬季北疆的空气相对湿度为 70%—80%，而南疆约 60%。夏季各月及 5 月北疆的空气相对湿度约变化在 40%—50%之间，塔城盆地及伊犁河谷为 50%—60%。这个期间焉耆盆地和塔里木盆地西部相对湿度一般都高于 40%，而盆地东部则低于 40%，在吐鲁番-哈密盆地中则更低，一般都在 30%以下，暖季 13 时空气相对湿度则更低，从 5 月到 10 月北疆 13 时空气相对湿度约为 30%—50%，南疆为 20%—30%，而在吐鲁番-哈密盆地及塔里木盆地东部区域甚至低于 20%。

如果以 13 时相对湿度＞80%的日数作为高湿度频率的指标的话，则北疆全年中这种日数平均为 30—50 天，南疆则少于 10 天，而吐鲁番盆地中仅一天。相对湿度＜30%的低相对湿度日数在新疆是很多的，北疆约 130—170 天，塔里木盆地西部 240—270 天，而它的东部及吐鲁番-哈密盆地中约 300 天。在塔里木盆地大部分地区从 3 月到 10 月几乎每天都有这样的条件。

这种低相对湿度常常是盛行干热大陆气团的标志，但是在若干地方这种低相对湿度的也与焚风有关。在吐鲁番盆地、天山南麓及昆仑山北麓的个别日子里，相对湿度强烈地下降，白天在上述两种因素的共同影响下相对湿度几乎可下降到接近于 0（8%—10%）。

冬季月份中和低温相适应的是湿度饱和差不大，北疆约为 0.5—1.0 毫巴，南疆为 2—3 毫巴。夏季湿度饱和差各处都增加了许多倍。7 月准噶尔盆地中湿度饱和差为 15—20 毫巴，伊犁河谷及塔城盆地低于 15 毫巴，南疆 20—30 毫巴，莎车和阿克苏低于 20 毫巴，而在吐鲁番盆地中它达到了最大值 39.6 毫巴，在这个盆地中湿度饱和差是绝对湿度的 4 倍。这样大的湿度饱和差引起了蒸发力的剧烈增加，而空气变成极端干燥。春季北疆地区湿度饱和差约为 5—7 毫巴，而南疆则比北疆大一倍。秋季 10 月北疆的湿度饱和差为 5—6 毫巴，而南疆则为 8—10 毫巴。

2. 大气降水

（1）降水年总和的地理分布

新疆位于欧亚大陆中心，远离海洋达数千千米，而且它四面被高山和高原所包围，因此海洋气团所带来的水汽很少能达到本区，而本区的大部分地区，特别是南疆，就极端干旱且成为沙漠区。

本区降水量通常自北向南、自西向东减少，同时也从山地向盆地中心减少。根据多年的观测资料北疆平原上年降水量到处都少于 300 毫米，而南疆则少于 100 毫米。向西开阔且处在来自西部或西北部气流道路上的塔城盆地和伊犁河谷降水量最多。侵入到这些河谷的气流沿山坡上升，在这里形成了不深的压力槽，而且气旋后部的冷锋常常通过本区，自北方来的高空槽也常常位于塔城盆地上空，因此这些地区的降水量很多，年降水量达到 300 毫米左右。天山北麓中段（自乌苏到奇台）也位于从西北方和北方侵入准噶尔盆地的气流所经过的道路上，这里常常有静止锋和冷锋的经过，冷锋前的暖空气沿着天山北坡而上升，因此这个区域里的降水也较多，年降水总和达 200 毫米以上。乌苏以西的博乐塔拉河谷三面有高山环绕，从西部和西北部来的气流很难越过这些高山，而

表 6-2　不同方位斜坡上年平均降水随高度的变化

坡向	站名	高度/米	降水量/毫米	观测时期/年
天山西坡	伊宁	664	289	1956—1958
	新源	1 524	518	1956—1958
天山北坡	昌吉	620	234.2	1957—1958
	乌鲁木齐	912	319	1957—1958
	小渠子	2 160	648	1957—1958
天山南坡	焉耆	1 056	60	1958
	巴伦台	3 000	223	1958
帕米尔东坡	喀什	1 289	44	1956—1958
	乌恰	2 137	142	1956—1958
昆仑山北坡	和田	1 382	30.9	1957—1958
	赛图拉	3 700	31	1957—1958

且流过这些山地的空气下沉且发生绝热增温，因此，在这里降水很少，精河区的降水因而很贫乏，年降水量仅 96 毫米。天山北麓东段年降水量比中段略少，侵入到准噶尔盆地中的冷空气迅速穿过盆地，而且冷锋前的暖空气的抬升在这里不很强，这是由于盆地的开阔地形的缘故。在稳定的冷气团中气团内部的降水也很贫乏，因此准噶尔盆地中年降水量少于 100 毫米，并成为北疆地区最贫乏的降水区。

南疆的西部和北部多年平均降水量较南疆东部和南部为多，约 50—80 毫米。从西方和西北方来的冷空气能够越过帕米尔，当越过时能发生降水。塔里木盆地南部的年降水量更少，约 25—50 毫米。这个区域常处在西藏高原高空反气旋影响之下，因此这里常有空气的下沉运动，并且这里的冷空气影响较新疆其他地区要少要弱。东部区域年降水量仅 20 毫米左右，这是由于槽通常较通过东部区域的冷锋走得快些，冷锋前的暖空气下沉并发生绝热增温。在塔克拉玛干沙漠中，且末、若羌区域降水量最少，年降水总和约 10 毫米。从上述可知，南疆，特别是它的东南区域和塔克拉玛干沙漠，是一个极端干燥的地区，是全世界最干燥的地区之一。

山地的降水较平原和盆地中为多。阿尔泰山的西南坡最大年降水量达 600 毫米，山地愈低和愈接近平原和山麓，降水量变得愈少。在阿尔泰山西南坡的西北地区等降水量线较它的东南地区为低，这就是说，阿尔泰山西南坡的降水量是从西北向东南减少的。准噶尔西部山地西北坡的最大年降水量约 500 毫米。天山西坡和北坡的降水量特别丰富，腾格里峰附近的年降水量约 800 毫米，天山北坡中段约 600—700 毫米，伊犁河上游与特克斯河谷约 600 毫米，例如新源为 518 毫米，昭苏 514 毫米，小渠子 635 毫米，大西沟 700 毫米。至于天山南坡、帕米尔东坡和昆仑山北坡年降水量很少，低于 200 毫米。

山地降水量决定于斜坡的方位，迎风坡的降水量总是大于背风坡的降水量，例如，乌鲁木齐（迎风坡）多年平均降水量为 242.3 毫米，而吐鲁番（背风坡）仅 19.5 毫米，为乌鲁木齐的 1/12。

在同一方位的斜坡上降水量随高度而增加,但这仅仅是在一定的高度范围内而言的。这个高度界限决定于一系列的条件,主要是决定于气团内部热力对流的强度,地形影响下动力上升的高度和气团的绝对湿度。动力上升的现象仅仅明显地表现在迎风坡上。在背风坡上气流下沉,气温上升,而气团从不稳定状态转变成稳定的状态。本区最大降水量是在不低于 3 000 米的高度上。大的气团干燥度导致了很高的凝结平面。夏季最大降水量接近于不低于 3 500 米的高度上,而冬季降水的增加在较低的高度上就停止了。降水量随高度的增加仅明显地表现在迎风坡上,而在背风坡上则差得多。从表 6-2 中可以看出,在天山北坡和西坡 2 000 米以下每 1 000 米,降水量大致增加 250 毫米,而天山南坡仅 80 毫米,帕米尔东坡 110 毫米。昆仑山北坡降水量几乎不随高度而增加,这显然和西藏高原高空反气旋中空气的下沉运动有关。

（2）各季降水量的分布

南疆和北疆各季降水量的分布是不一样的。北疆各季降水量的分配比较均匀,虽然春夏期间降水较多,冬季较少,但最大的季降水量值并没有超过年降水量的 40%。南疆除西部地区以外,降水主要集中在夏季,并占有年降水量的 60% 左右,塔城盆地、伊犁河谷与塔里木盆地西部最大降水量出现在春、夏期间。

冬季整个新疆地区由于盛行反气旋环流和温带大陆气团的控制,降水很少,仅在冰洋气团侵入新疆时能发生地形性的降水。但冬季期间当北欧发生强烈的气旋活动时,这些气旋远远地东移,气旋中的锋面能达到阿尔泰和塔城地区,因而冬季能产生丰富的降水。春季冰洋气团侵入新疆的次数增加了,而冷锋的活动也加强了,春季哈萨克斯坦东部的气旋活动也发展起来了,气旋中的冷暖锋面常通过北疆的西北区,因此春季降水量显著地增加了,特别是在北疆的西北区域。夏季期间新疆地区降水的必要条件是冷空气的侵入,但下垫面增温所引起的对流的加强也是降水增加的重要因素。南疆夏季的降水也是对流和平流相互作用下造成的,这些因素导致了南疆夏季降水最大值的形成。秋季本区降水已经不多,因为秋季已经过渡到稳定的西风输送。

北疆最大降水量降落在 4 月到 6 月,7 月降水量显著地减少了,这与这个时期中北疆西北边境上高空槽的填塞有关。塔城盆地的最大降水量降落在 4、5 月,伊犁河谷春季降水极丰富,并从 2 月起开始显著地增加（表 6-3）。南疆西部和西北部春季也降落最多的降水量,前面已经谈过,这是由于哈萨克斯坦东部气旋活动发展的结果。这些气旋后部的冷空气常侵入新疆西部。东经 50°—60° 处的高空槽当其向东北移动时常在山脉影响下发生气流的激动,这时能产生丰富的降水。

根据新疆一年中各月降水分配的特点,可以分为 3 种类型:①盛行夏季降水;②盛行春季降水;③各季降水分配比较均匀。第一种类型主要盛行于南疆;第二种类型盛行于新疆的西部,如伊宁、塔城和喀什等地;第三种类型盛行于北疆,如乌鲁木齐、阿尔泰山地区及精河等地。

（单位：毫米）

表6-3　年、季、月平均降水量

站名	1月	2月	3月	4月	5月	6月	7月	8月	9月	10月	11月	12月	全年	冬	春	夏	秋	冷半年	暖半年	观测时期（年）
阿勒泰	16.4	16.1	7.7	16.9	18.3	35.2	7.2	19	9.3	11.8	16.1	22.4	216.5	54.9	42.9	71.5	47.2	90.5	126.0	1938—1943
塔城	14.8	23.9	16.1	30.0	30.8	24.3	28.4	20.4	20.3	21.9	30.8	27.3	289.0	66.0	76.9	73.1	73.0	134.8	154.2	1954—1958
精河	3.6	4.2	13.1	12.4	10.8	13.5	12.1	13.7	4.8	3.5	2.0	2.7	96.4	10.5	36.3	39.3	10.3	29.1	67.3	1940—1944
																				1952—1958
伊宁	13.2	20.4	26.0	22.2	30.4	30.2	17.3	16.0	13.6	18.3	26.2	26.2	260.0	59.8	78.6	63.5	58.1	130.3	129.7	1953—1958
																				1928—1931
																				1937
																				1940—1941
																				1943
乌鲁木齐	10.1	10.5	14.7	31.5	28.2	28.1	16.6	28.6	17.1	23.8	20.7	2.4	242.3	33.0	74.4	73.3	61.6	92.2	150.1	1949—1958
																				1907—1911
																				1930—1931
奇台	4.9	10.1	12.3	22.1	16.2	21.3	23.5	23.6	20.2	15.0	13.3	9.8	192.3	24.8	50.6	68.4	48.5	65.4	126.9	1937—1958
吐鲁番	2.3	0	0	0	1.0	3.6	1.7	8.5	0.7	0	0.8	0.9	19.5	3.2	1.0	13.8	1.5	4.0	15.5	1952—1958
																				1938—1943
																				1952—1958
焉耆	2.4	0.3	0.9	5.4	2.7	12.2	9.7	11.5	5.0	1.7	3.2	1.9	56.9	4.6	9.0	33.4	9.9	10.4	46.5	1944
库车	1.9	2.0	5.3	5.9	7.0	19.2	16.1	11.8	2.9	1.1	3.5	2.9	79.6	6.8	18.2	47.1	7.5	12.8	67.5	1952—1958
																				1928—1930
																				1951—1958
喀什	5.9	3.3	8.7	6.2	12.5	7.1	7.7	9.6	6.2	1.6	2.8	4.5	75.5	13.7	27.4	24.4	10.0	26.2	49.3	1894—1920
																				1922—1927
																				1930—1932
若羌	1.2	0.4	0	3.2	2.0	1.8	1.9	1.1	0.1	0.8	0.5	3.3	16.3	4.9	5.2	4.8	1.4	6.2	10.1	1951—1958
																				1953—1958
和田	2.0	3.0	2.8	0.6	6.6	7.3	3.9	4.4	2.1	1.1	0.5	1.3	35.6	6.3	10.0	15.6	3.7	10.7	24.9	1942—1944
																				1946—1958

气旋及反气旋路径和降水天气条件的分析指出，冬春期间新疆地区的水分主要来自大西洋、地中海和黑海。夏季冰洋区来的北部气流也相对地潮湿并能给新疆带来若干水分，而西方海洋气流仅能在3—6公里高处的大气层中到达新疆西部山区，这种气团仅能在较强的天气条件下，克服了帕米尔阻碍之后才能侵入南疆。在大多数情况下，这种气团沿着准噶尔阿尔泰山和天山向东北扩展，并较多地给予北疆以降水影响。夏季印度上空的高空西风急流南支消失了，西风带北移，西风带北支大约在北纬45°附近通过，因此印度季风有可能到达南疆，但由于西藏高原之阻，在8 000米以下的高度上，我们并没有发现这种季风。至于从太平洋来的水分输送，那么夏季期间，它很少能到达新疆，因此在本区夏季降水的形成中，冰川及河流湖泊的水分蒸发所得来的地方水分可能起着主要的作用。

表6-4　年、月平均降水量的变率

站名	平均偏差	1月	2月	3月	4月	5月	6月	7月	8月	9月	10月	11月	12月	年平均	观测时期
塔城	毫米	9.2	17.2	7.6	16.5	17.2	14.5	13.2	10.7	12.8	12.2	13.6	12.5	75.6	1940—1944
	%	60	81	48	55	59	60	46	52	63	56	44	46	26	1952—1958
	最大/毫米	33.6	62.8	54.6	83.3	73.0	70.6	57.5	44.0	50.0	43.2	54.7	52.1	3950	
	最小/毫米	2.0	2.2	2.0		9.0	5.6	3.3	3.1	1.0	5.4	7.6	4.6	108.7	
乌鲁木齐	毫米	5.5	6.7	11.7	16.5	19.2	19.0	12.0	20.0	9.7	15.2	7.7	5.0	52.6	1907—1911
	%	54	64	80	52	70	68	72	70	57	64	37	40	22	1930—1931
	最大/毫米	34.6	36.9	47.9	82.4	75.8	88.2	58.1	78.6	82.0	130.2	67.8	64.1	401.0	1937—1958
	最小/毫米	0.5	0.2	0.1	0	0	3.1	0.3	0.3	1.2	0	2.7	0.7	130.1	
喀什	毫米	7.8	4.6	10.1	80	14.5	6.9	7.8	9.1	7.3	1.55	4.8	6.1	33.7	1894—1920
	%	132	140	116	129	116	97	101	95	118	155	171	136	45	1922—1927
	最大/毫米	114.3	31.8	85.9	40.9	116.8	22.9	69.4	37.1	40.9	16.5	76.2	82.6	212.5	1930—1932
	最小/毫米	0	0	0	0	0	0	0	0	0	0	0	0	27.8	1951—1958
和田	毫米	2.6	4.0	3.2	0.8	9.4	7.8	5.4	3.9	3.6	1.7	0.3	2.0	14.9	1942—1943
	%	118	114	145	114	119	107	113	80	1150	170	150	133	39	1947—1951
	最大/毫米	8.8	15.9	16.0	4.1	39.1	33.8	20.9	17.2	23.0	8.5	3.0	7.9	79.0	1953—1958
	最小/毫米	0	0	0	0	0	0	0	0	0	0	0	0	12.3	

（3）降水量的多年变动

本区各年之间降水量的变动很大，特别是在南疆地区年与年之间的年降水总和常常差达2—3倍，而最多与最少的年降水量差异能达到7—9倍。例如，喀什1984年年降水量为212.5毫米，而1932年仅27.8毫米；和田1954年年降水量为79毫米，而1953年仅12.3毫米。至于月降水量的最大值和最小值，那么从表6-4中可以看出，北疆地区它们之间的差异平均达到10倍，而南疆最小的月降水量到处都是0。伊犁河谷与阿尔泰山地区年降水量的多年平均相对变率约为20%，这和我国东南地区及西南地区的变率是相似的。这就是说，在这个区域里，年降水量的平均偏差不大，它的绝对值也不超过40毫米。

天山北坡中段和塔城盆地降水变率也不大，约为 25%左右。南疆地区虽然年降水量平均偏差的绝对值也不大，并显著地小于北疆，但南疆大部分地区年降水量的相对变率都超过了 30%，并在库车（49%）、若羌（56%）和吐鲁番（62%）达到了最大值。从表 6-4 看出，降水量多的区域相对变率小，但降水绝对变率大；在贫乏的降水区，则可以观测到相反的现象。至于月降水量的平均相对变率，那么从表 6-4 中可以看出，北疆（塔城和乌鲁木齐）地区大多为 50%—60%，但不大于 80%；而在南疆（喀什、和田）则高于 100%。因此，南疆地区的降水状况最不稳定。

（4）降水频率和年降水期的持续时间

本区最丰富的降水区具有最多的降水日数，而降水最少的区域则具有最少的降水日数。伊犁河谷、阿尔泰山地区和天山北麓中段 5 年平均降水日数为 90—100 天，塔城盆地为 112 天，准噶尔盆地仅 50—70 天。南疆降水日数大多少于 40 天，并从西北向东南地区减少。塔克拉玛干沙漠、吐鲁番盆地和东南部区域 5 年平均降水日数更少，1 年中不到 20 天，且末的降水日数最少，全年仅 8 天（表 6-5）。

表 6-5 平均降水日数和不同值的降水日数 （单位：天）

站名	1月	2月	3月	4月	5月	6月	7月	8月	9月	10月	11月	12月	年	<1.0 毫米	<5.0 毫米	<10.0 毫米	<20.0 毫米	>20.0 毫米
阿勒泰	8	7	7	7	7	9	8	8	7	8	3	11	90	43	78	88	90	—
塔城	10	9	10	9	10	9	10	9	7	5	10	14	112	50	93	106	1 101	2
伊宁	8	8	11	8	10	11	8	7	6	3	7	11	98	39	78	91	97	1
乌鲁木齐	9	9	8	8	8	9	9	7	6	3	6	9	91	43	73	84	91	—
吐鲁番	4	0	0	1	1	1	3	1	1	0	1	0	15	13	15	15	15	—
库车	3	1	1	2	3	3	7	6	2	0	1	1	30	19	27	29	30	—
喀什	2	2	1	2	3	4	4	5	4	1	1	2	31	18	28	30	31	—
且末	2	1	0	0	1	1	1	0	0	0	1	1	8	6	8	8	81	—
和田	4	1	0	1	1	3	2	4	1	0	0	1	18	10.	16	17	18	—

北疆冬季降水日数最多，但降水量并不多。伊犁河谷的春季由于哈萨克斯坦东部气旋活动强度最大，因此最多的降水日数和最大的降水量都出现在春季。南疆最多的降水日数在夏季。秋季新疆地区到处都具有最少的降水日数。

在新疆的多雨区降水量和降水日数的比例约为 2.5—3，南疆西北部为 2—2.5，而在南疆的东南部则为 1—2。这个比例数在极大程度上表征了一天内降落的降水量，也就是表征了降水强度和降水持续时间。表 6-5 指明了 5 年平均的不同值的降水日数。从表 6-5 中可以看出，新疆地区主要是微量降水，北疆地区小于 1.0 毫米的降水日数占全年降水日数的 40%—50%，南疆为 60%—80%。小于 5.0 毫米的降水日数北疆地区约占全年降水日数的 80%—90%，而南疆则占 85%—98%。大于 20.0 毫米的降水日数北疆地区仅 1—2 天，而南疆则无论何时也未曾遇到过。在年过程中微量降水的日数主要出现在冬季，而春夏期间则较少，这时大的降水量较多，这从表 6-6 中可以看到。

本区由于降水稀少，常常有很长的无雨期，特别是在南疆最长的连续无雨期能达到 100 天以上，吐鲁番盆地、哈密及和田 130—135 天，且末和若羌能达到 210—240 天。北疆连续无雨期较短，例如，乌鲁木齐的最长连续无雨期仅 48 天（1931 年 2 月 3 日到 3 月 22 日）。这种较长的连续无雨期，除伊犁河谷与塔城盆地以外，在各个地区和各个季节中都可以观测到。

冬季南疆雪覆盖很少，而高山冰川的融化仅从 6 月起才开始。因此春季这种长的连续无雨期给南疆的农业带来了很大危害，例如，春季由于缺雨常引起玉蜀黍的播种延期一两个月。微小的降水也对南疆的农业带来较大的害处，它常常引起土壤中盐分的上升，并在地表上形成硬壳，这种硬壳的形成常导致棉花幼苗的死亡和棉苗出土的困难。

表 6-6　　各季不同值的降水日数　　　　　　　　（单位：天）

站名	季节	降水日数	< 1.0 毫米	< 5.0 毫米	< 10.0 毫米	< 20.0 毫米
乌鲁木齐	冬	27	19	26	27	27
	春	24	8	18	22	24
	夏	25	9	18	22	25
	秋	15	7	11	13	15
和田	冬	6	4	6	6	6
	春	2	1	2	2	2
	夏	9	4	7	8	9
	秋	1	1	1	1	1

（5）平均降水强度和最大降水强度

根据多年资料日最大降水量是由冬季向夏季增加的。只有伊犁河谷和塔城盆地是例外，这里的日最大降水量出现在春季。在地理分布上日最大降水量是由南向北和由东向西增加的。塔城盆地、伊犁河谷和阿尔泰山地区日最大降水量约为 45—55 毫米，天山北麓中段为 40—50 毫米，天山南麓西段为 40—56 毫米，塔里木盆地西南区为 25—35 毫米，而盆地东南区则低于 20 毫米，乌鲁木齐日最大降水量曾达到 80 毫米，吐鲁番盆地曾达到 36 毫米。

北疆每年出现一次的最大日降水量比南疆大 1.5—2.5 倍，在北疆多雨区最大日降水量变化较小，约为 25—30 毫米，南疆大部分地区为 10—20 毫米，而它的东南地区则小于 10 毫米。在某些年份中，当暖气团输送时可能发生极强的暴雨，在这种暴雨下，最大日降水值能比每年出现一次的最大日降水量大 2—2.5 倍，这从表 6-7 中可以看到。在北疆的多雨区中 5 年和 10 年一遇的最大日降水量约为 45—55 毫米，南疆在大部分地区则为 15—25 毫米。

表 6-7　1 年、5 年和 10 年一遇的年和月最大日降水量及观测到的最大日降水量　　（单位：毫米）

站名	时期	1 月	2 月	3 月	4 月	5 月	6 月	7 月	8 月	9 月	10 月	11 月	12 月	年
塔城	1 年	5.6	12.3	10.4	10.0	10.8	10.1	12.2	9.5	9.4	8.3	103	8.8	28.1
	5 年	9.4	30.0	35.9	21.1	19.0	16.8	24.7	21.2	24.7	16.3	15.6	14.3	46.3
	10 年	11.5	38.6	54.5	27.8	23.0	23.7	30.7	31.1	27.9	19.8	17.4	17.8	54.5
	观测最大值	13.4	523	54.4	27.8	24.6	23.7	30.7	31.3	27.9	21.1	18.0	17.8	54.5
乌鲁木齐	1 年	3.4	5.2	9.6	11.2	14.1	15.0	10.1	13.6	16.5	11.4	11.3	8.2	30.7
	5 年	6.7	11.9	19.9	24.0	26.9	30.3	18.2	32.0	23.1	20.8	20.8	14.7	47.0
	10 年	8.3	20.4	26.3	30.9	30.4	41.7	20.2	39.2	30.9	24.2	25.7	17.6	53.5
	观测最大值	13.7	20.4	30.4	37.3	31.8	45.7	34.0	44.7	80.0	48.0	59.9	39.0	80.0
库车	1 年	0.9	1.6	0.7	4.4	8.2	10.6	9.7	10.2	1.5	1.1	3.9	1.3	18.8
	5 年	2.7	3.9	3.0	18.6	18.6	22.7	15.9	18.2	4.2	3.6	16.6	7.4	56.3
	观测最大值	3.0	5.5	3.0	22.3	56.3	23.0	34.8	44.4	4.2	3.6	16.6	7.4	56.3
和田	1 年	1.0	1.9	2.1	0.5	4.2	4.9	3.7	4.0	3.2	0.9	0.2	0.9	12.0
	5 年	3.5	6.4	8.7	1.8	8.1	12.5	8.5	12.7	12.7	5.1	0.8	3.7	20.5
	10 年	4.1	8.5	11.0	2.3	12.7	18.5	14.8	17.2	20.8	8.5	1.1	4.3	22.1
	观测最大值	4.1	8.5	16.0	2.3	26.0	18.5	20.0	17.2	20.8	8.5	3.0	6.0	26.0

对于解决一系列实际问题来说，最大日降水量的资料常常是不够的，在这种情况下往往必须知道暴雨的状况。根据已有的资料来看，暴雨大多发生在夏季，有时也发生在5 月和 9 月。在地理分布上，暴雨常常出现在新疆西部及天山南北麓，例如，塔城、石场、小渠子和巴楚几乎每年都有暴雨。在个别年份中还能观测到几次暴雨，例如，1956 年的石场和 1958 年的库车都曾发生过 3 次暴雨。这些气团有时是发生在不稳定的但十分暖的气团内部，但暴雨常常是冷锋上风暴对流的结果。

一昼夜中最大的暴雨强度达到 80 毫米（乌鲁木齐，1942 年 9 月），1 小时的最大暴雨强度为 23.5 毫米（阿勒泰，1957 年 7 月 18:00），10 分钟的最大暴雨为 15.7 毫米（沙井子，1957 年 7 月 21 日）。天山山区的暴雨更强，持续时间更长。1958 年 8 月 14 日库车地区由于天山山区发生了强度大、持续时间长的暴雨，因而发生了破坏性大的洪水。但是由于气象站少和暴雨记录不多，目前我们还很难研究暴雨分布的面积、暴雨频率以及其他特征。

3. 雪覆盖

新疆地区的冷季大多以固体形式降水。但由于冬季降水不多，所以北疆降雪量仅占全年降水量的 20%—30%，阿尔泰山地区为 35%，而南疆则少于 15%。

北疆的降雪平均自 10 月开始，4 月才能结束；南疆 11 月开始降雪，2 月和 3 月初结束；南疆西南地区 12 月才开始降雪。北疆一年中的降雪日数约为 35—45 天，南疆为 10 天，而星星峡高原为 20 天。

北部区域稳定雪覆盖形成于 11 月末，伊犁河谷和新疆东部地区形成于 12 月初旬，而南疆西南部则仅形成于 12 月末。北疆的雪覆盖在 3 月下半月消融，在新疆极北部于 4 月初消融，而南疆则在 1 月末和 2 月消失。因此雪覆盖日数从北向南减少。北部区域的雪覆盖日数为 110—140 天，它的最大值出现在富蕴（158 天），南疆雪覆盖日数为 30—50 天，而且南疆东部的雪覆盖日数较西部地区为多。

雪覆盖的平均高度是由负温期的持续时间及降雪量的多少所决定的，但在个别区域中它还由下垫面特性、风的状况以及其他原因所决定。

北疆整个冬季期间的雪覆盖高度是逐渐增加的，并在 2 月下半月达到最大值，在伊犁河谷则在 2 月上旬，然后由于气温的上升雪覆盖高度迅速下降。最大的平均雪覆盖高度出现在塔城盆地、伊犁河谷及阿尔泰地区，这些地区的雪覆盖高度约 40—50 厘米。在闭塞的地区，例如富蕴的最大雪覆盖高度约 60 厘米。向南和向东雪覆盖高度减少了，在艾比湖和天山北麓仅 20—30 厘米。

在博乐塔拉河谷地及精河，由于冬季降水的不足，最大雪覆盖高度小于 10 厘米，而南疆也到处小于 10 厘米。根据雪覆盖高度分布的资料可以看出，以雪的形式存储的最大水量是在北部和西部地区以及山区，因此本区河流春季涨水明显地表现在塔城盆地、伊犁河谷、天山北麓和阿尔泰西南山麓。

环流过程的影响明显地表现在年与年之间雪覆盖日数以及它的形成和消失时间的变化上。南疆雪覆盖很不稳定，在某些年份中，由于降雪的不足，完全不能形成雪覆盖，而在另外的一些年份中，雪覆盖能达到很大的厚度。北疆地区的一些个别年份中雪覆盖形成得很早，消失很迟；而另外一些年份里雪覆盖形成很迟，而消失很早。因此年与年之间雪覆盖日数强烈地变动着。在某些年的冬季期间整个南疆地区常有强烈的融雪现象，积雪完全或几乎完全消失掉了。在个别年份中，北疆地区冬季的正午气温也可上升到 5℃，因而引起融雪和雪覆盖的消失。

4. 蒸发力

本区缺乏自然条件下实际蒸发的资料，而容积不大的蒸发器中所测定的水的蒸发数据当然也显著地有异于土壤表面或水面的实际蒸发值，因此通常是利用不同的经验公式来计算蒸发力。在新疆的某些地方，我们曾按照 B.K. 达维多夫（1944 年）的公式计算过蒸发力，公式的形式如下：

$$e = 0.4D（1+0.125w）$$

式中，e——以毫米表示的水面上的日蒸发值；D——在水温和土壤温度下水汽最大弹性和 2 米高处空气中水汽实际弹性之间的差异；w——风标上的风速（米/秒）。

计算指出，按 B. K. 达维多夫公式所计算的蒸发力，很接近于小容积蒸发器中水面上的蒸发力值。例如，乌鲁木齐小容积蒸发器中蒸发力的年总和为 1 751 毫米，若羌为 2 953 毫米。而按 B. K.达维多夫公式所计算的蒸发力，乌鲁木齐为 1 498 毫米，若羌为 2 743 毫米。根据观测小容积蒸发器中水面蒸发力的测定值（直径为 25 厘米）要比开阔水面上的实际蒸发力大 40%，因此根据 B. K.达维多夫公式所计算的蒸发力也大于实际蒸发力。为了计算水面上的月蒸发值，我国气象机关一般都利用 H. H. 伊凡诺夫（1941 年）的蒸发力公式，该公式如下：

$$E_{\mathrm{M}} = 0.0018(25 + t)^2(100 - L)$$

式中，E_{M}——以毫米表示的月蒸发力；t——月平均气温；L——月平均相对湿度（%）。

我们根据上述公式计算了蒸发力。计算结果指出，新疆蒸发力的年过程中最小值在 1 月，最大值出现在 7 月。各月之间蒸发力最迅速的增加出现在春季，北疆是由 3 月到 5 月，南疆由 2 月到 4 月。蒸发力最强烈的下降发生在 9 月到 11 月。在上述相邻月份之间蒸发力最大的差异约为 50—100 毫米，吐鲁番-哈密盆地为 120—130 毫米。各季蒸发力的分布是：夏季约占全年蒸发力的 40%—50%，而冬季仅占 5%。秋季北疆的蒸发力值稍大于春季，而南疆则相反，秋季的蒸发力值显著地小于春季。这主要是由于南疆春季气温显著地高于秋季，而相对湿度则低于秋季，而北疆则相反，春季的相对湿度高于秋季。

对新疆而言，春夏季的特征是高温、低湿和大的湿度饱和差，因此春夏期间的蒸发力很大。塔城盆地与伊犁河谷计算的蒸发力年总和约为 1 000 毫米，准噶尔盆地为 1 150—1 400 毫米，塔里木盆地西南为 1 800—2 000 毫米，塔里木盆地的其他区域为 2 000—3 000 毫米，吐鲁番-哈密盆地的蒸发力达到了最大值，约为 2 600—2 700 毫米（表 6-8）。

表 6-8　年月平均蒸发力　　　　　　　　　　　　　　　　（单位：毫米）

站名	1 月	2 月	3 月	4 月	5 月	6 月	7 月	8 月	9 月	10 月	11 月	12 月	全年
阿勒泰	3	5	16	77	164	192	214	210	149	102	29	7	1 168
塔城	5	8	19	72	130	156	183	170	136	78	24	9	990
伊宁	7	11	28	93	130	139	170	160	138	97	36	14	1 023
乌苏	1	5	19	95	186	251	279	257	179	101	29	7	1 409
乌鲁木齐	3	6	20	94	155	205	232	216	154	94	25	7	1 201
库车	15	43	132	200	272	327	314	306	244	165	80	24	2 132
喀什	19	48	125	201	240	311	325	247	217	143	75	31	1 982
若羌	16	54	139	230	278	339	351	323	258	157	75	24	2 244
和田	23	57	142	217	1242	251	272	224	193	146	88	43	1 898
吐鲁番	17	48	146	276	351	439	447	403	274	154	64	24	2 643

表示蒸发力和年降水量比例的"干燥指数"可以表征湿润的条件。塔城盆地、伊犁河谷、北部地区和天山北麓，干燥指数为 3.5—5.0；精河和准噶尔盆地为 10—12，塔里木盆地西南为 30—50；吐鲁番盆地及塔里木盆地东部地区达到了 130—180。所有上述情

况就足够看出，本区特别是在塔里木盆地东部地区达到了极高的干燥程度。

　　新疆地区虽然蒸发力很大，但地表面上可供蒸发的水分是很少的。从此不难看出，本区特别是南疆蒸发的热量消耗是很小的。因此，对于土壤和大气近地面层空气的增温就创造了良好的条件。因而就强烈地影响到本区的气候，首先是影响到本区的热力状况。

第七章　云量和日照

1. 云量和云形

新疆虽然是一个大陆沙漠区，离海很远，且四周高山环抱，海洋气流侵入时所携水汽已成强弩之末，但云量仍然很大，年平均总云量约在 5 成以上。不过新疆地区的低云量很少，大多属于高云，这种情况在南疆东部和南部地区尤为显著，低云量少这正是沙漠和干燥区的一种特征。新疆地区各月的低云量一般都在一成以下，南疆西北部和北疆的低云量比较多些，平均在 1.5—2 成左右。总云量和低云量的年变化如图 7-1 所示，最高值都出现在春季，最低值概出现在秋季的 9、10 月。春季总云量大多在 6—8 成之间，9 月和 10 月的总云量则为 2—4 成；冬季的总云量则又比夏季稍多些。云量的次高值在北疆和东疆地区，大多出现在 12 月，南疆西部地区则出现在 1 月；云量的次低值在北疆和东疆地区大多出现在 1 月；南疆西部地区则出现在 2 月。就低云量而言最低值也出现在秋季的 10 月和 11 月，最高值则出现在夏季的 6 月和 7 月，但伊犁谷地和乌鲁木齐的低云量则以 3 月为最多。春季云量最多与春季的锋面活动最多有关，秋季云量少可能是受高压脊的影响（图 7-1）。

在云量的昼夜变化中，冬季以清晨的云量最大，傍晚的云量最小；夏季则以午后和傍晚云量最多，夜间的云量最少。

云量在地域上总的分布趋势是自西向东减少，这与大气环流和水汽主要来自西、西北方是密切相关的。在东经 89° 以东云量一般在 5 成以下，以西则高于此值。吐鲁番-哈密盆地是新疆云量最少的地方，天山北麓的炮台、乌苏、精河一带则是云量最多的地区。

本区全年盛行卷云，过渡季节期间卷层云也很多，冬季和夏季中高积云和高层云也经常出现。积云（Cu）以夏季为最多，在这个期间对流上升作用很强，但由于地面和气团都很干燥，因此积云在很高的凝结高度处才能形成。在南疆夏季的对流层中，增温现象达到很大高度，因此积雨云（Cb）中的降水通常在下降过程中即蒸发掉，而不能达到地面。本区的积云比其他气候带要少得多，不论在它的规模和厚度方面都有逊色，尤其是南疆地区是如此。在大沙漠盆地和高山之间的白天积云发展如图 7-2 所示。在山前平原，气流沿山坡上升，在山顶和山坡上部形成规模较大的积云，在大戈壁中强烈的上升气流也能形成积云，但它的高度较大，规模和厚度较小，在山前平原区主要形成下沉气流，在这一带的上空积云的形成几乎是没有的。如果这一带的上空出现了积云，那么它是从别处移来的。

2. 晴天和阴天的频率

晴天和阴天的日数是一个气候指标。根据总云量统计结果，新疆的晴天和阴天很少，而昙天很多，它占有全年一半以上的日数，而晴天和阴天之和则不超过 180 天。在晴天日数的年变化中，最高值出现在秋季的 9、10 月，在该两个月中每月晴天日数约为 10—15 天；最低值出现在春季的 3、4 月，每月晴天日数都不超过 7 天。阴天日数则和晴天日数恰成相反的关系，阴天日数以春季最多，秋季最少（表 7-1），这和总云量的春季最大秋季最小是紧密相关的。在地理分布上，晴天日数是自西向东增加的，晴天最多的地区在东疆吐鲁番-哈密盆地以及星星峡等地，一年中有晴天 110 天。阴天日数则自东向西增加，新疆西部地区的一年中约有阴天 100 天左右（表 7-1），炮台的阴天最多，年平均达 130 天。

表 7-1　晴天和阴天日数　　　　　　　　　　　（单位：天）

地点	项目	1 月	2 月	3 月	4 月	5 月	6 月	7 月	8 月	9 月	10 月	11 月	12 月	全年
炮台	晴天	5	2	1	2	3	3	3	6	8	11	3	1	48
	阴天	10	14	18	16	10	8	7	7	3	10	9	18	130
乌苏	晴天	7	4	2	2	4	5	5	6	12	14	4	3	68
	阴天	10	10	16	13	9	8	7	6	3	3	11	15	111
石河子	晴天	7	5	4	3	3	4	5	7	11	15	5	3	72
	阴天	8	10	14	14	9	8	6	7	3	2	10	15	106
奇台	晴天	11	8	4	5	5	6	4	7	13	14	10	3	90
	阴天	5	4	8	11	8	5	5	7	2	2	5	9	71
库车	晴天	6	6	4	1	2	3	3	11	14	8	7		72
	阴天	7	7	11	13	12	11	7	8	4	1	3	5	89
吐鲁番	晴天	12	9	7	3	4	5	4	8	15	17	13	9	106
	阴天	6	3	4	7	5	6	5	5	1	1	2	2	47
星星峡	晴天	15	10	6	4	4	5	5	8	14	17	15	10	113
	阴天	3	3	4	6	6	7	5	5	2	2	2	3	48

本区晴天频率（0—2 成云量）以 10 月为最大，该月晴天频率达 60%—72%；春季 3 月、4 月最小，该月晴天频率为 15%—37%。阴天频率（8—10 成云量）恰恰相反，春季 3 月、4 月达 45%—70%，10 月最小，仅有 16%—25%。冬季和夏季，北疆及南疆西部地区阴天频率大于晴天频率，东疆则晴天频率大些（表 7-2）。

本区多年平均晴天频率和阴天频率都在 35%—50% 之间，昙天频率一般都在 15% 左右。晴天频率和晴天日数一样都是自西向东增加，而阴天频率则自西向东减少（表 7-2）。阴天频率以炮台最大，它和该地区的云量最大、阴天最多的关系是一致的。吐鲁番-哈密盆地的晴天频率最高，这又和该地区的晴天最多、云量最少的关系一致。

我们根据 E.C. 鲁宾施晋所建议的方法计算了晴天和阴天的稳定系数。方法如下：

晴天稳定系数=晴天日数（%）/云量分数频率（0—2）

阴天稳定系数=阴天日数（%）/云量分数频率（8—10）

在这里晴天日数和阴天日数是以占一个月总日数的百分数表示。上述系数愈近于 1，则晴天与阴天的稳定度愈大。

表 7-2　晴天频率和阴天频率　（单位：%）

地点	项目	1 月	2 月	3 月	4 月	5 月	6 月	7 月	8 月	9 月	10 月	11 月	12 月	全年
炮台	晴天	37	26	16	20	26	30	27	34	46	55	30	18	30
	阴天	55	65	75	65	54	55	43	41	29	30	54	73	52
乌苏	晴天	38	32	19	25	33	37	33	40	55	64	32	23	36
	阴天	50	56	69	61	51	43	44	42	26	23	55	66	49
石河子	晴天	42	35	26	26	29	35	31	42	58	63	33	25	37
	阴天	46	52	63	53	53	44	44	42	26	24	52	66	47
奇台	晴天	58	49	35	28	34	40	36	43	62	65	54	36	45
	阴天	31	37	49	57	51	41	41	36	24	23	35	51	40
库车	晴天	42	40	32	23	24	26	35	40	56	65	50	45	40
	阴天	44	48	59	63	60	57	45	46	30	24	37	41	46
吐鲁番	晴天	56	50	47	29	33	38	36	45	64	72	62	55	49
	阴天	32	31	39	45	43	35	36	32	19	16	21	30	32
星星峡	晴天	63	55	42	37	35	38	37	44	65	69	66	58	51
	阴天	27	31	44	50	49	42	38	34	23	19	23	33	34

计算结果表明，在晴天稳定系数的年过程中，最大值出现在 9 月和 10 月，达 60%—80%；而最小值出现在春季，仅 30%—40%。与晴天稳定系数年变程恰恰相反，阴天稳定系数年变程的最大值出现在 3 月和 4 月，而最小值在 9 月和 10 月（见表 7-3）。

表 7-3　晴天和阴天的稳定系数　（单位：%）

地点	项目	1 月	2 月	3 月	4 月	5 月	6 月	7 月	8 月	9 月	10 月	11 月	12 月
吐鲁番	晴天	69	64	48	34	39	44	36	57	78	76	70	78
	阴天	50	34	33	52	37	57	45	50	17	20	32	21
炮台	晴天	44	28	20	23	37	33	36	57	58	64	33	20
	阴天	59	77	77	82	60	60	53	55	34	33	56	76

从上述可以看到，晴天、阴天日数，晴天、阴天频率和晴天、阴天的稳定系数是一些相互补充并能最完整地说明天空状况的指标。例如，吐鲁番秋季的晴天日数最多，而晴天频率和晴天的稳定系数也以秋季为最高。因此吐鲁番的秋季不仅晴天很频繁，而且持续很久。

但是我们称日平均云量不到 2 的日子为晴天，超过 8 的为阴天，而晴天、昙天和阴天的频率是按观测次数总和中云量等级为 0—2、3—7、8—10 的百分比计算。因此常常晴天和阴天的日数不多，而晴天或阴天的频率则很大。例如星星峡的晴天日数全年仅有 113 天，而年平均晴天频率则达到 51%。这种现象也许正是新疆地区昙天日数占有全年一半以上的原因，而昙天频率仅仅为 15%。因此根据总云量来计算晴天、阴天日数及其频率有许多缺点，关于这一点，我们在日照中还要谈到。

3. 日照时数

新疆地区的日照非常丰富，是我国日照最多的地区之一。全年日照时数约为 2 600—3 600 小时。而一年中 7 月的日照时数最多，少数地区则出现在 6 月和 8 月。7 月日照时数大多在 300 小时以上，且北疆稍多于南疆，这是由于夏季白昼时间由南向北增长的缘故。最少的日照时数北疆出现在 12 月，南疆的部分地区出现在 1 月。日照时数的月最低值北疆在 150 小时以下，南疆则在 150 小时以上（表 7-4）。

按季节而言，夏季日照时数变化在 750—1 050 小时之间，比冬季日照时数多 1/3—1 倍左右。从表 7-4 可以看出，冬、夏季日照时数的差异是随纬度的增高而增大的。如和田夏季日照时数为冬季的 1.5 倍，而阿勒泰夏季日照时数则为冬季的 2 倍左右，这是由于冬季白昼时间随纬度增高而缩短，而夏季则随纬度增高而延长的缘故。新疆地区冬、夏两季日照时数的显著差异显然是本区重要的气候形成因素之一。春、秋季的日照时数变化在 650—970 小时之间，北疆和东疆地区春季日照时数比秋季多些，塔克拉玛干沙漠周围各地春、秋两季的日照时数差别很小，而和田秋季日照时数比春季还要多些，这是由于塔克拉玛干沙漠春季多大风和浮尘天气的缘故。在强烈的尘暴天气下，太阳直射光线往往不能达到地面；此外，春季云量多秋季云量少。上述两种原因导致了南疆塔克拉玛干沙漠地区春、秋两季日照时数的接近。

表 7-4　日照时数　　　　　　　　　　（单位：小时）

地点	1 月	2 月	3 月	4 月	5 月	6 月	7 月	8 月	9 月	10 月	11 月	12 月	年	冬	春	夏	秋
阿勒泰	162.3	180.4	237.1	256.0	305.2	300.5	324.0	302.7	264.1	245.9	154.3	115.9	2 848.4	458.6	798.3	927.2	664.3
塔城	170.0	170.4	234.1	244.5	312.4	322.8	332.2	306.9	286.6	226.1	167.1	157.9	2 931.0	498.3	791.0	961.9	679.8
伊宁	168.5	175.3	209.9	248.5	299.8	320.1	341.8	309.4	288.4	266.1	172.0	141.3	2 941.1	485.1	758.2	971.3	726.5
乌鲁木齐	191.4	199.6	196.7	242.7	277.6	309.9	318.2	302.0	285.1	270.8	172.7	141.0	2 907.7	532.0	717.0	930.1	728.6
吐鲁番	191.1	214.7	268.8	279.5	317.5	314.7	322.9	320.9	301.1	275.3	221.8	189.8	3 218.1	595.6	865.8	958.5	798.2
星星峡	232.0	247.6	301.1	305.3	355.3	353.0	345.8	337.1	324.7	299.1	245.3	230.1	3 576.4	709.7	961.7	1035.9	869.1
库车	194.3	216.3	233.5	248.0	300.5	292.5	313.4	285.0	280.3	268.7	230.9	210.5	3 073.7	621.1	782.0	890.7	779.9
喀什	153.9	167.8	197.9	244.2	280.0	318.0	321.5	287.7	257.4	247.3	205.2	190.6	2 871.5	512.3	722.1	927.2	709.9
若羌	194.7	196.9	239.9	252.7	296.7	303.4	307.3	297.9	294.2	279.8	220.2	175.8	3 059.5	567.4	789.3	908.6	794.2
和田	167.0	166.7	201.2	218.6	245.0	263.0	259.8	254.5	238.2	252.0	225.0	184.3	2 675.3	518.0	664.8	777.3	715.2

新疆地区同一纬度上全年日照时间自西向东增加的趋势是十分明显的，表 7-5 所列的北纬 42°和 44°附近各站的年平均日照时数即是证明。新疆地区日照时数自西向东增加的原因，主要是由于新疆地区的云量是自西向东减少及晴天日数和晴天频率自西向东增加的缘故。日照时间自北向南增加的趋势很不明显，在许多地区这种规律完全被破坏了，这同样是受天气条件和天气现象（云、雾、浮尘等）的影响造成的。

表 7-5　同纬度附近各站日照时数的比较　　　　（单位：小时）

北纬 42°	阿克苏（80°16'）	库车（83°04'）	焉耆（86°34'）	星星峡（95°07'）
日照时数	2 681	3 074	3 245	3 576
北纬 44°	精河（82°58'）	石河子（86°00'）		奇台（89°27'）
日照时数	2 685	2 936		3 042

4. 日照百分率

新疆地区全年可能日照时数由南向北减少，但南北相差不大，大约变化在 4 400—4 500 小时之间。1 月可能日照时数也由南向北减少，7 月相反，可能日照时数是由南向北增加的。不过，整个新疆地区冬、夏期间南北之间可能日照时数的差异也不很大。如和田 1 月可能日照时数为 300 小时，7 月为 450 小时；阿勒泰 1 月为 275 小时，7 月为 485 小时。

天气现象对可能日照时数的影响综合地反映在日照百分率上（实际日照时数/可能日照时数）。本区年平均日照百分率为 60%—80%，即实际日照时数占可能日照时数的 2/3 左右（表 7-6）。这是本区热量资源丰富的最重要的原因。新疆地区日照百分率的最高值都出现在秋季的 9 月和 10 月，大多在 70%—90%之间；最低值北疆出现于 12 月，南疆则

表 7-6　日照百分率　　　　　　（单位：%）

地点	1 月	2 月	3 月	4 月	5 月	6 月	7 月	8 月	9 月	10 月	11 月	12 月	全年
阿勒泰	59	63	64	62	65	63	67	69	70	73	56	44	63
塔城	61	59	64	60	67	69	70	71	77	69	60	55	65
伊宁	59	59	57	62	66	70	73	72	76	78	60	51	65
乌鲁木齐	67	68	54	60	66	67	68	70	76	80	60	51	66
吐鲁番	66	73	73	70	70	69	70	75	81	81	76	68	73
星星峡	79	83	82	76	79	78	75	79	87	88	84	81	81
库车	66	73	63	62	67	64	68	67	75	78	79	75	69
喀什	51	55	54	61	63	71	71	68	70	72	69	66	64
若羌	65	65	65	64	67	68	68	70	79	81	73	60	69
和田	55	54	54	45	56	60	58	61	64	73	74	62	60

大多出现于 1 月，北疆的最低值为 40%—55%，南疆为 50%—70%，而东疆星星峡日照百分率的最低值也达 75%。南疆东部地区在 2、3 月里还出现了日照百分率的次高值。日照百分率和日照时数一样都是从西向东增加的。但是在靠近塔克拉玛干沙漠的若干区域中由于浮尘日数的增多，我们可以观测到日照百分率的地区性减少现象。

从以上资料可以看出，新疆的日照十分丰富，但本区的晴天日数和晴天频率都不大。譬如，吐鲁番盆地的全年日照时数为 3 218 小时，即占可能日照时数的 73%；但晴天日数仅 109 天，只占全年日数的 30%；而晴天频率也只有 49%。造成这个矛盾现象的原因是所谓"晴天"是根据对总云量的观测来进行统计的。上面已经谈到过，新疆地区主要盛行高层云，特别是卷云和卷层云。大家都知道，当太阳在地平面上的高度高于 15°—20°〔根据 H. H.卡里金的资料〕时，太阳光是能够透过卷云、卷层云的，因此新疆地区常常有这样的现象，太阳光很强，地面上的物体有阴影，人的皮肤晒得很痛，但是由于有大量的卷云和卷层云等，这种日子仍然算为昙天甚或是阴天的。因此在新疆地区按总云量多少来划分晴、昙、阴天，常常有和实际情况不相符的时候，且往往给人们以错误的概念。如果我们不是根据总云量而是根据低云量来计算晴天和阴天，那么新疆地区的阴天也会是很少的，这将比较符合于实际情况。可惜，新疆地区根据低云量来划分晴、阴天的资料还没有统计出来。

由此可见，新疆地区的日照是用之不尽的能量资源。太阳能每天都为人们所利用，同时实际上也是地理外壳中所发生的一切过程的能量来源。但是新疆地区在工业技术和生活方面，还未直接利用太阳能，因此有必要开始这方面的研究设计工作。

目前，日光技术的设计按"热柜"原理进行，热柜的内部涂黑，底部和四周进行热的绝缘，热柜上面安装玻璃，太阳光线通过玻璃直射到黑体上面。根据这种原理，新安装的太阳能接收器一般都具有经济和轻便的优点，同时根据这个原理可以建成太阳能热水器、保暖器、厨灶、太阳能烘干器和冷藏器等等。对燃料缺乏的南疆地区来说，直接利用太阳能将为国民经济和人民生活带来无限的益处。

第八章　风

1. 风向

　　新疆地区的风向和任何地区一样，是紧密地和气压分布形势以及大气环流相联系着的。关于大气环流已在第一章第三节中叙述过。冬季新疆北部和蒙古国连成一个高压中心，新疆的大部分地区都处在亚洲大陆高压中心的西南沿，由于反气旋环流的结果，新疆地区冬季盛行偏东风，南疆的极西部盛行西北风。夏季新疆处在南亚气候低压的北缘，在平均气压图上，本区是一个气压梯度很小、广阔而不深的低压区；在俄罗斯平原南部和北极地区具有较高的气压，因此夏季北疆和南疆的西部都盛行西北风和西风；在南疆的东部则盛行东北风，这是由于绕过天山东部的西风气流呈反气旋式旋转而倒灌入南疆的结果。从图 8-1 中我们可以看到，哈密全年盛行东北风，莎车全年盛行西北风。南疆南部的于田、民丰冬季盛行西风，且末盛行东北风；夏季且末、民丰盛行东北风，于田盛行西风。再从塔克拉玛干沙漠南部的沙丘走向来看，冬季南疆南部的东北风和西风的分界线可能在尼雅河附近，夏季则可能在克里雅河附近。

　　在过渡季节中，新疆春季的盛行风向和夏季盛行风向比较接近，秋季的盛行风向则和冬季的盛行风向相似。在南疆的过渡季节中仍然盛行东北风、西北风及西风，这两种盛行风的分界线大概在尼雅河与克里雅河之间摆动着。从图 8-1 中 4 月与 10 月阿勒泰、精河、哈密与莎车等地的风向频率，我们可以看到这些盛行风向。

　　新疆是一个高山和盆地相间的地区，由于大地形的影响，高山和盆地之间地方性环流很盛行，因此上述的盛行风系在山麓两侧的地带中遭受破坏，并转变成地方性的山谷风环流。天山南北麓以及昆仑山北麓的某些台站所观测到的盛行风即属山谷风。例如和田夜间吹西南风（山风），白天吹西北风（谷风）；库车暖半年白天吹西南风（谷风），夜间吹北风（山风）；精河全年盛行南风（山风）和北风（谷风）；焉耆全年盛行西北风和西南风，西南风是一种比较明显的沿铁门关而上的谷风，西北风则是沿开都河等河谷下来的山风。吐鲁番盆地盛行北风（博格多山下来的山风）、西北风和东风，这里的东风仍然是环流形势所产生的风。乌鲁木齐秋季盛行南风（山风）和北风（谷风），但夏季仍盛行西北风，因此在山麓一带并不是到处和全年都有明显的山谷风现象，在某些地方和某些季节里，大环流形势所决定的风系仍能显示出来。

　　在某些河谷地区盛行风向显然是和河谷走向一致的。如阿合奇全年盛行东东北风和西西南风，伊犁河谷除冬季外，东风和西风的频率很大。在某些大山的隘口处，盛行风向和狭谷的走向完全一致，如阿拉山口全年盛行南东南风和北西北风；达坂城全年盛行东南风和西北风。

沙丘的移动方向与盛行风向应当是一致的。在塔克拉玛干大沙漠中，尼雅河以东地区沙丘应自东北向西南移动；在尼雅河与克里雅河之间，东北风与西南风交错盛行，沙丘可能呈格子状分布；在克里雅河以西地区，沙丘应自西北向东南移动。因此，塔克拉玛干沙漠中沙丘总的移动方向是自北向南移动。在某些靠近绿洲边缘的沙丘，它的移动方向还可能受到经常性的地方风的影响，中国科学院新疆治沙队在洛浦以北观察到沙丘从西南向东北方向移动，这可能与和田、洛浦一带全年盛行西南风有关，但是这种西南风风力也许只能影响到沙漠的边缘地带。在新疆准噶尔盆地中暖半年盛行西风、西北风，这时西北风的风力非常强，通过准噶尔界山隘口进入盆地中的风力能达到很强的程度。冬季期间，该隘口处的风力也能达到非常狂暴的程度，但这个时期的大风是非常少见的。因此盆地中未固定的沙丘一般是自西北向东南移动。至于冷半年的偏东风，由于风力小，对沙丘移动的影响不大。

2. 风速

本区风速以春季最大，夏季次之，冬季最小。按月而言，4月、5月、6月风速最强，12月和1月最弱（表8-1）。春季风速大的原因与该季冷锋和高空低槽过境较多以及环流的加强有关；另外，春季是冷暖气团交替的季节，这时冷暖平流很强，各地区之间很容易产生较大的气压梯度，因而风速容易增大。夏季期间新疆地区的冷空气活动也较频繁，冷锋过境次数也不少。白天由于地面强烈增温、涡动对流作用较为发展，上层大气中的高风速由涡动混合传至大气低层，因而增加了低气层的风速；此外，本区现有气象台站大都设在高山两侧的绿洲和戈壁滩中，在这些地方夏季期间的山谷风有时也能达到较大的风速。冬季新疆地区处在高压的控制下，由于地面的辐射冷却、大气低层的逆温和盆地的情况，冷空气都聚集在盆地中，下层空气极其稳定，从西方和西北方来的冷空气大多从盆地中聚集的冷空气上层滑过，因此大气低层的气流是极其微弱的，风速因而很小。

表8-1　平均风速　　　　　　　　　　　　（单位：米/秒）

地点	1月	2月	3月	4月	5月	6月	7月	8月	9月	10月	11月	12月	全年
阿勒泰	1.8	2.0	2.6	3.8	4.0	3.3	2.9	3.0	2.9	3.0	2.2	1.7	2.8
塔城	2.0	2.0	2.1	2.4	2.6	2.0	1.8	1.7	1.9	2.5	1.9	1.7	2.0
乌鲁木齐	1.6	1.8	2.3	3.3	3.5	3.3	3.1	3.0	2.9	2.8	2.3	1.8	2.6
星星峡	1.7	2.6	3.6	4.7	5.1	5.2	4.4	4.8	3.7	2.6	2.3	1.4	3.5
七角井	2.6	4.0	5.6	6.4	6.4	6.7	6.3	5.8	5.0	4.0	3.6	2.6	4.9
巴楚	1.6	2.0	2.2	2.6	2.8	2.4	2.5	2.1	2.0	1.7	1.5	1.4	2.1
莎车	1.3	1.3	1.9	2.3	2.5	2.3	2.0	1.9	1.4	1.1	1.0	1.0	1.7

新疆的风速很小，且这种小风速的时期长达半年之久，因此，本区大部分地区的年平均风速不大，约在1.7—3.0米/秒之间。春季风速较年平均风速为大，冬季风速一般都小于2.0米/秒。在少数山口和风线的地方风速很大，如位于天山南北通道处的十三间房

年平均风速达 9.3 米/秒，七角井为 4.9 米/秒，哈密为 3.5 米/秒，达坂城为 6.2 米/秒（在柴禾堡谷地中），在天山的其他缺口处也同样有较大的风速，如吐鲁番东面的胜金口，可惜这些地方目前还没有实际观测资料。在本区西北部准噶尔界山的阿拉山口（准噶尔门）年平均风速为 6.4 米/秒，克拉玛依为 3.8 米/秒；在额尔齐斯河河谷中风速也是比较大的，如哈巴河年平均风速达 4.4 米/秒，福海达 3.6 米/秒，阿勒泰达 2.8 米/秒，哈巴河位于气流进口处，风速大，随着河谷地形的开阔，风速逐渐减小。喀什的年平均风速达 3.9 米/秒，这是由于在西北方帕米尔高原上有一个缺口。在上述山脉的隘口处春夏期间的风速是很大的，如十三间房 4 月平均风速达 13.3 米/秒，因此在这些地方出现大风的次数很多。此外，高原上的风速也比较大，如星星峡达 3.5 米/秒。

表 8-2 中列举了各种不同风速的出现频率，在年平均风速小于 2 米/秒的地区，以 0—1.4 米/秒的风速频率最大（如莎车）；在年平均风速为 2—3 米/秒的地区，以 1.5—5.4 米/秒的风速频率最大（如阿勒泰）；在年平均风速达 3 米/秒或更大的地区，5.5—10.4 米/秒的风速频率都在 10%以上，少数地方 5.5—10.4 米/秒的风速频率还是各级风速频率中最大的，如表 8-2 中的七角井。在这里，大于 10 米/秒的风速频率在某些月份里（4—6 月）甚至超过了 10%。

在各级风速频率的年变化中，0—1.4 米/秒的风速频率以冬季最大，春季最小；1.5—5.4 米/秒的风速频率，就大多数地区而言，以春夏期间最大；而 5.5—10.4 米/秒的风速频率则以 4—6 月最大，冬季最小；至于更大的风速则主要集中出现在春夏季节里，冬季几乎是没有的（表 8-2）。

表 8-2　各级风速出现频率　　　　　　　　（单位：%）

地点	级别	1 月	2 月	3 月	4 月	5 月	6 月	7 月	8 月	9 月	10 月	11 月	12 月	全年
莎车	0—1.4	73	66	52	48	46	42	52	51	62.	67	75	75	59
	1.5—5.4	27	34	44	45	48	52	46	48	37	33	25	25	39
	5.5—10.4	0	0	4	7	6	6	21	1	1	0	0	0	2
	10.5—15.4	0	0	0	0	11	0	0	0	0	0	0	0	0
	≥15.5	0	0	0	0	01	0	0	0	0	0	0	0	0
阿勒泰	0—1.4	55	57	36	25	20	20	24	28	32	26	44	54	35
	1.5—5.4	42	40	52	51	54	59	65	61	55	63	50	45	53
	5.5—10.4	3	3	10	19	25	18	11	11	12	10	6	1	11
	10.5—15.4	0	0	1	4	1	2	0	0	1	1	0	0	1
	≥15.5	0	0	1	1	0	1	0	0	0	0	0	0	0
七角井	0—1.4	53	36	22	13	10	10	8	11	20	35	45	56	27
	1.5—5.4	27	31	27	28	31	25	32	36	38	31	22	23	29
	5.5—10.4	16	25	42	46	47	52	51	45	35	29	26	18	36
	10.5—15.4	4	6	8	10	10	12	9	7	6	4	6	3	7
	≥15.5	0	2	1	3	2	1	0	1	1	1	1	0	1

在研究各风向的平均风速时，我们发现在大多数地区中，风速较大的风向和该地区的盛行风向是一致的。如阿勒泰盛行东北风和西风，而各风向的平均风速中也以东北风和西风的风速最大；哈密以东北风的风速最大；莎车以西北风的风速最大；库车以北风的风速最大——在山脉的隘口处，最大风速也是和盛行风向一致的。但是在另一些地方，较大的风速并不和盛行风向一致，如精河全年盛行南风和北风，但西北风具有最大的风速；和田以西风和西北风的风速最大；在这些地区西北风出现的频率虽不大，但它的风力是比较强劲的。

3. 大风

中央气象局规定 8 级（风力 > 17.2 米/秒）及其以上的风称为大风。本节根据这个指标来进行大风的讨论。

新疆的大风以春季期间出现次数最为频繁，夏季次之，冬季最小（表 8-3）。若按月而论，则 4—7 月大风日数几乎占全年大风日数的一半以上，而 12 月和 1 月则极其少见，其原因与前面所说的春季风速大、冬季风速小的理由是一致的。

在山脉的隘口处，大风多得惊人。阿拉山口全年有 155 天出现大风，达坂城 128 天，七角井 58 天，在老风口风线上的克拉玛依全年 98 天有大风，在这些地方几乎 3—6 天就有一次大风发生。在额尔齐斯河河谷中的哈巴河、福海、阿勒泰及哈密、鄯善和喀什等地的大风日数全年也达 30—40 天。上述这些地方的多大风是，由于它们正对着山脉的隘口或处于河谷地区内。就新疆广大地区而言，东疆的大风比较多，若羌、铁干里克和星星峡的大风日数全年达 25—30 天。南疆南部以及炮台、乌苏和十户滩三角地带是大风最少的地方，在这些地区里，全年大风日数不到 10 天。大风日数随着地势增高而增多，在昆仑山北坡西端全年大风日数是较多的，赛图拉达 71 天，塔什库尔干有 40 天。

表 8-3 大风日数 （单位：天）

地点	1 月	2 月	3 月	4 月	5 月	6 月	7 月	8 月	9 月	10 月	11 月	12 月	全年	冬	春	夏	秋
阿勒泰	0.4	0.6	1.4	6.4	7.0	6.6	6.2	4.4	1.8	3.0	1.2	0	39.0	1.0	14.8	17.2	6.0
塔城	1.4	1.4	1.0	3.6	3.4	1.2	2.2	2.2	2.4	3.0	1.4	1.0	24.2	3.8	8.0	5.6	6.8
伊宁	0	0.2	2.4	4.6	2.2	1.8	1.4	1.4	0.6	2.4	1.0	0.4	18.4	0.6	9.2	4.6	4.0
乌鲁木齐	0	0.6	1.4	2.4	3.0	2.8	2.0	2.2	2.0	3.8	1.4	0.6	22.2	1.2	6.8	7.0	7.2
七角井	2.2	3.8	5.8	8.2	8.8	8.0	7.8	7.2	5.2	4.6	3.4	2.8	67.8	8.8	22.8	23.0	13.2
库车	0	0	0.8	3.4	3.0	4.0	5.0	2.4	1.4	0.4	0.2	0	20.6	0	7.2	11.4	2.0
若羌	0.6	0.2	3.8	4.4	6.0	2.8	2.0	1.8	1.6	1.4	0.4	0	25.0	0.8	14.2	6.6	3.4
莎车	0	0	0.2	0.4	0.6	0.2	0.2	0.4	0	0.2	0	0	2.2	0	1.2	0.8	0.2

山脉隘口处和额尔齐斯河谷地带中的大风风向与隘口及河谷的走向一致者居多，东疆的大风多为东北风及东风，南疆克里雅河以西地区的大风则多为西北风及西风，库车的大风主要是北风及东北风，吐鲁番及焉耆盆地的大风以西北风为主，伊犁河谷与石河

子等地的大风以西风占优势，准噶尔盆地中则多为西北风，而乌鲁木齐的大风则以东南风为最多。

在山脉隘口两端产生大风，其共同的必要条件之一就是在山的两侧发生了气压差，也就是在隘口两端产生了较大的气压梯度。没有这个条件存在，任何大风都是不可能出现的。至于隘口两端较大气压梯度是在一定的天气形势之下发生的，这对每个隘口来说显然是不同的。狭谷状地形的束管作用加强了空气运动速度，因而也加强了已经形成的气压梯度所能引起的风力。

下面将叙述几个地区大风产生的条件。

乌鲁木齐的东南大风只有当吐鲁番盆地的气压大于乌鲁木齐的气压时才能形成。我们知道，柴禾堡谷地北端的气压在一般情况下都高于南端，因此，这种东南大风只有当平均条件破坏的时候才能产生。前面已经谈到，新疆的春季环流是多变的，冷锋过境频繁，冷暖平流作用也最盛；因此，当北疆暖平流作用胜于南疆或者当冷锋自西北方侵入北疆，锋前有暖低槽向北疆伸入时，乌鲁木齐的气压才会下降很多，这时吐鲁番的气压若没有变化，柴禾堡谷地南端的气压就高于北端。另一种情况是当南疆冷平流作用强于北疆，或当高空槽在蒙古西部加深，冷高压南下侵达河西走廊一带时，南疆东部刮东风，冷空气随着进入吐鲁番盆地，盆地中的气温迅速下降，气压随之连续上升，这时若乌鲁木齐的气压很少变化，则柴禾堡谷地南端的气压就会高于北端。若南疆有冷平流，而北疆同时有暖平流作用，那么，谷口两端就会产生更大的气压梯度。在上述 3 种情况下都可能产生乌鲁木齐的东南大风，这种大风的瞬间风速能达到 40 米/秒。乌鲁木齐东南大风在过渡季节中出现得最多，冬季最少。在大风时越过柴禾堡谷地上空的空气在谷口北端发生下沉作用，因此乌鲁木齐的东南大风极端干燥，由于空气下沉的缘故，乌鲁木齐的气温可比相邻各站高出 10 多度，很显然，这种大风也可以看作是焚风，实际上，它是一种极强的干旱风，能给作物带来极大的危害。

喀什的西北大风多集中出现在春季和夏初，初冬期间当寒潮强大时也可看到一二次，而 1 月、2 月间尚未曾出现过。喀什地区的大风是在帕米尔西部的气压高于东部的气压时发生的。春末夏初（5 月、6 月、7 月）南疆常为热低压所控制，当在里海西南部有冷高压出现并在乌拉尔山以西有气旋发展时，这个冷高压即沿气旋后部东移；另外，新地岛西部的冷高压也常以西北-东南走向向喀什一带移来，这时帕米尔东西两侧就产生了较大的气压梯度，当冷空气超过喀什西北部的帕米尔隘口时，空气运动速度变得很大，且越山后的冷空气位温常较盆地中空气的位温为低，因此常常引起喀什一带的大风。

博乐阿拉山口（准噶尔门）的大风是极其著名的，不少旅行家和科学家对这里的大风都有过描述。苏联通讯院士 C.B.卡列斯尼克曾在准噶尔门遇到很强烈的风暴，亲眼看到空中飞起的小石块割破乘马的膝部以至流血。苏联学者把这种冬季发生在哈萨克斯坦东南部境内的东南大风称之为"艾比风"（即由艾比湖得名），这种艾比风就是通过阿拉山口灌入苏联境内的东南大风。艾比风也包括了由额敏河谷、额尔齐斯河谷吹入苏联境内的东南大风。这种风常常发生在白天和当冷空气侵入到哈萨克斯坦东部和气旋扰动接近巴尔喀什湖区的时候。这时沿着反气旋的西南沿就吹着锋前的东风和东南风，冷空气在沿着反气旋西南沿移动的同时，就流入和聚集在准噶尔盆地中，这时准噶尔盆地的气压上升并高于哈萨克斯坦东部地区，因而形成了艾比风。

冬季准噶尔盆地的东南风具有最大的频率，但达到大风标准者则极其少见。我国阿拉山口的大风全为西北风和北西北风，西北风和北西北风的风力以1—5月最大，在这几个月内每月都有40米/秒的大风出现，在其他各月内大风次数也是很多的，仅风力略略小些而已。这种西北大风主要发生在哈萨克斯坦境内大气低层的气温较准噶尔盆地为低，而气压增高的时候。这时由于山谷和河谷中流线的收缩，风力加强到极大的程度。

春夏秋季东南风的频率减少了，而以西北风的频率为最大。

在北疆地区，冬季的大风（虽然天数不多）造成强烈的吹雪现象，它对雪的停积和农作物的越冬有危害；吹雪有时阻塞道路，影响交通。春夏期间南疆地区的大风造成了强烈的沙暴和浮尘天气。南疆大都是干燥的缺少植物覆盖的沙漠，当东风、东北风和西北大风吹刮时，南疆各地的能见度和大气透明度很快就变坏了。这种携带着砂粒的大风对农作物有极大害处，使农作物大大减产；在托克逊的某些地方，因为大风危害，需要播种几次种子。大风造成沙丘的迅速移动，使流沙威胁着绿洲，掩没了农田和村舍，大风也给沙漠中的工作者带来极大的不便和危险。

关于新疆的焚风问题目前还很少研究。但由于高山的作用，当冷气团跨越帕米尔高原和天山等山脉时，焚风现象应当是不少的。例如吐鲁番盆地就应当是一个经常有焚风的地区，博乐气候站的报告中也提到当地的焚风现象。A. N. 沃耶依科夫也早指出过叶尔羌（即南疆叶尔羌河流域）气候的炎热可能与焚风有关。M. A. 彼得罗香兹曾写道："当气团从中亚细亚越过天山山脉时，流到新疆的焚风过程大概达到非常强的流动阶段"。

4. 风能利用

上面已经谈到，在东疆的广大地区和河谷、山口处，不仅平均风速较大，而且大风出现的频率也不小。在过去和现在这种风往往给农业生产和人们的生活带来了极大的危害，因此人们往往只看到它的害处。实际上，这些风能是一种极为宝贵的动力资源，而且它是用之不尽的。我们可以利用风能安装风力机和风电站。风力机不需要很大的安装费用即可以获得廉价的动力，这些动力可以用来碾谷、提水和灌溉等。因此在新疆的国民经济中风的利用具有很大的意义。

根据 Ф. Ф. 达维达雅、O. A. 特洛兹多夫与 E. C. 鲁宾施晋的意见，在年平均风速大于4米/秒的地区安装风力机是很经济合算的；在年平均风速大于5米/秒的地区安装风力发电站也是合算的。这种风速在新疆的某些地区是完全有保证的。表8-4中列举的风流能量资料，是根据 A. B. 维捷尔、E. M. 法捷耶夫的公式进行计算的。

$$N = 0.00048 \cdot D^2 \cdot V^3 \cdot \zeta$$

式中，N——风流能量（单位：千瓦）；D——风力机风轮直径（单位：米）；V——风速（单位：米/秒），ζ——风能有效利用系数，等于0.3。

　　由于风速随高度而增加，因此风力机安装在较大的高度上，就能够获得比表 8-4 中更多的能量。大多数风轮直径为 10—14 米的风力机当风速为 8 米/秒时能产生最大的能量，当风速进一步增加时，并不能再增加所获得的能量。因此在新疆风速较大的多数地区里，最好采用风轮直径为 10 米或稍大于 10 米的风力机，而在准噶尔门、柴禾堡谷地与十三间房等地则可以安装风力发电站和采用风轮直径为 20—30 米的风力机，因为这能够大大增加电站的能量。

表 8-4　不同风轮直径和 $\zeta = 0.3$ 的条件下，风标高度上风力机的能量　　　（单位：千瓦）

项目	哈巴河	和布克赛尔	克拉玛依	准噶尔门	达坂城	哈密	七角井	十三间房	星星峡	喀什
10	1.23	0.52	0.79	3.77	3.43	0.62	1.69	11.58	0.62	0.52
12	1.77	0.75	1.14	5.44	4.94	0.89	2.34	16.68	0.89	0.75
14	2.4	1.01	1.55	7.4	6.72	1.21	3.32	22.7	1.21	1.01

我国地理学的方向与任务若干问题的商讨 *

地理学是一门古老而又年轻的科学。我国地理学的发展源远流长，公元前 5 世纪，《禹贡》一书概括地阐述了我国山川、湖泽、土壤、物产等，它是全世界最早的地理学著作之一。其后，汉代的《汉书地理志》、唐代的《元和郡县志》、清代的《大清一统志》等都是内容丰富的地理著作。宋代以后，全国各省府县所编的地方志，也都是重要的区域地理志。凡此都属传统地理学的范畴。19 世纪中叶以后，逐渐出现了近代地理学，尤其是 20 世纪 60 年代以后，地理学有了很大的进步，无论在内容上还是在研究方法上都以新的面貌出现，但同时也带来不少新的问题。在 1976 年第 23 届国际地理学会上，大会主席的开幕词中指出："现在在许多国家，传统地理学和新地理学对立起来了，或者总是提出这样的问题：地理学本身到底是什么？自然地理和人文地理之间有什么样的联系？区域地理（乡土地理）的含义是什么？地理学所特有的方向和方法到底是什么？"要回答这些问题是不容易的，但是我们决不能回避这些问题，而必须加以认真地探讨。

一、关于地理学的性质与研究对象问题

对于这个问题，有各种不同的理解，有人认为，地理学是研究自然环境的整体和各组成部分的形成、发展规律，以及自然环境与人类活动的相互关系的科学。研究自然界的某一自然地理要素，是自然地理各分支学科的任务。研究某些与自然地理密切相关经济活动，则是人文地理的任务。而研究人类活动与地理环境的关系则是自然地理与人文地理的共同任务。有人认为，地理学是一门边缘科学，它是处于地球科学与人文科学之间的科学，它既是一门自然科学，同时也是一门人文科学。但也有人认为，边缘科学是衍生的科学，地理学是很古老的科学，因此不能说是边缘科学。

我们认为，一门科学的性质和对象决定于它所研究的矛盾。地理学是研究人与环境（包括地理环境和人文环境）之间的矛盾的科学。随着人类社会的发展，自然科学和技术的不断提高，人与环境之间的矛盾也不断改变其性质和内容，但矛盾始终是存在着的，这是地理学具有强大生命力的根本原因所在。众所周知，传统的地理学偏重于分析性的、描述性的研究，在搜集资料、分析其相互关系、从已知向未知的探索方面大多侧重于归纳方法，今后借助于数学抽象表达规律性时，将会遇到许多困难，这些困难是地理学在技术发展和认识论发展方面的困难，经过努力，是完全可以克服的。

　　* 本文与沈玉昌、谭见安、廖克合作。承周廷儒、王乃樑、杨吾扬、崔海亭、陈述彭、吴传钧、赵松乔、高泳源、陈永宗等同志提供许多宝贵意见，并承陈志清、金德生同志协助。原载于《地理学报》，第 35 卷，第 2 期，1980 年。

我们认为，地理学各分支学科的成长并不必然导致地理学的支解和分化。如果说，一部分地理工作者成为自然地理学家，另一部分人成为人文地理学家，这是符合科学发展规律的。而各个分支学科的发展，又反过来为地理学的充实与提高奠定了坚实的基础，两者是相辅相成的。

有人认为，地理学有两大特性：一是综合性；二是区域性。我们认为，这两大特性是很多地学和生物学科所固有的，并不是地理学所特有的。随着科学的发展，地理学的这种综合性应具有系统性的内容；区域性则不应单纯是地理现象分布的描述，而应研究地理诸现象之间的内在联系，即空间分布的规律性。

当前的现实生活向地理学提出了许多问题，例如，大多数发达国家的技术和生产系统无控制地发展，正在扩大各种污染的危险，出现了自然环境遭到破坏的威胁。自然环境被人们开发得越多，生态平衡、居民点、生产程序和自然资源之间的平衡就越容易遭到破坏。因此，必须确定地理学的统一性原则，这正是地理学研究的重要内容，是地理工作者不可推卸的责任。

二、关于地理学的基本理论与基础工作问题

地理学的基本理论是什么？这是地理工作者十分关心的问题。过去已有不少人就此发表了许多很有益的看法和意见。随着科学技术的发展，地理学也有很大的进步，关于地理学的基本理论问题也有一些新的理解。众所周知，各门学科都有它自己的基本理论。有人认为，地理学是综合性的科学，没有基本理论，我们认为这种说法是片面的，并认为地理学的基本理论有以下几个方面。

1. 地理环境中的物质、能量交换的规律以及这些规律所表现出来的地域差异

在地理环境中有光能、热能、位能、动能、电能、核能、生物能等，各种能量可以互相转换，它既是推动物质运动的力量，同时也是物质运动的表现形式，地理学各分支学科可以从不同的角度和范畴来研究地理环境中物质的迁移和能量的转化，以及它们在地域内的组合、平衡和分异。这一课题的研究内容包括过去我国不少地理工作者长期从事的水热平衡的研究，化学元素在地理环境中迁移变化规律的研究，以及地表形态发育过程及其地域分异规律的研究等。这些课题都具有基本理论研究的性质。

2. 地理地带性理论

这一经典理论在地理学的发展中起过重要的作用，对这一理论的研究也一直没有完全停顿下来，但是进展比较缓慢，深入的、系统的研究还有待于今后努力。它牵涉到很多学科，资料的整理和积累与具体的研究方法，都存在比较大的困难，与生产实践的联系也是比较间接的。但是，它在地理学研究中，代表人类认识秩序中由特殊到一般的过程，研究的成果又反过来由一般到特殊，进一步加深认识，并有助于加强和统一各部门

之间的联系，扩大部门研究的效用。

3. 人与环境关系的理论

人与地理环境的关系，很早就为地理学家所关注。它一方面研究地理环境对人类活动的影响；另一方面也研究人类活动对地理环境的影响。关于前者，早期的地理学家提出了地理环境决定论。关于后者，由于近代科学技术的发展，有人认为，人类完全可以改变地理环境。因此，出现了人类活动可以完全不必考虑地理环境的议论。在我国，也有不少地方由于过分强调"人定胜天"和"人的主观能动性"的作用，不考虑地理环境的客观存在和它发展的规律性，在生产实践中做了很多劳民伤财的蠢事。我们认为，人类社会作用于环境，而环境反作用于人类社会，两者之间的关系错综复杂，老的"人地学原理"已经过时，新的"人与环境系统"的理论已经开始出现，但还需要深入探索、充实和完善。

4. 生产力地域组合理论

人类的社会活动主要是生产活动，在各种不同的社会制度下，生产力的地域组合各有其特点，也都有各自的指导理论。例如，在资本主义国家是以获得最大利润为原则的，在社会主义制度下，生产力的地域组合应该是以符合全国人民当前和长远的最大利益为目标。因此，我国生产力的地域组合必然不同于资本主义国家的各自为政的混乱状态。但社会主义的生产力地域组合的理论尚无完整的体系，我国生产力地域组合方面存在不少不合理的情况，如何做到合理布局，有待从理论上加以阐明，这是一个十分现实的、重大的理论研究课题。

5. 地理环境的结构、形成和演变的规律

如何深刻认识自然地理环境的特点，从而因地制宜地合理利用自然条件和自然资源，充分发挥自然生产潜力，这不但要求我们对现代自然环境的区域差异和现代过程有深刻的了解，而且还必须对现代自然地理环境形成的历史过程有清楚的认识。只有这样，才有可能预测自然地理环境演变的方向、规模和强度，为地理环境的定向改造提供可靠的科学依据。

以上我们所列举的五个基本理论课题是很不全面的，地理学的各个分支学科都有它本身的理论研究，这里不作详细论述。

我国地理学的基本理论的研究比较薄弱，原因很多，主要是不够重视，有人认为远水不解近渴。事实上，如果没有坚实可靠的理论依据，关于利用自然和改造自然的规划和方案，就像建筑在沙滩上的大厦。1977年中央召开的全国科学大会上号召我国科学研究工作要侧重基础，侧重提高，为国民经济和国防建设服务。理论研究的重要意义已无需赘言，但目前仍然存在轻视理论研究的倾向，有人认为，目前要为"四化"服务，任务繁重，理论研究顾不上，把理论研究与应用研究对立起来。我们认为理论研究与应用

研究是互相促进的，不是对立的，我国地理学当前最大的问题，主要不是缺乏实践经验，而是缺乏理论指导和从实践经验中总结出来的新理论。

在强调理论研究的同时，我们也决不能忘记和忽视应用的研究，决不能忽视或甚至抛弃传统的研究，例如区域地理研究与地理图志的编纂等研究工作。已出版的和正在编纂的中华人民共和国自然地理图集、中国自然区划、各省农业地理、中国自然地理等都属于这一类研究工作，今后还应继续和加强。

地图是表现地理研究成果的最佳表现形式之一，在近期内将开始编纂中国农业地图集、中国水文图集、1：100 万中国地貌图、中国土地类型图、中国土地利用图、中国土地资源图、省（区）农业地图集、青藏高原地图集、中国地方病地图集、部分地区地理环境污染和保护地图集等。这是一项十分繁重而艰巨的任务，它是地理学的基础研究工作。地理工作者运用地图来综合地、全面地反映地理研究工作所取得的成果，同时也将丰富和发展地理制图学的理论及制图新技术。

此外，我国地理学的某些领域目前还很薄弱，必须进一步加强。例如，城市地理应受到较大的关注。同时还要填补地理学的一些空白分支学科，并发展新的边缘学科，如军事地理、人口地理、医学地理等。

三、关于地理学的现代化问题

古老的地理学必须现代化，这是新时代的要求。我国地理学要现代化，首先需要有一大批能掌握现代科学技术的地理工作者。我们认为，科学技术现代化离不开数理化，地理学要现代化也必须以数理化为基础，否则就很难向定量化方向发展，也很难建立新的理论体系。

为了实现地理学的现代化，我们认为，首先必须大力培养人才，要充实和提高全国各大学地理系特别是重点大学地理系的师资和设备，培养出一大批具有现代化科学文化知识的年轻的地理工作者，这是一个具有战略意义的根本性措施，是当务之急。其次，我们认为在研究方法和技术方面，也必须及时采取一些重大措施，主要有以下几项。

1. 建立全国比较完整的定位、半定位地理实验站网

过去地理工作大多依靠短期野外考察，研究不易深入。有许多自然地理现象，只有依靠长期观察测定，才能积累系统的资料，揭露其变化的物理过程、化学过程和生物过程，发现问题，总结规律。因此，必须建立定位和半定位地理实验站网。过去有些地理研究单位曾建立过若干定位实验站，但后来，因种种原因而基本上都中断或撤消。今后似可结合各单位研究方向和任务，选择不同类型，逐步建立起全国地理实验定位、半定位站网。

2. 逐步实现野外和室内观测、分析的半自动化和自动化

首先要改变野外装备和观测手段的落后状况。要研制简易、轻便的快速测试和分析

仪器，引进或研制遥控自动观测记录的仪器设备，用以保证高山、边远等困难地区观测数据的及时、同步和全天候获取。要逐步实现室内资料和样品分析的半自动化和自动化，以提高工作效率。为此，适当引进一些国外测试分析仪器设备还是必要的，但主要应立足于自力更生。除了各单位自行研制一些观测仪器外，有必要建立全国性的地理（或地学）仪器工厂（或车间），专门研制、生产和供应地理学野外和室内观测与分析方面的仪器和装备。

3. 建立地理过程模拟实验室

为了在较短时期内取得地理过程的数据，获得单因素或多因素之间的相互关系，模拟实验是一个行之有效的方法。目前我国已有径流、河流地貌、风沙和河口海岸模拟实验室，但这些实验室的测试技术还没有达到现代先进水平，还有待改进和提高。今后几年还应逐步建立气候形成过程、环境污染及治理、坡面侵蚀过程等模拟实验室，把我国的科研水平提高一步。

当然，模拟实验的结果应与野外实地考察、定位观测资料相比较，特别是通过一定实践相验证，不断改进模拟实验的程序和方法。

4. 建立遥感图像分析处理与应用系统

地理环境遥感信息是自然综合体的集中反映，因此用来进行地理环境综合分析与制图，亦即利用遥感资料组织各专业综合调查和系列成图，更能发挥其优越性。

遥感信息的广泛应用必须保证各种航空和卫星像片或磁带记录的来源，配备一定的图像处理与分析利用的仪器设备。目前，主要采取经验判读（解译）和仪器分析相结合，今后还可依据实地调查反映不同光谱特征的各种类型单元，然后采用集群分类法或视频密度分割法进行图像自动识别分类，编制土地利用图、地貌图、土壤图、植被图等专题地图，逐步建立起遥感图像自动分析处理与应用系统，更充分发挥遥感技术在地学研究中的作用。

5. 建立地理信息自动分析与制图系统和地理环境信息数据库

地理信息系统的分析利用进入快速、及时的新阶段，在把各种地理资料数字化之后，充分利用电子计算机分析处理的功能和综合分析方法，来揭示地理环境各要素的相互联系和制约关系，进行环境综合评价。地理信息系统将促进地理学定量化研究，建立各种地理现象的计算机模拟，有助于地理环境的预测预报。由于地理信息系统可以对多种要素的单项分析与多要素的综合分析，因此可以解决区域和城市规划、厂矿与大型水利枢纽的选址、道路选线等多种实际问题。地理信息系统还能够充分发挥地图作为分析研究手段的作用，使数学分析与地图分析相结合，使地理学的研究从定性定量的现状分析到动态变化研究，进而预测预报。

为了充分发挥地理信息自动分析与制图的作用，必须建立地理环境信息数据库，这也是地理学的一项基本建设。根据国外经验和我国的实际情况，地理环境信息数据库只能逐步建立、充实和完善，从单要素再发展到多要素，从局部地区再发展到全国范围。

目前各国地理学家都认为，地理学研究要有新技术、新方法，并认为它是地理学未来的基础。我们认为，新技术和新方法的运用并不是目的，而是深入认识地理环境的手段。在采用新技术和新方法的同时，不应该忽视传统的地理学方法，因为它在地理学的进一步发展中仍将发挥一定的作用。

四、关于地理学为"四化"服务的问题

我国地理工作者当前最大的任务是为"四化"作出贡献，这大概不会有人反对。但是，在哪些方面为"四化"服务？如何服务？那就会有不同的认识和理解。全国科学技术规划中有许多项目需要地理工作者承担或参加部分工作。我们认为，根据地理学的性质、历史发展、原有基础和现有条件，我们应该选择当前最重大、最急需，而我们又能发挥较大作用的研究课题。

1. 为农业服务方面

农业是国民经济的基础，在我国科学技术规划中占首要地位。在地学的规划中也占首位。

地理学为农业服务有直接和间接之分，也有全面和局部之分。我们认为似应着重研究以下几个问题。

（1）农业自然生产潜力与充分发挥潜力的途径问题。着重研究：①农业自然区划的原则、指标及其划分，不同区域自然条件的综合分析及农林牧业发展方向的研究。②一些主要作物、林地、草场类型与自然条件关系的数量指标，建立作物产量与自然条件关系的模式。③系统总结我国大规模水利工程、垦荒造林和农田基本建设对自然环境的作用和影响，为地理预测作好基础工作。④研究气候、地貌、土壤、湖沼、植被的基本特征与分布规律，探索土地资源潜力与农林牧合理利用的途径。⑤编制全国1：100万土地类型图、土地利用图、土地资源图和地貌类型图，为农业区划和规划提供基本图件和依据。⑥农业区划。为了"因地制宜"地发展农业，必须研究农业区划。农业区划主要包括农业自然区划、农业现状区划和农业发展远景区划。目前，在国务院农业委员会的领导下，我国大多数省（区、市）已开展了农业区划工作，大批地理工作者参加了这一工作，我们应当很好地完成这一任务。

（2）南水北调及其对自然环境的影响。水利是农业的命脉，有人认为南水北调势在必行，但也有不少人反对。这是一个牵涉面很广、与国民经济关系十分密切的重大问题，迫切需要研究，也是地理工作者义不容辞的任务。这一问题大致有下列诸课题：①南水北调地区水量平衡的问题，论证南水北调是否必要。②南水北调引水路线（东、中、西三线）的调查与研究，选择最佳方案。③南水北调可能产生的后果（包括引水沿线土壤次生盐渍化问题，对河口海岸的影响问题，特别是对长江口的影响问题的研究，可能引起的气候变化问题，调水后土地合理利用问题，以及对我国自然环境的影响问题，等等）。

（3）水、土资源和土地合理利用的研究。这也是一个与农业生产密切相关的问题，似应着重研究：①人类活动对水循环与水平衡的影响及人工控制水循环的可能方法与途径；②土地资源的分类、评价与合理利用问题；③黄土高原水土流失与水土保持问题；④干旱地区土地沙漠化成因、过程与土地合理利用的途径；⑤亚热带山地丘陵的性质、类型与土地合理利用等问题。

2. 为合理利用、改造和保护环境服务方面

长期以来，地理学以研究地理环境（自然环境和人文环境）为己任。但近几十年来，由于各学科之间的互相渗透，环境科学得到了迅速发展，因此，有些国外的地理学家认为："自然地理和环境科学研究的内容几乎相同，区别只是研究方法不同。自然地理有可能变为环境科学，人文地理则有可能成为社会科学的空间科学，地理学需要各国地理学家的努力才能保存。"我们的看法恰恰与此相反，我们认为，地理学是环境科学的核心，环境科学的发展，扩大了地理学的领域，对地理学发展十分有利。问题在于，地理工作者要随着现代科学技术的发展而迅速前进，不能抱残守缺，满足于几个基本概念而固步自封。我们认为，下列诸项似应作为今后若干年的重点研究课题：

（1）研究合理利用自然环境和治理已被破坏的环境的方法和途径。例如黄土高原、黄淮海平原、西北地区的草原以及湖泊、沼泽的合理利用问题等等，这些问题牵涉面广，既有自然方面的问题，也有经济方面的问题。

（2）环境污染与环境保护的研究。研究环境污染的原因，预测其发展的趋势，以及预防和消除环境污染的措施和途径。

（3）研究不同自然地理区的特点和生态环境，为合理开发、利用和改造地理环境提供 科学依据。保护自然环境，建立必要的自然保护区。

3. 为工业和其他国民经济建设事业服务方面

（1）研究工业生产布局与区域差异的形成与演化过程；

（2）研究全国工业生产布局与区域规划；

（3）研究城市布局与城市规划。

此外，加强地理教育，搞好小学、中学地理教育，普及地理知识，提高整个中华民族的科学文化水平，这也是地理学为"四化"服务中一个带有战略性的重大任务。

"四化"为我国地理学的发展提供了广阔的前途。为了实现"四化"，摆在我们地理工作者面前的任务是十分光荣而艰巨的，我们必须广泛深入实际，紧密结合国民经济建设，广泛应用新技术和新方法，随时总结经验，提高地理学的理论水平，为攀登世界地理科学的高峰而努力奋斗！

地理学的实验研究*

以往的地理学研究，大多是静态的和定性的描述，常常不能揭示地理现象的形成、发展与变化的动态过程，不能给出物质运动和能量转换的形式、量级和原因，更无法知晓在什么临界条件下量变引起质变。因此，许多对生产建设有重大意义的课题，往往不能给出满意的回答。

人们经常提到认识自然与改造自然，如何去认识自然与改造自然，如果没有认真的、周密设计的地理学实验研究，是无法达到目的的。改造自然可以有多种方案，哪种方案在投资上、技术上和环境效益上都可行，必须经过实验研究。否则，可能造成"一着不慎，全盘皆输"的结局。大规模改造自然和重大工程项目的实施，都会对环境产生影响。如大面积开垦荒地、植树造林、修建大型水库以及大型工矿建设，都将改变某些环境因素，从而导致其他环境因素发生变化。研究对环境可能产生的有利与不利影响和防止环境恶化的措施，是从事环境研究的地理工作者的责任。但要准确而全面地回答这些问题，就需要进行综合性的实验研究。

鉴于地理学实验研究的重要性，地理研究所从 20 世纪 60 年代初开始即陆续建立野外定位和半定位试验站、室内模拟实验室和室内分析测定实验室。几十年来，这些实验研究取得了不少成果，为地理学的研究作出了一定贡献。

一、地理学的模拟实验

模拟是对系统而言，是地理环境中系统行为的再现，没有模拟就无法了解系统的本质及其内在联系。模拟还可以人为地加速自然地理现象发展的进程和较快获得实验的结果，缩短研究工作周期。模拟实验还可以人为地固定一些环境因素而改变另一些环境因素，以获取地理现象形成发展过程的各种动态数据。这种通过调整参变量进行实验的方法，有利于对地理现象认识的深化和预测未来的变化。

1. 河流地貌实验

我所河流地貌实验室创建于 60 年代初。近 10 年来，对河型的形成与演变、构造运动对河流的影响以及人类活动所引起的河流再造床过程进行了研究。

在长江中下游分汊河道的研究中，曾开展了江心洲河型的模拟实验。结果表明，节

* 刘昌明、吴祥定、项月琴、陈发祖、谢贤群、张立成、施祖辉、许炯心、李文漪、梁启章、沈瑞珍、王广德、李元芳、金力、赵炜等人为本文提供写作素材。本文原载于《地理学研究进展》，左大康主编，科学出版社，1990 年。

点是形成分汊河型的重要边界条件,不同的节点分布形式,可导致不同类型的分汊河型。节点之间展宽段的河宽和展宽段河长与节点河宽的比值分别在 2 和 6 以上时,有利于江心洲的发育,这与野外观察到的情形一致。在具有二元结构的物质条件下,当下层厚度与水深比值大于 0.5 时,在无节点的情况下也能发育江心洲河型。采用过程响应模型研究河漫滩物质结构对曲流发育的影响,表明当河床及河岸均为松散沙层组成时,不能形成曲流。只有在二元结构的边界中,才能发育不对称的、类似天然情况的曲流。并首次以高岭土与细沙混合后作为二元结构上层物质,以沙为下层物质,塑造了弯曲系数达 2.25 的真正曲流。在游荡河型的研究方面,通过模拟实验证实,基准面抬升后,河床纵剖面的调整过程表现为平行抬升。

构造运动对河流影响的模拟结果表明,在地壳沉降区,水流能耗率减少,泥沙堆积,河床展宽。当上游来沙量较少时,沉降区内有发育曲流的趋势。来沙量大时,将向游荡型河流发展。在地壳抬升区,河道将向顺直发展。在取得大量实验资料的基础上,还建立了地壳沉降或抬升时区分河型转化趋势的判别函数。

运用系统复杂响应原理对丹江口水库下游河床调整过程进行了研究,发现由于调整过程中边界物质抗冲性的变化及其反馈作用,河床形态的调整在不同的阶段可以表现出完全不同的演变趋势。例如弯曲系数经历了先增后减,最后趋于稳定的过程,而河床宽深比则表现为先减后增,最后趋于稳定,由此建立了水库下游河床演变的复杂响应模式。该模式同汉江河道演变原型观测所显示的结果是一致的。这一研究结果使水库修建后下游河床演变是以下切为主还是以展宽为主的长期争论在一定程度上得到了统一。对三峡工程修建后的下游河道变化,模型试验表明,上、下荆江将保持弯曲河道特征,河床横向位移的幅度不大。

2. 坡地地貌实验

我所坡地地貌实验室于 1982 年建成并投入使用,具有人工模拟降雨装置及其供水系统、活动冲蚀台、溅蚀量测量装置及自动取样称重装置系统等。近年来主要进行了黄土区雨滴溅蚀及坡面产流产沙实验。

实验研究表明,在雨强、雨滴直径、降雨动能、降雨历时等因素对溅蚀的影响中,降雨动能起着主要作用。溅蚀量随降雨历时的变化中,存在着临界值,即溅蚀量增加到一定程度后,就开始减少,这与溅蚀过程中雨滴打击下土壤物理性质的变化(如土壤结皮的形成)有很大关系。在溅蚀与坡度关系的实验研究中发现,溅蚀分散量和搬运量与坡度的关系都可以用二次多项式来描述,即存在着极大值。与极大值相对应的临界坡度,前者为 19.6°,对于搬运量而言为 29.8°。

坡面降雨径流对侵蚀过程影响的室内试验数据和野外观测数据都表明,坡面上单位时间的产沙过程可以用三次多项式拟合,即可将坡面产沙过程分为三个阶段:溅蚀影响阶段、表土结皮影响阶段和细沟发育阶段。第一个产沙峰值出现于溅蚀影响阶段,细沟发育阶段是坡面侵蚀产沙的主要阶段。实验研究还表明,降雨中土壤结皮过程可分为三个阶段：①降雨之初，由于雨滴打击和土壤颗粒吸水崩解，往往形成不完整的结皮，溅蚀率没有明显减少；②表土结皮逐渐形成阶段，溅蚀率随着表土结皮的形成而减少；③表土结皮已形成动态平衡阶段，溅蚀产物向下坡搬运率减少到无结皮时的30%左右。在实验研究中还建立了与表土结皮有关的抗蚀强度指标。

通过野外模拟实验得出，黄土高原丘陵沟壑区的径流与侵蚀产沙在坡面上的沿程变化并非如人们所认为的呈线性关系，而是呈复杂的曲线关系。在一定的降雨和土壤条件下，存在有使径流和侵蚀产沙量逐渐减少的临界坡长，而且由于降雨条件与其他因素交互作用的影响，临界坡长是变化的。

3. 径流实验

我所径流实验室创建于1965年，主要设备有土壤入渗系统、降雨模拟系统、模型台（槽）与辅助测试系统。降雨模拟系统由96个带有18 816个滴雨孔的降雨产生器组成，降雨覆盖面积为24平方米，通过管路与自动电磁阀可分为8个雨区，可在雨强0.3—3.0毫米/分范围内造成任意空间分布和时间分配的降雨组合以及任一方向的降雨移动，这种降雨的高度灵活性能，达到了国际同类实验系统的先进水平。

该实验室曾结合小流域径流成因与模型的研制，得出矩形流域汇流的非矩形分配，改变了以往矩形概化的认识。对于非矩形的流域水系形态的多次实验，提出了不同流域形状对径流形成的影响与数学表达式，并为小流域洪峰径流模型的改进提供了实验依据。此外，还为四川人民渠七期大型引水工程的设计提供了150次降雨径流过程的实验成果，解决了不同雨型、不同下垫面糙率条件对径流过程的影响，在此基础上发展了定量计算公式。在降雨雨型与汇流关系的模拟实验中，发现表征降雨集中性的暴雨衰减指数愈小，汇流面积愈大的规律。在坡地径流运动波的理论研究方面，通过实验揭示了运动波参数与坡度及其他物理特征之间的关系，并探明运动波参数的变动性质，而不宜予以固定。在人工降雨条件下土柱入渗的实验中，发现入渗湿润锋面内的土壤水分的非饱和性质，改变了以往锋面内土壤水分达到饱和的认识，得出了雨强和渗强之间存在正变关系的若干规律。

在20世纪70年代，人工降雨模拟试验还在野外现场定量地计算了岭南甸子地、河北省南宫地下水库及京津等地区的降雨入渗补给量。在80年代中期，研究了华北平原地区水循环过程中各种形式水量转换的基本特点与模式，这些成果集中反映在《水量转换实验与计算分析》文集中。

20世纪80年代以来，我所在水文系统计算机模拟方面做了大量工作。1983年解决了连续水文系统模型与离散水文资料的不匹配问题，并便于编制计算机程序，进行流域暴雨径流模拟。1985年解决了国内外一直未解决的串联水库模型参数不能还原问题，随后提出了离散水文系统模型及四种计算机优化模型参数的方法，为系统水文学开辟了广阔的应用前景。1987年将卡尔曼滤波理论应用到离散水文系统模型，提高了适时洪水预报精度。为了模拟流域暴雨径流的实际情况，将整个流域作为一个系统，并分析出简化的而又能反映流域暴雨径流主要特征的模型，把降雨损失和流域汇流综合于一体，并采用 Marquardt 方法在计算机上进行非线性迭代，得出了令人满意的结果。

二、年代测定、古环境研究

1. 树木年轮实验室

自 20 世纪 70 年代中期以来，我所较系统地开展了利用树木年轮学方法重建过去局地气候的研究，于 80 年代初筹建了树木年轮实验室，现已装备一套软、硬件齐备的年轮宽度量测系统。

10 多年来，我所在我国东北、青藏高原、横断山区、天山和黄河流域等 34 个地点进行了年轮取样，多数构成了树木年轮年表，重建了这些地区数百年来的温度和降水变化。在进行交叉定年时，提出了"三步定年法"，即选择目测定年、示意图式定年和精确计算定年，从而保证了年轮年表的可靠性和精确性。

在分析树木年轮与气候要素关系的过程中，强调了响应函数与转换函数的运用，并定量地估算出这种关系，因而提高了重建过去气候的效果。此外，还成功地利用树木年轮和历史文献两类不同资料，重建了 1 600 年以来北太平洋夏季海平面气压场变化，展示了采用不同类型代用资料共同重建过去气候的巨大潜力。

2. 孢粉实验室

孢粉实验室于 1958 年建成并开展工作，主要研究植被和地理环境的演变。对第四纪全球性气候变冷过程中，中国各自然地带植被和环境的性质及其在时间上和空间上的分布与演变过程，进行过详细的探讨，从而为认识现代植被和环境的发生与发展提供了依据。

从孢粉学证据阐明了我国北方第四纪干旱植被和干旱气候的发展，并指出现代干旱植被始于晚第三纪，此后没有发生过根本性的变化。这些研究填补了世界干旱地区孢粉研究的空白。

采用花粉浓度和汇集量计算方法，成功地解释了河北平原东部全新世温暖期的植被和气候状况。对孢粉的产生和散布、孢粉组合与植被关系的数量规律进行了实验研究，这对正确理解孢粉统计数值及其应用有着重要意义，这方面的研究正是当前国际上孢粉学的前沿。

3. ^{14}C 实验室

该室于 1979 年建成，化学制备采用锂法合成碳化物，能精确地从含碳物质中测出距今 6 万年之内的绝对年代，现已公布 300 多个年代数据，为近 6 万年来的环境变化研究提供了准确的时间标尺，这些数据已被 70 多篇论文所引用。

从 1982 年至今，该实验室已测定南极地区 ^{14}C 年龄值 18 个，所测数值稳定可靠，为南极维斯特福尔德丘陵区和乔治王岛的第四纪地层学和古地理环境的研究提供了重要资料。

该实验室还对甘肃省东庆山新石器时代文化遗址采集到的小麦、大麦和高粱的碳化籽粒进行了年代测定，从而证明了我国是普通小麦、栽培大麦和高粱的原产地和重要起源中心。

4. 沉积物分析研究

本所沉积物分析包括粒度分析、矿物分析、化学分析和沉积物中微体古生物分析研究。通过上述分析，研究了蓝田、庐山地区的古地理环境；南极维斯特福尔德丘陵区晚更新世以来的环境演变和第四纪风化壳的沉积学特征；青藏高原环境变化；黄河三角洲、滦河三角洲、海河河口等地区第四纪以来的海岸线及其环境变迁。

三、化学分析实验室

1. 中心分析室

该室建于 1985 年，主要设备有：带有多种原子化器及微处理机的 SAS727 原子吸收分光光度计、由微机控制的双道原子荧光光度仪、离子色谱仪、流动注射分析仪、全自动粒度分析仪等。承担全所大部分科研工作中有关地球化学、农业化学和环境化学方面的测试工作。此外，还参加了河流悬浮物组成的地理分异、腐殖酸非氰化提金新工艺、黄淮海平原土壤微量元素与微肥的研究。

2. 化学地理实验室

为适应环境科学和地方病研究的需要，自 1976 年起，陆续建立了原子吸收光谱、气相色谱、极谱、荧光和原子荧光、冷原子吸收光谱、等离子体光谱、沉积物地球化学相等实验室，并配备了微机进行专业数据处理，建立起从野外到室内分析测试到数据处理全程序质量控制方法。近 10 多年来完成了数万样品的分析测定，开展了长江水系 15 种与人体密切相关的微量元素背景浓度与形态研究，水中元素液-固界面分配转化和沉积物地球化学形态研究，京津地区河流水体中 Cr 价态转化动力学模拟实验，进行了水中重金属 7 种化学形态研究。

对土壤硒结合态、价态与硒、碘、氟吸附与解吸过程，对人体血液中维生素 E 和 C 含量及人尿中硒与羟脯氨酸和疾病的关系也开展了研究。对风化煤、褐藻胶、钙盐胶凝合成腐殖酸树脂及其对重金属离子吸附机理也进行了研究。上述研究成果都发表在各类学术刊物中。

四、地理制图与资源环境信息系统实验室

1. 地理制图实验

（1）地貌晕渲法是地图上表示地貌的一种方法，具有立体感强、直观易读的特点。我所从1958年起运用地貌晕渲法对各种地貌立体造形，表现自然景观。随后引进美术喷笔、喷画结合等方法，从而迅速提高了这种技术的科学性和艺术表达力，并在国内一直处于领先地位。1∶250万苏联全图和1∶300万青藏高原地图都采用了地貌晕渲法制图。

（2）地图色彩的设计与制印始终是地图制图学中薄弱的领域。从1984年开始我所开展了这方面的研究。根据色彩学最新理论和地图印刷数据化、标准化新工艺，在总结国内外地图色彩设计经验的基础上，于1987年设计并研制成专题地图色谱，填补了国内该领域的空白，国家标准局已颁布为"国家地图用色实物标准"。在上述成果基础上，现正开展建立色彩数据库、屏幕显色、自动制版等试验研究，以期实现地图色彩的自动设计与制版。

（3）我所机助制图实验室建于1978年。主要设备有PDP11/23 Micro-VAX II计算机系统、标准磁带机、500 MB硬磁盘、TLK4208彩色屏幕终端、4台VT100数字终端以及绘图机和数字化仪，并安装有VMS, RDB, DOS, CCDOS, PC-ARC/INFO软件系统。

该实验室长期进行了机助制图软件开发、数据处理和自动制图应用的实验工作，完成了"机助制图软件""专题地图制图自动化"等成果，并完成了由近200个程序组成的地理信息分析与制图软件。在上述成果的基础上，完成了《中国人口地图集》《中国饮用水水质和水性疾病地图集》和《中华人民共和国地方病与环境图集》的数据处理和部分或大部分自动制图实验任务，取得了很好的社会效益和经济效益。

2. 资源与环境信息系统实验室

它是国家计划委员会和中国科学院1985年批准建立的国家重点实验室，在计算机软硬件、遥感技术和系统工程的支持下，按地理坐标或特定地理范围，采集有关资源与环境的各种信息，通过数量化、数据录入、信息存储与处理，用于查询检索、显示制图、分析与综合评价，并通过多途径向用户提供信息服的技术系统。它可为资源清查、区域规划、资源综合开发利用、国土整治等提供分析和决策依据。

该实验室配备有VAX-11/785计算机系统，Micro-VAXII为主机的I^2S图像处理系统，Micro Film System为核心的缩微存储与检索系统，数据采集、影像处理和专题制图系统以及其他微机系统。

几年来，该实验室进行了大量工作，完成了黄河下游防洪数据库的设计与实验，黄土高原重点产沙区信息系统研究，城市微机地理信息系统，京津唐国土普查卫星资料的应用试验研究等。与此同时，实验室还相继建立了黄河下游险情预报与灾情对策信息系统数据库、黄土高原重点产沙区数据库、京津唐地区生态环境数据库等。

此外，实验室还完成了黄河下游近 50 年来河道历史变迁的动态模拟演示，黄河下游洪水过程的计算机模拟以及黄河三角洲河道与海岸线历史变迁的动态模拟等。近年来还形成了若干分析模型与专家系统。例如，中国交通网络分析模型、北京城郊空间结构数字模型、洪水损失的地理信息系统估算模型、洪水灾情对策支持系统模型、河床动态模拟模型、黄土丘陵区土地适宜性评价专家系统等。

该实验室并在 Versatec 静电绘图仪上完成了彩色图无需进行电子分色过程，直接由绘图仪分成 4 个单色版来制版，从而改进了地图设计、制版与成图工艺。

五、野外定点实验研究

地理研究所从 20 世纪 60 年代起即在山东德州和河北石家庄建点开展热量与水分平衡研究，在河北衡水开展水盐动态研究，在广西龙州开展橡胶树防寒研究，在新疆乌鲁木齐 1 号冰川开展冰川消融研究。80 年代前后建立了北京大屯农业生态系统试验站、山东禹城综合试验站和山东南四湖水面蒸发试验站。

1. 北京大屯农业生态系统试验站

该站于 1981 年创建，主要研究我国北方农业生态系统中能量转化和物质迁移规律，了解作物生长发育、产量形成同环境因素之间的关系，探求改变不利因素和充分利用有利因素的途径。

该站实验设备有配套的太阳辐射观测仪器、农田微气象测定仪器、CO_2 测定装置、土壤水分含量和水势测定仪器、植物生理生态测定仪和常规的生物、土壤测定仪器。

在农田辐射研究领域提出了计算光合有效辐射和光量子的气候学公式，以及计算农田长波辐射瞬时的和任意时段总量的气候学公式。讨论了利用总辐射推算净余辐射的可能性，揭示了作物活动面温度与农田植被覆盖度及生长状况的关系。根据实测资料讨论了作物群丛消光系数的基本特征以及它们与群丛几何结构的关系，提出了利用群丛内辐射测量推算叶面积指数和平均叶倾角的方法。同时还导出了等温群丛内长波辐射传输方程。

根据小麦田和玉米田作物群体附近不同高度处 CO_2 浓度的观测资料及相应的气象条件资料，用空气动力学方法计算了农田 CO_2 通量密度，并研究了作物光合生产效率和水分利用效率，为农作物高产研究提供了依据。

在作物水分方面，研究了气孔行为与大气条件及土壤水分之间的关系，认为气孔开启程度主要受土壤水分含量控制，从而提出了气孔导度的预测模型。通过对冠层温度、叶水势和气孔导度与作物水分状况间关系的研究，提出了作物干旱的诊断方法，指出冠层温度最适于大面积农田干旱的监测。此外，还研究了作物不同生育期对水分亏缺的敏感度，提出了灌溉决策的计算机模型，这对有限水资源条件下，如何达到最大水分效率，是有实际意义的。

通过对作物群体生育期、密度、叶面积指数和生长量的测定，结合光、温、水分条件，讨论了某种生态环境条件下的最佳群体结构，并模拟了冬小麦营养生长期干物质增长的动态过程。

2. 山东禹城综合试验站

该站建于 1979 年，主要研究农田水循环和水平衡。站内有我国第一台 10 吨级大型原状土蒸散器，精度 0.02 毫米，已达到和超过目前世界先进国家水平，4 年来，它在研究蒸发、作物耗水规律和土壤植物大气水流模式中起着重要作用。禹城站建立的农作物和土壤水分、生长和产量的遥感试验靶场，为"中国地球资源光谱信息资料"提供了宝贵的 11 种作物上百条反射光谱数据（0.4—1.1 微米）。此外，5 种作物整个生长期的双向反射光谱实验观测，也是国内首创。禹城站研制的测定农田水热通量的涡度相关法设备，属国际前沿研究工作，也是目前国内野外试验台站中仅有的。需要特别提出，禹城站在国内最早研制和使用了水文气象遥测微机数据采集系统。

在农田蒸发研究方面进行了波文比-能量平衡法等方法的精度检验及适用性、局限性评价，提出了改进的空气动力学阻抗和能量平衡联立法的改进模式，建立了植物剩余阻抗的蒸发计算模式，解决了国外普遍采用的 Rosenber-Brown 公式中系统偏高的问题。根据作物反射光谱信息和热红外信息的遥感测量，提出了各种作物的遥感蒸发模式，为大面积估算农田蒸发量提供了新的途径。经过多年的农田蒸发试验，得出了华北平原主要农作物的耗水量和耗水规律，冬小麦耗水量为 400—550 毫米，夏玉米 300—400 毫米。此外，还提出了用土壤水势推求土壤蒸发的思路，并对零通量面及其在推求蒸发和入渗量的应用方面有了新的进展。有关地下水运动的数值解研究方面，曾建立了地下水流的三维边界单元模型，求解了地下水的适宜开采量和合理布井等问题，而且在单元划分及线源边界的离散等技术处理上有所创新。

在实验遥感方面，根据地面状况与遥感测量的关系，作出了以红外辐射信息为基础的估算作物缺水状况的新模型，分析了热红外信息在作物估产中的作用，提出了一个遥感作物估产的改进模式，讨论了作物缺水状况的遥感信息及参数分析，建立了计算不同作物日总蒸发量的遥感蒸发模式，并提出了我国黄淮海地区主要农作物的光谱结构与鉴别模式。禹城试验站的高塔实验遥感特点在国内遥感技术领域中尚不多见，其中一些成果已在国内处于领先地位。

对高粗糙度植物冠层同大气间的热量动量湍流输送研究表明，普遍通量-剖面关系在该条件下有局限性，并从湍流尺度的作用探讨了影响的机理。

3. 山东南四湖水面蒸发试验站

为开展水面蒸发与气象要素关系的研究，我所和山东省水文总站于 1984 年合建了山东南四湖水面蒸发试验站，配备有 100 平方米、20 平方米等大小不一的水面蒸发池和气象观测场，现已积累了 4 年的实测资料。

地理研究所科研工作的回顾与展望*

一、地理研究所的方向任务和发展历史

中国科学院地理研究所（以下简称"地理研究所"）创建于 1940 年，到现在（当时是 1990 年）已整整 50 年。回顾 50 年来的科研工作，大体可以划分为 5 个发展时期。

1. 初创时期（1940—1949 年）

所址先设重庆北碚，后迁南京，属原教育部。设有自然地理、人生地理、大地测量和海洋四个学科组，主要从事区域考察和地理调查工作。由于时处战争年代，工作和生活条件异常艰苦，机构、人员几度变更，中华人民共和国成立前夕仅有 8 名员工。但地理研究所的创建为我国现代地理学的发展创造了条件，参与建所的老一辈地理学家为我国地理学作出了有益的贡献。

2. 重建时期（1950—1958 年）

中华人民共和国成立后，竺可桢倡导重建新的地理研究所。历时 3 年多的筹备，于 1953 年建成，属中国科学院，设地理学、大地测量和地图学三个学科组，有职工 40 多人。在此期间竺可桢提出地理学要为农业服务。按此方针并配合国家第一个五年计划，组织和参加了新疆、甘青、西藏、华南、云南等地区和黑龙江、汉江等流域的地理考察；参加了黄河流域综合治理规划和黄土高原水土保持工作；组织编纂了《中华地理志》。至 1957 年全所员工达 120 人。

3. 发展时期（1959—1966 年）

1958 年地理研究所迁北京，部分人员留南京另建南京地理研究所。在此期间地理研究所按照 1959 年中国科学院地学部的意见，主要承担了全国性的和重点地区的科研任务，并加强了地理学各分支学科的发展，设立了自然地理、经济地理、地图、地貌、气候、水文、沙漠和冰川冻土研究室以及外国地理与历史地理研究组。随后沙漠与冰川冻土研究力量迁兰州建立新所。至 1966 年全所员工发展到 370 多人。

在这个阶段，黄秉维提出了自然地理学研究的方向，即地表热量与水分平衡、生物群落和化学元素迁移转换，并在石家庄和德州等地开展了定位观测。此外，还建立了河流地貌实验室、径流模拟实验室、化学分析实验室、地图制印实验室、孢粉实验室等，

---

* 本文与李文彦、许越先、王平合作，发表于《地理学研究进展》，左大康主编，科学出版社，1990 年。

从而开拓了地理学的实验研究方向。

这一时期地理研究所牵头组织全国地理界及其他有关单位共同协作完成了《中国综合自然区划》和《中华人民共和国自然地图集》，提出了中国农业现状区划和若干地区级农业区划；此外，还组织了较多的力量继续参加各地区的综合考察。

4. 动荡时期（1967—1976 年）

20 世纪 60 年代后期，有些研究工作暂时中断，但也开展了许多有重要意义的研究，并取得了较好的成果。这一时期开展了生命有关元素与地方病关系的研究，1972 年参加了北京市官厅水库污染防治的研究，因而成为国内最早开展环境研究的单位之一。70 年代初研制了土面增温剂，已直接应用于农田覆盖；中期提出了西北地区小流域洪峰流量计算方法。与此同时，还开展了东北地区荒地资源调查以及兖州、淄博等 5 个工业基地选址的研究，提出了重要的方案和建议。此外还提交了一整套援外项目的地理资料和边界地理资料，《南沙群岛自古就是中国的领土》一文的发表，在国内外产生了广泛的影响。此外还编制了我国人造地球卫星用系列地图和 1 : 150 万《中国全图》等，以满足国防和经济建设需要。

由中国地理学会和我所共同负责并组织 30 多个单位参加编写的《中国自然地理》系列专著 13 本，共 400 万字，也是这个时期开始的一项重大工作，获得了国内地理界的高度评价。同时还开展了中国海及邻海气候图集和中国海及邻海气候的研究工作。

为适应科研工作的需要，这期间新设了化学地理和世界地理两个研究室，全所人员扩展到 400 多人。

5. 兴盛时期（1977 年以来）

在这个时期中，地理研究所改由中国科学院和国家计划委员会双重领导，增设了资源与环境信息系统国家实验室，建成了禹城综合试验站和北京大屯农业生态系统试验站。原经济地理研究室发展为农业地理、工业交通地理、城市人文地理、区域开发 4 个研究室，在此基础上成立了经济地理研究部。新设了古地理与历史地理、理论地理、新技术研究室和中心化学分析室。建成了 ^{14}C、树木年轮、坡地等实验室。到目前（当时是 1990 年）为止，全所共有 18 个研究室（站），12 个模拟与分析实验室，职工总数达 640 多人，其中高级研究人员 190 人，中级研究人员 210 人。

80 年代以来，国家经济振兴向地理学提出了很多研究课题，地理研究所承担了大量的国家科技攻关项目、中国科学院重点研究项目、国家有关部门和地方的委托项目，平均每年课题数达 60 个左右，参加应用基础课题研究的人数占全所研究技术人员的 70% 左右。完成了大量的科研成果，有的为国家宏观决策提供了科学依据；有的已为产业部门和地方政府应用，开始转化为生产力；有的具有重要的学术价值和较好的应用前景；有的为学科发展和某些研究领域的开拓与深入，提供了重要基础。

纵观这一时期的科研任务、成果、科研人员素质、技术系统和实验设备，地理研究所在自己的历史发展中进入了比较兴旺发达的时期。

经过几十年来的科研实践，地理研究所形成了自己的研究方向，即主要从事地理环境的结构、形成、演变规律及其改造利用的研究，着重探讨地理环境中物质能量的迁移、积累、转化的过程及人类活动对地理环境的影响，寻找人类适用、利用、改造地理环境以满足人类生活需要的途径，并进行地理信息系统和综合制图研究。

50 年来，地理研究所共完成 2 000 多个研究课题，发表学术论文 2 500 篇，出版专著 200 余册，出版图集 30 多套，图件 400 多幅。获国家、中国科学院和部、省级奖励的成果共 143 项。其中获中国科学院特等奖的有"黄淮海平原中低产地区综合治理和综合开发的研究"；获一等奖的有"京津地区生态系统特征与污染防治"、《中国人口地图集》、"我国低硒带及克山病、大骨节病病因的研究"、《中国自然地理》系列专著、《中国农业地理丛书》、"腐殖酸树脂及其处理重金属研究"等；获国家自然科学二等奖的有"中国自然环境及其地域分异的综合研究"。

二、应用基础研究和发展研究

应用基础研究一直是地理研究所科研工作的主体，大致包括全国性的、区域性的和专题性地理研究和制图、遥感及信息系统研究等方面。

1. 全国性的研究工作

地理研究所从事全国性的应用基础研究课题很多，下面仅就成绩显著且持续时间长或参加人数较多的研究课题加以介绍。

（1）土地利用　　从 20 世纪 50 年代开始，地理研究所就进行了土地利用研究。在吴传钧领导下，发表了许多土地利用的文章和图件。尤其是在 80 年代主持和组织全国几十个单位共同完成了《1∶100 万中国土地利用图》的编制。该图分类体系科学而详尽，分为 3 级 68 个类型，同时编写了全国各图幅（64 幅）及全国的土地利用现状报告，为国家进行土地管理与制定农业发展规划及国土规划等工作，提供了基础资料和重要科学依据。

（2）农业区划　　是按照农业的区域差异因地制宜指导农业生产的一项应用基础工作。邓静中等在 50 年代即开始了农业区划理论与方法的研究，1955 年和 1962 年两次提出了全国农业现状区划方案，80 年代参与了国家农委主持的全国农业区划工作，和其他单位协作研究，将全国划分为 10 个一级区和 38 个二级区，并分析了各区农业发展方向和建设途径。

（3）1∶100 万中国地貌图和土地类型图的编制　　这是沈玉昌和赵松乔分别主持和组织全国几十个单位共同研究的课题，现已分别出版了 15 幅和 8 幅典型样图。这两项成果首次系统地提出了我国完整的地貌类型和土地类型系统和制图规范。地貌类型图采用了成因形态分类，强调了外动力过程；土地类型图加强了土地类型结构的研究。和国外同类工作相比，两项成果都具有明显的特色，同时也具有普遍的应用价值。

2. 区域研究

地理研究所早期的工作以边远地区和大中流域的科学考察为主。60 年代以来，区域治理和区域发展研究逐渐加强，如黄淮海平原的治理与开发，黄土高原综合治理，京津唐渤地区国土开发和环境研究，新疆和西南等地区经济发展战略以及若干地、市、县级国土规划和经济发展规划工作，这些工作大都得到地方人民政府的较高评价，有的已被应用实施。

从 60 年代以来，地理研究所有大量的人力投入了黄淮海平原的综合治理与开发工作。面上的工作主要调查了水土资源和地貌、气候条件及其类型划分；片的工作集中在鲁西北地区和冀中地区，完成了鲁西北地区农业布局和农业结构调整研究、德州地区旱涝碱综合治理区划、邯郸地区和栾城县农业区划；点的工作以禹城县 14 万亩①涝洼盐碱地综合治理与开发的试验示范研究时间最长、效果最大。禹城试验区提出的"井、沟、平、肥、林、改"的综合治理模式，已成为黄淮海平原 70 年代普遍借鉴的措施。近几年来，德州地区的几个县又根据禹城的新经验建立了新试区。

京津唐地区国土开发综合研究，系统论证了区域的战略地位、规划目标、主导农业、地域发展方向及土地综合利用问题。该研究在胡序威等人的努力下提出了京津唐三大城市的功能及卫星城市发展方向，提出了京津高速公路、钢铁工业布局和港口发展的建议。这项全国开展最早的区域国土综合研究，其思路和方法为尔后的同类工作提供了借鉴。

在近年进行的新疆和西南地区资源开发与生产力合理布局的综合考察中，我所分别承担了工业布局、经济区划和城市体系、轻工业、旅游业等研究课题，从区域与综合的角度完成了多项研究成果；其中，对新疆未来以石油化工与纺织-轻工为主的两个工业系列的结构与布局进行了全面的论证，并在分析新疆特点的基础上提出了划分全疆为 5 个一级经济区，13 个经济小区的方案；对西南某些轻工业布局、新旅游点的开辟以及城市发展方向问题完成了若干报告，这些都对我国西部和西南部地区的开发具有一定的参考价值。

这方面的研究和生产建设更为密切，研究成果的经济效益、生态效益比较明显。

3. 专题研究

自 1973 年以来，地理研究所对山东、河北、安徽、辽宁、山西等省的资源开发和工业布局进行了研究。如李文彦等通过对山西省能源基地建设规划的研究，提出的经济区划方案和分区发展方向，已为山西省编制的长期规划所采纳。胡序威等对山东省淄博石油化工基地和冀东钢铁基地的选址建议方案，前者已被采纳实施，后者受到国家和省有关部门的重视。

---

① 1 亩 ≈ 666.7 平方米。

南水北调及其对自然环境的影响以及调水区水量平衡和调水对土壤盐碱化影响的研究，都为调水工程规划提供了重要的科学依据，并被采用为东线调水论证文献。

地理研究所在我国首次采用示踪原子技术等方法探明了红水河中游大化和岩滩两个大型水库的渗漏情况，对贵州部分地区的喀斯特地下水研究、对长江上游河流梯级的开发研究以及长江下游河道演变与整治的研究，都受到有关部门的重视。

地理研究所主持和参加的官厅水库、蓟运河、湘江等水体污染研究和京津地区区域环境质量研究，分析了重金属和有机农药等污染物的分布、迁移及自净特点，提出了防治污染和保护水源的措施。研制的 FH-1 型腐殖酸树脂，对重金属废水有良好的净化作用并已投产使用。

1970 年研制成的土面增温剂，用于早春作物苗期的农田覆盖，可起到增温、保墒、压盐等多方面作用，曾在河南省商丘地区、湖北省荆州地区以及东北和华北等地区大面积推广，增产一般在 10% 以上。

吕炯等根据近地面气候学原理，最早提出华南地区在适宜的地形条件下，三叶橡胶树可以北移，这个见解对我国橡胶树的北移和橡胶工业的发展起到了重要作用。农业气候的研究提出了我国农业气候区划、农牧业界线以及冬小麦种植的北界，对因地制宜安排农业生产提供了科学依据。

地理研究所对苏联、非洲、东南亚有关国家的经济地理进行研究以及对世界钢铁、能源、石油和热带地理等专题进行研究，都撰写了专著，对我国人民了解和借鉴外国经验有一定的参考作用。对边疆地理也做了大量的研究，为国家提供了宝贵的资料。

4. 地理制图、遥感遥测和地理信息系统的研究

我所牵头和协作完成了《中华人民共和国自然地图集》《中国人口地图集》《中华人民共和国地方病与环境图集》等 30 多套大型图集。在完成制图任务的同时，还研究提出了一系列制图理论和方法。1976 年开始用地貌晕渲法制图，实验并推广了刻图法。1982 年开始研究地理信息分析与制图软件系统，完成了地图数字化系统、多边形软件系统、网格软件系统、统计与分析软件、地理分析软件、专题输出软件等；应用这个系统，建立了全国行政单元数据库并编制了两本图集。此外，还完成了遥感信息专题制图软件系统。

1983 年在禹城综合试验站完成了 5 平方千米小区水平衡和气象铁塔两套数据自动采集的遥测系统，这是我国地学研究中最早的遥测系统。1985 年大屯农业生态系统试验站也安装了自动采集系统。

5. 资源与环境信息系统的实验研究

本项工作是在陈述彭领导下进行的。1987 年建成对国内外开放的国家重点实验室，该室拥有以 VAX 11/785 计算机为中心的图像处理、信息采集、分析处理、图形输出、缩微检索等功能的 4 个硬软设备系统。目前进行的工作主要有：资源与环境信息系统国家规范及标准、中国自然环境信息系统、江河防洪、水土保持、"三北"防护林生态效益、京津唐地区生态环境信息系统、地学分析模型和专家系统建造以及城镇数据库等研究，并已在黄河洪水预警、黄土高原信息系统、"三北"防护林信息系统、国土卫星应用和微机信息系统的设计上取得成果。

三、基 础 研 究

基础研究的目的是深化对地理环境的认识，推动学科的发展，为应用研究和发展研究增添后劲。几十年来地理研究所的主要研究力量是为国民经济建设服务的，但也十分重视基础研究，在以下方面进行了长期的工作。

1. 水分和热量平衡的研究

水是地理环境中最活跃的因素，它参与地球表层各圈层中的各种活动，并促进各圈层之间的相互联系和相互作用。许多地理现象的形成与地理过程的发生和演变，都与水有着密切的联系。国家经济振兴和社会发展也需要对水分状况有较深入的了解。有鉴于此，从 60 年代以来，地理研究所一直重视水分循环和水分平衡的研究，尤其在华北地区做了较多的工作。近年来对大气-土壤-植物之间以及降水-地表水-土壤水-地下水之间水的运动和转换过程进行了大量的实验研究，确定了不同类型区降雨入渗计算方法及不同水体转化参数。

刘昌明等对西北地区缺乏径流实测资料的小流域洪峰量提出了具有物理成因分析和严格数学推导的计算方法，该方法已在我国北方 8 条铁路新线选线设计中应用。值得提出的是，郭敬辉于 1955 年估算了我国径流量为 25 000 亿立方米，这是我国最早的计算成果。

蒸发是地表热量平衡中重要的能量支出部分，也是地表水分平衡的重要组成要素。60 年代地理研究所曾在石家庄、德州建站，近 10 年来在禹城设站长期进行蒸发研究。在研究方法上采用了水量平衡法、能量平衡法、空气动力学法、涡度相关法、植物生理测定法和器测法。在器测法中地理研究所最早使用了大型蒸渗仪和水力蒸发器。通过实验研究建立了若干蒸发计算的数学模型，其中有限水面蒸发计算公式已编入水利部的"水面蒸发计算规程"规范。今后还将利用遥感信息开展计算区域蒸发的研究。

徐淑英、郭其蕴等对东南亚季风气候特别是季风变率进行了系统的研究，并明确给出了东亚季风强度指数的定义。对季风与大气环流、海温和大陆积雪关系的研究表明，东亚夏季风的年际变化在更大程度上是受欧亚大陆气压场控制的。与北美环流的遥相关证明，东亚季风与行星环流有密切关系。夏季风与厄尔尼诺的关系，可用以解释近十几年来华北地区干旱的原因以及华北地区降水与印度季风降水的一致性。这些研究对认识我国气候异常的形成及改善气候预测都有重要意义。

20 世纪 60 年代初，地理研究所就开始了辐射气候学的研究，左大康等对东亚地区地-气系统净辐射、中国地区总辐射计算方法、太阳辐射时空分布的多因子计算、地表反射率的确定方法、分光辐射、墙面和倾斜面太阳辐射的理论计算都进行了研究，对太阳紫外辐射和光合有效辐射的理论计算，比前人的工作前进了一步。在参加青藏高原热量平衡和净辐射的研究中，也取得了许多成果。近年来对华北平原主要农作物的光能利用率和光合潜力进行了大量研究，这为研究作物产量形成和潜在产量的估计提供了基础。

2. 地表物质迁移与分布的研究

地理研究所是国内最早开展地表化学元素迁移转化研究单位之一。章申、夏增禄等结合国家任务对重金属等有害元素在水体与土体的分布研究成果最多，并提出了一些元素分布迁移的数学模型。以离子形态存在的常量化学元素研究主要结合区域盐量平衡、土壤盐分运动和河流天然水化学工作，得出黄河下游引黄地区平均每年每亩耕地积盐20公斤，全国每年入海离子径流量为3.45亿吨。谭见安等结合地方病环境病因的任务开展了生命有关元素的研究。这项研究持续了22年，调查了28个省、区、市的病区与非病区，采集了岩石、土壤、水、粮食、头发等大量标本，分析了与人类生命有关的26种化学元素，提出了克山病从我国东北向西南以棕褐土系列为中轴的带状分布规律；通过对硒的地理生态特征的研究，发现了我国存在着与克山病、大骨节病带分布相吻合的低硒带；划分了不同硒生态景观的"阈值系列"，对人体内硒的水平、动态变化及硒从外部环境到人体内传输的研究，为低硒环境成因、低硒环境致病机理和评价低硒营养背景提供了理论依据。以上成果的取得将我国该领域的研究推向了世界领先地位。

通过对黄土高原侵蚀产沙和黄河、长江中下游现代河床过程的研究，建立了一系列有明确物理意义的关系式和河型发育判断式。研究认为近1万年以来，黄土高原丘陵沟壑区的自然侵蚀量约占总产沙量的70%，人类活动加速的侵蚀量占30%。沈玉昌等研究认为，由于基岩破碎带涡流侵蚀的作用，造成长江三峡深槽有8处低于海平面以下30米。

3. 气候与环境变化研究

历史时期的气候变化研究是在张丕远等主持下进行的，他们建立了近2 000年来我国东南地区湿润状况的演变过程，说明近2 000年来的气候趋向干旱；恢复了18世纪中期几次降雪过程；提出近500年中偏冷时期冷空气活动可能偏东。在青藏高原、西北干旱区和黄河流域等地进行了树木年轮分析，提出了研究历史时期气候变化的"三步定年法"。关于气候变化因子的研究，彭公炳等推导了地球自转角度变化对大气运动速度影响的公式，提出了南北极海水影响西北太平洋副热带高压的三个天气气候学模式，揭示了这种影响的天气学过程和物理依据。

地理研究所对全新世以来的环境变化进行了多方面的研究，在邢嘉明的文章中（见本文集）已有详细叙述，本文不再涉及。此外沈玉昌等人认为长江三峡远在第三纪时已经形成，以后三峡地区一直处于间歇性上升过程。金沙江石鼓附近的大拐弯系受两组共轭地质构造所控制，而非河流袭夺结果。我所对雅鲁藏布江大拐弯的研究结果认为也是与地质构造相适应的产物,推翻了前人提出的曾向西流入印度洋,因河流袭夺才转向东流的观点。研究结果认为黄土高原的沟谷多形成于中更新世或更前,支沟起源于晚更新世,冲沟起源于全新世,推算中全新世晚期黄土高原年平均侵蚀产沙量已达 10 亿吨左右。

4. 地域分异规律研究

这是地理研究所的一项长期的基础研究工作,大多结合综合性或专题性区划工作进行。例如,由竺可桢、黄秉维等主持的《中国综合自然区划》提出了中国的自然地域分异理论,这个理论侧重现代自然特征及其相互关系,首先考虑地带性因素,其次是非地带性因素。在地带性因素中第一是温度,第二是水分状况,在深入研究自然现象的地域差异和每个区域单元的自然特点的基础上,将全国划分为 3 个自然区、6 个热量带、18 个自然地区和 28 个自然地带。该成果至今仍为许多科研和规划工作者所引用。

我所提出的土地类型、河流类型等类型区的划分、气候区划、水文区划、地貌区划等专门区划以及其他区域性区划,进一步丰富和发展了地域分异理论和方法,从而形成了不同尺度、不同层次、不同专题的区域分异理论系统。

5. 工业布局理论研究

陆大道从区位理论上研究了工业布局问题,提出了社会经济空间结构发展的阶段性、"点-轴系统"理论和我国今后几十年国土开发和经济建设的宏观区域战略,重点发展海岸带和长江沿岸两条一级开发轴线和其他 8 条二级开发轴线,并阐述了工业区位论中的集聚因素和合理集聚等问题。这个"点-轴系统"理论结合我国的具体情况,发展了国外学者提出的空间结构理论和工业区位理论,在全国国土规划纲要和地区性国土规划中得到了应用,受到了经济界的广泛关注。

四、今后研究的重点问题

1. 地理环境中物质、能量交换及其地域差异的研究

能量是物质运动和物质状态发生变化的根本动力。地理环境中许多自然现象的发生和变化,主要由太阳辐射能的差异、转化和输送所引起。因此,要了解自然地理现象的形成、发展和变化的过程,就必须研究过程进行中的物质迁移和能量积累、消耗、转化与输送的情况,研究产生这些过程的条件、内因和外因、过程进行的速度和强度,以便预测可能进一步出现的结果。在人类活动施加的各种影响下,它可以加速或减缓某些自然地理过程进行的速度和强度。在特定条件下,甚至可以改变某些自然过程进行的方向,这更增加了我们研究工作的难度。

地理学及其各分支学科可以从各自的研究领域来探求地理环境中物质迁移和能量转换的规律以及它们在不同领域内的表现特点。例如,水分循环和水分平衡的研究、地表形态发育过程的研究、化学元素在地理环境中迁移变化的研究、农田生态系统中土壤-

植物-大气连续系统的研究等等，长期来一直是地理研究所的重要研究领域，并一直是从能量与物质的迁移转化角度进行研究的，这是因为开展这些领域的深入研究对自然地理学、水文学、气候学、地貌学和化学地理等学科的发展有普遍的带动作用，同时这些领域的研究都有明确的应用前景，可以较快地应用到生产建设中去。

今后的研究应注意揭示各类地理现象的形成、发展和变化的动态过程，揭示物质运动和能量转换的形式、量级和原因，揭示在什么临界条件下量变引起质变。只有深入进行上述的研究，其成果才有较大的应用价值，研究水平也才能有较大的提高。

2. 人-地系统的研究

地理学研究的空间范围集中于地球表层，这一圈层是人类生存、活动最直接最重要的场所。因此，人与地理环境间的相互依存关系一直是地理学研究的核心问题，即人-地系统问题。其中既包括人类活动与人类进步对地理环境的认识和改造，以及这种改造反作用于人类的各种影响，也包括地理环境对人类生存和发展的制约。随着社会经济的发展、城市化规模的扩大和自然资源的加速开发利用，人地之间的关系将更加错综复杂，矛盾也越加尖锐深刻。我国以往的某些生产活动，由于未顾及地理环境的客观存在和它本身发展的规律，片面强调"人定胜天"，曾做过一些得不偿失的事。

地理研究所长期从事的黄淮海平原综合治理与开发、黄土高原的土壤侵蚀与防治、水土资源的合理利用、区域综合开发规划以及其他一些科研工作，一般都涉及自然、社会、经济条件的综合分析，涉及它们之间的相互作用与相互制约的研究，涉及资源与环境质量的评价。为了使社会经济得到发展的同时，环境不致遭受破坏，有些资源可供永续利用，今后应加强人-地系统中自然、社会、经济各个方面协调发展的研究，并对其中某些因素的变动对整个系统可能带来的影响以及系统间的物质、能量转换方向的变化进行预测，与此同时，应进一步加强自然科学和人文科学的交叉和渗透，加强人-地系统的整体性综合研究。

3. 全球变化的研究

人类活动所造成的大面积土地沙化，草原退化，森林和耕地面积缩减，空气中 CO_2、CH_4、N_2O 等微量气体的增加，正加剧着全球变化的进程，使人类赖以生存的环境日趋恶化，因而引起人们的高度关注。国际地圈-生物圈计划（IGBP）正是在这种背景下提出来的。该计划的研究重点是了解全球变化的规律和原因，了解全球地圈-生物圈相互作用的物理、化学和生物过程以及人与环境的相互作用，并希望能进行人为调节和预测其变化趋势。

由于全球变化既受自然过程的制约，又与人类社会经济活动密切相关。因此，地理研究所可以从人-地系统研究出发，选择若干环境变化的敏感地区，例如半湿润、半干旱地区，农牧交错地区等，进行多学科的综合研究。其主要研究内容有环境稳定性研究，历史的和现代的环境变化研究，环境变化中物理、化学和生物过程的研究，某一环境要素变动所引起的环境变化的研究，人类活动对环境变化影响程度的研究，区域环境变化机理和社会经济机理的研究，环境调控和环境变化预测研究等。

区域环境变化是全球变化的一个组成部分，选择敏感地区进行研究既有社会经济意义，对全球变化也有预警意义。

4. 自然灾害和突变的研究

自然灾害是发生在地球表层并给人类带来严重危害的各种自然变异过程和事件，本所将研究我国重大自然灾害地域分布和区域减灾对策。这一研究方向不是单项自然灾害，而是各类自然灾害之间的成因相关、地域组合以及由此而形成的灾害地域体系。着眼于自然灾害的区域特征，综合分析我国主要自然灾害产生的地域背景、地域过程、地域分异特征和空间分布的规律性，划分灾害地域类型，进行灾害区划，并结合我国不同地区社会经济系统承受和防御自然灾害能力的差异，提出因灾设防、因地减灾的区域对策。

地理环境的演变过程，不只是缓慢和渐变的，有时也会出现急速和突变的过程。近年来，随着近代物理学和数学的研究，人们对突变现象的认识不断深入，从协同学和耗散结构的观点来看，一个非线性、非平衡的开放系统，状态方程的解是多重性的，且会出现非平衡态相变，这就必然产生突变。因此，本所将对我国历史时期若干典型地理环境突变的事实、规律和影响作较系统的研究，分析突变发生的时间、强度、征兆、条件和原因，特别是考虑与人类活动的关系，对地理环境演变进行模拟，以探索预测的可能性。

5. 区域开发的综合研究

在人-地系统的研究中，自然地理学侧重从地球环境的构成与演化角度研究自然因素方面的区域分异，经济地理学侧重从社会经济环境方面研究地域生产综合体的形成与发展，二者在区域这一共同客体上可以综合研究人类活动与自然环境之间的相互制约关系。当今世界，地域发展不平衡成为与人口、资源、粮食等并列的重大问题之一，许多学科都十分重视并从多种角度加以探讨。而地理学尤其是经济地理学正可发挥学科之所长，理论联系实际地搞好区域开发的综合研究。

今后地理研究所进行区域开发研究的主要方面可包括：区域自然环境与生产力发展条件的科学分析与综合评价；区域经济结构与产业间联系的发展机理；区域开发中地域生产综合体的形成与发展；不同类型地区的发展战略；国土开发整治与经济发展的区域规划；区域开发数据库；区域开发的管理体制与政策；中外区域开发对比研究等。

区域开发的综合研究应以部门或要素的深入研究为基础，因此在突出综合研究的同时，还应发展各有关分支学科，如资源地理学、各个部门经济地理学、城市地理学以及区域自然地理、区域经济地理等，并且与社会经济科学、技术科学加强横向联系，共同协作。

左大康著作目录

1960 年

新疆气候（俄文），莫斯科大学出版社

1962 年

华北平原地区土壤中热量交换*，地理学报，Vol. 28，No.1
中国太阳直接辐射、散射辐射和太阳总辐射的关系*，地理学报，Vol. 28，No. 3
北京的辐射状况，地理，第 4 期

1963 年

中国地区太阳总辐射的空间分布特征*，气象学报，Vol. 33，No. 1
中国地表辐射平衡的时空分布，地理集刊，第 6 号，科学出版社
新疆气候及其和农业的关系*，科学出版社

1964 年

几个辐射图解的比较*，气象学报，Vol. 34，No. 2
北回归线以南中国地区的辐射状况，地理，第 4 期

1965 年

东亚地区地球-大气系统和大气的辐射平衡*，地理学报，Vol. 31，No. 2
中国太阳总辐射量图*，《中华人民共和国自然地图集》
中国太阳总辐射量图说明，《中华人民共和国自然地图集》说明

---

* 表示该著作（论文）是与他人合作撰写。下同。

1966 年

我国各月及年总辐射量图，《中国气候图集》，地图出版社
西藏高原气候的若干特征，《西藏综合考察论文集》，科学出版社
中国气候图集说明，《中国气候图集》，地图出版社
气象卫星的辐射测量及其应用*，科学出版社

1980 年

我国地理学的发展方向与任务若干问题的商讨*，地理学报，Vol. 35，No. 2

1981 年

East China Water Transfer: Its Environmental Impact, Mazingira，Vol. 5/4.
北京地区的太阳能资源，地理科学，Vol. 1 ，No. 1

1982 年

南水北调对自然环境影响的初步研究*，地理研究，Vol. 1，No. 1

1983 年

远距离调水——中国南水北调和国际调水经验·前言，《远距离调水——中国南水北调和
 国际调水经验》，科学出版社
南水北调问题的提出，《远距离调水——中国南水北调和国际调水经验》，科学出版社
南水北调对自然环境影响的初步分析，《远距离调水——中国南水北调和国际调水经验》，
 科学出版社
Long-distance Water Transfer: A Chinese Case Study and International Experiences*，
 Published for the United Nations University by Tycooly International Publishing Limited
China's South-to-North Water Transfer Proposals, Long-distance Water Transfer: A Chinese
 Case Study and International Experiences, Published for the United Nations University
 by Tycooly International Publishing Limited
Impact of South-to-North Transfer upon the Natural Environment*， Long-distance Water
 Transfer: A Chinese Case Study and Published for the United Nations University by
 Tycooly International Publishing Limited

1984 年

黄河以北地区东线引水问题的探讨*，地理研究，Vol. 3，No. 2

1985 年

华北平原水量平衡与南水北调研究文集·前言，《华北平原水量平衡与南水北调研究文
　　集》，科学出版社

南水北调有关的几个问题，《华北平原水量平衡与南水北调研究文集》，科学出版社

南水北调对自然环境影响的初步研究*，《华北平原水量平衡与南水北调研究文集》，科学
　　出版社

中国调水工程的环境影响，《发展中国家环境影响评价文集》，中国环境科学出版社

河北省低平原地区主要作物农田水分盈亏分析*，地理研究，Vol. 4, No. 1

黄淮海平原治理和开发·前言，《黄淮海平原治理和开发》第一集，科学出版社

黄淮海平原主要作物光能利用率和光合潜力，《黄淮海平原治理和开发》第一集，科学出
　　版社

Water Transfer in China: The East Road Project, Large Scale Water Transfers: Emerging
　　Environmental and Social Experiences, UNEP

1986 年

The Environment Impacts of China's Water Transfer Project, Environment Impact Assessment
　　for Developing Countries

祝贺《地理新论》的诞生，地理新论，Vol. 1，No. 1

致青年地理工作者，地理新论，Vol. 1，No. 1

黄淮海平原气候资源合理利用，资源环境与区域开发研讨会，Centre of Asian Studies,
　　University of Hong Kong

面向经济建设，发展地理科学*，科学报

1987 年

Short Communications Environmental Issues of the Three Gorges Project, China, Regulated
　　Rivers: Research & Management,Vol.1, No.3，John Wiley & Sons.

治黄研究中的几个问题*，中国科学院院刊，第 4 期

黄淮海平原农业自然条件和区域环境研究·前言，《黄淮海平原农业自然条件和区域环境研

究》，科学出版社

农田生态系统能量物质交换·前言，《农田生态系统能量物质交换》，气象出版社

1988 年

国外蒸发研究的进展*，地理研究，Vol. 7，No. 1

黄河安危事关大局　治黄研究刻不容缓，《中国科学院第二次学部委员大会文集》，
　　科学出版社

南水北调对自然环境影响的若干问题*，《中国科学院地学部水资源合理开发利用研讨会
　　报告》卫星陆地表面气候研究的发展，地理研究，Vol. 7，No. 4

1989 年

The Importance of Yellow River Safety and the Urgency of Research for Its Control, Taming
　　the Yellow River Silt and Floods, by Kluwer-Academic Publishers Rational Use of the
　　Yellow River's Water Resources, Water Resources Development, Vol. 5，No. 4

中国地理基础数据系列集·序，《中国地理基础数据》系列集，科学出版社

华北平原农业水文及水资源·序，《华北平原农业水文及水资源》，科学出版社

1990 年

笔谈：治理黄河的若干问题，地理学报，Vol. 45，No. 3

我国自然地理野外定位实验研究的进展*，地理学报，Vol. 45，No. 2

地理学研究进展·序，《地理学研究进展》，科学出版社

面向经济建设，发展地理科学*，《地理学研究进展》，科学出版社

地理学的实验研究，《地理学研究进展》，科学出版社

地理研究所五十年*，地理研究，Vol. 9, No.4

遥感遥测及计算机应用·前言，《遥感遥测及计算机应用》，气象出版社

农田水分与能量实验研究·前言，《农田水分与能量实验研究》，科学出版社

黄河流域环境演变与水沙运行规律研究文集　第一集·前言，《黄河流域环境演变与水沙
　　运行规律研究文集》第一集，地质出版社

黄河流域环境演变与水沙运行规律研究　第一集，地质出版社

南水北调对自然环境影响的若干问题，《华北地区水资源合理开发利用》，水利电力出版社

在国家地图集委员会会议开幕式上的讲话，《国家地图集委员会会议论文集》，中国地图
　　出版社

现代地理学辞典，主编，商务印书馆

1991 年

现代地理学理论与实践丛书·序言,《理代地理学理论与实践丛书》,科学出版社

地球表层辐射研究*,科学出版社

地球表层辐射研究·前言,《地球表层辐射研究》,科学出版社

农业生产的光合潜力和气候生产力,《地球表层辐射研究》,科学出版社

东亚地区地气系统和大气辐射能量收支,《地球表层辐射研究》,科学出版社

农田蒸发研究*,主编,气象出版社

农田蒸发研究·前言,《农田蒸发研究》,气象出版社

我国农田蒸发测定方法和蒸发规律研究的近期进展,《农田蒸发研究》,气象出版社

农田蒸发——测定与计算*,主编,气象出版社

农田蒸发——测定与计算·前言,《农田蒸发——测定与计算》,气象出版社

中国科学院禹城综合实验站年报·序言,《中国科学院禹城综合实验站年报》
    (1988—1990),气象出版社

黄河流域环境演变与水沙运行规律,中国科学基金,第4期

The Water Shortage Crisis in the North China' Beijing Symposium on Planetary Emergency:
    Water CCAST-WL Workshop Series: Vol. 1

The Shortage of Water Resources   in North China and Mitigative Countermeasures, Journal
    of Chinese Geography, Vol.2, No.3

中国自然景观,主编,中国画报出版社

中国自然景观·前言,《中国自然景观》,中国画报出版社

南北气候*,《中国自然景观》,中国画报出版社

黄河黄土黄淮海*,《中国自然景观》,中国画报出版社

The Exploition Process and the Environment of the Huang-Huai-Hai Plain in History*,The
    Earth as Transformed by Human Action, Eds. B.L.Turner et al., Cambridge University
    Press with Clark University, Chap. 28

1992 年

黄河中下游的洪涝灾害*,《中国自然灾害灾情分析与减灾对策》,湖北科学技术出版社

Growing Crops According to Moisture Conditions on the North China Plain, Water Use
    Efficiency in Agriculture, Composed and Produced by Priel Publishers

华北平原的适水种植问题,《农业用水有效性研究》,科学出版社

作物与水分关系研究·前言,《作物与水分关系研究》,中国科学技术出版社

黄河流域环境演变与水沙运行规律研究文集   第三集,主编,地质出版社

后　记

《左大康先生纪念文集》终于脱稿，即将交付科学出版社出版。

左大康先生是我国著名的地理学家，是科学家中的"老革命"、老革命中的科学家。他深受原中国科学院地理研究所广大群众的爱戴、崇敬与怀念。1992年左先生仙逝不久，陈述彭院士主持、时任所长郑度主编、励惠国先生具体操作出版了《左大康地理研究论文集》。2015年，左先生诞辰90周年时，研究所召开了一次纪念会，参与者众，发言者有数十人，不少人在发言中都希望能出版左大康先生的纪念文集，以文字的形式存留下对先生的深切怀念。这个纪念会的材料以录音带的形式被完整地保留了下来。2021年11月李玉海和项月琴两位先生萌生了在左先生100周年诞辰到来之前为他编纂纪念文集的想法。此设想与原地理研究所的一些老同志交流，得到了广泛的支持，他们都持有类似看法。这些为纪念文集的出版提供了很好的基础。

在文集的整个编辑过程中，我们深深地感受到许多同志对左先生的深切怀念之情。毛汉英先生始终关心文集的出版。陈建绥先生是辐射气候组的元老、副组长，身体衰弱，为了写稿，在床上坐起来写10来分钟，又躺下……，反复多次才完成回忆文章《笃事 志远——点点滴滴纪念左大康先生》。年逾九旬的胡序威先生亲自审定稿件。彭公炳、李克让先生得知编纂文集后很快就送来稿件。年过八旬的刘昌明院士，以及孙惠南、许越先、张文尝、励惠国、钱金凯、逄春浩、张福春、王继琴诸先生，也都踊跃赐稿。送来稿件的也有1987年进所的"年轻人"赵千钧。他在百忙之中连夜赶稿，半夜3点将稿件发出。此外，叶庆华博士、叶舜赞先生、刘士平先生、孙建华先生、张兴权先生、林忠辉先生、娄金勇先生、程维新先生、张国义先生以及韩瑛副主任、齐玉春博士、左大康先生亲属都提供了帮助。编辑小组的各位尽职尽责，密切合作，进一步征集到新的文稿。

2022年6月下旬，开启了文集的编辑出版工作。我们向地理科学与资源研究所党办和所办提交了纪念文集出版经费的申请报告。研究所领导高度重视，在所务会议上作出决定，同意经费申请，并确定由平台处管理项目。之后，经过酝酿和讨论，提出了编辑组人员名单，呈研究所备案。

2022年8月7日，唐登银先生主持编辑组召开了一次网上视频会议，统一思想，明确工作计划，作出分工，按照正式出版物的要求，作为研究所的一项工作，开启文集的编辑。由此，编辑小组协作共事，努力工作，以项月琴、李玉海两位先生提供的材料为基础，进行了再加工，于10月中旬完成纪念文集的初稿。并分送研究所和相关职能部门领导审阅，得到了广泛的响应和反馈。

本文集刊用了纪念文章共 57 篇，照片 56 幅。现在呈现在读者面前的文集分三部分：照片、纪念性文章和左大康先生的重要研究著作及著作目录。从中我们可以看到左大康先生的研究历程、重要研究成果，看到左大康先生早期在苏联的论文，看到先生对我国地理学的方向与任务若干问题的看法、对地理学实验研究的认知、在地理研究所成立 50 周年时对地理研究所过往科研工作的回顾与展望等。

文集编辑组的成员大都年逾八旬，是地理研究所那个火热时代的"战将"，左先生是地理研究所那个时代的"主帅"。此时，编辑组全体成员对于文集的顺利出版，心情无比激动，它既真实地记录了左先生的光辉历史，又在一个方面反映了那个时代的地理研究所。

出版《左大康先生纪念文集》，得到了方方面面的支持和鼓励，在此，对地理科学与资源研究所的领导和相关职能部门的大力支持表示衷心感谢！

衷心感谢为文集作出贡献的所有人！

文集由杨勤业整编统稿，唐登银审核。

《左大康先生纪念文集》编辑组

2023 年 2 月